Joseph Sebastian Rittershausen

Hauslegende oder Feyerstunden eines Christen

Joseph Sebastian Rittershausen

Hauslegende oder Feyerstunden eines Christen

ISBN/EAN: 9783741167713

Hergestellt in Europa, USA, Kanada, Australien, Japan

Cover: Foto ©Lupo / pixelio.de

Manufactured and distributed by brebook publishing software (www.brebook.com)

Joseph Sebastian Rittershausen

Hauslegende oder Feyerstunden eines Christen

Hauslegende,

oder

Feyerstunden

eines

Christen.

Zweyter Band.

Von
Rittershausen.

Augsburg,
im Verlage der Joseph=Wolffischen
Buchhandlung, 1789.

Inhalt
des zweyten Bandes.

Beschreibung Paläſtinens, oder des heiligen
Landes. . . . Seite 1

Ueberſicht der Geſchichte Paläſtinens bis auf
Chriſtus. 39

Jeſus in Aegypten. . . . 65

Von Aegypten, und der Einöde Pharan. 103

Herodes zu Herodium. . . 122

Religion. 190

Von dem natürlichen Gottesdienſte. 237

Jeſus in der Sonnenſtadt. . . 263

Inhalt des zweyten Bandes.

Von den Religionssystemen der menschlichen Vernunft. . . . Seite 305

Der Aufenthalt Jesus in Aegypten. 324

Von den Pyramiden, und andern Denkmälern Aegyptus. 447

Der prophetische Knab in der Wüste. 455

Ueberſicht des Ganzen.

Ich habe in meinem erſten Bande angemerket, daß man das Weſentliche von dem Zufälligen wohl unterſcheiden möge, dabey aber den Zweck nicht aus dem Auge laſſe, den ich mir bey dieſer Arbeit vorgeſetzt habe.

Wer ein Gebäu aufzuführen gedenket, lege zu demſelben erſt einen feſten Grund. Das, was

Uebersicht des Ganzen.

Was ich von der Gottheit des Meßias, Jakobs Weißagung, den Wunderwerken u. s. f. im ersten Bande angeführet habe, betrachte der geneigte Leser bloß als Bruchstücke, welche zum Bauwerk gehören. Ich breite nun das Fundament aus. In diesem Bande wird gehandelt: Von der Religion im Allgemeinen. Von dem natürlichen Gottesdienste. Von den Religionssystemen der menschlichen Vernunft.

Die Sätze und die Schlußfolgen sind diese:

Gott ist, folglich auch eine Pflicht ihm zu dienen, welche wir Religion nennen.

Uebersicht des Ganzen.

Die Pflichten der Religion beziehen sich auf den Endzweck der Schöpfung, welcher die Glückseligkeit ist.

Die Mittel, dadurch das vernünftige Geschöpf diesen Endzweck erlangen kann, sind die Gesetze Gottes, oder die Religion.

Die Natur ist die Verkünderinn dieser Gesetze, oder der Religion.

Diese Religion, welche man die natürliche nennet, bestehet in den Pflichten, welche uns zu erfüllen Gott gebiethet, auch ohne vorhergehende Offenbarung.

Alle

Uebersicht des Ganzen.

Alle diese Begriffe liegen in der Herrschaft des Schöpfers, und in der Dienerschaft des Geschöpfes, welche die Vernunft entwickelt.

Doch, die Vernunft, ohne von der Offenbarung geleitet zu werden, ist im Allgemeinen nicht hinreichend, ihre Glückseligkeit zu erreichen. Die Beweise liegen in der Erfahrung.

Der dritte Band wird von der Offenbarung handeln.

Beschreibung Paläſtinens
oder
des heiligen Landes.

Vor die Beſchreibung Aegyptens, eines entfernten Erdſtriches, folgt, wohin unſer Heiland geflüchtet wurde; mag zur Erleichterung der Begriffe ſowohl vorgehender, als beſonders künftiger Stellen, Paläſtinens allgemeine Beſchreibung noch ſehr dienlich ſeyn.

Das Land der Verheiſſungen Gottes wird von dem heiligen Texte Chanaan genannt, weil einſtens Cham mit ſeinen Söhnen dort wohnte: gewöhnlicher von den Geſchichtſchreibern Paläſtina; denn die Philiſter hatten auch einen großen Theil dieſes Landes inne. Auch wird ſelbem der Name Juda gegeben; denn die Zunft Juda, und daran ſtoſſende Benjamin, war der eigentliche Schauplatz des göttlichen Lebens und Leidens unſers Hei-

Heilandes. Dieses Land ist nun der vornehmste Theil Syriens im Welttheil Asien; liegt gegen Aufgang an Syrien und Arabien: vom Libanon wälzt sich der Jordan herauf, durch Genesareth oder das galiläische, ins todte Meer: gränzt gegen Abend ans mittelländische Meer, gegen Mitternacht an den Berg Libanon, und gegen Mittag an Aegypten. Die Läng erstreckt sich von der mitternächtlichen Seite gegen Mittag, nach dieser Himmelsgegend stehen die idumäischen Gebirge vom Ende des todten Meeres in gerader Lini herab: von der Stadt Dan, nachmal Cäsarea Philippi genannt, welche am Fuße Libanons liegt, bis nach der Stadt Bersabee, der Zunft Simeons, etwa sieben und sechzig Meilen, jede Meile zu einer Stunde gerechnet. Die Breite, welche vom Niedergange gegen Aufgang ist, oder dem Ufer des mittelländischen Meeres bis an den Jordan, beträgt in einigen Orten sechzehn, achtzehn Meilen in anderen; über dem Jordan liegt auch eine Erdzunge, welche von dem Flusse Arnon und den Gebirgen Seir eingeschlossen wird: eine Breite von wenig Stunden. Uebrigens ein Land, welches nach dem Ausdrucke der heiligen Schrift von Honig und Milch fließt, zwar nach der erhabneren Auslegung, weil Jesus, der Sohn Gottes, dort unser Heil gewirket, und zu Erben des Himmels die Menschen aufgenommen hat, wo vollkommne ne Glückseligkeit herrsche: doch auch im buchstäblichen Verstande, weil diese milde Erde von jeder Fruchtbarkeit überfließt.

Dieses Land wird zwar verschieden getheilet: die einfachere Ordnung besteht in den Theilen, Judäen insbesonders, Samarien und Galiläen. Judäen sieht nach Aegypten, Galiläen stößt an Libanon, in ihrer Mitte liegt Samarien. Die gewöhnlichere Theilung geschieht in die bekannten zwölf Zünfte Israels: nach der Zahl von Jakobs Söhnen, die Leviten ausgenommen, oder welche von Levi abstammen; denn nach dem Ausspruche des heiligen Geistes dorften sich diese, oder die Priester Gottes, nicht mit irdischen Gütern beschäftigen, sondern der Herr selbst sollte ihr Erbtheil seyn; auch Joseph weggerechnet, an dessen Stelle seine zween Söhne, Manaße und Ephraim, kamen. Die Zünfte, welche Theile des gelobten Landes empfiengen, waren: Ruben, Gad, Manaße, Juda, Benjamin, Ephraim, Isachar, Zabulon, Nephtalim, Simeon, Dan, Aser. Um sich aber ihre Lagen in der Einbildung deutlicher vorzustellen: so urtheilte man nach des Landes Breite, welche von dem Ufer des mittelländischen Meeres, und dem Jordan, oder vielmehr dem Fluße Arnon, und Seirs Gebirgen, eingeschlossen wird. In dem kleinen Striche Landes über dem Jordan

dan liegt Ruben und Gad, und die halbe Zunft Manaße; Ruben gränzt ans todte, Manaße ans galiläische Meer, oder die See Genesareth: von diesem in jenes wälzt sich der Jordan, welcher von den Wässern Arnon und Jaboc vermehrt wird. Inner dem Jordan, und zwar inner dem todten Meere, begränzt von dem idumäischen Gebirge, liegt die Zunft Juda, an diese stößt Benjamin, Ephraim, die Helfte Manaßes, Isachar, Sabulon, Neptali, welche an Libanons Gebirgen sich endet; längs an des Meeres Ufer, von den Gränzen Aegyptens anzufangen, liegen die Zünfte Simeon, Dan, dazwischen erstrecken sich Ephraim, und die halbe Manaße und Sabulon bis ans Ufer; dann bis an Libanon Aser. Den Jordan, Libanons Gebirg, und die idumäischen, und des mittelländischen Meeres Ufer nehme man als beständige Punkten an, inner diesen die Lage der Zünften; und der Leser wird sich bey jedem vorkommenden Orte sogleich in die wahre Gegend finden. Aber wir wollen auch in jeder Zunft das Merkwürdigste betrachten.

Die Zunft Ruben.

Ruben war der Erstgeborne, welchen Jakob aus der Lia erhielt; seinen Nachkömmlingen ward der Erdstrich zu Theil, welchen die Moabiten eigenthümlich besaßen. Der
Fluß

Fluß Jordan, und der Gebirgstrom Arnon sind seine vorzüglichen Gränzen, welche sich beede in das todte Meer ausgießen. Dieser Zunft berühmtesten Orte sind:

Die Gebirge Abarim, mehr an einander gekettete Berge; der erhabnere heißt Nebo, und der über ihn noch weit herausragende Gipfel Phasga. Hier stand Moses, als ihm der Herr das verheißene Land zu schauen befahl, dann zu sterben. In einer Höhle dieses Berges soll auch Jeremias das heilige Feuer des Tempels samt dem Rauchwerksaltare verborgen haben.

Bethabara, ein Ort, nahe dem Jordan; da taufte Johannes, und gab Zeugniß von dem Lamme Gottes.

Die fischreiche Esebon, wegen der Klarheit und Helle des Wassers berühmt; diesen vergleicht Salomo die Augen der Braut in den hohen Liedern: ein Sinnbild des klaren Anschauens vereinigter Seelen in Gott.

Lasa. Bey dieser Stadt entspringen warm und kalte Bäder von süß- und bitterm Wasser, deren wunderbare Mischung zur Heilung verschiedener Gebrechen dient: aus dieser Absicht wurd auch der alte Herodes in seiner letzten Krankheit hieher gebracht; allein, er starb.   Mache-

Macherus, ein festes Schloß, ehemal eine prächtige Residenz des Herodes; der jüdische Geschichtschreiber Joseph behauptet: Johannes habe hier für die Wahrheit sein Leben gelassen. Das Schloß stand auf einem hohen runden Felsen, mit furchtbaren Thürmen verwahret: unter selbem die Stadt. Hier fliessen die warme Wasserquellen eines verschiednen Geschmackes, bitter und süß. Zween kleine Hügel in einer untiefen Grotte sind eine besondere Merkwürdigkeit der Natur; aus dem einen quillt warmes, eiskaltes Wasser aus dem andern hervor.

Die Stadt Madian, woher die Madianiten sich nennen. Zu Zeiten des Hieronymus standen noch Trümmer.

Moabs Gefilde, wo Moses dem versammelten Volke das Deuteronomium erklärte, von den Kindern Israels schied, und seinen Nachfolger, den Josue, bestellte; nicht ferne davon fuhr im feurigen Wagen Elias zum Himmel.

Der Fels der Einöde, oder die Hauptstadt der Moabiten, auf einen Felsen gebaut. Die Christen besassen sie einstens: nachmals diente diese Feste dem Sultan, Aegyptens und Arabiens Schäze zu bewahren.

Der Berg Phogor, von deſſen Höhe
der Wahrſager Balaam von der Moabiten
König Balac geruffen, ſtatt zu fluchen, über
Iſrael den Segen ſprach.

Sethim, der Ort, da die Iſraeliten mit
den Töchtern Moabs und Madian ſündigten.

Zared, wo der Jordan ſich theilt, und
Iſrael trocknen Fußes durch ſeine Tiefen
gieng.

Die Zunft Gad.

Gad, der ſiebente Sohn, welchen Zelpha, die Sklavinn der Lia, dem Jakob gebar. Seinen Nachkömmlingen war der Be-
ſitz des beßten Theils der Amorrhäer. Jordan, Arnon, Jaboc, und Arnons und
Galaads Gebirge faſſen ihn ein.

Aroer, eine alte Hauptſtadt der Amoniter, wo Jephte über ſie glorreich ſiegte.

Ephraims Hain, dort ſtritt Abſalon gegen das Kriegsheer Davids; der undankbare
Sohn an der Eiche hieng, den Joab mit einer dreyfachen Lanze durchſtieß.

Der Gebirgſtrom Jaboc, welcher aus
den arabiſchen Bergen entſpringt, und ſich
in

in den Jordan ausgießt; Jakob sezte darüber, als er von seiner Pilgerschaft zurück in sein Vaterland kehrte: da kämpft er mit einem Engel die Nacht durch, bis das Morgenroth heraufstieg, der zum Zeichen ihm eine Sehne berührt und lahmt, und nicht mehr Jakob, sondern Israel ihn nannte.

Die Stadt Maspha, in welcher Jephte, der Richter Israels, wohnte, welcher das unbehutsame Gelübb that, dem Herrn das Erste als ein Brandopfer zu schlachten, was ihm aus seinem Hause entgegen käme, wenn er von den Amonitern als Sieger zurückkehrte. Seine einzige Tochter gieng dem Ueberwinder entgegen mit Gesang und Trommeln. Jephte erinnerte sich bey ihrem Anblicke seines gethanenen Gelübbes, zerriß seine Kleider, und sprach über sie den Tod aus. Die Heldinn weigerte sich auch nicht, nur verlangte sie von ihrem Vater, daß ihr noch diese Bitte gewähret würde, daß sie durch zween Monate mit ihren Gespielinnen auf Galaads Gebirgen ihren ehelosen Stand beweinen dürfte. Dieses wurd ihr gestattet; sie kam zurück, und, wie der heilige Text sagt, vollzog der Vater an ihr, was er versprochen hatte. Daher entstand in Israel der Gebrauch, daß sich die Mägdchen jährlich auf Galaads Gebirgen versammelten, und durch vier Tage beweinten das Hinwelken der Tochter Jephte.

Rab-

Rabba, eine berühmte Stadt der Ammoniter, zugleich ihrer Könige Residenz; diese belagert einstens Og, der König aus Basan, ein Ries, dessen eisernes Bettgestell lang aufbehalten wurde: die Länge war neun, die Breite vier Ellen. Nachmals zog Joab für selbe; da ließ Urias, Davids getreuer Knecht, sein Leben. David eroberte und zerstörte die Stadt: bey dieser Gelegenheit ward auch eine mit Edelsteinen besetzte Kron erbeutet, welche über dem Kopfe des Götzen Melchom schimmerte, David nachmals für sich behielt. Die Stadt erstand wieder in späteren Zeiten aus ihrem Schutt, und Ptolomäus Philadelphus, der ägyptische König, unterwarf selbe samt der umliegenden Landschaft seiner Macht; sie erhielt von ihm den Namen Philadelphia, und trägt ihn auch noch bis auf den heutigen Tag.

Socoth war der Ort, wo Jakob und Esau Zelten schlugen, und wieder Freunde wurden: nachmals erhob sich eine Stadt, welche noch zu Zeiten des Hieronymus gesehen wurde.

Die Zunft Manaße über dem Jordan.

Manaße war der erstgeborne Sohn Josephs, Jakobs Sohns aus der Rachel. Bey der Besitznehmung des verheißenen Landes wurde

wurde diesen Nachkömmlingen ein Erbstrich über, und einer inner dem Jordan zugetheilt. Jener erstrecket sich vom Gebirgstrom Jaboc, welcher die Gränze von Gad ist, bis an den Libanus, die Breite von Galaads Gebirgen bis an den Jordan, und das galiläische Meer hin.

Baal Hermon, ein Berg, worauf ein sehr prächtiger Tempel des Gözen Baals stand.

Basan, eine Landschaft über dem Jordan, welche die fruchtreicheste und beste selbiger Gegend ist: besonders sind hier die Eichen berühmt.

Corozaim, Capharnaum gegenüber, an der Seezunge gelegen, wohin sich der Jordan ergießt. Jene Stadt Galiläens, wo Christus so viele Wunder that.

Damascus, Syriens berühmte Hauptstadt, zwischen Hermon und Libanus gelegen: die kostbaren Gebäud in selber, als ihrer Gefilde Fruchtbarkeit, sezten sie immer in den Rang der vornehmsten Städte Palästinend. Nebst gemeinen Früchten von der besten Auswahl werden Pfirsiche, Granatäpfel, Rosinen und Mandeln im Ueberfluße da gefunden, jede Jahreszeit reicht die süsseste
Trau-

Trauben. Die weiß und rothe damascenische Rosen sind unter ihren Blumen berühmt, welche am Geruch und Schönheit alle europäischen weit übertreffen. Von dieser Stadt, welche sehr in Wohllust ausartete, handeln mehrere Stellen der Schrift; die Bekehrung des Weltapostels bezeichnet sie mit einem besondern Merkmale. In den Zeiten, als die Christen über das heilige Land herrschten, stand ein kostbarer Tempel darinn, welcher an Herrlichkeit der jetzigen prächtigen Peterskirch in Rom nahe kam. Der berühmte Tamerlan hat sie bis auf den Grund zerstöret, nachdem er mit dem Tempel allein, in welchen er sie verschloß, dreyßig tausend Menschen verbrannte, errichtete das fürchterlichste Denkmal seines Sieges über der geschliffenen Stadt in drey hohen Thürmen auf, welche aus blossen Todtenschedeln gebauet waren. Sie wurde von den Aegyptiern und Türken wieder emporgebracht, und ist itzt noch einer der reichesten Handelsplätze.

Gadara, eine Stadt, deren einige Einwohner das Herz hatten, den Herodes Ascalonit wegen seiner Tyranney bey dem Cäsar Augustus anzuklagen: und als sie sahen, daß gegen den Wütherich dort nichts zu gewinnen sey, um nicht in seine grausamen Hände zu fallen, sich selbst das Leben nahmen; einige ertränkten sich, andere stürzten sich von den

Dächern,

Dächern, andere durchfließen sich. Aus dieser That läßt sich auf des Herodes Karakter schliessen, der gewiß keinem Tyrannen nichts nachgab.

Die ununterbrochene Gebirgkette über dem Jordan. Der höchste Gipfel davon wird Galaad genannt, die übrigen Gebirge Seir, und der letzte gegen Syrien Hermon, dessen Höhen das ganze Jahr nur Schnee bedecket liegen. Allgemein aber werden sie unter einem Namen Libanon, Galaad, verstanden.

Gerara, eine Stadt des galiläischen Meeres, Tiberias gegenüber. Nicht ferne davon befreyte Jesus Besessene, die bösen Geister stürzten mit Schweinen in die See.

Der Erdstrich Hus, in welchem Job soll gelebt haben, welcher in seiner Prüfung uns der Geduld herrlichstes Beyspiel hinterließ.

Trachonitidis, eine Landschaft, welche dem Herodes unterworfen war.

Der Thurm des Libanus, den Salomo erbaute, von dessen Höhe man zu Damascus alle Gebäude zählen konnte. Er war von unvergleichlicher Schönheit; ein würdiges Gleichniß der Braut in den hohen Liedern.

Die

Die Zunft Juda.

Juda, Jakobs vierter Sohn aus der Lia: aus seinen Lenden entsprangen die König in Israel bis auf den Meßias, bey dessen Geburt aber diese Zunft das Scepter gänzlich verlor nach Israels Weißagung. Die Nachkömmlinge Judas erhielten den Theil, welcher von dem todten Meer, dem idumäischen Gebirge, des Meeres Ufer, und dem Bache Kidron, der von Jerusalem ins todte Meer läuft, eingeschlossen wird.

Das Schloß Maßada, vom Herodes befestiget.

Adams Höhle, darinn der Vater und die Mutter der Menschen nach Abels Tod sollen gewohnet haben.

Die Stadt Bethlehem, von welcher oben besonders schon Meldung geschah.

Das todte oder sodomitische Meer: hier liegen die Städte Sodoma, Gomorha, Adama und Seboim von der Rache des Himmels begraben. Vor ihrer Verheerung war hier eines der angenehmsten Thäler; Jericho, Engaddi und Segor sind noch schwache Spuren davon, wo Balsam träuft, und Zuckerrohre wachsen: izt ist der Platz der vier Städte

Städte eine schwere, bittere, übelriechende See voll Harz und Aspalt, in welcher so leicht kein Körper untergeht, nichts Lebendes aber sich erhalten kann.

Die Berge Engaddi, wo noch kleines Ueberbleibsel des Balsames wächst, sind am Ufer gegen Niedergang, das Beßte aber schon unter dem Antonius ein Geschenk der Cleopatra nach Aegypten verpflanzt wurde: nächst daran schöne Bäume mit lachenden Früchten, welche die Sodomitischen Aepfel genannt werden; wird die Schale zusammgedrückt, zerstauben sie in Asche: auch waren eine Menge Harzbrunnen in dieser Gegend, wo sich die See gegen das Salzthal krümmet, über denen noch izt zum beständigen Zeichen Piramiden stehen.

Die Salzsäule zwischen Engaddi, und dem todten Meer, in welche Loths Weib verwandelt wurde. Joseph bezeuget, selbe noch gesehen zu haben.

Die doppelte Höhle, welche Abraham von den Söhnen Seth gekauft hat, darinn der Vater der Glaubigen, und seine Sara, Isaak, Rebekka, Jakob und Lia begraben worden. Zu den Zeiten des Hieronymus und Josephus stand noch ein prächtiges Denkmal aus Marmor.

Edom, erhielt den Namen von Esau, welcher in dieser Landschaft wohnte; sie liegt zerstreut zwischen fürchterlichen Gebirgklippen, welche unüberwindlich Juda gegen Mittag beschützen.

Hebron, einstens Mambre genannt, jene Stadt, wo Abraham, Isaak und Jakob wohnten. Unten öffnet sich das angenehme Thal, wo Abraham Gezelt schlug, und die Engel bewirthet, und Sara die Weißagung lachend vernahm.

Das Schloß Herodium, welches durch Natur und Kunst befestiget war. Herodes, der Große, ließ es zur Sicherheit seines Reiches errichten; übrigens ein wohllüstiger Aufenthalt.

Das Terebinthenthal, wo David den Goliath erlegte.

Die Zunft Benjamin.

Benjamin, Jakobs letzter Sohn, welcher ihm in seinem Alter von Rachel geboren ward, der Sohn des Schmerzens, oder Benoni, von seiner Mutter selbst genannt, an dessen Geburt sie starb. Diese Landschaft, in welcher sich seine Nachkömmlinge niederliessen, stößt an die Zunft Juda: ihre Breite reichet zwar nur bis an Ephraims Berg, aber über die Läng erstrecket sich vom Jordan beynahe bis an des Meeres Ufer.

Jerusalem, die heilige Stadt, liegt in dieser Zunft, von welcher oben geredet worden.

Die Stadt Bethel, auf einen Gipfel des Berges gebaut, hatt erstens den Namen Luza; aber Jakob gab ihr den Namen Bethel, oder Gotteshaus: denn hier, als er von dem Angesichte seines Bruders floh, sah er die wunderbare Leiter des Himmels.

Jericho, eine der bekanntesten Städt, über einem Berg auf einer sehr fruchtbaren Fläche gelegen, wegen den vielen Palmen einstens die Palmenstadt genannt. Josue nahm sie im Klange der Posaunen ein: hier wohnte Helisäus. Noch sind wenige Ueberreste zu sehen. Grüne Wälder von Cypressen, Weiden und Kastanien, Dattelbüsche, Feigen = und Oelbäum unterscheiden sonst das Erdreich. Einstens wuchs viel Balsam hier, und die Frucht der Mirabolanen.

Die Quelle des Helisäus, deren bitteres Wasser in angenehmes und süsses Gottes Prophet verwandelte, sie befeuchtet die ganze Gegend um Jericho; nah an dieser Quelle wachset die Art der Bäume, welche unsern Zwetschken nahe kömmt, doch sind sie

mit

mit Stacheln bewaffnet, darauf die jerichuntinische Rose wächst: diese ist wohlriechend; eine andre Gattung gedeihet auf der Erd, hat aschenfärbige Blätter, weisse Blümchen und Körner ohne Geruch.

Galgala, einstens eine berühmte Stadt, wo Israel Gezelte schlug; dort Josue der Neugebornen Beschneidung vorgenommen, und die Ostern gefeyert wurde; die Arche des Bundes ruhte hier; da wurde Saul zum König in Israel von Samuel gesalbet.

Maspha, auf einer Höhe gelegen. Auch hier ruht einstens Gottes Arche: da richtete Samuel das Volk.

Die Zunft Ephraim.

Ephraim war Josephs zweyter Sohn, der ihm in Aegypten geboren wurde. Seine Nachkommen besassen die Landschaft, welche an Benjamin liegt, sich bis an die samarischen Berge verbreitet, vom Jordan aber bis an das Meer sich ausdehnet. Merkwürdig sind:

Die **Palme der Deborra**, unter welcher die Prophetinn saß, als sie Israel richtete.

Garizim, unter Samariens Bergen der höchste mit zween Gipfeln, derer untere besonders Garizim, der andere Hebal genannt wird. Da baute Josue einen steinernen Altar auf, und opfert; auch stand hier Israels Gott ein prächtiger Tempel: Antiochus Epiphan aber setzte dafür Jupiters Bild.

Der Acker Josephs. Hier wurden Josephs Gebeine begraben, welche die Kinder Israels mit sich aus Aegypten brachten: zu Hieronymus Zeiten wurde noch das Mausoläum gesehen.

Samaria, eine der herrlichsten Städte Palästinens: die Trümmer von kostbarem Marmor, welche noch übrig sind, zeugen von außerordentlicher Pracht, mit welcher sie Herodes, nachdem sie gänzlich verheeret ward, vom Grund auf baute, dem Cäsar zu Ehren einen kostbaren Tempel darinn setzt, und die Stadt Cäsardum nannte.

Sichem, der Patriarchen Heimat Abrahams, Isaaks und Jakobs.

Der Berg Silo, der höchste aus allen, welche um Jerusalem liegen; hier ruhte lange Zeit die Arche des Bundes, bis sie von den Philistern fortgeführet wurde.

Die Hälfte Manaßes inner dem Jordan.

Sie dehnet sich aus vom Jordan bis ans Meer, die Breite reichet aber nur von den samarischen Weinbergen bis an die Berge Gelboe.

Alexandrium, ein vortrefliches Schloß, das auf Befehl des Herodes in den besten Stand gesetzet wurde. Als dieser zu dem Augustus nach Rhodus reiste, hinterließ er da in Verwahr seine Gemahlinn Mariamne.

Cäsarea Palästinens, sonst Stratons Thurm genannt, die große, sehr feste, reiche Seestadt, an welche Herodes unglaubliche Summen verschwendete, damit sie der Schmeicheley des Augustus würdiger wäre, gegen das ganze Judenthum aber eine mächtige Schutzwehre.

Ephra, die Stadt, in welcher Gedeon wohnte, starb, und begraben lag; in ihrer Nachbarschaft standen die Altär, und Baals Götzenhaine, welche der muthige Feldherr zerstörte: da erschien ihm auch unter dem Eichbaume der Engel, dort erhielt er das Zeichen seines Sieges im trocknen und befeuchteten Felle.

Die Stadt Jezrael, wo Jezabel ben unschuldigen Naboth steinigen ließ, auf Befehl des Jehu aber die räuberische Buhlerinn von der Höhe des Palastes gestürzet, von den Pferden zertreten, und den Hunden aufgezehret wurde.

Die Zunft Isachar.

Isachar, Jakobs neunter Sohn aus der Lia. Seiner Nachkommenschaft Besitzung war der fruchtreiche Erdstrich vom Jordan, und den Gränzen des galiläischen Meeres, bis ans mittelländische Meer, welcher zwischen den Bergen Gelboe, und dem Flusse Cison, eingeschlossen liegt.

Die Fläche Esdrelon, wo Getreid, Wein, Oel, und alle Gattungen Früchten im Ueberflusse wachsen.

Der Berg Carmel, auf welchen des Himmels Thau häufiger träufelt, und mit vollkommner Fruchtbarkeit die Erd alles hervorbringt. Hier opfert Elias vor den falschen Propheten Baals, welche ihren Götzen umsonst um Beystand anriefen. Nach breyjähriger entsetzlicher Dürre bethet er einen Regen vom Himmel herab; auch wohnten auf diesem Berg Elias und Heliſäus mit der Propheten Söhnen. Eine merkwürdige

Höhl,

Höhl, und ein Brunne werden noch bis itzt gezeiget.

Die Stadt Endor, wo Saul die Zauberinn besuchte, welche ihm ein Gespenst heraufrief, das dem Samuel ähnlich war.

Der Berg Hermon, wegen seiner Fruchtbarkeit berühmt.

Die Berge Gelboe, auf welchen Saul und Jonatha starben.

Die Zunft Zabulon.

Zabulon, der zehnte Sohn Jakobs aus der Lia. Seiner Nachkömmlingen Erbtheil erstrecket sich von dem galiläischen Meere bis an das mitteländische: der Fluß Cison ist zu einer Seite die Gränze, zur andern der Bach Jephthael.

Betulia, auf der Höh eines Berges gelegen, welche Stadt von des Holofernes Grausamkeit die siegreiche Judith befreyte.

Cana in Galiläa, die Stadt ehemals, itzt ein geringes Dorf, wo der Heiland das erste Wunder that. Auf den Platz des Hauses, wo die Hochzeit gehalten wurde, ließ die Kaiserinn Helena eine Kirche bauen, welche

che aber izt gänzlich verfallen ist. Doch sieht man noch die Trümmer des Saals, darinn die Hochzeitgäste gesessen, und die Wasserkrüge gestanden hatten. Ueber der Porte eines grossen zerfallnen Hofes ist das Kennzeichen des geschehenen Wunders, drey Wasserkrüg, in Stein ausgehauen. Diese Krüge sind fast Blumengefüssen ähnlich, der Bauch ist viereckig, haben Ohren, und einen Fuß. Die Schatzkammer zu St. Denis in Frankreich rühmt sich einen derselben zu haben. Simon und Nathanael waren aus dieser Stadt.

Capher Cana, nicht ferne von Nazaret, vor Alters ein schöner Ort, mit frölicher Aussicht, und auf einem fetten Lande. Oliven- Feigen- und Maulbeerbäume wachsen in grossen Mengen umher. Izt ein kleiner Flecken mit einer türkischen Moschee. An ihrem Eingange sieht man ein Grab von weißem Marmor, darauf ein erhabner Wallfisch, der Jonas ausspeyet. Man hält dafür, daß der Prophet hier begraben liege. Die Christen haben ihm dieses Denkmal errichtet. Ganz nahe bey diesem Orte liegt ein lustiges und grosses Feld, wo die Jünger am Sabbathe die Aehren aus Hunger gepflücket. Man zeiget noch einen alten Terpentinbaum; dort vertheidigte Christus seine Jünger gegen die Scheinheiligkeit der Pharisäer.

Dothain, wo Joseph seine Brüder, und die Heerden fand; auch wird noch eine ausgetrocknete Cisterne den Pilgern gezeigt, in welche die Grausamen den Unschuldigen gesenket haben.

Das galiläische Meer, Tiberiadis, oder die See Genesaret genannt, wegen jener angelegenen Stadt, und dieser benachbarten Landschaft. Das Wasser ist süß und angenehm, und mit aller Verschiedenheit der besten Fische belebet.

Die Stadt Nazaret.

Bethsaida, eine vortrefliche Stadt Galiläens; sie liegt am Wege, welcher aus Syrien in Aegypten führet, an der See Genesaret, Capharnaum gegenüber. Aus dieser Stadt waren die Apostel Petrus, Andreas und Philippus. Vermuthlich stand hier das Haus des Petrus, da Christus dessen Schwieger heilt, auch eine Menge Kranke, welche man vor dieses Hauses Thür hinbreitete. Der Heiland hat hier einem Tauben das Gehör, dem Blinden das Gesicht ertheilet, und verrichtete mehr Wunder. Die Einwohner dieser Stadt, und die Corrozaiten hörten ihr Urtheil aus Christus Mund: Wehe dir Corrozaim, wehe dir Bethsaida, wären in Sydon und Tyrus diese Wunder geschehen,

sie

sie würden mit Aschen auf dem Haupt, in härenen Kleidern Buße gethan haben; daher wird ihnen auch noch beßer seyn am Tage des Gerichts. Am Plaße dieser ehemaligen berühmten Stadt stehen nur noch einsame Hütten.

Nah an Bethsaida, oder zwischen dieser Stadt und Tiberias, sieht man am Strande des galiläischen Meeres auf einem kleinen Hügel die verfallenen Mauern des Schloßes Magdalum, Mariens Heimat, welche zu den Füßen des Herrn saß.

Cison quillt unter dem Fuße des Tabors herauf, theilet sich dann in zwey Arme, deren einer sich gegen Aufgang wendet bis an das galiläische Meer, darein er sich stürzet, der andre gegen Niedergang Naims und Esdrelons grosse Flächen vorbey ins grosse Meer. Nah an diesem Strome kämpften Deborra und Barac gegen den Sisera, welcher durch die Hand der schlauhen Jachel starb, die ihm durch die Schläf einen Nagel schlug.

Tabor, der höchst und schönste Berg, welcher sich aus der Mitte Galiläens erhebt, und schon fern in dem Meere von Schiffern gesehen wird. Seine Flächen sind unaufhörlich mit grünem Grase bedecket, und wohlriechenden Kräuteren, und vielfärbigen
Blu-

Blumen; die Weinrebe bringet hier die süßesten Trauben; die Oliven sind schmackhafter, als irgendwo; der Palmbaum breitet herrlicher seine Aest aus; glühender sind hier alle Früchte, mit denen unzählige Bäum und Gebüsche das ganze Jahr behangen sind. Alles ist von heimlichen Thieren, Hornvieh, und das Wolle hat, belebet; die Vögel versammeln sich zu Schaaren hier, und feyern diese paradiesische Höhen mit lieblichem Gesange. Die fromme Kaiserinn Helena ließ zum Gedächtniß der Verklärung Jesus einen kostbaren Tempel errichten; auch müssen prächtige Gebäud und Thürme den Berg einstens gezieret haben. Doch, nur vornehme Ruinen sind mehr übrig; an dem Ort aber der Verklärung liegt ein lieblicher Garten mit Quellen durchwässert.

Tiberias, eine Stadt am galiläischen Meere, dessen Namen Genesaret Herodes der Tetrarch dem Kaiser Tiberius zu Ehren änderte. Da hat Christus den Matthäus zum Apostelamt berufen, die Tochter des Archisynagogus zum Leben erwecket.

Die Zunft Nephtali.

Nephtalim, Jakob sechster Sohn aus der Bala, der Sklavinn Rachels; seine Nachkommenschaft erhielt den schönen Strich Landes

des, welcher sich in die Queere vom galiläischen Meere bis an den Libanon ausdehnet, und dem Jordan bis an die Gebirge der Amorhäer reicht.

Capharnaum, eine Zollstadt, am Einflüße des Jordans ins galiläische Meer. Ueber ihre Schönheit und Pracht erhielt sie durch dreyjährigen Aufenthalt Jesus, als er seinem Predigtamte vorstand, eine besondere Würde; in dieser Stadt wurde der Gichtbrüchige von seinen Sünden losgesprochen, und seiner Krankheit entlediget; der Sklave des Hauptmanns wurd abwesend mit Worten geheilet; das Weib vom Blutflusse durch Berührung seiner Kleider; die Tochter des Jairus vom Todten erwecket. Ungeachtet aber der himmlischen Lehren Jesus, der mächtigen Wunder, welche er in Mitte der Capharnaiten wirkte, wurden diese Einwohner, nach dem meisten Theil gerechnet, nicht besser; daher sprach ihnen Christus das Urtheil: Und du Capharnaum, die du izt bis zum Himmel emporgehoben bist, du wirst bis in den Abgrund erniedriget werden: wären in Sodoma diese Wunder geschehen, sie stünde noch: daher sag ich dir: der Sodomiten Urtheil wird am Tage des Gerichts noch leichter seyn, als deines. Auch nach dem körperlichen Sinn scheint die Weißagung erfüllt, denn von dieser prächtigen Stadt sind

nur

nur einige arme Fischerhütten mehr übrig. Neben Capharnaum stand das bekante Zollhaus, in welchem die Publikanen versammelt saßen; diese Männer wurden also genannt, weil sie den öffentlichen Gewinn der Zoll-Maut- und Tributgerechtigkeiten verpachtet hatten: sie waren bey Juden und Heyden in sehr bösem Kredite, wurden nur die Sünder genannt, und das nicht so ganz ohne Vermuthung, weil die meisten Verpachtungen nur auf Unkosten der armen Unterthanen geschehen, und die Pachter durch die ungerechtesten Erpressungen reich zu werden pflegen. Hier berief der Herr den Matthäus vom Wechseltische, der ihm nicht ohne Heldenmuth folgte; denn den Wucher zu verlassen ist unter den Menschen immer eines der seltensten Beyspiele.

Das Gestad des galiläischen Meeres, wo Christus nach der Auferstehung den Jüngern, welche sich mit dem Fischfange beschäftigten, erschien, nachmals mit ihnen speiste, dem Petrus die Hirtengewalt übergab, und ihm seinen Tod weißagte.

Dan, eine Stadt am Fuße des Berges Libanus gelegen; sie wird als die Gränze des heiligen Landes angenommen. Von Dan bis Bersabee ist der gewöhnliche Ausdruck. Philippus, der Sohn Herodes des Großen, hat-

hatte darinn eine Residenz, und dem Tiberius zu Ehr u nannt er sie Cisaräa Philippi. Auf dem Weg, als Christus die Nachbarschaft dieser Statt mit seinen Jüngern durchwandelte, fragt er sie, was die Menschen von ihm sagten; sie antworteten: daß ihn einige für Johannes den Täufer hielten, einige für den Elias, Jeremias, oder einen andern aus den Propheten; und als er auch sie um ihre Meynung fragte, Petrus ihn als Gottes Sohn bekannte. Das Weib, welches vom Blutflusse geheilet wurde, war aus dieser Stadt, darinn sie ein prächtiges Haus hatte, von welcher noch merkwürdig ist, daß sie zum Denkmal des Heilandes Bild von Metall gegossen hinterließ, welches noch durch mehrere Jahrhunderte bis auf den abtrünnigen Julian gesehen wurde. Das Denkmal bestand aus zwoen Statuen, welche über erhabene Fußgestelle neben dem Wasserbehälter ihrer Wohnung gesetzt waren; die einte stellt ein knieendes Weib vor, welche mit ausgebreiteten Armen Hilfe zu verlangen schien, die andere war der stehende Heiland in zierlich flußendem Gewande, der seine Rechte gegen die Flehende ausbreitet.

Galiläa, eine der fruchtbarsten Landschaften Syriens; sie liegt zwischen Samarien, und dem Berge Libanus. Die meisten Apostel waren geborne Galiläer; Christus, weil
er

er zu Nazaret erzogen war, und in seinem Predigtamte zweymal diese Landschaft durchwandelt, wird auch öfters ein Galiläer genannt.

Jordan, Paläſtinens berühmter Fluß, entſpringet am Fuße des Berges Libanus, aus zwo Quellen Jor und Dan, welche zuſammenfließend den Fluß bilden. Dieſer wälzet ſich durch verſchiedene Umwege, durch welche er die Landſchaft Trachonitis von Ituriä und Galiläen ſöndert, ergießt ſich dann in ein Thal, und bildet eine See, welche Meron genannt wird; dann krümmet er ſich gegen Aufgang, und ſchießt zwiſchen Capharnaum und Corozaim ins galiläiſche Meer, durch deſſen Mitt arbeitet er ſich durch. wird von den Gebirgsſtrömen Ciſon und Jaboc vermehret, eilet mit dem Zunamen Jordan des Größeren die Flächen Moabs und Jerichos Palmenthäler vorüber, welche er auch zum Theil befeuchtet, verſchlinget nebſt vielen kleinen Bächen auch die Flüſſe Jazer und Arnon, durch verſchiedene Engen gepreſſet, ſtürzet ſich dann ins todte Meer, darinn er ſeine Schönheit, Süſſigkeit, und heilſames Weſen verlieret; dennoch bringt ſein ſtrömendes Gewäſſer durch die Dicke des Pfuhls, und verſinkt nicht ferne davon gleichſam entkräftet in die Tiefen der Erde. Durch dieſen Fluß giengen mit Gottes Arche die Iſraeliten, dann Elias und Helisäus mit trocknem Fuße: Naaman, der Syrier, wurde in selbem vom Aussatze geheilet; Johannes taufte, und Christus selbst heiligte das Wasser. Die bey diesem Fluß anlangenden christlichen Pilger pflegen sich aus besonderer Andacht darinn zu waschen: auch thun es die Türken, und andere Ungläubige.

Jturien, von Jtur, dem Sohn Ismaels also genannt, die gebirgicht und waldreiche Landschaft, am Fuße Libanons in die Läng ausgebreitet. Darinn in der Römer Namen herrschte Philippus, des ältern Herodes Sohn.

Der Berg Libanus, Palästinens Gränze von Mitternacht; unter allen Bergen Syriens ist er der höchste, fruchtbarste und angenehmste, zu Land und Wasser viele Meilen sichtbar. Er theilet sich in verschiedene Gipfel, die höchste sind beständig auch bey brennender Sonnenhitze mit Schnee bedecket; die kostbarsten Wasserquellen entspringen aus seinen Felsen, die edelsten und heilsamsten Kräuter wachsen aller Orten hervor; zahllos sind die Cedern, Cypressen, Oel- und Buchsbäume, Fichten und Abiegnen, dazwischen sind auserwählte Weihrauchbäume, deren vortreflicher Gummi zu Heilsmittel dienet.

Hermon, ein Theil des Libanus, der also genannt wird; Salomo erwähnet dessen in den hohen Liedern. Sonst ist er reich an Schiff- und Archenholz. Auch einige Höhlen machen ihn berühmt, deren eine über vier tausend Menschen fasset. Seine Spitzen sind besonders mit Schnee und Eis bedecket, welches nach Tyrus, den Trank zu kühlen, und die Sonnenhitze zu mäßigen, häufig geführet wird.

Syrien, das angränzende Land. Einstens war Syrien eine der größten Landschaften Asiens: sie erstreckte sich gegen Niedergang bis an das mittelländische Meer, nach der mittäglichen Seite bis an den Taurus, den größten Berg der ganzen Erde; der Fluß Tigris ist die Gränze gegen Aufgang, das rothe Meer und Aegypten gegen Mittag, folglich war einstens ganz Palästina nur ein Theil Syriens: auch Arabien, Persien, Mesopotamien.

Tigris und Euphrates waren die zween Hauptflüsse, deren Anschwellung dem Lande noch weit größere Fruchtbarkeit bringt, als der sich ausgießende Nil Aegypten. Beede Flüß hatten gemäß dem göttlichen Text im Paradies ihren Ursprung; nun quellen sie aus Arabiens Bergen hervor. Jetzt wird eigentlich nur das Land noch Syrien genannt, das über dem Libanus liegt. Der

Der Berg Christus, welcher bey Capharnaum liegt, mit Kräutern und Blumen bedecket, und also genannt wird, weil Christus dort öfters bethet und predigte. Dahin hat Christus seine Jünger alle berufen, und zwölf ans ihnen zu Apostel gewählet; hier lehrt er über die Vorsicht, Glückseligkeit, und die evangelische Vollkommenheit; über die Weise zu bethen, zu fasten, und Almosen zu geben; über den Frevel des Urtheils, den Weg der Tugend, und warnet, von falschen Propheten und Lehrern sich zu hüten. Am Fuße des Berges heilte Jesus viele Kranken; auf der anstoßenden Fläch aber, als eine große Menge Volkes um ihn versammelt war, lehrt er besonders von des Lebens Glückseligkeit.

Die Zunft Simeon.

Simeon, Jakobs zweyter Sohn aus der Lia. Das Land, welches seine Nachkommenschaft besaß, wird vom Ufer des Meeres und Judäens Gebirgen, von den Flüssen Aegyptus und Sorek, eingeschlossen.

Die große Einöde. Von Menschen und Thieren verlassen, von keinen Sträußchen, vielweniger Bäumen, bewachsen, auch nicht der geringsten Quelle belebet; nur von Berg und und Thälern unterschieden, schieben, die nicht aus Erden, oder harten Felsen, bestehen, sondern Sand, vom Sturm aufgewehet, und unglaublicher Tiefen ausgewühlt. Die Reisende bedienen sich der Kamel, auf welchen sie, in hölzerne Käfiz eingeschlossen, Leben athmen; ihre Führer aber halten sich blos an den Kompaß, wie die Schiffer der See, denn hier ist kein Fußsteig sichtbar. Viele werden hier lebend im Sande begraben, oder sterben aus Hunger und Durst, wenn sie von dem Wege verirren.

Der Brunn Agar, in der Wüsteney gelegen, welchen Abrahams Magd, als sie mit ihrem Ismael schmachtete, der Engel zeigte.

Bersabée, oder der Brunn des Eides, erhielt diesen Namen, weil Abraham und Isaak mit Abimelec einen Bund schlossen; diese Patriarchen, und Jakob wohnten auch hier; ist die Gränze Israels zur mittäglichen Seite.

Die übrige merkwürdigen Pläze sind doch schon angezeigt, als wir von dem Wege nach Aegypten handelten, welcher durch diese Zunft führet.

Die Zunft Dan.

F   Dan-

Dan, der fünfte Sohn Jakobs aus der Bala, der Sklavinn der Rachel: die Nachkömmlinge erhielten für ihr Erbtheil, was zwischen den Flüssen Sorec, und der Philister, Judäens Gebirgen, und dem Ufer des Meeres liegt.

Accaron, die berühmte Stadt der Philistäer, wo der Götze Belzebub angebethet wurde, welchen der König der Juden, Ochosias, wegen seiner Krankheit befragte, von Elias aber dafür die Bothschaft des Todes vernahm.

Der Brunn des Mohren an der Strasse, welche von Jerusalem nach Gaza führet; da taufte der Apostel Philippus den Kämmerling der Königinn Candaces, welcher einsam auf seinem Wagen daherfuhr, Jesaias den Propheten las, und nach einem Ausleger seufzete.

Die Stadt Betsames, auf dessen Felde die Arche Gottes von Accaron zurückfuhr, und eine große Menge Betsamiten, weil sie selbe spottend ansahen, vor ihrem Anblicke starben.

Von anderen Merkwürdigkeiten sieh den Weg nach Aegypten.

Die Zunft Aser. Aser,

Aser, Jakobs achter Sohn, geboren aus der Zelpha, der Sklavinn der Lia. Zwischen der Zunft Dan, welche an dem Meere liegt, und dieser, liegen Theile Ephraims, Isachar und Zabulon, welche sich vom Jordane bis ans Meer erstrecken; das Uebrige, von dem Flusse Jeprael bis auf die Gefilde Libanus, und den Fluß Adonis am Ufer längs hinauf, ist Asers Theil.

Der Fluß Adonis, entspringet vom Libanus; erhielt den Namen von Adonis, des Königs in Cypern Sohn, welchen die Venus liebte, dieser auf der Jagd von einem Wildschweine getödtet wurde. In seinem Tempel wurde jährlich von den Heyden eine besondere Trauerfeyer gehalten. Bey dem Ausflusse dieses Wassers stehen grosse schreckbare Berge: diese, da sie den Römern auf ihrem Marsch im Wege standen, ließ der Feldherr Antonius mit herkulischer Arbeit durchbrechen.

Antilibanus, oder das Vorgebirg des Libanus, ganz mit Weinreben bedeckt.

Der Fluß Eleutherus, welcher vom Libanus in Iturien hervorquillt: hier werden die Schildkröten in unglaublicher Zahl gefunden.

Phoenicien, eine berühmte Landschaft Syriens. Sie erhielt diesen Namen von dem Könige, welcher ein Sohn des Agenors war, dieser langte mit seinem Bruder Cadmus aus Theben hier an, und unterwarf sich das Land. Er soll der Erfinder der griechischen Sprache gewesen seyn, und selbe seine Phoenicier gelehret haben. Erfand auch den Purpur, welcher aus dem Saft einiger Schnecken seine hohe Farb erhält; daher der berühmte tyrische Purpur, der Hauptstadt Phoeniciens.

Die Stadt Ptolomais, Phoeniciens berühmte Seestadt, von welcher so oft in der Machabäer Büchern gemeldet wird. Belzebub war in dieser Stadt einstens vorzüglich geehret, dem ein berühmter Thurm stand, der Mückenthurm. Zu Zeiten der Christen war ein prächtiger Tempel darinn, dem Kreuze geheiliget, wie auch ein herrliches Spital, wo die Layenbrüder des teutschen Johanniterordens gute Werk ausübten.

Der Brunn des lebendigen Wassers, von dem die hohen Lieder Salomons melden: das vortreffliche Wasser wird durch unterirdische Kanäle über die ganze Flächen Tyrus geführt.

Sarepta, eine Stadt der Sydonier, von welcher noch Trümmer übrig sind. Da wurd Elias

Elias von einer dürftigen Wittwe aufgenommen, und gastfrey gehalten, welcher er nachmals auch in ihrer Hungersnoth beystand, durch Wunder Mehl und Oel vermehrt, und ihren todten Sohn wieder zum Leben erweckte.

Sydon, jene berühmte phoenicische Stadt: steht über einem Felsen an des Meeres Ufer. Baal, Asteroth, und die Göttinn Astarte wurden noch zu Christus Zeiten von den thörichten Einwohnern geehret.

Tyrus, die Hauptstadt in Phoenicien, am mittelländischen Meere gelegen; eine der vornehmsten Handelsstädte der Welt, berühmt in weltlich- und geistlicher Geschichte; war ehemals eine Insel ganz von den Meerwellen umflossen, aber von Nabuchodonosor und Alexander dem Großen der Belagerung wegen durch eingeworfene Dämme zu einer Halbinsel, so wie sie ißt noch dem festen Land anhängt, umgeschaffen worden. Sie stand einstens prachtvoll, fest, mit einem vortreflichen Seehafen; die Menge der Thürm und Piramiden, und kostbaren Paläste gaben ihr ein sehr herrliches Ansehen: die Kaufmannschaft aber, welche aus allen Welttheilen hier zusammfloß, belebte sie mit einem Gewerbe, dem in ganz Asien keines beykam. Die Tyrier blieben Heyden bis zur Verkündung des Evangeliums, und verehrten auch die Götter, Jupiter,

Satur-

Saturnus, und Herkules; dem ungeachtet waren sie mit den Juden in enger Bindniß, und behandelten selbe brüderlich. Diese Stadt hatte viele klägliche Schicksäle, welche ihr die Propheten schon lange weißagten; sie wurde gänzlich verheert, dann wieder gebaut, ward aus einer heydnischen eine christliche Stadt; nun ist sie unter des Sultans Gewalt, doch immer einer der gewerbsamsten Seehäfen, darinn noch die kostbarsten Ueberreste des Alterthums gefunden werden.

Hier ist nun die allgemeine Beschreibung des heiligen Landes, Palästinens, in ihre Zünften abgetheilt; sie dienet zur Kenntniß überhaupt; die sonderheitlichen Bemerkungen folgen immer in ihrem Orte. Um sich aber von der evangelischen Geschichte richtige Begriffe zu verschaffen, und mit Geist und Seele der Wirkung unsers Heiles nachzuhängen, sind diese Erklärungen allerdings dienlich. Wir sehen diese Scenen gegenwärtiger vor unseren Augen schweben, und so manche Stellen der heiligen Schrift werden uns ohne fernere Auslegung deutlich erscheinen und klar, welche ohne historische Kenntniß dunkel und unverständlich bleiben.

Uebersicht
der
Geschichte Palästinens
bis auf Christus.

Im Anfang hat der Herr Himmel und Erd erschaffen, dann zu ihrer Bewohnung vernünftige Geschöpfe. Die erste Geschichte der Menschheit wird aus diesem Erdstrich Asiens hergeleitet, den man Palästina nennt. Die Schöpfung des Menschen gemäß einer alten Uebergabe geschah auf dem damascenischen Acker nahe bey Hebron in der Zunft Juda. Von da ward Adam erhoben ins Paradies; dort erhielt er eine Gefährtinn des Lebens, die Eva. Bevor sie das Geboth übertraten, nicht zu essen von dem Baume der Wissenschaft des Guten und des Bösen, hatten sie eine unumschränkte Herrschaft über alles Erschaffene mit der Gabe der Unsterblichkeit. Durch den Fall in die Sünde verloren sie beedes. Der Tod herrscht über sie, und alle Nachkommen; sie wurden aus dem Paradiese verbannt, doch nicht ohne Trost; denn Gott selbst, als er die Schlange verdammte, sprach die erste Weißagung von seinem Meßias: Zwischen dir, und dem Weibe, will ich Feindschaft stiften, sie wird dir den Kopf zertreten, du aber wirst ihrer Ferse nachstellen.

Jtzt begann das Leben am Grabe der gefallenen Natur. Ein Cherub mit flammendem Schwerte bewachte des Paradieses Eingang. Sie aber, die ersten Sünder, wanderten hinab auf die gefluchte Erde. Kain war der Menschen Erstgeborne, der zweyte Abel. Die zween Brüder hatten unter sich die Geschäfte getheilet; dieser hütete die Heerden, jener verrichtete die Feldarbeit: doch der erste haßte den Andergebornen. Eines Tages opferten beede, Opfer waren also schon damals die Ausübung des natürlichen Gottesdienstes. Kain brachte von seiner Feldsaat zum Altar, Abels Gabe war ein jugendliches Lamm. Der ältere Bruder war karg, und hielt das Beste zurück, der Jüngere gab das Auserlesenste. Der Herr sah auf des Abels Opfer gnädig nieder, verschmäht hingegen Kain, der gegen seinen Bruder aufstand, und ihn tott schlug, und die Erde trank das erste Blut des Menschen, das zum Himmel um Rache schrie, und nahm den ersten Todten in ihre Verwesung. Aber Gott zeichnete Kain, daß ihn keiner tödte, sondern Verzweiflung und nagender Wurm folterte; der Todtschläger entfernt sich von Adams Hütten, und flüchtet sich dorthin, wo noch keines Menschen Fußtritt gewandelt hat.

Dem Adam ward ein andrer Sohn geboren, Seth. Unter den Nachkömmlingen war Enos
des

berühmt, ein Mann, welcher schon mit ganz besonderer Feyerlichkeit den Gottesdienst verrichtete. Enoch wird wegen seiner Gottesfurcht lebend hinweggenommen. Noe blieb der Auserwählte Gottes. Dann, wie sich die Menschen auf Erde vermehrten, wurden auch zahlreicher die Sünder, welche sich den niedrigsten Ausschweifungen überließen: Gott verhängt über sie die Strafe der Sündfluth, alle sollte der Tod in den Wellen begraben, nur den Greisen ausgenommen, und seine Familie, welche sein Engel in die Arche verschloß samt allen Geschlechtern der kriechenden und fliegenden Thiere; es rissen die Schleuß und Dämme des Himmels, vierzig Tag und Nächte stürzten die Wasser, und ertränkten alles, was außer diesen Leben hatte.

Die Taube brachte Noe den Oelzweig nach verlauffenem Wasser, und getrocknetem Boden: sie traten heraus, und opferten, und über sie neigte sich aus den Wolken der vielfärbige Bogen des Friedens. Sem, Cham und Japhet, die Söhne des Noe, waren die neuen Geschlechtspflanzer. Doch ehe die Stämme, welche aus diesen entsprossen, sich theilten, empfiengen sie die Weißagung ihres Schicksals. Noe war der Erste, welcher der Weinrebe pflegte: noch unwissend ihrer betäubenden Kraft berauscht er sich: Seiner spottet Cham, als er seinen Vater entblößt im Gezelte liegen

gen saß; die zween Brüder aber bedeckten mit Anstand den Greisen, dafür er diese segnete, fluchte jenem. Beedes erstreckte sich auf ihre Nachkömmlinge.

Bald wimmelt die Erde wieder von neuen Menschen; sie begiengen aber auch neue Thorheiten, und kamen auf den Einfall, nebst einer Stadt sich einen Thurm zu bauen, dessen Spitze bis an den Himmel reicht, und durch dieses seltne Denkmal ihren Namen zu verewigen. Sie hatten nebst dem Fluß Euphrates das Werk schon auf eine unglaubliche Höhe gebracht, aber Gott verwirrt ihre Sprache; sie trennten sich, und zerstreuten sich auf Erde. Nimrod war der erste König zu Babilon, sein Sohn war Belus; diesem richtete der Aberglaube die erste Bildsäul auf, woher der ägyptische Götterdienst seinen Ursprung nahm.

In der chaldäischen Stadt Ur lebte Thare, der Vater Abrahams. Dieser diente dem Allmächtigen, die Chaldäer aber waren Götzendiener. Gott befahl dem Abraham auszuwandern: er zog nach Mesopotamien, und dann in das Land Chanaan. Wegen eindringendem Hunger ward er genöthiget, sich nach Aegypten zu flüchten; bereichert, besonders an Heerden und Sklaven, kam er zurück mit seinem Bruder Loth, weßwegen
sie

sie sich theilten: jener wählte das Thal Mambre bey Hebron, dieser die fruchtbare Landschaft am Jordan, wo Sodoma lag. Fünf kleine Könige widersetzten sich Loth, führten ihn und die Seinen gefangen fort, welche doch Abraham mit seinen Knechten verfolgte, erlöste seinen Bruder, und kehrte siegreich zurück, denn der Priester und König zu Salem, Melchisedech, mit Gaben des Brods und Weins entgegen kam, und ihn segnete.

Dem Abraham ward aus seiner Sklavinn, der Agar, ein Sohn geboren, Ismael; er empfängt das Gesetz der Beschneidung, aber ein anderer wird ihm durch die Engel verheissen, die er als Fremdlinge bediente. Diese erhoben sich, und wanderten nach Sodoma, dort wurden sie als Gäste von Loth beherberget, den sie mit den Seinen aus der Stadt führten, welche Feuer vom Himmel samt and'ren vier sündigen Städten verzehrte. Loths Weib ward zur Salzsäule, ein Denkmal des Vorwitzes.

Die Töchter des Loths wurden Mütter; von einer entsprossen die Moabiten, die Amoniten von der andern. Sarai gebar in ihrem Alter nach der Engel Weißagung den Isaak, gegen welchen Ismael das Recht der Erstgeburt zu behaupten schien; daher ent-

entließ Abraham samt seiner Mutter den Knaben: sie wandert in die Wüste Pharan, da der Schmachtenden ein Engel die erfrischende Quelle wies. Als Jüngling war er ein vortreflicher Bogenschütz, als Mann der Vater zwölf Heersführer, und des ganzen Volkes der Ismaeliten.

Aber der Herr geboth dem Abraham, die Tröstung seines Alters, den Isaak, zu schlachten. Der Vater der Gläubigen gehorchte, schon streckt er den Arm mit dem blitzenden Dolch über seinen Geliebten aus. Sieh, da erschien ihm ein Engel, befahl ihm einen Widder zu opfern, und weißagt ihm vom Meßias: In deiner Nachkommenschaft werden alle Völker der Erde gesegnet.

Eleazar, Abrahams getreuer Knecht, reiset nach Mesopotamien, für den Isaak eine Gemahlinn zu werben; er findet am Bronnen bey Haran die schöne Rebecca, und bringt dem Sohn eine Braut, durch welche er Labung über den Tod seiner Mutter empfieng. Auch Abraham wurde zu den Vätern versammelt, und in der doppelten Höhle neben seiner Sara begraben, welche er von den Söhnen Heth erkaufet hatte.

Erst in seinem Alter wurden dem Isaak Söhne geboren, zween Zwillinge, Jakob

Job und Esau. Dieser verkaufte jenem um ein Linsenmus das Recht der Erstgeburt, auch den Segen des Vaters entriß durch der Mutter Schlauheit Jakob dem Esau. Des erzürnten Bruders Verfolgung zu entgehen, tritt er eine Pilgerschaft an nach Mesopotamien; auf dem Wege sah er die wunderbare Leiter: aber beym Brunnen in Haram findet er die schöne Rachel, an welcher seine ganze Seel hieng. Er diente dem Laban sieben Jahre für die heiß verlangte Braut, dem der Eigennützige aber seine Erstgeborne, die Lia, unterschob, und erst, nachdem ihm Jakob verhieß, noch ferner sieben Jahre zu dienen, Rachel zu ihm in die Brautlaube führete. Auch, nachdem diese verflossen waren, entließ ihn der Geitzige nicht; er dient ihm um den Preis der gefleckten Schafe. Endlich, reich an Heerden und Sklaven, zieht er heimlich fort nach seinem Vaterland; Laban verfolgt, und ergriff sie auf Galaads Bergen: dort aber machten sie einen Bund, und zogen im Frieden von einander. Izt sendet Jakob Bothen zum Esau mit Geschenken, indessen kämpft er mit dem Engel, der ihm die Senne berührt, und Israel nennte. Die Brüder vereinigen sich, und jeder lebte forthin friedsam in seinen Besitzungen.

Dem Jakob waren zwölf Söhne geboren, woher, die Zünften Israels stammen. Rachel war

war die Mutter Josephs und Benjamins, an dessen letztern Geburt sie starb; Jakob begrub seine Geliebte nah am Wege bey Bethlehem. Den Joseph haßten seine Brüder, besonders des Traums wegen von Garben und Sternen, die er sich vor ihm neigen sah. Eines Tages sendet ihn Jakob nach den Heerden seiner Brüder; doch sie ergriffen, und senkten ihn in eine wasserlose Cisterne: sie wandten ihre Gedanken, und verkauften ihn vorbeyziehenden Ismaeliten nach Aegypten. Mit Bocksblute besprizt, und einer Lüge, sandten sie zum Vater Josephs Rock, und Israels Thränen flossen unabläßlich auf den blutigen Rock. Aber die Vorsicht hatte Joseph zum Vorbild des himmlischen Meßias gewählt. Aus Butifars Hause, wo er in den Händen des unzüchtigen Weibes, mit sich fortnehmend seine Unschuld, den Mantel ließ, kam er in Kerker: durch die Auslegung der Träume des Mundschenks und Bäckers am Hof, durch Entwicklung des Gesichtes, das Pharao sah, vom magern und fetten Vieh, bestieg er den Thron.

Der Hunger zwang Jakobs Söhne nach Aegypten zu reisen. Sie standen vor Joseph, seine Mörder; er sprach zu ihnen mit der Miene des Richters! ließ sie nicht gethaner Laster beschulden, den Schlummer des Ge-

ten von der Seite des Vaters nach Aegypten zu bringen. Doch seine Brüder kannten ihn nicht, bis Joseph sich nicht länger mehr halten konnte, und die Stimme der Thränen, und des lauten Weinens kam: Ich bin Joseph, Euer Bruder, den Ihr nach Aegypten verkauftet, und er schloß Benjamin in seine Arme. Auch Jakobs brechende Augen hatten noch die Freud, ihren Joseph zu sehen, und lange noch in seiner Umarmung zu weinen. Forthin war also das Haus Jakob in Aegypten: die Fruchtbarkeit des Landes Gesen war ihre Besitzung.

Dem Joseph waren zween Söhne geboren, Ephraim und Manasse; diese traten mit in die Rechte der zwölf Zünfte Israels ein. Jakob lag zu sterben, er beruft alle seine Söhne zu sich, gab jedem den Segen; da er aber Juda segnete, weißaget er vom Meßias: Das Scepter wird von Juda nicht gekommen werden, bis jener kömmt, der gesendet werden soll, und dieser ist aller Völker Erwartung. Er starb, und wurde zu Chanaan in der doppelten Höhle begraben. Später wandelte Joseph hinüber, nachdem er seine Brüder beschwor, einstens seine Gebeine mit sich in das Land der Verheissung zu führen.

Die

Die Nachkommenschaft Israels vermehrte sich in Aegypten; ein andrer Pharao hatte auf Josephs Guttthaten vergessen, und belegte die Israeliten mit harter Dienstbarkeit: auch geboth er, die Bevölkerung zu hindern, alle neugeborne Knaben zu erwürgen. Aus dem herrschenden Tode wird Moses gerettet, der in einem Korbe von Pinsen des Nil hinab schwamm, in die Hände der königlichen Tochter. Der Knabe ward aus dem Flusse gehoben, und erhielt seine Erziehung am Hofe. Diesen wählte Israels Gott, seines Volkes Führer zu seyn. In mannbaren Jahren, als er wahrnahm, er sey aus dem Geschlechte der Hebräer, entflieht er, und gesellt sich zu seinem Volke.

Gott ruft ihn am Fuß Horebs, als er die Herden seines Schwiegers Jetro, Hohenpriesters in Madian, hütete, vom brennenden Busch, und ertheilt ihm die Gabe, Wunder zu wirken, zu seiner Sendung Beweis. Ihm begegnet Aaron, sein Bruder, ein mächtiger Wortführer; sie traten mit Gottes Befehlen belastet vor den Pharao, daß er das Volk entließe; aber sein Herz ward verhärtet. Sie versuchten ihn durch Wunder; sie verwandelten alles Wasser in Blut; Frösche bedeckten das Land; der Erde Staub ward Ungeziefer; Menschen und Vieh wurde mit Geschwüren geplaget; ein entsetzlicher Hagel schlug alles danieder; das noch Uebrige verzehrten die Heuschrecken; die Pest wüthet unter den Heerden; eine undurchdringliche Finsterniß zog über Aegypten: aber sein Herz war verhärtet, er entließ Israel nicht.

Izt befahl Gott dem Moses und Aaron die Feyer des Osterlammes; am Abende des vierzehnten Märzen sollen selbes die Kinder Israel essen: stehend, ihre Lenden umgürtet, beschuhet, und den Wanderstab in der Hand, in Eile sollen sie essen, mit dem Blute des Lammes aber alle Schwellen bezeichnen. Sie thatens, und der Engel des Todes wandelte selbe Nacht durch Aegypten, und außer denen, welche in den Hütten mit Blut besprengt wohnten, erschlug er alles Erstgeborne vom Viehe bis zum Menschen, von dem Fürsten, der unter dem Thronhimmel lag, bis an die Sklavinn, welche am Rade des Mühlsteines war, und Pharao, und Aegyptens Einwohner bathen sie izt in Eil auszuziehen. Noch vor die Morgenröth anbrach, wanderten sie aus, mit reicher Beute beladen, und dem ungesäuerten Teige der Osterbrode. Sie schlugen dreymal Gezelt bis an das rothe Meer, durch welches sie mit trocknem Fuße setzten, und die herüber stürzende Wellen haben den Pharao, und seine tausend Wagen begraben.

D Vier-

Vierzig Jahre dauert ihre Wanderschaft durch die Wüste Pharan, ihr beständiges Murren gegen die Führung des Himmels machte sie des seligen Landes Anschauens unwürdig. Die vielfältige Wunder und Strafen vermochten nichts. Verzehrendes Feuer, giftige Schlangen, der verschlingende Abgrund konnten in ihnen eben so wenig dauerhafte Busse wirken, als das Ansehen des Engels, der sie des Tages in einer hellen Wolke, in einer Feuersäule des Nachts führte: oder das himmlische Manna, Wasser von Felsen, oder die Majestät und Schrecken auf Sion, als Gott ihnen die Gesetze gab. Selbst Aaron und Moses starben; nur die Nachkommenschaft der Auswanderer setzt mit Josue, dem neuen Heeresführer, über den Jordan, und besaß das Land, welches von Milch und Honig fließt.

Zwar Jericho stürzt vor ihnen unter dem Klange der Posaunen zusammt; doch das Uebrige des Landes nahmen sie mit gewafneter Hand ein. Des Josue Nachfolger war Judas und Simon. Nach diesen war das Volk ohne Führer; Micheas, ein Ephrait, bediente sich dieser Gelegenheit, verfertiget von Silber einen Götzen, und bestellet einen Priester dazu: die zum Götzendienst so sehr geneigte Israeliten wahlfahrteten zu ihm; die abergläubische nahmen die Götzen Bal

und

und Astarot in ihr Mittel auf, und noch andere Gözen. Der Herr züchtigte die Sünder, besonders mit Gefangenschaften unter denen, welche die Oberhand über sie gewannen, doch sandt er auch den Reumüthigen dann wieder verschiedene Retter; diese waren die Richter in Israel: unter ihnen wurden berühmt Deborra, Prophetinn und Heldinn zugleich, welche selbst gegen den Sisara zu Felde zog; Gedeon, den ein Engel berief, welchem das Zeichen des Sieges im trocknen und bethauten Felle gegeben war; Jephte, der das furchtbare Gelübd that, als er gegen die Amoniter zog; Simson von gewaltiger Stärke, der über die Philister siegte, seine Kraft aber durch eines Weibes Hand verlor, doch starb er mit rächendem Tode; Heli, dessen Blindheit gegen seine boshaften Söhne Leviten mit seines ganzen Hauses Untergang gestraft wurde; Samuel, den Gott besonders auserkohr, unter welchem die Wunder der Arche Gottes geschahen im Tempel des Dagon, Plagen über die Philister stürzten, und die Bethsamiten vor ihrem Anblicke starben.

Israel, der Regierung der Richter müde, von des Heydenthums Beyspiel angelockt, verlangt izt einen König. Gott befahl dem Samuel, den Saul zum König zu salben. Aber der Geist Gottes blieb nicht lang in ihm,

ihm, weil sein Herz nicht mit dem Herrn war. Hirt David wird zum Thron Israels bestimmt, der mit der Schlinge, den Riesen in Waffen, zu Boden warf. Die genaue Freundschaft, welche den Sohn Sauls Jonathas und den David, verband, rettete diesem nicht einmal das Leben, nach dem der König strebte. Saul beschleunigte seinen eigenen Untergang, als er gänzlich den Herrn verließ, und Zuflucht zu einem nichtswürdigen Weib in Endor nahm, welche den Ruf einer Zauberinn hatte; diese sollt ihm den Samuel vom Tode wecken: es stieg auch wirklich eine blaße Gestalt furchtbar herauf, und weißagt ihm den Tod; er fand ihn auf den Gebirgen Gelboe; von Angst ergriffen, stürzt er in sein eignes Schwert.

David herrscht in Juda. Nachdem er Israels Feinde besiegte, war der Gottesdienst sein erstes Geschäft; er übersetzte die Arch in das Haus des Obedbon, dann in seinen Palast mit feyerlichstem Pomp: er selbst, in Leinen gekleidet, spielt unter den Chören der jubilirenden Priester, und der Leviten Gesang, auf dem Psalter. Gottes Arche ward in das zubereitete Tabernackel auf Sion gesetzt, und zum ewigen Opferdienst eine große Menge Priester und Leviten verordnet. Zwar hat er den Gedanken, Israels Gott einen prächtigen Tempel zu bauen; aber ein Gesicht,

Gesicht, das ihm vorkam, schreckt ihn ab: nur von friedsamen Händen, von keinem Manne, der Blut vergoß, wollte der Höchste seinen Tempel errichtet; ihn sollte die Weißagung von Christus beruhigen, daß von seinem Geschlecht einer den Thron besteigen werde, in Jakobs Haus ewig zu regieren.

Wie sehr auch der Gerecht und Fromme, wenn er auf sich vertraut, stürze, war dieser König ein Benspiel; er befleckte sich mit Ehebruch und Todschlag: Narhan, der Prophet, giebt ihm die Schwere des Verbrechens zu erkennen, und David wird ein heiliger Büßer, und vom Geiste Gottes gelehrt, dichtet heilige Gesänge, die Psalmen; darinn sind die herrlichsten Weißagungen von Christus enthalten, die Verwerfung der Juden, und des Heydenthums Auserwählung. Der König hatte mehrere Söhne. Salomon aber war dem Herrn vorzüglich lieb. Ammon entehret seine Schwester, und wird vom Absalon beym Gastmahle getödtet; dieser bekrieget seinen Vater, und stirbt von Joabs Hand mit einer dreyfachen Lanze durchstossen, hangend am Eichbaume. Jetzt ward ihm Friede gegeben; allein, er genoß nicht bescheiden genug desselben süße Früchte; er fiel in die Sünde des Hochmuths, indem er sein Volk zählte. Gad, der Seher, kündet ihm Gottes Straffen an, unter Pest, Hunger und

und Krieg wählt er das Erste; Gott wurde versöhnt. Indessen läßt er die Bauwerke zum Tempel bereiten, und Salomon auf Gihon salben zum König. Bald darauf gieng er sonst ein Mann nach dem Herzen Gottes zu seinen Vätern hinüber.

Dem Salomon wurde von dem Herrn die Gabe der Weisheit gegeben; er besaß alle Kenntnisse von der hohen Ceder, die auf Libanon wächst, bis auf den Hysop, der an der Wand der Hütte des Landmannes hinaufkriecht. Er ward auch mit Ueberfluß des Reichthumes gesegnet, dessen sich kein König vor ihm, und nachher rühmen durfte. Er baut Gottes herrlichen Tempel auf Moria, ein Weltwunder, samt einem prächtigen Palast, und kostbaren Thron aus Elfenbein. Seine Weisheit und Herrlichkeit anzustaunen, kam aus dem fernen Orient die Königinn Saba; sie kehrte mit noch höheren Begriffen zurück. Doch, die Weiberliebe verkehrte das Herz des Weisesten aller Könige, und verleitet ihn zu unbegreiflichen Thorheiten: ein unumstößlicher Beweis, daß keine Wissenschaft die Menschen vor Gebrechen schützet, wenn sie der Arm der Gnade nicht zurückhält. Er ward ein Diener der scheußlichsten Götzen, und baut Bagoben Gottes Tempel hinüber. Er starb, und ließ die Ungewißheit seines Heiles nach sich.

Ro-

Roboam, sein Sohn, wäre der Thronfolger in ganz Israel gewesen, hätt er den Rath der Aeltern nicht nachgesetzt dem jugendlichen Leichtsinn. Das Reich ward also getrennt, nach dem Worte des Propheten Achias. Roboam war allein König in Juda; Jeroboam wählten sich die übrigen zwölf Zünfte zum Herrscher. Dieser richtete Altäre, und aller Orten goldene Kälber auf, damit das Volk nicht zum Tempel nach Jerusalem walle. Aber auch Roboam verließ nach einer kurzen Zeit den Herrn, und räucherte den Gözen. Diesem folgt sein Sohn Abiu; diesem sein Sohn Asa, ein gottesfürchtiger König, welcher Altäre, Gözen und Haine zerstörte. Ueber Israel herrschte Jeroboams lasterhafter Sohn Nadab; dieser stirbt von Basans Hand, und Jeroboams ganzer Stamm wird ausgerottet. Auf den gottlosen Basa folgt sein gottloserer Sohn Ela; diesem sein Mörder Zamri: diesem Amri, der im Laster alle seine Vorfahrer übertraff, aber nicht seinen Sohn, der nach ihm regierte, den Tyrannen Achab, welcher so viele Diener des Herrn würgte. Sein Weib war die gräuliche Jezabel, welche den Weinberg des unschuldigen Naboths an sich riß, dessen Blut an schmetternden Steinen herabbrann.

Asa, der König in Juda, starb; ihm folgt Josaphat, ein guter König, sein Sohn. In dieser Zeit
that

that Elias Wunder, und Elisäus: auch weißagte Michäas. Achab stirbt an einer Pfeilwunde im blutigen Felde; sein Nachfolger ist sein Sohn Ochozias; dem Josaphat sein Sohn Joram, welcher die Attalia zur Gemahlinn hat, des Götzendienstes größte Beförderinn.

Itzt wird Jehu zum König über Israel gesalbet, mit Geboth, das Haus Achab zu tilgen, und zu rächen der Unschuld Blut, vergossen von Jezabel. Achabs Sohn und Enkel starben von seiner Hand, als er in Jezrael einzog; die Jezabel ließ er von der Höhe stürzen, sie zertraten die Rosse, und die Hunde fraßen sie: dann wurde alles getödtet, was von Achab das Leben hatte. Attalia, den Tod der Jhrigen zu rächen, und damit Juda ihr Eigenthum bleibe, läßt alles hinrichten, was von dem Stamme Davids noch übrig war; nur durch die Sorge des Hohenpriesters Jojada wird das Kind Joas im Tempel gerettet, erzogen dort, und im siebenten Jahre gesalbet zum König in Juda, getödtet die Mörderinn. Joas wandelt im Anfange mit Gerechtigkeit und Weisheit vor dem Herrn, den er nachmals verließ. Dem Jehu folgt Achaz sein Sohn, ein Götzendiener; unter der übrigen Nachfolg in Juda und Israel weißagten mehrere Propheten; unter dem Jeroboam, König in Israel, prediget biget Jonas; unter dem Ozias, König in Juda, weißaget Amos und Osee. Dieser König hatte die Kühnheit, selbst vor dem Allerheiligsten zu opfern, und wird bis ans Ende des Lebens mit dem Aussaze gestrafet. Unter dem Zacharias, König in Israel, fieng an Esaias zu prophezeyen. Unter dem Joatham, König in Juda, Michäas. Achaz bestieg den Thron in Juda; ein verruchter Gözenopferer: sogar den Brandopferaltar ließ er einschmelzen zur Sonnenuhr, und seinen eignen Sohn opfert er dem Moloch; ihm weißagt Isaias von dem Zeichen der gebärenden Jungfrau. Der Sohn dieses Königes, Ezechias, war ein Eiferer, und stürzt die Gözen um. Indessen wurden viele aus den Zünften Israels in die aßyrische Gefangenschaft geschleppet; bey dieser Gelegenheit ereignete sich die Geschichte des frommen Tobias. Joel weißagte.

Izt zog Senacherib mit seinem Heere nach Jerusalem; er vertraut auf die fünf und achtzig tausend seiner Krieger, die mit ihm waren; Ezechias auf den Herrn, und der Würgengel schlug die erste Nacht der Belagerung alle die Heere todt. Als Ezechias krank lag, fleht er zu Gott um Fristung des Lebens; daß er erhört war, geschah ein Wunderzeichen auf der Uhre des Achaz: der Schatten der Sonne gieng zehn

Grade

Grabe zurück. Naum weißagte. Manaßes, ein Sohn des Ezechias, folgt in Juda; er dienet den Götzen, wird aber durch der Aßyrier Hände gezüchtiget, welche ihn zehn Jahre gefangen hielten: er wirket Buße. Unter dem Jonas, seinem Nachfolger, welcher die Götzen wieder zertrümmerte, weißaget Jeremias; auch Sophonias.

Nachbouchodonosor, König in Babilon, belagert Jerusalem. Der Tempel wird geplündert, und mit einer reichen Beute Judäens König Joachim, der Sohn des Josias, nach Aegypten gefangen geführt; auch Daniel mit anderen hebräischen Jünglingen, und einer Volksmenge, das die Ketten trug. Um diese Zeit lebte der Prophet Baruch.

Joachim erhielt nach einigen Jahren wieder die Freyheit, nach Jerusalem zu kehren; doch blieb er unter babilonischem Tribut. Jeremias saget die babilonische Gefangenschaft vor. Daniel wird in Aegypten geehrt, welcher dem Nabuchodonosor den wunderbaren Traum vom Riesenbild auslegte, die Bedeutung der vier groffen Monarchien der Welt, babilonischen, persischen, macedonischen und römischen: ein kleines Steinchen vom Berge gelöst, rollt hinab, und zerschmettert das Bild. Joachim wird ein Rebell; Nabuchodonosor unterjocht ihn wieder,

läßt

läßt ihn tödten, und bestellt dessen Sohn als König, der unterm Namen Jechonias herrscht, dann den Sedechias. Vielleicht um diese Zeit hatte die siegreiche Judith Bethulien von der Wuth Holofernes befreyet. Unter der Judenschaft, welche zu Babilon gefangen saß, war die keusche Susanna; Daniel rettet sie aus den Händen zweer alten Bösewichte Priester, welche zugleich Richter des Volks waren. Ezechiel weißaget.

Sedechias versucht es auch das Joch der Babilonier abzuschütteln; Nabuchodonosor belagert Jerusalem; erobert; verbrannt den Tempel; zerstört alles; der Greis, die Jungfrau, und der Säugling sind der Raub des blutigen Schwerts: die Söhne des Königs, und die Vornehmsten aus Juda, welche in der Flucht ergriffen wurden, ließ er hinrichten, dem Sedechias aber die Augen ausstechen, und mit dem übrigen Volk in Ketten nach Babilon führen. Mit dem Tode des Sedechias hatten zwar die König in Juda namentlich ihr End; aber eine höchste Gewalt blieb immer noch bey dieser Zunft auch während der Gefangenschaft. Jtzt stieg der Hochmuth des Siegers über alle Gränzen; Nabuchodonosor läßt eine Statue von Gold errichten, und sich als Gott anbethen. Drey hebräische Knaben beleidigen seinen Stolz; sie werden in den Feuerofen geworfen

fen, und loben Israels Gott: er aber, der Gottesläſterer, ſtürzet vom Thron, und wohnet ſieben Jahr unter den Thieren des Waldes. In dieſer Erniedrigung erkennt er den Herrn, deſſen Knechte die Könige ſind, und preiſet ihn. Esdras und Habacuc weißagen; auch Daniel hat neue Geſichte.

Die aſſyriſche oder babyloniſche Monarchi erloſch. Cyrus, König in Perſien, und Darius aus Medien, belagerten Babilon, darinn izt Balthaſar herrſchte; dieſer ſah gegen den flammenden Leuchter die Hand ſein Urtheil ſchreiben: Darius vollzogs noch dieſelbe Nacht, und ward Babilons Herr. Daniel, mit neuen Würden bekleidet, war izt mit dem König in Medien, wo ihn der Herr in der Löwengrube ſchützte: dort ſah er das Geſicht der Offenbarung von Chriſtus der ſiebenzig Wochen. Darius ſtarb, und Cyrus war der Monarch. Geneigt gegen das Judenthum, erlaubt er den Gefangenen wieder nach Jeruſalem zu kehren, und ihren Tempel zu bauen. Sie machten auch wirklich den Anfang, aber immer kamen Hinderniſſe fortzufahren. Darius Artaxerxes gab ihnen neue Erlaubniß. Aggäus, Zacharias weißagen. Am Tempelbau wird ſtandhaft nun fortgefahren, ſelber endlich vollbracht und eingeweiht. Doch, die Stadt lag noch in Trümmern.

Nee=

Neemias, der Mundschenk des Ataxerxes Longimanus, bewog den König, daß den Juden itzt auch vergönnt wurde, die Stadt zu bauen; sie bauten schnell auf, das Schwert in der Hand. Esdras aber giebt sich alle Mühe, das Volk zu bilden. Asuerus herrscht, vor dessen Angesicht Esther Gnade fand, die Redlichkeit des Mardochäus belohnt, und Minister Amon an Galgen geknüpft wurde. Malachias weißaget.

Auch die persische Monarchie zerfiel. Alexander der Große überwand den Darius, und die griechische Monarchie erhob ihr Haupt. Dieser König zog auch vor Jerusalem, durch Waffengewalt sie zum Gehorsam zu bringen; aber die ihm entgegen kommende Priesterschaft in heiligen Gewanden lenkte das Unheil ab, der Sieger opfert im Tempel. Durch Alexanders Tod wurd auch das Reich der Griechen getrennt, das der Sterbende unter seine Kriegsgespielen austheilte.

Bald darauf herrscht in Aegypten ein König, Ptolomäus Philadelphus, ein Gönner der Wissenschaften und Künste, der Stifter einer der kostbarsten Bibliotheken der Welt. Er ließ durch siebenzig Dollmetscher die bekannten Bücher des alten Testaments aus dem Hebräischen ins Griechische übersetzen. Nicht lange darnach wurd auch das

Buch

Buch der Weisheit durch Jesus, den Sohn Sirachs, ins Griechische gebracht.

Siegreich waren schon damals die Waffen der Römer in Asien; Antiochus, der große König in Syrien, wird von dem Feldherrn Scipio überwunden: nur unter dem Gesetze des römischen Tributs wurd ihm noch ein königlicher Schein gelassen. Epiphanes, sein Sohn, aber wird nach Rom als Geißel geführt; dieser wurde nachmal wieder entlassen, herrscht in Syrien, auch eine Zeit in Aegypten: einer der verruchtesten Tyrannen. Durch ihn wurde des Heydenthums Greuel in Jerusalem eingeführt, entweiht Altär und Tempel, geplündert alles Heilige, und mit den scheußlichsten Lastern befleckt; nur die ausgesuchtesten Schurken zu Hohenpriestern bestellt. Dem Judenthume ward unter Todesstrafe gebothen, den Götzen zu dienen; unter diesem ließ Eleazarus sein Leben, und die machabäischen Jünglinge. Um diese Zeit wurd auch in Aegypten der berühmte Tempel gebaut; des frommen Hohenpriesters Onias Sohn ward Hoherpriester dort, und einige tausend Juden flüchteten sich dorthin, Gott nach ihrem Gesetze zu dienen.

Jamnäus Hirkan war der letzte Fürst der Juden aus Davids Stamme. Dann traten die Machabäer ein, bey welchen sich
mit

mit dem priesterlichen Gewalt das Fürstenthum vereinigte. Der Eifer des Priesters *Mathatias* widerstand dem Tyrannen Epiphanes; durch ihn wurde die Entheiligung gerächet, und reiner Gottesdienst wieder hergestellt, denn er bestellte den Judas und Simon seinem Volke zur Rettung.

Judas war also Fürst und Hoherpriester zugleich. Er entriß noch das Judenthum dem Untergange, dem es sich nahte, überwand ringsum alle seine Feind, und rächte die Entweihung, reinigte den Tempel, und die heiligen Orte, zerstörte das Göhenthum, und stellte wieder gesetzmäßigen Gottesdienst her. Er stand auch mit den Römern in festem Bündniße, so groß war sein Ansehen. Der Held starb in der Schlacht gegen den Demetrius, König in Syrien, und hinterließ der Nachwelt seine Bewunderung. Nach ihm regiert Simon, welcher nach glorreichen Thaten meuchelmörderischer Weise das Leben verlor. Auf ihn folgt Johannes Hirkan; nach diesem *Aristobolus*, der sich selbst zum König krönte; dann *Alexander Jamnäus*, ein Tyrann, wegen der Menge Hingerichteten nur der *Kreuziger* genannt. Nach seinem Tode saß am Ruder seine Gemahlinn *Alexandra*; Hirkan, ihr Sohn, war indessen Hoherpriester. Sie starb, und weil ihre Söhne, Hirkan und Aristobolus, über das

Regi-

Regiment nicht einig werden konnten, und jener sich bey der Römer Feldherrn Pompejus, welcher zu Damascus war, beklagte, zog dieser vor Jerusalem, belagert und erobert den Tempel, ließ aber übrigens alles unberührt, nur den Hirkan setzt er ins Hohepriesterthum ein; den Vater des Herodes aber, den Antipater nämlich, zum allgemeinen Statthalter, und zog ohne Beute wieder fort. Durch diesen Anlaß kamen die Juden unter der Römer Bothmäßigkeit.

Der große Pompejus wird treulos am ägyptischen Ufer ermordet. Es erhoben sich die Händel in Aegypten; sie zu schlichten war der noch größere Cäsar gekommen: doch, ihn lockt die schlaue Cleopatra ins Netz, und ohne viel zu verrichten, kehrt er nach Rom. Antonius sollt es vollführen; Cleopatra macht ihn zum Sklaven, an die er ganze eroberte Königreiche verschenkte. Oktavius kam von Rom, ihn zu bekriegen, siegt; Antonius stirbt an einem Schwertstiche, Cleopatra setzt sich Nilschlangen an die Brust, und stirbt. Auch Cäsar ward von Verschwornen auf dem Rathhause zu Rom ermordet. Oktavius wurde der Römer oberster Befehlshaber, und unter dem Namen, Augustus, der erste Kaiser.

Indessen hatte der Antipater seinen ältesten Sohn, den Phaselus, über Judäen zum besondern Aufseher, Herodes den Ascalonit, über Galiläen gesetzt. Antigonus, der Sohn des Aristobolus, ruft gegen den Hirkan die Parthen zu Hilfe. Diese führen den Hirkan und den Phasellus gefangen mit sich, und der Ascalonit war selbst in hoher Gefahr. Er entwischt nach Rom, und bringt durch Vorspieglung die Sache so weit, daß ihn der Senat zum König der Juden ernennt. Diese sträubten sich, den Frembling anzunehmen; er aber belagerte Jerusalem, und ward itzt ihr Tyrann und König durch der Waffen Gewalt. Endlich im Jahr, als Christus zur Welt geboren ward, nothgedrungen huldigten die Juden dem Herodes, als ihrem rechtmäßigen Könige. Dann war erst im strengen Verstande das Scepter von Juda genommen.

Jesus in Aegypten.

Ganz nahe dem gebogenen Gestade zieht sich der Weg aus dem Lande der grossen Verheissungen Gottes, Palästina, zu den Götzendienern in Aegyptus hinüber. Ein Berg erhebt sich an der Gränzspitze der Landschaft Cedar, sein Nam ist Casius, an seiner Wurzel von Felsen schlagen sich die Seewellen müde; gegenüber dem Berg schrenkt

E sich,

sich, die Einöde Sur vorbey, eine gewaltige Gebirgkette, von der Sonnen Untergang nach dem heißern Mittag; diese Gebirgkette reicht bis an den arabischen Meerbusen, welcher unter dem Namen des rothen Meeres bekannt ist, dort Pharao mit seinen tausend tausend Wagen, wie Bley untersank, und sein Kriegsheer, und lange noch die Gestade von der Aegyptier Gebeinen weiß waren. Auf der Höhe des Berges Casius stand itzt ein Tempel gebaut, dem Donnergott heilig, oder wie die irrgläubigen Griechen und Römer den Götzen nannten, des Olymps allmächtigem Beherrscher, dem Vater der Götter und Menschen, vor dessen dunkler Augenbraunen Bewegung die Welten alle, die ganze Schöpfung hinunter in ihrem Innersten zittern, dem Jupiter. Diesen Tempel hatten die Römer aus Dankbarkeit gebaut, als sie von der europäischen Zung Italien, von der Mündung des Tibers, in Asien mit geschnäbelten Schiffen anlangten, und die Küsten eines neuen Welttheils das erstemal glücklich bestiegen. Das Bild, so sie in den Tempel setzten, war aus hartem Porphyr gehauen, demjenigen Götzen ähnlich, der zu Rom aus Erz im Kapitolium thronte, zu dessen Füssen die Eroberer nach gesetztem Triumph ihre Kronen niederlegten. Dieser nur von Menschenhänden gemachte Gott saß hier prächtig und erhaben, auf einem großen Ab-
ler

ler mit weit ausgebreiteten Flügeln; die Züge seines Gesichtes waren Hoheit, und feyerlicher Ernst, wie sich ihn nach ihrer Begriffe Möglichkeit die strauchelnde Vernunft, noch von keiner Offenbarung geleitet, vorstellte. Das Gebäu aber war ein länglichtes Viereck, von vielen marmornen Säulen nach der Bauart der Dorier unterstützt, die Säulen mit zierlichen Gehängen von Eichenlaub verbunden, in die Füllungen Adler und Donnerkeule künstlich gegraben. Noch ehevor die Römer von der Tiefe des Landes ruhigen Besitz nahmen, war dieser Berg der eigenthümliche Ort, wo die Heyden ihre Gelübde thaten, und den Göttern reiche Opfer brachten; die Priester übernahmen die Opfer, und gaben dafür den andächtig Verlobten des Orakels Lügen: sie standen verborgen in des Fußgestelles Höhlung, darüber der Gott saß, und brummten mit tiefer Stimme die Lügen. Aber bald sah man auch in Aegyptens Gefilden den Göttern der Römer Tempeln entstehen, und Casius wurde nicht mehr so vielfältig besucht. Nur Juddens Gefilde wurden später entehrt, als Antiochus Epiphanes, der Blutdürstige, Gottes Tempel befleckt, und Herodes, der Kinderwürger, vom Sion herrschte, dann betheten die Heyden ihre Götter auch in Jerusalem an. Itzt stand auf dem Berge nur noch in Ruinen der Tempel, von einem Cederhain umwehst. Aber das Bild von Porphyr saß

E 2 noch

noch auf seinem Fußgestelle fest, den Donner im Arm.

Es kamen Maria und Joseph schon nahe herab gegen die Gränze von Cedar; die himmlische Mutter, ihr holdes Angesicht, ward zum Theil von einem Sonnenhut, aus leichten Pinsen geflochten, beschattet, trug in den Armen das göttliche Kind. Die Sonne neigte sich schon gegen die Tiefe des Meeres, und spielt aus einem Goldgewölke frengebig in glühenden Farben die Stralen auf die Pilgrime von Nazaret. Joseph! sprach Maria zu ihrem Vermählten, sieh, dort weht Kühlung vom Haine, dort oben rauschen die Wipfel der hohen Ceder, sie regen von den Küsten herauf die Meerlüfte; wir wollen das hinwandeln in ihrer Schatten Erquickung aus dem brennenden Sand hier; auch verlangt unser ermüdeter Leib nach seiner Ruhe, dort wollen wir für diese Nacht unser Lager bereiten, denn schon neigt sich tief die Sonne den blauen Gesichtskreis hinunter, sonst überfüll uns die Nacht. Himmlische Gattinn! ich darf doch also Dich nennen? wiewohl Du die Mutter dessen bist, den bey seiner Geburt Schaaren der Engel besangen, unsers hohen verheißenen Meßias Mutter, nach dem schon Abraham im Thale zu Mamre so oft einsam seufzete, und Isaak und Jakob, und alle Väter des Bundes mit heissen bren-

nenden Wünschen verlangten, der von Meer zu Meer, von einem Ende der Welt zum andern alle Völker regieren wird. Du weißt es, daß mein Will immer der Dein ist; wie sehr ich jedem Deiner Wünsche zuvorzukommen suche. Ich eile freudig mit Dir dort oben jenen Schatten entgegen: aber wenn nur nicht wilde Thiere gegen uns im Hinterhalte lauern; hier liegen schon vor uns ganz nahe die Gränzen Aegyptens, das fruchtbar an giftigen Schlangen ist, welche die nähere Sonn aus dem Schlamm, den des Nils Ueberschwemmung immer zurückläßt, zu gräßlichen Mengen ausbrütet; die fürchterlichen Gebirge der Einöde Sur ziehen sich bis an den Saum des Hains herüber: nicht selten mag es geschehen, daß über den Rücken der Berge der grimmige Tieger, fleckichte Pardel, oder brummende Löwen aus den thebäischen Wüsten herüberlaufen: Du siehst auf dem Gipfel des Berges noch die Trümmer eines zerfallnen Schloßes, wohl hundert Jahre sind verflossen, daß keines Menschen Fußtritt dort mehr gewandelt hat, sie sind ißt vielleicht eine Wohnung der Basilisken und Drachen, wenn Dir ein Unheil widerführ, und dem holdseligen Knaben! — Es sey fern von mir, fuhr die Jeßische Jungfrau fort, zu versuchen den so wunderbar über uns wachenden Himmel, etwas zu unternehmen gegen die menschliche Klugheit, wenn nicht
Iko-

klar Gottes deutlichere Stimme gebiethet; zwar steht es in den Versen geschrieben, welche auf dem Psalter Davids, der Mann nach dem Herzen Gottes, herabsang: Du wirst über die Schlang unverletzt einhergehen, und den Basilisken, Du wirst zertreten unter Deinem Fuße den Löwen, und den scheußlichen Drachen; doch, die Anwendung dieser Stelle mag wohl ein erhabneres Geheimniß bedeuten, als die Zufälle der Wanderer sind: lassen wir sie schwanken um das zerfallne Schloß die umschattenden Ceder. Dort jenes kleine zahme Gebüsch, das sich längs das weiße Ufer hinabzieht, nimmt sicherer uns in seinen freundlichen Schooß auf, da wollen wir ruhen vom ermüdenden Wege. Sie wandten sich rechts von der Straße, welche nach Aegypten führt, gegen das zahme Gebüsch an des Meeres Ufer.

Noch saß voll Ernst auf seinem Fußgestell im zerfallnen Tempel der Donnergott aus Porphyr, Jahrhunderte nicht zu stürzen, so fest und sicher mit Stangen von Eisen angeschmiedet war er, die Fugen eingegossen mit zerlassenem Bley, daß ihn auch das Beben der Erde nicht so leicht aus seiner Stelle verrückte; die unglaubliche Schwere noch unberechnet, mit welcher der Stein des Riesenbildes auf das Fußgestell niederdrückte, dieses den Felsen. Noch wandeln die Pilgrim
gerad

gerad nach dem Ufer hinunter, Gottes Sohn lag im Arme Mariens, und lächelte zu seiner menschlichen Mutter hinauf. Der Abendschimmer, mit den Stralen vermischt, welche der göttlichen Bildung Jesus entflossen, spielte mit unaussprechlichem Glanze zurück auf der heiligen Jungfrau Angesicht; zweymal blieb der Sohn Davids staunend stehen, sich lehnend auf seinen Stab: solch eine Schönheit der Züge hat er noch nie im Antlitze seiner himmlischen Gattinn gesehen, so frisches Rosenroth niemals auf der Wölbung der jugendlichen Wangen, und mit so reiner Milchfarbe bedeckt die hohe Stirne, vom dunkeln Haare, welches durch die stäte Bewegung das Haarband von sich ließ, umwallet. Joseph, ein weiser Mann, wie er war, denkt an nichts Außerordentliches; die untergehende Sonne, der Widerschein dieses herrlichen Abends von des Meeres Spiegelfläche, das Abprellen der Stralen vom Rosengewande, und den weißen Leinen des Kindes sind dieses Schimmers Ursachen, so denkt er bey sich, nicht von Philosophi, und höherer Kenntniß der Wissenschaften, von Erfahrung nur, von Vernunft geleitet. Itzt lag vor ihnen eine gähe Vertiefung, diese hatten die Meerwellen ausgespühlt, dann wächst die Höhe des Nils, erhebt sich auch mit ihm das benachbarte Meer, welches hier an die Küsten schlägt, und setzt einen großen Theil des sesten Landes unter Wasser. Diese Gähe zu vermeiden, und doch an die zahmen Gebüsche zu kommen, beschlossen sie seitwärts sich gegen den Berg Casius zu wenden, und durch einen Bogengang niederzusteigen in die Schatten; schon ergriff Joseph den Zaum des lasttragenden Thieres, und lenkt es herüber: nur verweilte noch die langsamer wandelnde Maria auf des Meeres Schimmer zu blicken, der mit der funkelnden Sonn immer stralender wurde. Schnell wandte sie sich itzt mit der süßen Bürd im Arm, ihrem Manne nachzueilen; aber indem sie mit Jesus sich wandte, gegen des Heydenthums Greuel sich wandte, erschrack in ihren Tiefen die Erde, vom Schauer der gegenwärtigen Gottheit ergriffen; der Donnerer sammt dem Fußgestelle stürzt von den Höhen herunter: über dem Schutt wirbeln weit in die Luft hinauf des Staubs Wolken.

Die Reisenden stiegen hinunter, dessen unwissend, was in der Ferne geschah, und verkürzten sich den Weg mit süssen Gesprächen über die Schönheit der Natur, und diesen herrlichen Abend; itzt standen sie an einem zertrümmerten Steine, von stillem Moose bewachsen: wer ist wohl dieser Unglückliche, sprach die Menschenfreundliche, der hier an des Meeres Ufer sein Leben ließ, kaum als er an das erseufzete Land stieg? Hier seh ich Buchstaben gegraben im zerfallnen Marmor, und er streifte zurück mit dem Stabe

das

das ruhige Moos; doch nicht die Sprache der Israeliten sind diese Zeichen? Als noch in des Tempels Wohnungen verschlossen Anners Tochter sich aufhielt, ward ihr unter Anderen auch die Kenntniß von der Lateiner Sprache, die Mundart der Griechen und Römer beygebracht. Dem Helden hier, erwiederte sie mit sanften Worten, haben dieß Grabmal die Römer gesetzt, das ist noch zu erkennen an der Buchstaben Ueberrest; wessen Asch im Topf aber hier eingesenket war, erklären die abgebrochenen Zeilen nicht mehr: der Dürftigkeit Hand haben einem erhabnen Menschen wohl dieß Denkmal errichtet, man sieht an Allem die Ersparniß der Kosten. Es war das kleine Grabmal des großen Pompejus, welcher zwar dem Rufe nach in Palästina bekannt war, aber daß hier das Behältniß seines Staubes wäre, das wusten sie nicht. Doch, im Innersten gerühret, betrachteten sie das zerfallene Grabmal des tapferen Römers, welcher den Orient und Occident bezwang, und des grossen Mitribates Ueberwinder war, sie weilten bey des geringen Erdhaufens Einsamkeit, und der Verwesung Stille, bey dieses Mannes Vergessenheit, dem starken Beweis, daß außer der Tugend, welche die Ewigkeit lohnt, alles auf Erden eitel ist. Sie verliessen mit einem Seufzer das Grabmal; über die jugendliche Wangen der Mutter rollt eine Thräne, die

Abend-

Abendsonne stralt in die Thräne, wie auf den Regentropfen, der von der Rose Purpur fließt. Immer wein ich vor Freuden, sprachen im Fortgehen ihre süssen Lippen, wenn ich an Tod und Verwesung gedenke, wie auch die Natur zurückschauert bey seiner Gräßlichkeit Anblick; wenn die Seele, von der Bürde des Leichnams entfeßelt, den Flug der Verklärungen fliegt, vernimmt das Halleluja am Thron und der Harfen Gebeth, ihr nur des großen Räthsels von Anfang des Lebens, unsers Lebens am Grab aufgelöst ist, und sich über glänzende Stuffen immer näher, näher immer, zur Erkenntniß der Vollkommenheit schwingt, und des ewigen Wesens Göttlichkeit. Aber ich betraure die Menschen, welche, vom Leichtsinne beherrschet, des göttlichen Wesens ihrer Seele vergessen, einer Seifenblase der Eitelkeit nachjagen, und eines zergänglichen Ruhmes wegen alle die Beschwerden des Lebens auf sich nehmen. Ein grünender Zweig, von Lorbeer gebrochen, ist oft alles, was sie durch blutige Wunden erkämpfen, und den rinnenden Schweiß; niemals wieder zu welken, schatten oben die Bäume des Lebens, tragen Palmen und Kronen, mit denen geschmückt die Sieger des Himmels, Erben einer Seligkeit sind, welche kein Undank der Nachwelt mehr trübet. Doch, der Allgütige kann auch nur die Boshaften verdammen, welche das Laster wegen dem

Laster

Laster lieben, nicht die Irrende nach falschen
Begriffen, daran Erziehung und eine Religion schuld sind, in welcher sie geboren wurden,
und deren Irrthum aus Mangel besserer
Kenntniß ihnen ganz unwillkührlich war. So
dachte die weisere Israelitinn, weit entfernt
vom unbescheidenen Eifer, mit welchem des
Heiligthums Lüge sich brüstet, und die Unwissenheit im Chorrocke. In solche Gespräche vertieft, erheitert durch belohnende Blicke
des Knaben Jesus, langten sie bey der ge-
wünschten Dämmerung des Schattens an.

Es waren dunkle Büsche von schlanken
Pappeln unterbrochen, und zwischen sie eingetheilt runde Sycomoren, die sich in verschiedenen Krümmungen bis an des Meeres
Ufer hinabzogen; nicht selten war auch schon
der blätterreiche Paphus untermischt, ein sehr
schöner Baum, welcher vielfältig in Aegypten
wächst, und zu jeder Zeit goldgelbe Blüthen,
und süsse Früchte trägt von der Farbe des
Purpurs. Die Ermüdeten sanken nieder in
die Wölbung der tiefesten Dunkelheit des
Schattens, gegen sie herauf wehten lieblich
die Winde, mit Wohlgerüchen beladen, vom
südlichen Meer, und trockneten von der Stirne der Müden den Schweiß. Hingeflossen in
der Labung vom brennenden Strale lag voll
Anmuth die Mutter des Herrn, das holde
Kind neben ihr auf weichem Grase: freyge-
big

big streuten zwar die dicht belaubten Aeste den Schatten herunter, aber klare Widerscheine der silbernen See spielten mächtig darinn, und webten die'engelreine, wunderbar Licht und Schatten zusammen schmelzend, in unvergleichlich milden harmonischen Schimmer. Von der Abendsonne zur Hälfte beschienen, rastete Joseph im Schlagschatten, den eine hohe Pappel kühn in das Buschwerk herüberwarf; mit einem Arm hielt er an sich das lechzende Lastthier, auf den andern gestützt ruhete sein männliches Haupt, und sah froh in die Ferne mit wehendem Haare. Das schönste Bild einer irdischen Landschaft, dessen Aehnlichkeit noch niemals ein malerischer Pinsel entwarf, war ist diese Gegend, in ihrer Einsamkeit die heilige Familie. Doch unsichtbar waren um sie die Himmlischen zu Schaaren versammelt, und genossen ist auf Erden einer überschwenglichen Seligkeit, der nahen Gegenwart Gottes, ins Fleisch der Sterblichen gehüllet. Einige der Engel umarmten sich liebreich: so umarmen sich Brüder, wenn sie, grosse Thaten zu vollführen, seinem Sohne der König zu Gefährten gesandt hat; ihnen schlugen vor Freuden tönend die Flügel, sie umflatterten wirbelnd die leichten Gewande von Luft. Andere sassen in Gesträuchen, von ihrer Glückseligkeit Gefühle durchdrungen, und sangen mit süssen Stimmen prophetische Lieder von Josephs

Ge-

Gesicht, und Jakobs Thränen, aus dem blutigen Rocke, und des Jünglings Erhöhung, und der Umarmung Benjamins und Josephs. Mit fliegenden Armen, rührten andere, welche daneben standen, die glänzende Saiten, es schwangen sich die Saiten leichter, wie vom Hauche des Mayenluftes bewegt die Faden des Spinnengewebs, in der Krümmung der Harfe, sie schwurrten oder lispelten leise nur, je nachdem der Gesang ruft oder schmolz, und das Echo der Gebirge gab fröhlich Harfen und Lieder zurück, doch Jesus nur hörbar. Wieder andere wandelten, in grosse Gedanken verloren, an des Ufers weißem Gestade; mit ihnen bewegten sich die goldenen Stäbe, auf ihren Häuptern funkelte der weit umher glänzende Kranz, und die zur Reis aufgeschürzten Gewande wallten in weiten, oft gedrängten Falten, bescheiden und prächtig zurück; zwischen der Wandelnden Füß, und den beweglichen Stäben blizte das Meer durch; und seitwärts nur beleuchtet, waren sie gegen die Stralenmilde Jesus ein majestätisches Dunkel, das mit verlängerten Schatten, wie vielfärbige Wolken in schimmernden Säumen, das liebliche Abendroth langsam vorbeyschwebt. Diese sprachen Vieles von der seligen Zukunft der Christen, und den goldenen Stühlen, welche seit Luzifers Sturz einsam nur stralten, izt bald nun darauf das Menschengeschlecht erhöht werde;

und

und sie bebten vor Wonne, die Kinder des Fluchs, die sie von ihrem Entstehen so zärtlich liebten, wenn sie die Strafen der Sünde geduldig, und in ihrem Herzen zerknirscht ertrügen, auch im Erbtheile des ewigen Vaters zu sehen: doch, der Versöhnung großes Geheimniß war auch ihnen verborgen, das wusten sie nicht, wie Jesus Christus als Priester und Opfer den erzürnten Richter versöhne. Doch, viele der Engel hielten sich in der lazurnen Luft, sie sahen mit Inbrunst herab auf Bethlehems Kind; flogen oft in wunderlichen Reihen seltsamer Figuren, drängten sich dann wieder in schimmernde Haufen zusamm, wie am Firmamente die Sternbilder sich sammeln, oder die Milchstraße sich ausdehnt; bald wölbten sie prächtige Bögen, und bildeten über Jesus einen lebenden Thronhimmel.

Nachdem Joseph eine Zeit ausgeruhet hatte, stand er auf, etwas Speise zu holen, und erquickenden Trank. Die Gottesgebärerinn hob itzt in ihren Schooß den lieblichen Knaben, um seine zarten Glieder frische kühlende Leinen zu wickeln; sie vergaß itzt im Muttergefühl auf die Hoheit des Meßias, die Ehrfurcht ließ Raum der zärtlichsten Liebe, sie bedeckt ihn mit Küssen, schwingt mit Freude bebenden Armen empor, drückt ihn ans Herz, deckt ihn wieder mit Küssen:

O Du

O Du, der Du mir in Bethlehems Thal warst! lispelte sie mit sanften Lippen, welche Freuden gießest Du über mein Herz aus! wie reichlich belohnest Du der Mutter Leiden: o, meine Seele schmilzt bey dem Anblicke, wie der Balsam beym Anblicke der wärmeren Sonn in den Gärten Engaddi! mein Geist hob sich mit Eifer zum Himmel, wenn ich im Tempel auf die Psalter horchte, und der Leviten Gesang; ich glaubte dann vor Gottes Throne zu stehen, und die Preißgesänge des Himmels dem Ewigen und Allmächtigen tönen zu hören; oder war ich in mein Bethzimmer verschlossen, und bethet im Stillen zu dem Gott unserer Väter, auch dann schmolz meine Seel inniglich; aber das fühlt ich niemal, was ich bey Deinem Anblick empfinde, so schmolz meine Seele niemal; Du mir mehr als Psalter und Levitengesang, mehr als Tempel und Arche; sollte mein Gefühl von sich selbst bekennen, Du bist ihm noch mehr als der Himmel. Gott Israels, und meiner! und sie heftet ihre schöne Augen zum Himmel, sollt ich straucheln auf dem Pfade, den Du mir zu wandeln gebothst? Dir doch allein gebührt Anbethung und Dank und Liebe! o, so halte mich Dein mächtiger Arm, daß mein empfindsames Herz nicht überschreite die Gränzen, die Du ihm vorgezeichnet hast. Aber sie blickt wieder auf Jesus, schwieg, izt drückt sie feuriger ans Herz

Herz, bedeckt ihn brünstiger mit Küssen, saß betäubt und verstummend, umarmend mit Ungestüm: sie konnte nicht anders, denn Gott war bey ihr, und Gottes Liebe riß sie zu sich.

Joseph, der indessen aufgestanden war, öffnete das kleine Behältniß ihrer Geräthschaft, nahm davon einen Kuchen aus Weitzen gebacken, einige gedörrte Datteln, und etwas Reis, und sönderte sie zum beschiedenen Mahl; auch pflückt er im Vorübergehen einige Früchte, welche mit einladenden Farben zu ihm herablachten, denn in dieser wärmern Gegend reifen sie schon mit des Sommers Anfang; die Engel bogen zu dem Verlangenden die Aest herab, er aber wähnte, sie krümme nur des stärkern Abendwindes Herübersausen, und brach ohne Stolz, daß ihm itzt Wunder geschehen, die Früchte. Die Flaschen der Kürbiß waren leer, welche sie zur Labung, von der letzten Einkehr gefüllt, mit sich genommen hatten; die Hitze des brennenden Tages hat den Ueberrest der Feuchtigkeit in ihrer zarten Schal aufgetrocknet, was nicht der heiligen Pilgrimme Durst verschlang: er gieng hinunter die Felsen, eine lebende Quelle zu suchen; doch, der Nährvater Jesus würde lange vergebens gesucht haben, denn hier an diesem trocknen Gestade sprudeln keine Quellen, hätte nicht einer der
Engel

Engel schnell aus Aegypten herüber eine Quelle geruffen, die Trockne des Gaumes hätt umsonst nach Labsal gelächzet. Doch, der Sucher war über den Gedanken der Außerordentlichkeit erhaben, er sah aus dem geborstenen Felsen zu seinen Füssen sprudeln eine lebende Quelle, füllte die Flaschen, und trug sie voll seliger Einfalt zurück. So wendet oft wegen dem Gerechten Gottes Weisheit den Plan natürlicher Ordnung, dem Menschen seine Liebe zu zeigen; der Begnadigte zwar, welcher sich der Wunder ganz unwürdig hält, wähnt, er wandle, wie sein Bruder, den Pfad, und weis hienieden oft nicht, was ihm seine Demuth verdient; erst am Throne, wann er die Kron empfängt, wird ihm dann geoffenbaret, wie wunderbar ihn durch jenes Thränenthal zu seiner heiligen Stadt Gott führte.

Aber auch Maria erhob sich von ihrer süßen Ruhe, legte noch weicher auf Moos und untergebreitete Wolle das göttliche Kind: aus kurzen Gesträuchen bereitete Joseph zum Feuer einen Haufen zusamm, darunter setzend die Flamme, welche bald das Gesträuchwerk ergriff und brachelte; ein kleiner Kessel von Metall, mit Wasser gefüllt, drückte nieder den vielfachen Flammenarm, in den Kessel aber warfen sie den Reis, daß ihn die Hitze des siedenden Wassers erweiche: indessen lösten ften sie aus den Datteln die Körner, nachdem sie selbe in einem besondern Geschirr hatten schwellen lassen, dem eingekochten Reis Süße zu geben, auch von der Zimmetrinde guten Geruch. Das kleine Gericht war zubereitet, und die Mutter gab dem Sohne des ewigen Vaters diese geringe menschliche Nahrung, welcher sie, gleich andern Kindern, durch Hunger gereizet, begierig hineinschlürfte. Wie wünschten die anbethenden Engel dem Meßias dienen zu dürfen, und auf Schalen von Gold und stralenden Cristalen der besten Speisen Auswahl auf seine Tafel zu setzen: aber er, welcher einst der Erde geboth, das grünende Kraut hervorzubringen, und dem heraufschießenden Baum Früchte; welcher an dem Himmel die Lichter gesetzet hat, und dem Meer im Sturme befahl herüberzurauschen; welcher selbst dem Engel, der Sterblichen Geist, und jeder lebenden Seel aus dem Nichts heraufzuschweben winkte, war nicht gekommen in der erniedrigenden Pracht, in welcher die Könige der Erde kurzsichtigen Augen groß scheinen; er war gekommen, die Menschen im Elende die Wahrheit zu lehren, und um hinreißendes Beyspiel der Duldung zu geben, auch, wie sie, alle ihre Schmerzen zu tragen, und das Ungemach dieses Lebens am Grabe.

Aber auch die liebenswürdige Aeltern brachen ihr Brod, und genossen die sparsame Abendmahlzeit. Sie würzten die Speise mit annehmlichen Gesprächen, und freuten sich ungemein im Schimmer der untergehenden Sonne, welche unbeschreiblichen Glanz auf die Meerfläche vor ihnen her streute; das Meer schien flüßiges Gold, am Firmament aber spielten alle Farben, wie Schmelzwerk im Feuer. So prächtig erscheint Gott in seinen Werken, sagt itzt die hohe Maria: auch alle leblose Geschöpfe sind mit einer wohlbeherrten Zunge begabt, und predigen von seiner Allmacht, seiner Weisheit, seiner Schönheit; erwecken in uns nach einer höhern Glückseligkeit brennende Begierden, dieser Wonne beständig zu genießen, welche doch itzt immer mit Traurigkeit wechselt. Wie muß der Schimmer jener seligen Gegenden seyn, wo keine Sonnen mehr untergehen, kein Gewölk des ewigen Tages Klarheit mehr trübt, keine Nächte, keine Finsterniß mehr seyn werden, Gott selbst ihnen die unauslöschliche Leuchte ist, welche er zu seinem ewigen Anschauen versammelt hat! o Joseph! wie schlägt mein Herz von heissen, immer gewaltigeren Begierden empor; wie jauchzet mein Geist, wenn ihm das ruhige Gewissen diese künftige Wonne verheisset; auch ich werde einstens vor dem Allmächtigen stehen, ihm ins Antlitz schauen, um mich her versammelt sehen alle

F 2 Väter

Väter des Bundes, der Engel Chor alle, und auf einem erhabnen Throne — ihr stürzten der Freude Thränen die Wangen herunter — in göttlicher Glorie sehen — sie blickte, faltend die Händ, auf Jesus hinüber — diesen seinen heiligen Gesalbten, ach unsern Meßias, den Retter Israels, meinen Sohn. Sie schwieg, ihr Herz zerfloß inniglicher in Liebe: von jener Seligkeit Empfindung, dem Gefühle der gesättigten Wünsche, überfloß die begnadigte Seele Mariens. Ihr irdisches Leben wäre der Freudenlast unterlegen, hielt es die Allmacht Jesus nicht, stärkt er es nicht, auch die Last der Leiden zu tragen; denn ach! von der Wehemuth Kelch flossen izt einige bittere Tropfen hinunter, ach, sie fühlt wieder in ihrer Seele das Schwert, von dem Simeon zu ihr sagte. Vergieb, o vergieb du Gott meiner Väter mir, ruft sie mit Demuth zum Himmel: ich sah zu früh noch die junge Palme, die erst sproß, sie muß ein großer schattichter Baum werden, Kühlung wehen, und Labsal dem eilenden Wanderer, mit Schweiß und Staub bedeckt, bis sie verdient gebrochen zu werden: ich denk an die schimmernde Kron, und hab noch nicht gekämpft: steh erst am Eingange meiner Laufbahn, noch ferne bis an das Ziel hin ist mein Weg: von Deines heiligen Bundes Laub flehen mir hinüber, dort erwarten mich herbe Leiden, das spricht zu mir Dein heiliger Geist, Seelen zerspaltende, wenn wir wieder zurückkehren. Wie bereit ist nicht mein Herz alles zu dulden, wandeln nach Deiner göttlichen Anordnung durch dieses Thränenthal: nur halte mich Dein mächtiger Arm, daß ich nicht erlieg, eine Tochter Evens, daß ich nicht unterliege den Gebrechen, der Schwäche des Fleisches: ach! vielleicht wird ein stürmender Morgen mich dieses herrlichen Abends vergessen machen, vielleicht erwacht die Sonn im Donner, welche izt mit Vogelgesang im Gold und Purpur belohnend hinabsinkt; allein, ich will sie alle gern tragen die Leiden! hier an dieser Quelle, welche von Milch und Honig strömt, wird sich mein duldender Geist wieder immer erholen, läßt mir der ewige Vater dieß Kind, welcher Schmerz wird diese Freuden überwinden? Sie legt auf den Knaben ihr Angesicht, schlingt beede Arm um ihn, ihr Herz schlägt mit neuem noch nie empfundenem Gefühl Jesus entgegen. Sie blieb lange bewegungslos und stumm in dieser Umarmung.

Joseph war indessen besorgt, für Maria und das göttliche Kind ein bequemes Lager zu bereiten; er legte ruhiges Moos in die Tiefe der Höhlung einer nicht fernen Grott, umschattet von Cedern; streute des wilden

den Feigenbaumes breite Blätter darauf, und entwickelt darüber eine Decke von Schafwolle, die anderen ließ er zusammengerollt daneben zum Hauptkiß. Dann hieb er mit der schweren Axt, von Palmen die schwankenden Aeſt, aus dem niedern Staudenwerk, das in Menge umherwuchs, Stäbe; pflanzte dann die Stäbe vor dem Eingange der Grott, und flocht in selbe die biegsamen Palmen ein, daß ein starker Zaun entstand, dem Eingang der Thiere zu währen. Bis diese Arbeit vollendet, und auch die Speisgefässe wieder in reinlicher Ordnung waren, dieses verrichtete die hauswirthschaftliche Gattinn mit heiligen Händen, funkelte schon hell am dunkelblauen Himmel der Abendstern; immer mehr und mehr entzündeten sich die Lichter des Firmaments: ihre kleinen Widerscheine lagen, wie glimmende Funken, auf der weiten Oberfläche des Meeres; endlich schwang auch der Mond über Arabiens Gebirge seine hellschimmernden Hörner, erst vier Tage waren verflossen, als sein Kreis noch voll war, und goß in die Fluthen den Lichtstrom. Maria, auf den Armen das holde Kind, trat hinein, zu ruhen in der Tiefe der Grotte; Joseph legte sich seitwärts, in seinen Mantel gewickelt, vor den Eingang neben dem grünenden Zaun: die Eselinn kaute ihr Futter, an einen Pfahl gebunden, und der Mond warf verlängerte Schatten über die Schlafenden

Salo-

Salomons Ruhebett bewachten Schaaren der Engel, weil ihm das Kleinod himmlischer Weisheit anvertrauet war: welche Legionen, Miriaden der Engel werden um denjenigen gewacht haben, der, in Sterblichkeit gehüllt, selbst die Weisheit im Schooße des ewigen Vaters war, und ist auf Erden im süßen Schlafe lag. Dieses war der Dienst der Himmlischen, welcher dem Gottmenschen gebührte; zwar er, welcher jedem aus uns einen schützenden Engel beschied, daß selber uns auf allen Wegen bewahre, bedarf keiner schützenden Legionen, Miriaden nicht, er, welcher allein von Ewigkeit war, ehe noch sein allmächtiger Wink Geschöpfen aus Nichts hervorzugehen befahl. Doch schuff er sie, ihnen seine Herrlichkeit zu zeigen, Werk unbegreiflicher Liebe zu vollenden, darum baut er der Schöpfung herrliches Werk, und schmückt es mit lebenden Kreaturen aus.

Aber selbst die Engel wußten die Erfüllung dieser erhabnen Thaten noch nicht; nur Anbethen in tiefer Ehrfurcht Gott in diesem wunderbaren Geheimniß war ist ihr unabläßiges Werk: die Heeresführer des Himmels aber brachten ihnen von Zeit zu Zeit vom Thron, ihrer zu verrichtenden Geschäfte neuen Befehl. Die himmlischen Geister, deren durchdringendem Blicke kein Körper, er möcht auch noch so dichte seyn, widersteht,

welche

welche die Kräfte der Natur genauer nun kennen, als der durch Erfahrung und Wissenschaft unterrichtete Mensch, ahndeten schon frühe des kommenden Tages Schrecken, noch bevor sich ihre Zeichen erhoben; allein, sie hatten keinen Befehl zu bändigen der Elemente Kräften, welche sich bald zu einem fürchterlichen Kampf aus dem Gleichgewichte warfen. Ein leichtes falbes Gewölk, hie und da mit dunkeln Streifen unterbrochen, schlich langsam den Gesichtskreis herauf, als der Himmel noch mit Sternen ganz besetzt war: der Schiffer des Weltmeeres kennt diesen Vorbothen des erschrecklichen Orkans, er ruft dann ungesäumt seine Matrosen zusamm; jeder erinnert sich schnell des Befehles, der ihm zu befolgen ist: einige klettern, wie schnellfüßige Gämse, die Masten hinauf, lösen von Banden die gewölbte Segel, rollen eilend mit ihnen die Masten hinab, die Masten stürzen nach ihnen in die Höhlung des Schiffes. Geschlossen werden des Schiffes Oeffnungen alle, dem Eindringen der Fluthen zu wehren; selbst der Steyermann hat nicht mehr die Freyheit, nach dem grünen Meere mit runzlichter Stirne zu schauen, beym Laternenschimmer beobachtet er die unstäte Magnetnadel, und lenket nach Bedürfniß das Ruder. Alle Plätze werden doppelt und dreyfach besetzt, schleuniger Hilfe zu leisten, so harrt Alles mit klopfendem Herzen in banger

Er-

Erwartung des Untergangs ihrer schwimmenden Welt. Es kreuzten itzt viele Fahrzeug auf der mittelländischen See: sie hat alle Entsetzen gefaßt; der Gedanke des Todes breitete sich schon dunkel über ihnen aus, als sie das Wölklein erblickten, wiewohl übrigens der Himmel noch ganz heiter war; sie thaten ihr Bestes, und versicherten ihre Schiffe, wie der Menschen Hilf es vermochte, vom Untergange.

Ueber die Gebirge von Aegypten und Juda war schon der röthliche Morgen niedergestiegen; mit Anbruche des Morgens, so war der Heiligen Haushaltung beständige Ordnung, erhob sich von der Ruhe Maria: sie weckte vom Schlafe, wenn er von den ermüdeten Sinnen der Jungfrauen ungewöhnlicher wich, der frühere Joseph. Das war die Losung, die sie sich gaben: Gelobt sey der Herr! in Ewigkeit sey er gelobt, der Allbarmherzige, war dann die Antwort. Die Seligste unter den Töchtern Evens, trat dann hervor gegen die Schöpfung, das war ihr erstes Werk, und bethete zu dem Ewigen; ein Gleiches that Davids Sohn; doch jedes für sich, an abgesönderten Orten redeten sie mit Gott, dann kehrten sie ungesäumt zu ihren Geschäften zurück. Maria stand mit ausgebreiteten Armen itzt gegen die Höhe des Meeres, das mit einem prächtigen Dunkel

den

den röthlichen Morgen erhob; dieser Anblick war ihr feyerlich und fremd: sie hatte noch niemals Gottes Allmacht über dem Meere wandeln gesehen, denn Gallilda und Judäa sind durch breite Erdzungen von selbem getrennt. Gebenedeyt sey Dein heiliger Name, fuhr sie in ihrem Morgengebethe fort, vor welchem der Abgrund sich bückt, und die Höhe die Hände faltet, welchen Gewässer und Erden vernahmen, als sie nach ihren Zirkeln sich wälzten, und aus dem Ungestüm in ihre Ordnung traten. Dich loben alle Vögel des Hains: alle Schaaren der Thiere, welche auf Erden wohnen: von dem Löwen mit der prächtigen Mähne, welcher die entfernte Küsten mit Schrecken erfüllt, bis auf diesen niedrigen Wurm, der bey meinen Füssen sich krümmt; der geruchreichen Ameise, die sich mit früher Arbeit beschäftiget, und der kleinen Mücke dort, mit schimmerndem Flügel, welche das Blatt der Weidenstaude leichtathmend hinaufkreiset. Die Flamm und Donner loben den Herrn, der Wolken Ungeheuer im Sturme, der stürzende Regen, und auch du Morgenthau, du lobst ihn, den Herrn, dich hat er, wie Edelstein, auf euch Pflanzen ausgestreuet; o, wie schön zittert ihr im Morgenstral berührt vom Athem des Morgens. Funkelnde Sterne im Gewande der Nacht, Eure königliche Zierde, der freundliche Mond, der Führer im Dunkeln, du, so

vieler

vieler Klagen Behorcher, der Labsal und Milde so manch gekränkten Seelen herabsendet: ihr lobet den Herrn. Die große Leuchte des Tages mit blendenden Stralen, in dessen Herrlichkeit des Menschen Auge nicht zu sehen vermag, unsers Lebens Erhalterinn, aller Kräften der Erde, sie lobet den Herrn, und verkündet allen, denen sie leuchtet, noch vernehmlicher, eindringender, überzeugender seinen heiligen Namen. Doch, ungemessenes Meer, ausgebreitet über den Abgrund, dessen Fernen kein Gesichtskreis mehr einschließt, sich nur in dünne Lüfte verliert, dein beständiges Wallen, dein Leben, mit dem uns aufhörlich du zu mir ans Ufer heraufschlägst: dieß Schallen des Ufers, vernehmlich die Stimmen des Abgrundes; auf den kleinen Wellen beweglicher Schimmer; dieß Dunkelgrün, das darunter heraufspielt; das unerschöpfliche Gewässer, der gewaltige Raum, welcher alles erfüllt: ach, welch seelenergreifende Verkündigung bist Du der Allmacht des ewigen Wesens! Sie bückte sich nieder die Mutter des Herrn, und lag lang in tiefer Betrachtung. Dann erhob sie von der Erde sich, brach noch junge Blumen, mit Morgenduft bestreuet, und trat mit glühendem Dank in ihrem Herzen, zurück in die Höhle, sich zur neuen Tagereis anzuschicken. Auch Joseph hatte schon das Nothwendige zubereitet; noch vor der Morgenstern erblaßte,

wollten

wollten sie von des Meeres Ufer ziehen, und dann von der Höhe des Berges Caßius die Pracht der heraufsteigenden Sonn erwarten.

Aber sieh! auf den Flügeln eines plötzlichen Sturmes wälzten sich der Wetterwolken dunkle Klumpen herauf, rollten mit Ungestüm auseinander, und wickeln Himmel und Meer, den dämmernden Morgen, die vorangeschickten Stralen der heraufsteigenden Sonn in finstere Nacht ein. Von entsetzlichen Windstößen gefaßt, biegen sich alle Bäume bis zur Erde gegen das feste Land rückwärts nieder; es raßelt aus dem Abgrunde fürchterlich, indem das erzürnte Meer heraufwühlend seine vielförmige Muscheln zusammenschlug. Immer stärker stießen die Winde gegen das Meer, und die Wogen stiegen aufgethürmt in Gebirge, sich einander in unzählbaren Reihen verfolgend, an den Himmel, stürzten wieder in gräßliche Tiefen hinunter. Jammernd standen am Eingange der Höhle die heiligen Pilgrim, und rangen die Händ: hätte sie nicht der Trost des Kindes Jesus erquicket, das sie wechselweis anblickten, es wundernd ansahen, wie es zwischen dem Toben der Elemente süß in seinem Bettlein schlief, sie wären vor Schrecken hingesunken.

Doch diese waren nur die Vorbothen des Entsetzens, das izt folgen sollte: das
Bild

Bild des Elendes und Jammers sollte noch in weit gräßlicheren Zügen erscheinen. Zwar heulte der Sturm, es brausten die Winde, die Lüfte pfiffen fürchterlich durch die Klüften der nahen Felsen; krachend schienen die Wolken zu bersten; es donnerte, donnerte, furchtbarer immer von allen Seiten herauf, als wenn mit gepanzertem Gang und ehernen Wägen himmlischer Kriegsheere Schrecken, die Erde zu vertilgen, herankämen; die Blitze zischten von allen Seiten wie feurige Schlangen, zwischen ihnen stürzten Flammenströme. Aber itzt erhoben Wirbelwinde sich, rissen samt ihren Wurzeln aus den Tiefen der Erde die meisten Bäume, welche das Land bedeckten, jagten das Gewell von dem müden Gestad auf die Höhen des schäumenden Meeres, ließen hinter sich schreckliche Furchen, unergründliche Tiefen, bis wieder herüberrauschten mit ausglühendem Gewichte die Wogen des Weltmeeres. Unter diesem Kampfe stürzten Felsen ins Meer, mit ihnen zersplitterte Ceder, und Cypressen und Palmen, und braschelndes Buschwerk; der Donner knallte unabläßlich darinn, schlug bald ins Meer, oder gegen das zerstörte Gestad. Aber noch immer gedrängter wurden itzt der dichten Gewölke Klumpen: nur eine finstere Masse schien Meer und Himmel zu seyn. Itzt schmetterte der Hagel. — Zwo lange Stunden dauerte das Ungewitter, bis endlich die Wolken

ken rissen, und blutroth ihre Stralen die heraufsteigende Sonn auf die Verwüstung herabschoß. Das Ungewitter war izt vorüber, aber noch nicht alle die frühe Schrecken dieses Tages: die Wolken flohen zwar eilend mit der Nacht über die Gebirge nach der Einöde Sur und Pharan; aber das Meer tobte noch unaufhörlich aus seinen Tiefen herauf; die erzürnte Wogen sprizten noch gen Himmel den Schaum, und schlugen mit nicht weniger fürchterlichem Donner das Felsengestad, daß die Erde zittert, und längs die Küsten hinauf fürchterlich widerhallte. Doch, die Fremdlinge waren dieses Anblickes, dieses Getöses, dieses Donner schon Stunden gewohnt: aber neue, ungewöhnliche Schrecken verbreitet in ihnen noch nie gesehenes Elend; sie sahen über die Gähe der Wogen dunkle Flecken glitten, von der Höh in die Tiefen hinunter, schossen wieder empor, und wälzten sich wechselweise dem Aug aus der Ferne gegen das Ufer: es waren Trümmer gescheiterter Fahrzeuge, Tonnen, verschiedener Ladungen Gepäckwerk, auch Kleitungsstücke verunglückter Menschen, welche sie, ihr Leben zu retten, doch wohl langsamer den Tod in den Wellen zu finden, von sich warfen. Mit Seelen zerreissendem Jammer trat die Mutter des Herrn ans Gestade, den Geliebten ihres Herzens, Jesus in den Armen; ihr zur Seite wankt der mitleidige Joseph: das
sind

sind nun die Ueberreste der Hofnungen, öffnete sich der blaſſe Mund Mariens, mit denen nahrungſuchende Menſchen ihr Leben den Gefahren des Meeres anvertrauten; ſie aber ſind hinunter den ſchwarzen Weg in die Ewigkeit. So manch liebendes Weib wird mit verlangenden Armen ihrer harren, ſich und ihre Kinder mit vielen ſüſſen Verſprechen tröſten, diejenige, welche in der Tiefe des Landes wohnen, und nicht ſo gräßlich gehöret haben des Orkans Wüthen, und die fürchterliche Stimmen des Meeres am geſchlagenen Ufer. Ach, ihr Weiber harret umſonſt mit verlangenden Armen: freuet Euch umſonſt, ihr Kinderunſchuld, auf die kleinen Geſchenke, welche aus fernem Welttheil Eure Väter Euch mit ſich bringen. Wie werdet ihr athemlos und ſtumm mit ſtare geheftetem Auge horchen, wann man daſür die Nachricht des Todes Euch bringet, der Entreißung der Broſamen vom Munde, die Euch der Arbeitſam, Unermüdete, mit rinnendem Schweiß verdiente. Muthiger werdet Ihr Eures Unglückes Nachricht ertragen, und ſie blickte mit weinenden Augen das krumm ſich windende Ufer hinauf, Ihr, die das Brüllen der Wogen ſelbſt vernahmet, ganz nah an dem kummervollen Geſtade wohnt, Ihr ſitzt ist ſchon verhüllt in der Mitt Eurer ſchreyenden Kinder im Wittwenſchleyer: kaum ein kleiner Funke der

Hof-

Hofnung, Eure Geliebte wieder zu sehen, glimmt mehr in Euch auf. Noch rinnen die Thränen die blaße Wangen herunter, das ist izt Euer Labsal; aber, wenn Euch auch dieser Trost versagt ist, und Ihr nun nicht mehr weinen könnet, Bilder des Schreckens geworden seyd, und des kalten Schauers: dann hat die Gewißheit des Verlurstes Eure bange Erwartung vorübergerauscht. Hätte sie gewußt, des Ewigen Mutter, daß er, den sie in den Armen trug, mit seiner zarten Hand Erden und Meer und Himmel emportrug, ließ er sie sinken, sie zerstäubten ins Nichts; daß er von den Sterblichen zu ihrem Nutzen das Elend nicht wende, öfter aber auch den Gekränkten Trost herabsende, deren Seelen an den schnöden Gütern dieser Erde nicht kleben, in der Trostlosigkeit aber niemals die zu ihm Vertrauenden untersinken lasse, und Verzweiflung zu ihrer Rettung herbryrufen; daß er sey, welcher dem Sturm und der Welle gebiethet, daß sie verheer, oder schweige, zertrümmere oder stillstehe: mit welcher Inbrunst würde sie zu des Allmächtigen Gegenwart gebethet haben, damals, als der Sturm zu heulen begann; izt, als sie des Elendes der Mütter und verwaisten Kinder gedenket: aber das wußte sie nicht; ihr war das Geheimniß der Menschwerdung eine undurchbringliche Hülle, von der Geburt an bis zur Schmach des Kreuzes, bis Jesus vom Todten auferstand. Sie

Sie verließen den Ort des Grauen und Entsetzens, zogen über die letzte Fläche Cedar, welche sich am Fuße des Casius niederbreitet, und bestiegen den Berg: zwar führet der Weg nach Aegypten nur unten vorbey; er ist aber ganz nackt an Gebüschen und Bäumen, der Wanderer fliehet meistens aus dem brennenden Sande durch die Kühlung des Schattens: auch locket die Aussicht manchen Fremdling dahin, von da die Schönheit des Landes zu sehen, und den siebenarmichten Nil, welcher von jenem Ufer in den Ocean sich ausgießt. Durch dunkle Gebüsche, bald durch lichtern Baumschlag, unter schattenden Palmen, der prächtigen Ceder, der Schatten verbreitenden Sycomoren: zwischen Klippen mit Ephen bewachsen und kriechendem Laub, schreitet man sonst fort; doch itzt war jede Kühlung des Schattens niedergeworfen, jeder Laubengang, zerquetscht jedes zackichte Buschwerk, abgebrochen, und untereinander zerrüttet die Stämme der himmlischen Ceder. Sie beklagten unter lauten Seufzern diesen schönen Schmuck der Erde zertrümmert, des Wanderers vereitelte Kühlung. Dann herrscht wieder Stille zwischen ihnen; tiefes Nachdenken über die Wunder der Schöpfung, und der göttlichen Vorsicht, beschäftiget ihre Seelen. Kein Vögelchen unterbricht mit seinem Morgengesang ihre Betrachtungen, sie sind alle in die Tiefen des Haines geflogen; nicht

der

der Tritt eines Thieres schrecket, der Sturm hat sie alle ferne gejagt: kein Schwürren des Schmetterlings, keiner Mücke Gesums: nur braschelt dann und wann unter der Eselinn Fuß zertretenes Reis, oder ein entlaubter Ast eines verwüsteten Baumes.

Die Helle des Himmels brach nur abwechselnd mit der fernen Oefnungen durch; sie sahen ißt über sich des Jupiters Tempel. Joseph betrachtete mit ernster Miene den vieljährigen Tempel, und seine zierliche Säulen: dieß Gebäu ist einer Gottheit der Heyden geweiht, unterbrach der zärtliche Gatte die denkende Maria, ich vermuthet ehedem ein Schloß; doch lange ward er nicht mehr besucht, eines verlaßnen Alterthums Zeug ist das stille Moos, mit welchem der Stein vielfältig bewachsen ist. Indessen strauchelte der Eselinn Huf, auf welcher Maria saß, in ihren Mantel gewickelt das göttliche Kind: das lasttragende Thier wieherte laut; es waren des Donnergottes Trümmer, welche zerschmettert im Thale lagen; sie hielten erstannend in ihrem Forteilen stille. Da liegt der Gözze, sprachen sie, welchen der heulende Sturm aus seinem Sitze geworfen hat, und herabgeschleudert über die Felsenhöhe; zu ihrer fernern Prüfung war auch ihnen das Wunder des Bebens der Erde verborgen: sie sollten erst durch seine göttliche Lehren, dann durch

durch eine andre Gröſſe der Wunder, von dem Daſeyn Gottes Sohns überzeugt werden. Dieſes Zeichen war nur ein ahndendes Schrecken der zu überwindenden Hölle. Das iſt ein Götze der Römer, und keiner Aegyptens, ſagte die kenntnißreichere Maria: die Götter daroben am Nil haben die Bildung der Thiere, jene aber bethen Tugend und Laſter in menſchlichen Geſtalten an; ſo zu unterſcheiden hatte gelernet die wißbegierige Schülerinn im Tempel. Nicht nur in der Lehre der Pſalmen wurden die hebräiſche Mägdchen, welche dem Tempel ihre Eltern weihten, unterrichtet, in der Weißagungen Geheimniß, in den Künſten der ſüſſen David, und die Tempelharfe feyerlich zu ſpielen, mit lieblichen Geſängen der Saiten Wohlklang vermiſchen; auch in den Geſchichten alt- und neuer Zeiten wurden ſie unterwieſen, der angränzenden Völker verderbliche Sitten zu fliehen gewarnet, von ihres Aberglaubens Thorheiten überzeuget, ſonderbar aber wurden ſie die Weichlichkeit der Römer zu fliehen geheiſſen, welche aller ihrer Ausſchweifungen ſchützende Götter zu haben glaubten. Sie die Pilgrimm erkannten hier die Nichtigkeit eines Gottes, welcher ſich nicht einmal ſelbſt gegen den heulenden Sturm auf ſeinem Fußgeſtelle zu erhalten vermochte, und zum Geſpötte der Vorübergehenden ein zertrümmerter Porphyr auf dem Mooſe lag, nur eine Schutzwehre niedriger Haufen der Ameisen, und der Nester des verächtlichsten Gewürmes. — Aber sie eilten, und wandelten izt mit Jesus hinüber, ohne mehr zurückzuschauen, über des Donnergottes Trümmer.

Nicht lange mehr zog sich aufwärts der gekrümmte Weg, und sie erreichten die Höhe der Gränzen, welche von der Landschaft der Israeliten — izt werden ihre Bewohner Saracenen genannt — Aegyptus schieden. Die Gebirgkette Sur, welche sich bis an die Zunge des rothen Meeres erstrecket, lag nun gerade von ihnen hinüber; entsetzliche Felsen, meistens entblößt von jedem grünenden Kraut, sie spielten aber in den Stralen der Sonne, welche izt wolkenlos über den Horizont stand, von allen Farben; sie sind reich diese Gebirg an kostbarem Marmor, und durchsichtigen Achatten. Gräßlicher stellten sich in die Ferne vor, wiewohl mit blauem Nebel überbuftet, Pharaons Gebirge, welche von Simeons Zunft sich nach Madian erstrecken; sie sind mit schreckbaren Spitzen bewaffnet, unzähligen Felsenthürmen, und sehen verheerten Festungswerken gleich, welche in ihrer Thäler Höhlungen einzustürzen drohen. Dieser Anblick gieng den Reisenden nicht ohne Bemerkung vorüber, um so weniger, als sie nur noch einen kleinen Strich des heiligen Landes sahen: die Mutter Jesus ward in ihrem Herzen

zen gerühret, über den Gedanken, ihr Vaterland das leztemal zu sehen, entschwebet war ihr ein Seufzer; noch sie, des Herrn Magd, sich schnell des göttlichen Befehls erinnernd, bezwang ihr zu menschliches Gefühl, und wandt ihre Augen vom undankbaren Judäa wieder schnell nach Aegypten hinüber.

Aegyptus, dieses herrliche Land, lag zu ihren Füssen niedergebreitet, wie ein vielfärbiger Teppich, durch keine Wüsteneyen verdorben, noch unwirthschaftliche Sandböden; die Natur wurde hier besonders von der Hand des Schöpfers gesegnet: und wenn sie an vielen Orten ernst und unerbittlich auch den Arbeitsamsten erscheint, so ist sie hier einladend geschmückt, und theilet reich ihre Gaben aus, legt sie auch müßigen Menschen in Schooß. Im Sonnenschimmer wälzte sich aus der Thebaine der Nil; er fließt die stolze Piramiden vorbey, Wunder der Welt, welche um Babilon standen; theilet sich dann in sieben glänzende Arme, welche ins Weltmeer sich rauchen: sie werden des Nils sieben Ausflüsse genannt. Am ersten gegen Judäa liegt Pelus, eine Feste von Senacherib einstens, dann Herodes Antipater belagert; Alexandria am lezten aus ihnen, ihren Ursprung dankt sie den Chaldäern, ihre Wiederentstehung Alexander dem Großen, dessen Namen sie auf die Nachwelt

welt trug. Diese Stadt ist berühmt wegen der Handlung der Seefahrer, und vieler Gelehrten Aufenthalt. Ihr Leuchtthurm am Porte streut seine Hellen bis auf des Meeres höchste Wölbungen aus, vor der gefährlichen Strandung die irrende Schiffe zu warnen. Dieß Land, allenthalben vom Gewässer durchschimmert, war ihnen, welche itzt Jesus nach Aegypten brachten, ein herrlicher Anblick: sie hoften, wie ankommende Fremblinge hoffen, wenn ihr neuer Aufenthalt ihnen mit freundlicher Mien entgegen sieht, daß sie itzt leichter Palästinen vergessen werden; sie dachten sich hier eine Hütte des Friedens zu bauen, und von Verfolgungen ferne, vom Himmel geschützt, die Seligkeit häuslicher Freuden, welch unbefleckter Wandel gewährt, vollkommen zu genießen, und mit ganz neuem frohem Herzen ihrem Schöpfer zu dienen. Maria lispelte zu dem göttlichen Kind alle die Freuden, welche ihre Seele durchströmten, dann redet sie zu Joseph von ihres Vergnügens Süßigkeit; dieser dankt mit gefalteten Händen dem Geber alles Guten, welcher mit so viel Weisheit das Schicksal der Menschen regiert, auf empfangene Wunden wieder so heilenden Balsam träufelt, und den Wechsel der Schmerzen und Freuden, zu unserm Heil in des Leidens Kelche vermischet: Jesus belohnt die Glückse-gen mit heiterm Lächeln. Von dieser Wonne

Ueber=

Uebermaß waren alle die Himmlischen gerührt, welche, den Heiland der Welt nach Aegypten zu begleiten, vom Vater gesandt wurden. Jeder sank in des andern Arme mit Küssen des Friedens, wie die Bewohner des Himmels in überschwenglicher Seligkeit vor Gott sich umarmen und küssen; ihre Seelen flossen zusamm, wie ihre Stralen; schossen auseinander, und flossen wieder zusamm; wie der Strom der Empfindung sie fortriß, schwoll, und wieder zurückwälzte: so spiegeln der Sonne Stralen zusamm von leichten Morgenwolken aufgefaßt, welche um ihrer Gebietherinn Aufgang schweben, und spielen auch wieder zurück. Jesus aber war unter den Engeln die Sonne.

Sie stiegen itzt hinab gegen des Nils Schimmer, Maria und Joseph mit dem göttlichen Sohne, von der Höhe der Gränzscheid in Aegyptus hinab; — die Engel schwebten voran.

Von Aegypten, und der Einöde Pharan.

Aegypten wird öfters in der heiligen Schrift die Erde Cham genannt, von dem Sohne des Noe, welcher dieser Landschaft am ersten vorstand: sie war eine der festesten, welche
die

die Erde hat, denn von allen Seiten können die Schiffe nur mit grossen Schwierigkeiten anlanden. Vom Niedergange stößt das trockne Lybien an; von Orient wird sie durch das rothe Meer beschränket; Aethiopien ist von Mittag, Palästina von Mitternacht ihre Gränze. Uebrigens ein Erdreich, das sehr fruchtbar ist, besonders an Gartengewächsen, Kürbissen, Melonen, Kukumern: das Getreid wächst häufig. Darinn ist starke Viehzucht, und das anstossende Meer ist voll der besten Fische. Die Einwohner sind meistens verzärtelte, träge, wohllüstige, und zugleich geitzige Menschen; ihre Neigung zum Aberglauben ist ohne Beyspiel: sie liessen sich von dieser Thorheit hinreissen, eine Menge Thiere, die sie für ihre Götter hielten, anzubethen: Stiere, Ochsen, Hunde, Böcke, Esel, Wölfe, Löwen, Widder, Raubvögel, Eulen, waren meistens die Bilder, denen sie göttliche Ehren erwiesen; unter diesen achteten sie die Götzen sonderbar, denen sie den Namen Apis gaben, Isis, Osyris. Apis war ein schwarzer Ochs, mit einem weißen Flecken auf der Stirne gezeichnet; der erste persische König, Chambyses, ließ sich selben vorführen, verwundet ihn mit einem Pfeil in den Schenkel, und bestellte das Vieh zur allgemeinen Gottheit Aegyptens. Jo, nachmal Isis genannt, war eine Tochter des Jnachus, Königs der Argiver, und, nach den Fabelgedich-

ten

ten der Alten von Jupiter in eine Kuhe verwandelt; nachdem sie lang in dieser Gestalt herumirrte, dann in Aegypten kam, wo sie wieder entzaubert, und von dem Osiris, dieses Landes Könige, zur Ehe genommen wurde.

Der vornehmste Fluß, welcher Aegypten befeuchtet, ist der Nil; sein Ursprung wird aus dem irdischen Paradies unter dem Namen Gehon hergeleitet, welchen aber aufzufinden bis itzt noch alle Mühe vergeblich war. Die große Veränderung, welche auf der Erde durch die Sündfluth geschah, hat auch diesen herrlichen Aufenthalt zertrümmert; es sind schon öfters Versuch angestellet worden, des Nils Ursprung zu finden: allein, auch nach einer sehr langen Abwesenheit kamen die Bothen mit keinen anderen Nachrichten auch aus dem entfernten Indien zurück, als daß sein Lauf von Orient beginne durch unbewohnt brennende Einöden. Das Wasser ist trüb, steht es eine kurze Zeit, wird es klar und angenehm zu trinken; an der Fischmenge übertrifft diesen Fluß kein anderer: aber auch giftig und schädliche Thiere sind in großer Zahl untermischt, aus denen besonders die Krokodillen, welche Menschen und Vieh verschlingen, sich furchtbar herauszeichnen. Dieser Fluß wird von Schiffen befahren, und zwar von den Wasserfällen
des

des Nils gerechnet, wo er zu Sienne, der letzten ägyptischen Stadt, an den Gränzen des Mohrenlands über ungeheure Felsen herabstürzt, läuft er in einem Strome bis nach Babilon, oder Memphis, oder Alkair, wie itzt dieser Ort genannt wird, dann theilt er sich in mehrere Arme, allgemein werden sieben gezählt, und stürzt aus ihrer Mündung ins mittelländische Meer. Eine seiner besonderen Eigenschaften ist, daß er einmal im Jahre steiget, schwillt, tritt dann aus seinen Betten, und befeuchtet ganz Aegypten, das dem Lande, welchem die Natur sonst den Regen versagt, eine seltene Fruchtbarkeit giebt. Die erhöhende Kraft aber, oder die Ursache dieser Wirkung, ist von der Philosophie noch nicht ausgeheckt worden, wie eine Menge anderer der geheimen Werkstätte der Natur.

Unter Aegyptens Städten ist die berühmteste Memphis, nachmals Babilon, itzt Alkair, genannt, eine der größten Städte des ganzen Erdbodens. Sie liegt an dem Gestade des Nils, und ein Arm dieses Flußes rinnt durch die Stadt selbst; sie soll von Mindus, Aegyptens König, erbaut worden seyn, die gewöhnliche Residenzstadt aller folgenden ägyptischen Könige. Da herrschten die Pharaonen, wurde Joseph erhöhet, Israel aufgenommen, und seufzete nachmal in

harter

harter Dienstbarkeit, aus welcher sie die Hand Gottes führte. Daher, weil die Könige dort einem ganz besondern Pracht jederzeit ergeben waren, und keine Schätze sparten, daß sie würdige Denkmäler der Nachwelt hinterliessen, der Gebäude Wunderwerke, welche noch bis auf den itzigen Tag die Bewunderung aller Reisenden sind. Hieher gehören sonderbar die Mausoleen oder Grabmäler der Herrscher Aegyptens, welche in ungeheuren Piramiden bestehen, und von der unnachahmlichen Kostbarkeit des ehemaligen Memphis zeugen. Aegyptens Denkmäler, welche mindere Klöße sind, wurden von den Römern meistens weggeführt, sie sezten die schönsten Obelisken aus Granit und Porphyr in ihre Statt. Aus dem Geschmacke, welchen dieses Land an Künsten fand, läßt sich leicht begreiffen, daß auch die Wissenschaften dort in sehr grosser Achtung waren; die Philosophie brachte wenigstens in Aegypten ihre Kindheit zu: die berühmten Weltweisen Pythagoras und Plato besuchten Memphis Schulen.

Den zweyten Rang nach Alkair behauptet die Stadt Alexandria Ehedem war ihr Name No; Nabuchodonosor und die Chaldäer verheerten sie nach der Propheten Weißagungen: Alexander der Große aber erweckte sie wieder, und gab ihr durch neue Erbauung samt seinem Namen ein weit prächti-
geres

geres Ansehen. Diese Stadt war der eigentliche Sitz ägyptischer Gelehrsamkeit; darinn wurden alle Wissenschaften gelehrt, und die Bibliothek von vierzig tausend Büchern, deren Stifter Aristoteles gewesen seyn soll, Ptolomäus Philadelphus aber wunderbar vermehrte, eben der, welcher durch die siebenzig Dollmetscher die heilige Schrift übersetzen ließ, war eine der grösten und wichtigsten Büchersammlungen, aber welche unglücklich bey des Julius Cäsars Eroberung im Feuer aufgieng, dadurch die Gelehrsamkeit der wichtigsten Kenntnisse beraubet wurde. Der Evangelist Markus verkündigt in dieser Stadt Christus Evangelium, und ließ für den Glauben sein Leben, dessen Grabstätte noch zu Hieronymus Zeiten dort verehret wurd: ihm folgten die würdigsten Männer Athanasius, Cyrillus, Origenes, Philo, Didimius.

Unter den Städten ist noch ferner berühmt Heliopolis, oder, nach des Namens Bedeutung, die Sonnenstadt. Sie liegt am Nil nach der Meerseite nicht ferne von Babilon. Putiphar war in selber Priester, mit dessen Tochter sich Joseph vermählte: auf den Gefilden, welche nah an dieser Stadt lagen, wohnte der alte Jakob mit seinen Söhnen. Von dem Ptolomäus Philometer erhielten die Juden die Erlaubniß, nach dem

dem Vorbilde des Hierosolimitanischen sich einen Tempel zu bauen, und nach ihrem Gesetze des Gottesdienstes zu pflegen, welches Werk auch der hohe Priester Onias vollbrachte: noch zu Zeiten des Kaisers Vespasian stand das herrliche Gebäu; daher versammelten sich auch die Juden zu tausend und tausend im Lande Aegypten, entgiengen dem Joche der hierosolimitanischen Könige, und wohnten lieber da unter heydnischem Scepter. Sehr wahrscheinlich ist es, daß Maria mit Jesus und dem Nährvater Joseph in dieser Gegend sich niederließ, nachdem sie sich aus Judenland nach Aegypten flüchteten, da sie unter ihren Glaubensgenossen waren, und nach den Gebräuchen ihres Gesetzes ungehindert leben konnten. Zwischen Heliopolis und Babilon liegt der Balsamgarten, dessen Sprößlinge von Engabbi verpflanzt wurden, welche Antonius an die Cleopatra versenden ließ; dieser Garten wird von einer Quelle befeuchtet, welche man die Quelle Jesus nennt, und von den Einwohnern, sowohl Christen, als Saracenen, in sehr grossen Ehren gehalten wird; denn gemäß einer alten Uebergabe sollen die erhabnen Pilgrimme während ihrem sechsjährigen Aufenthalt in diesem Lande von dieser Quelle getrunken haben.

Ramasse, eine Stadt an den Gränzen Aegyptens gegen Juda. Dort kamen die Kinder Israels zusammen, und assen das Osterlamm.

Janis oder Daphnis, an den Ausflüssen des Nils. In dieser Stadt war zu Zeiten Moysis und Jeremias auch eine Residenz der Pharaonen. An dem benachbarten Gestade dieser Stadt wurde Moyses im Binsenkorbe von der Tochter des Königs aufgefangen. Bey dieser Stadt wurde der Prophet gesteiniget.

Die merkwürdigsten Stellen der auswandernden Israeliten sind: von Ramosse, wo sie das Osterlamm assen, zogen sie in Socoth; dort schlugen sie Zelten, und backten die ungesäuerten Osterbrode, denn nach der Strafe des Todes der Erstgeburten nöthigten sie die Aegypter in Eil auszuziehen, das zubereitete Mehl nahmen sie wohl mit sich, aber zu backen hatten sie keine Zeit mehr: von Socoth zogen sie durch die Einöde Etham; da erschien ihnen der Engel des Herrn zum erstenmal, bey Tag eine Wolkensäule, welche sie vor der Hitze bewahrt, eine Flammensäule bey der einbrechenden Nacht, die ihnen vorleuchtet: in dieser Gestalt war Gott des auserwählten Volkes Führer. Dann kamen sie ans rothe Meer.

Das

Das rothe Meer wird von den vielen Binsen, die am Ufer wachsen, sonst auch der persische oder arabische Meerbusen genannt: denn gegen Aufgang schränket sich das Gestad nach der Seite Arabiens: gegen Niedergang liegt Aegypten, die thebaische Wüste: Persien gegen Mittag: Judäen gegen Mitternacht. Das Wasser dieses Meeres ist wüthend und ungestüm, enthält viel und grosse Seethier, und ist korallenreich. Durch dieses Meer führte der Herr die Israeliten trocknen Fußes, dessen Wasser zu beeden Seiten wie eine Mauer stand, und Pharao mit seinem Kriegsheere, der sie verfolgte, wurd in den Wellen begraben.

Zwischen Aegypten und Judäa liegen sehr grosse Einöden: in diesen wanderte Israel durch vierzig Jahre: der Hauptnam ist: die Wüste Pharan, allerorten mit unersteiglichen Gebirgen eingeschlossen. Da hier die meisten Wunder Gottes geschehen, derer auch in den Schriften des neuen Bundes öfters Meldung geschieht, werden bey Gelegenheit Aegyptens hier die merkwürdigsten Orte beschrieben, weil sie zur Aufklärung der evangelischen Geschichte dienen.

Von dem Ausgange des rothen Meeres wanderten die Kinder Israels nach der Einöde Sur. Sie konnten aber das Wasser nicht

nicht trinken, das dort zwischen den Gebirgen quillt. Moyses verwandelte selbes durch Einsenkung eines Holzes in süßes, annehmliches Getränk; sie hinterliessen aber dem Orte den Namen mara, das heißt, bitter, wegen des Wassers Bitterkeit, welches sie da fanden.

Sie setzten darauf ihren Weg nach Elim fort; siebenzig Palmen, und zwölf Brunnen waren dort zu ihrer Erquickung, und sie kamen bald darauf in die Einöde Sur.

Diese Wüsteney erstreckt sich von Elim bis an den Berg Sinai, darinn schlugen die Israeliten fünfmal Lager. Jtzt sehnten sich die Undankbaren nach den ägyptischen Fleischtöpfen, und standen gegen Moyses auf; aber die Herrlichkeit des Herrn erschien in der Wolke, ließ ihnen durch Moyses' kund thun: daß sie des Abends noch Fleisch essen, des Morgens aber immer Manna um das Lager finden würden, das eine Gattung feinen Brods ist; nur am Vorabende des Sabbathes sollten sie zweymal soviel, als sie für Einen Tag nöthig hätten, mit sich nehmen, denn am Sabbathe werde der Himmel kein Manna regnen. Noch denselben Abende bedeckten die Wachteln, vom Meer heraufgewehr, das Lager, und sie sättigten sich. Alle Morgen aber fiel mit dem Morgenthaue das Manna

Manna vierzig Jahre, so lang sie durch die Wüsten zogen. Ein mit diesem Brod angefülltes Gefäß mußte man aus Gottes Befehl zum Angedenken aufbewahren, damit sich Israel erinnerte, wie wunderbar der Herr sein Volk in der Wüst ernährte; selbes wurde nachmal in des Bundes Arche gesetzet.

Sie zogen in Raphidim, einen Platz, der unten am Sinai liegt; hier traffen sie kein Wasser an: murrten wider den Moyses, daß er sie aus Aegypten führt, in der Wüste zu sterben. Der Herr, welcher barmherzig ist, die Gebrechen der Menschen duldet, wenn sie nicht in Bosheit ausarten, vergab ihnen auch dießmal ihre Versuchung: er befahl dem Moyses, die Aeltesten Israels um sich zu versammeln, auf Horeb zu stehen, und mit der Ruthe, welche das Meer theilte, den Felsen zu schlagen; der Fels riß, und wie aus losgelassenen Schleussen gossen sich Wassermengen heraus, und stürzten die Felsen hinab; Menschen und Vieh hatten zu trinken im Ueberfluß.

Aber die Amalezitten kamen, rüsteten sich, und überfielen Israel: Moyses sandte Josue mit auserlesenen Kriegern gegen sie, er aber, mit dem Wunderstab in der Hand, stieg mit Aaron und Hur auf den Gipfel Horebs, und streckte zu dem Herrn um Hilfe seine Händ aus. Der Herr erhört ihn, so lang er in dieser bittenden Stellung war, und Josue siegt über Amalec; wie aber Moyses nachließ, mit diesem Eifer den Herrn zu bitten, und seine Arme ihm zu sinken begannen, erholte sich Amalec, und ward stärker als Israels Heer: darum hielten Aaron und Hur dem Ermüdeten die Arm empor, bis gegen Abend Josue die Amaleziten, welche der Herr von seinem Angesichte warf, überwand. Zur Danksagung richtete Moyses hier dem Herrn einen Altar auf, und Israel näherte sich Sinai.

Sina, oder Sinai, ein Berg mit zween Gipfeln, deren der einte Horeb genannt wird, der andere Sinai, ist sehr hoch, mit vielem Buschwerke bewachsen, und den besten Weiden fürs Vieh bedeckt. Am Fuße Horebs erschien Gott dem Moyses, als er seines Schwiegervaters Jetro die Schaf hütet, und redete mit ihm vom brennenden Busch; auf Sinai aber geschahen erhabnere Wunder. Der Herr offenbarte sich dort dem staunenden Israel unter Donner und Wetterleuchten, in braschelnder Flamm, und wallendem Dampf; unter dem Klange schmetternder Trompeten, und der Majestät der Posaunen, ließ er durch seine Engel dort das Gesetz verkünden. Es bestand in gottesdienstlichen, richterlichen und sittlichen Befehlen; besonders aber die zehn Gebothe, wenn man den Umstand des Sab-
baths

baths davon nimmt, ſind natürliche, ewige, allzeit verbindliche Geſetze, welche nicht nur den Iſraeliten unter dem Schalle der Poſaunen und des Donners, ſondern allen Menſchen durch die Stimme der Vernunft verkündet worden. Ihre Verkündung von Sina muß nur als eine feyerliche, aber nicht als die erſte, Verkündigung angeſehen werden. Moyſes ſtieg zum Volk den Sina hinunter, entdeckt ihm den Willen ihres Herrn, und ein dunkles Gewölk hüllte ſechs Tage den wunderbaren Berg ein.

Am ſiebenten Tage rief der Herr aus dem heiligen Dunkel wieder den Moyſes zu ſich, dort neue Befehle zu empfangen, und von des Engels Hand geſchrieben die Tafeln des Geſetzes. Moyſes drang in die Tiefe des Nebels, und blieb dort vierzig Tag und Nächte verborgen. Es ward ihm gebothen, eine Stiftshütte zu errichten, und Prieſter zu beſtellen, welche unabläſlich dem Gott Iſraels opferten: alle Formen, der Stiftshütte, der heiligen Geräthſchaften, der Altäre, Gefäß und Lampen, der prieſterlichen Kleidungen, wurden ihm im Bilde geweſen; dann erhielt er auf zwo ſteinernen Tafeln geſchrieben die zehn Gebothe. Aber Moyſes weilte zu lang dem ungedulbigen Volk auf Sinais Höhen, und ſie bewogen durch Ungeſtüm den Aaron, der zu muthlos und furchtſam war, den drohenden Mengen zu widerstehen, ihnen ein Kalb aus Gold zu giessen, dem sie am Fuße des Sinai göttliche Ehren erwiesen, um selbes Tänze feyerten, und Muthwillen trieben: über dessen Anblick Moyses des Gesetzes Tafeln zerbrach, der Herr aber die gröbsten Verbrecher mit dem Tode strafte. Der Vertraute Gottes, nach des Volkes Versöhnung, bestieg wieder des Berges Heiligthum, sah Gott, und redete mit Gott, und brachte zum Volk mit stralendem Angesichte das zweytemal Gesetztafeln. Darauf wurd aus den freywilligen Opfern der Kinder Israels das Tabernackel verfertiget samt aller Geräthschaft, und aufgerichtet, welches die Majestät Gottes, in wunderbare Wolken gehüllet, erfüllte.

Das Tabernackel, oder die Stiftshütte, bestand aus Säulen und Tafelwerken, Fellen, welche zum Dache dienten, und Vorhängen, die selbes schlossen. Die Bretter wurden alle aus Sethimholz gezimmert; jedes Brett war zehn Ellen lang, und anderthalb Ellen breit, mit Einschnitten auf beeden Seiten, dadurch sie zusammgestossen wurden: zwanzig standen auf der Mittagsseite, zwanzig gegen Mitternacht, jede Seite ruht auf zwanzig silbernen Fußgestellen, so, daß jedes Brett zwey Fußgestelle zum Untersatz hatte. Auf die westliche Seite der Stiftshütte kamen sechs Bretter, und noch zwey andere an den Ecken beyderseits, das macht zusamm acht Bretter mit

mit sechzehn silbernen Fußgestellen. Auch Riegel aus Sethimholze waren verfertiget, die Bretter zu halten, fünf an die südliche Seite der Hütte, fünf an die nordliche, und eben soviel westwärts; die Riegel lagen in goldenen Ringen, die Bretter waren auch ganz mit Gold bezogen. Der Vorhänge zehn aus weißer Steppseide, aus himmelblauer, purpurfarbner und zweymal gefärbter scharlachrother Seide, mit vermengten Farben, und allerley eingewirkten Bildern. Jeder Vorhang war acht und zwanzig Ellen lang, und vier breit: sie hiengen in hundert himmelblauen Schleifen, und in fünfzig Ringen aus Gold. Es waren eilf Decken aus Ziegenhaaren verfertiget, das zum Dach der Stiftshütte diente: Eine Decke war dreyßig Ellen lang, und vier Ellen breit: fünf Decken waren zusammgeheftet, und die sechs übrigen auch: jede Decke hatte fünfzig Schleifen, damit sie konnten vereiniget werden, und durch fünfzig eherne Schnallen wurden die Schleifen festgemacht, und so aus allen Decken Ein Ueberzug: über diesen lagen noch rothgefärbte Widderfelle, und eine dritte Decke von blaugefärbten Dachsfellen. Der Vorhang des Heiligthums war auch himmelblau, purpurfärbig, und zweymal gefärbte scharlachrothe Seide nebst weißer Steppseide und allerley schönen eingewirkten Bildern; er hieng von vier Säulen aus Sethimholz herunter, welche

che mit Gold bezogen waren, derer Fußgestell und Knauf oder Kapitäll auch Gold: so wurde das äußere Heiligthum von dem innern abgesondert. Am Eingange der Hütte hieng auch ein gestickter Vorhang mit vermengten Farben von fünf Säulen aus Seethimholz, mit goldenen Knäufen und ehernen Fußgestellen. Zudem lag vor der Hütt ein Vorhof, hundert Ellen lang; er sah gegen Mittag, und hatte Vorhäng aus weißer Steppseide: zwanzig Säulen waren umhergesetzt mit ehernen Fußgestellen, Knäufen und Zieraden von Silber; westwärts aber nach der Breite des Vorhofes zehn Säulen, mit fünfzig Ellen Vorhäng, eben soviel ostwärts, und eben soviel nach der östlichen Breite. In des Vorhofes Eingang hieng von vier Säulen ein Vorhang von zwanzig Ellen oben angezeigter Farben. Die Länge des Vorhofes war also hundert Ellen, die Breite fünfzig, und die Höhe fünf Ellen.

Die Geräthschaften der Stiftshütte waren nebst der Arche des Bundes der Brandopfer- und Rauchwerksaltar, der siebenarmichte Leuchter, Tische der Schaubrod, und andere Gefäße: die edleren waren aus reinem Golde, die übrigen aus Erz gegossen. Diese, wie auch die priesterliche Kleidung sind schon oben beschrieben.

Israel

Ifrael hob das Lager, und zog gegen Judäens Gebirg hinab; das unbändige Volk schritt mit Unwillen fort, klagte über Weg, und Eckel der leichten Speise des Manna: sie sehnten sich wieder heftiger nach den ägyptischen Fleischtöpfen; Feuer vom Himmel verzehrte die Aufrührer; die übrige fraßen Wachteln bis zum Eckel, und Gott tödtete sie; der Platz ward genannt die Grube der Begierlichkeit.

Aber auch Aaron und Maria erhoben ihre Stimmen gegen Moyses; diese wurde mit dem Aussatze gestraft.

Cadesbarne: von da sandte Moyses zwölf Ausspäher, das verheissene Land zu untersuchen; sie kamen belastet zurück mit Trauben, und süssen Früchten des Landes: deren ungeachtet aber war das Volk eher noch bereitet nach Aegypten zurückzukehren, als nur noch die geringen Schwierigkeiten überwinden, welche ihnen das gelobte Land zu betreten übrig waren, da sie schon ganz nah an seinen Gränzen stanken. Der Herr befahl ihnen also, durch den Weg nach dem rothen Meer zurückzukehren, da sie vierzig Jahr in den Wüsten herumirrten, und alle, welche über zwanzig Jahr alt gegen den Herrn murrten, hier sterben, nur ihre Kinder das Land, das von Milch und Honig fließt, betreten sollten. In

In Thare war das Lager, als Core, Dathan und Abiron samt ihrem Anhange sich dem Moyses und Aaron widersetzten, brachten ihre Rauchgefäß, und versuchten den Herrn, einen hohen Priester aus ihrem Mittel zu wählen: allein, die Erde riß unter ihren Füssen, und begrub sie alle lebend in Abgrund; die Aufrührer unter dem Volk aber verzehrte die tobende Flamme. Darauf setzte Moyses zwölf dürre Ruthen, deren jede mit ihrer Zunft Aufschrift bemerket war, vor die Arche des Bundes; unter sie auch Aarons Ruthe: und der Herr bewies, wen er aus ihnen zum Priesterthum Gottes auserwählte; denn des andern Tages blühte Aarons Ruthe, trug Früchten und Knospen: die übrige blieben alle dürr und schmucklos.

In der Wüste Cades starb Moyses Schwester, Maria: ihr Grab wurd noch zu Zeiten des Hieronymus gezeigt; hier war der Fels der Quelle des Widerspruchs: nicht nur das Volk war ein Rebell gegen den Herrn; selbst Moyses und Aaron sündigten durch Kleinmüthigkeit, und schwaches Vertrauen auf Gott, der den Durstigen dennoch Ueberfluß des Wassers wieder vom trocknen Felsen rinnen ließ, deßwegen auch sie das verheissene Land nicht betreten sollten.

Sie setzten ihr Lager nicht mehr fern, und langten am Berge Hor an. Auf seinen Gipfel befahl der Herr dem Moyses und Aaron, mit Eleazar, des Letzten Sohne, zu steigen, und nachdem Moyses seinen Bruder von den heiligen hohen Priestergewanden entkleidet hatt und mit solchen den Eleazar angethan, starb der erste Hohepriester Aaron, und Moyses führte seinen Nachfolger und Sohn herunter zum Volk.

Phunon war der Ort, wo die Israeliten wieder gegen Gott und den Moyses einen Aufstand wagten; der Herr schickt unter sie feurige Schlangen, sie wütheten unter dem Volk, und tödteten, bis Moyses auf Gottes Befehl eine Schlang aus Erz aufrichtete, welche von einem Kreuz herunterhieng: wer sie ansah, ward geheilet vom Biß, und erhielt das Leben.

Sie zogen neben dem todten Meer hinüber, und kamen an den Jordan auf Moabs Flächen, da ihnen Moyses nochmal das Gesetzbuch vorlas, von ihnen schied, auf Nebo stieg, und starb, dort von der Rechte Gottes begraben; sie aber setzten unter Anführung des Josue über den Jordan, und betraten das verheissene Land.

Herodes zu Herodium.

Durch die Hände lasterhafter Weiber ward der blutdürstige Tyrann aus seines Palastes Mauern in einen festern Käfig nach Herodium geflüchtet; ihn verfolgten die Schatten der Seelen der ermordeten Knaben: zwar hatte er zu wenig Religion, zu glauben, das Röcheln der Knaben ruf ihn zum beßeren Leben, verlange nur Reue der bösen That von ihm, nicht Verzweiflung; oder sollte wohl das Blut der Erstlinge der Martyrer, welche für denjenigen ihr Leben bluteten, der am Kreuz in die Himmel der Himmel rief für seine Peiniger um Gnade des Vaters, sollten diese rufen für die Sünder um Rache? Bethlehems Knaben, von ihren Engeln umschwebt, kamen itzt schon in ihres Königs Namen, dessen Purpur sie färbten, und bathen Jehova um Barmherzigkeit. Aber, gleichwie auch nicht Jesus gekommen ist, für ewige Sünder zu büssen, so hielt auch gegen all ihr Flehen die gerüstete Gerechtigkeit über die Scheitel Herodes das braschelnde Schwert unbeweglich empor, bald zu schmettern den Bösewicht in die Tiefen der Tiefen hinunter.

Herodes phantasirte itzt nach der Römer Aberglauben von des schwarzen Acheronts Töchtern, den blassen heulenden Gespenstern,

von den Furien des Abgrunds, welche, wie die Heyden sagten, mit Schlangenpeitschen die zur Hölle verdammten Verbrecher ewig züchtigen; er rief zu ihnen, behauptete, daß sie wirklich da stünden, stürzte dann mit Angst zusammt, und wickelte seinen Kopf in die reichen Stoffe seines Gewandes ein. Bald erwacht er im Grimm, greift nach der Schärpe, zu ziehen das schreckliche Schwert; doch, das hatten ihm schon längst die schlauen Weiber, die mit ihm fuhren, genommen, statt des Schwertes fand er in seinen Händen einen wohllüstigen Büschel lachender Blumen: die besänftigten ihn oft, und er dankts dem weiblichen Einfalle; doch, öfter riß er auch in Trümmer die lachende Blumen, und warfs, wie ein wilder Eber, um sich, der verwundet zerstört auf der Flur die schöne Gaben des Frühlings. Bald darnach war dasUngeheuer auch wieder muthlos genug, mit aufgehobenen Armen die feile Dirnen um Vergebung zu bitten, die so arglistig waren, sich böse zu stellen, ihm mit erzürnten Blicken zu drohen, dann auch ihm wieder ihre holden Blicke zu gönnen, und mit zarten Händen zu unterstützen sein schwächliches Haupt. Zwischen einer Reihe von Thorheiten, Folgen der Empfindungen des Elendes, in welche das letzte Erwachen des Gewissens einen gerichteten Sünder stürzt, Schwärmerey und Tollsinns, waren die wenige Stunden hingebracht, welche

che den Weg von Jerusalem nach Herodium messen.

Sie waren angelangt. Die erfahrne Rodope goß izt topasfärbig cyprischen Wein in eine muschelförmige Kryſtall, welche ſtatt des Fußes eine goldene Göttinn, auf der Schildkröte Venus, emporhielt; das Kebsweib reichte die gefärbte Muſchel dem König, welcher immer gerne trank, am allerliebſten, wenn Gram und Unmuth ſeine wilde Seele quälten. Zwar dieſen Augenblick zörnte der König: aber eine Krokodillenthräne, welche dem liſtigen Weib im Auge glänzt, eine Schmeicheley, welche die mit dem Blute der Coſchenille gefärbten Lippen winkten, zwangen ihn eilend zu trinken. Sie füllte von neuem, er trank; ſie füllte, ſie füllte, der König war berauſcht. Kraftlos ſank er herunter vom geſtickten Armſeſſel auf den Fußpolſter, und zween Mohren, die Diener der weiblichen Wohlluſt, kamen herein, und trugen den noch ſchwärzern Teufel in das ſeidene Bett.

Wer auch nur die Oberfläche des weiblichen Geſchlechts kennt, welche zwar immer mit verſchiedenen Arten der Firniß übertüncht iſt, doch deſſen Mitleiden, wegen ſeinen zärteren Sennen, ſonſt weit ſchneller, wie im Mann erweckt wird, ſollt es für unwahr halten,

halten, daß der Jammer von Bethlehems Müttern ihre Herzen nicht schmolz; dazu war auch Rodope Mutter: sie gab noch nicht lange dem Herodes einen Sohn, den sie auf des Vaters Thron mit Ausschluß der Kinder Mariamnes einstens zu setzen, den Gedanken webte. Allein, diese weibliche Herzen blieben Stein, wie der Felsen, auf dem Herodium stand: sie hatte die Wohllust seit langer Zeit unbekannt mit jedem menschlichen Elende gemacht; von dem Flitterglanze des Hofes umschimmert, kannten sie die wahren Freuden nimmermehr, und mußten daher auch ihren Verlurst nicht zu schätzen; von Schmeichlern umrungen, die ihre Ohren ohn Unterlaß mit Lügen erfüllten, hatten sie kein Gehör mehr der Klage des Nothleidenden, und der wahren Bedürfniß; ihre Nasen waren zu zärtlich, den Geruch der Menschen zu tragen, sie waren nur gewohnt der Ambra düftenden Götter; und ihre Augen waren stäts weggewandt von dem, was sie an ihre Pflicht erinnern könnte. So gradweis fiengen sie an, ihr Gefühl zu tödten, das sonst die Natur jedem weiblichen Herzen giebt; nicht mehr Fühlen menschliches Elend, heißt schon betreten der Grausamkeit Stuffe: sind sie einmal da oben, dann wird aus einem mütterlichen Lamme schnell ein wüthender Tieger.

Aber

Aber während daß Herodes berauscht auf seinem Ruhebette schlief, unterhielten sich die Königinnen mit einem ländlichen Spiele. Sie verliessen den luftigen Saal der vielen Fenster, dessen Außsicht die Gefilde bestrich, welche um Bethlehem lagen, und stiegen die hundert ein und fünfzig Stuffen herunter, die Felsenhöh, welche zum Schloß führt, zu geniessen der Flächen Annehmlichkeit. Vor das purpurne Bett des Wütherichs hatten sie indessen Halbmänner gestellet, ihre weibliche Wachen, mit langen schwankenden Strausfedern in den Händen, von seinem dunkelrothen Gesichte die kühnen Mücken zu scheuen, oder auf die Schwülle der Wangen, in welche die Geister des Weins das Geblüt häufiger jagten, einen erquickenden Wind zu fächeln.

Ein besonderer Geschmack der Gartenkunst hatte die Flächen um die Feste wohllüstig bebaut, jedem ernsthaften Gedanken den Eingang zu wehren; eine wunderbare Abwechslung, in zierliche Ordnung gebracht, hatte den Platz zu einer seltenen Schönheit erhöht. Der König ließ sich sagen vom Elisium der Heyden, jenen seligen Gefilden, von denen ihre Dichter träumten, welche jenseits des Grabes die gute Schatten, sonderbar Heldenseelen, bewohnten; er glaubte zwar im Ernste kein Elisium, und den Orkus auch nicht, noch die Richter am nächtlichen Fluß, wiewohl ihn kurz vor der Verzweiflung fan=
tasti=

tastische Bilder quälten; auch an den Himmel
der Juden nicht, viel weniger an$ ewige
Feuer: er erhohlete sich in ruhigen Stunden,
er stärbe den Hundstod, mit der Asche des
Körpers zerstäube die Seele, der Gedanke
hör auf mit den Fasern des Gehirns. Doch
wollt er nichts unbenützt lassen, was seine
Sinnlichkeit ergözte. Itzt befahl er Bäume
zu bringen aus allen damals bekannten Thei=
len der Welt, diese wurden in niedliche Rei=
hen gesetzt, bald einsam oder gruppenweise
gestellt, oder sie schienen nachläßig in schein=
barer Unordnung aus der fruchtbaren Erde
zu wachsen; lebendige Zäune von fremden
Buschwerk umschlangen die Bäum, oder kro=
chen zwischen ihren Stämmen schlangenweise
fort, und schienen, um der Natur kein af=
fektirtes Wesen zu geben, ohne Absicht ge=
pflanzet. Es war herzenhebend, die Bäum
in ihrem vielfärbigen Schmucke zu sehen, alle
mit herrlichen Früchten beladen; der Pome=
ranze mit der Farbe des Morgenroths, und
der blaßgelben Limonen; der allgemeinnützli=
chen Kokusnuß, und der krachenden Man=
del mit der Feuerblume; der purpurnen
Frucht, mit Gold gekrönt, das Volk nennt
sie Granatäpfel; und Pfirsich und Kirschen,
und Birnen und Aepfel und Pflaumen, wel=
che von den Bäumen Europens sahen; der
vielfarben Feige; der eyförmigen Dattel,
und wer wird sie alle nennen? Von den Ge=
büschen

büschen hoben sich zwischen der Bäume Stämmen in verschiedenen Gestalten Zweige, von denen einladende Beeren zitterten, durchsichtig mit süßem Safte. Cubeben und lange Rosinen, goldfärbige Beere mit Stacheln bewaffnet, und rubinfärbige Träubchen: die braun und hochrothe Spitzbeer, unterbrochen von der blauen Schlehe: eine Menge, die am Indus und Ganges wachsen, und in den Ländern des schiffreichen Tagus. Doch, damit nicht zu vielerley Farben das Auge schecticht ermüdeten, schossen dunkle Ceder und Fichten, und Buchen und Linden, der Buchsbaum mit der Eiche, die schlanke Pappel und der geschmeidige Ahorn, Pistazien, Oliven, und der Palmbaum mit weiten Armen, nur Cypressen, welche an den Tod erinnern, ausgenommen, zwischen ihnen herauf, und nahmen von den hohen spielenden Farben das gespannte Aug ins ruhige Grün. Doch, dieses würde zu einförmig gewesen seyn, hätten die Fernen nicht mit neuem Schauspiele gewechselt. Zur Linken rauscht Kidron, oder der Bach der Cedern, welcher über des Oelberges Fuß herabstürzt, Herodium vorbey ins todte Meer hinüber; aus der Mitternacht aber von Libanons Höhen, doch entfernter weit, wälzet sich auch dorthin der schimmernde Jordan: diejenigen, denen die große Sorge des königlichen Vergnügens anvertraut war, bedienten sich dieser Gelegenheit, und leiteten durch

durch geheime Kanäle von Erz aus dem Cederbache, doch besonders aus dem reichern Fluße Quellen, in des Königs Elisium. Sie sammelten erst selbe in einen großen Teich, daraus sie über marmorne Stuffen herunter glitten, flossen dann in vertheilten Strömen um die Feste. Einige schimmerten die offene Fläche herunter, ihre Ufer waren mit Blumen besäet, andere verloren sich unter die Schatten der Bäum, in die Felsen wieder andere; dann auch die Felsen, welche die Last des prächtigen Schlosses trugen, sollten dem Vergnügen dienen: in selbe waren kühlende Grotten gehauen; Wasserspiele belebten die Grotten, und Töne des annehmlichsten Gemurmels; über die Rauhe der Felsen bewegte sich Traubenlaub der seltensten Weingewächse, welche der Aufgang zeugt, und die den Römer berauschte, der in Gallien schwelgte, wo die Burgundier die Rebe lösen, oder die Teutschen an dem meilenbreiten Rheine. Diese Seite also, welche gegen den Jordan liegt, zog durch ihre schöne Einfalt die Augen jedes Wanderers an sich, der von Jerusalem nach Jericho geht: er bewundert aber hier bloß die Natur in noch nie gesehenen Reitzen, so war die Kunst aller Orten versteckt. Hingegen die mittägliche Seite war das Gebieth der Kunst, wo sie unter eigenem Namen herrschte: sie beede schied das gewaltige Bauwerk des Einganges in die Burg mit Majestät von einander.   J   Der

Der Tempel der Venus war ein in Paläſtina noch nie geſehenes Meiſterſtück, welcher dieſe Gegend unter anderen Merkwürdigkeiten ſchmückte. Zwar Urnen und Götter, und zierliche Spißſäulen, und ſich umarmende Genien hoben ſich aller Orten. Die Spißſäulen herrſchten im Freyen; die Bilder mit ihren Urnen ſtanden meiſtens auf Geländern, oder in Lauben des krauſen Buchſes, oder in weiten Becken ſpringender Waſſer: doch dienten ſie bloß zur äußerlichen Zierade der Halle des Tempelhains. Der wohlriechende Myrtenbaum, der Göttinn aus Paphos heilig, war hier dicht gepflanzet, und umgab den reißenden Tempel mit annehmlichem Dunkel; durch ſeine Schatten waren zwar Wege gebahnt, doch nur im Verborgnen, jedem Fremdling unbekannt, ſchlichen ſie um den Tempel: die Wohlluſt hat einen Irrgarten angelegt, damit ihr nächtliches Werk unbelauſcht blieb, und niemand den Taumel des Sandengräuls ſtöre, kein offner Himmel ſie ſeh unter den ſtark belaubten Myrtenzweigen. In der Mitte des Hains, weit umher war der offne Plaß mit Veilchen bedeckt, erhob ſich über Stuffen der Tempel; der milchweiß phrygiſche Marmor, aus dem ſelber gehauen war, zeugte von einer Koſtbarkeit, die nur königliche Schätz herbeyſchaffen. Doch das niedliche Weſen, des Geſchmackes Feinheit, die ausgeſuchteſte Zierlichßchkeit gaben ihm einen Werth des Wunderbaren. Wie soll ich die Ordnung beschreiben, in welcher sich seine Theile verbanden? Es war eine offne Kuppel, auf sechzehn Säulen ruhend, jede der Säulen von damascenischen Rosen umkrochen, so weit hinaufzuschwingen lehrte die Blumen der Gärtner; vier Thor oder Portale dienten zum Eingang; außer diesen aber waren die Säulen mit Marmorgeländern verbunden, deren Kapitelle sich in zierliche Schnecken drehten, nach der Ordnung der Baukunst, wie selbe die Jonier erfanden: über die schönen Gesims aber, welche mit Trigliffen, dazwischen Köcher und Bogen, der Liebe Waffen, ausgelegt waren, und sich in Zirkelkrümmungen bogen, über den Portalen nur in Schiefwinkel sich neigten, standen seine Geschirr aus Indischem Kiesel mit der immergrünenden Aloe. Die sechzehn Säulen, ohne diejenigen zu rechnen, welche die Portal unterstützten, waren immer zwey und zwey zusammengestellt, so auch die Aloestauden, und von einem Paar Säulen zum andern neigte sich immer ein Bogen über das krumme Marmorgeländer. Die Wölbung des Daches war mit himmelblauen Lazursteinen bedeckt, deren Politur die Sonnenstralen nach allen Seiten von sich prellte, das eine unglaubliche Wirkung eines wunderbaren Schimmers in die Ferne that; auf der Höhe der Kuppel saßen über vergol-

J 2 deten

beten Köchern Tauben, die sich schnäbelten.

Doch dieser äußerliche Anblick, wie sehr er auch in den Ansehenden Erstaunen erweckte, indem er eine sonderbare Feinheit des Geschmackes verrieth, war gegen das Innere, so den Tempel schmückte, dennoch nicht zu vergleichen; die griechische Kunst hatte sich da müde gearbeitet, und was Athen und Sparta wenigstens in dieser Niedlichkeit nie sah, das beschloß Herodes mit einer Verschwendung der Schätze, den Heyden in Paläſtina zu zeigen. Die Wände waren mit gerriebenem Golde bezogen, wie auch die Wölbung der Kuppel; die schimmernden Felder wurden von korinthischer Architektur gesondert, Gesims und Säulen, die Stralenzertheilung, oder die Bänder des Gewölbes, und die Stuffen der Zwischentiefen, wie sie die Bauverständigen nennen, bestanden alles aus reinen durchsichtigen Bergkryſtallen: nur die Einfassung von Gold, Laubwerk und Rosen schimmerte dazwischen, die Unterscheidungszeichen der Glieder der Baukunst. Die Siege der Göttinn über Götter und Menschen, welche dieser Thorheit nachjagen, waren in der Füllungen länglichte Tafeln angebracht, auf sie mit lebendigen Farben im Feuer die Figuren geschmolzen, jede Platte dann mit breiten

schwebende Liebesgötter mit Schmetterlingsflügeln, sie waren auch im Feuer gemalet, und schossen nach allen Seiten ihre verlegenen Pfeile. Diese seltnen Gemälde von Schmelzwerk gaben dem sonst ernsten feyerlichen Wesen des Goldes, und der schimmernden Bergkrystallen eine besondere Fröhlichkeit, man glaubte in ein Zaubergebäu zu treten, dessen Wirklichkeit sich nur die Einbildungskraft vorlog. Den Fußboden bedeckten wellengrüne Türkis; diese Farbe des Oceans, welche gar herrlich dem Gold und Krystall entgegen stand, sollte die Anwesenden erinnern, daß diese reißende Göttinn aus dem Schaume des Meeres geboren heraufstieg: darum war auch auf vier Delphinen aus Gold eine große Muschel aus der Mutter der Perle gesetzt, welche dem Götzenbilde zum Fußgestelle diente: darüber nun stand die Göttinn aus dem reinsten Alabaster geschnitten, mit verführendem Antlitz und Schönheit und holdem einnehmenden Wesen den Apfel der Zwietracht in der Hand, welchen ihr der phrygische Hirt gab: vor ihr aber standen die drey Huldgöttinnen, der Dichter nennt sie Grazien, hielten mit ineinander geschlungenen Armen den Opfertisch vom blendenden Golde; frische duftende Kränze lagen immer darauf, so lang der Tyrann zu Herodium schwelgte.

Aber

Aber die Königinnen begannen ihr Spiel, das anfangs im Fluge leichter gefiederter Ballen bestand. Sie legten ihre schimmernden Ueberkleider von sich, und schürzten nach Art der Amazonen ihre fliessenden Gewand hinauf. Itzt stellten sie sich auf eine grüne Wiese, von dichten Palmen umschattet, in einen weiten Zirkel herum: jeder ward eine leichte Trommel, gitterförmig mit Saiten gespannt, in die Hände gegeben samt einem fliegenden Balle. Merope, in perlenweiße Seide gekleidet, des flatternden Mantels Rosenroth hatte sie von sich geleget, setzte zuerst das leichte Spielzeug auf die Schnellkraft der Trommel, zückt abwärts, schlägt schneller hinauf, der Ball schoß durch die kleine Fingerspitzen zum Firmament: ringsumher schwürrten die Saiten, Aller Ballen zischten nach. Wie wenn das Aug durch die Schärfe perspektivischer Gläser ermüdet, kleine dunkle Mackeln gröfser nicht, als die Oberfläch eines Nadelkopfes, vor sich zu schweben vermeynt, also schienen itzt die Ballen in der Lufthöhe, bis erschöpft war die fremde Kraft, welche sie in die Höhe jagte, und ihr eigenthümliches Gewicht sie wieder erdwärts drückte. Sie stürzten, aber die Spielerinnen verfolgten sie mit eilender Ferse; noch vor sie berührten den mütterlichen Boden, jagten sie selbe wieder aufwärts mit der verfolgenden Trommel. Diese Freude machten sie sich öfters die

unter=

unermüdeten Weiber, bis dennoch aus Unachtsamkeit hier und dort ein Ball zur Erde fiel, und im Grase rollte; diejenigen, welche so unachtsam waren, mußten ein Pfand auf eine Buße geben. Sie ergötzten sich lange noch, wiewohl unter rinnendem Schweiße, mit dem Lachen erweckenden Spiele, bis sie die tönende Trommeln von sich warfen, unter kühlende Schatten sanken, auf das weiche Gras hingegossen. Sie fächelten sich Winde zu mit den leicht beweglichen Schleppfedern der gold- und silberfärbigen Fasanen: ihr schneller Odem haucht entgegen dem herübergebogenen Fächer.

Itzt wurd ein anderes Spiel beliebt, das weniger hitzt ihr wallendes Blut. Ein rindenloser Cederbaum herrscht über dichte Saphrangebüsche. Ein Band, aus unzertrennlicher Seide geflochten, hieng von der Spitze bis auf sein Mittel herab, daran war geknüpft ein eiserner Wurfspieß; den schoß die geschickte Hand, die Richtigkeit der Linie maß die Schärfe des Auges, und des Eisens Widerhaken flog, steckt dann tief in der Mitte des Ziels. Der Ungeübte verfehlt es, oder der, welcher den Zirkel, das Ebenmaß im Auge nicht hat. Um dieses Ziel versammelten sich itzt die Kebsweiber Herodes, nachdem sie ausgeruhet, und sich mit erfrischender Milch, aus Mandeln und Pistazien, und andern Körnern

nern kühlenden Saamen gepreßt, oder dem Safte der säuerlichten Limonie mit Zucker gemischt, erfrischet hatten. Auch fuhr schon allgemach der Sonnenwagen den Gesichtskreis hinunter, die brennende Hitze ließ nach: das zarte Geschlecht konnt es im Freyen aushalten. Sie schossen tapfer mit dem Wurfspieß, und die Sonne verlängert ihre Schatten.

Die Langeweile des Müßigganges, welcher das Eigenthümliche der Damen ist, würde sich noch manchen Zeitvertreib zu Nutzen gemacht haben, daran es diesem Garten gar nicht mangelte, hätte sie nicht die Sorge wegen ihrem Gebiether gekränkt; zwar hatten die aufwartende Kastraten den ausdrücklichen Befehl von den Königinnen, von jeden Bewegungen des Kindermörders Nachricht zu geben. Bis itzt schlief noch das Ungeheuer in unverwandter Lage, schnarchte fürchterlich die Lufttröhren herauf. Noch fühlten die Weiber keine Lust, sich vor der Zeit zu grämen, auch waren die Pfänder nicht ausgelößt, da blieb also noch Manches zum Lachen übrig. Itzt soll jede für ihr Vergeben Busse thun, sagten sie: sie hüpften scherzend durcheinander, und setzten sich in eine Laube von Judenkirschen. Die Aegyptierin löste von der Schulter den fliegenden Schleyer, und bückt ihn zur Schürze, darinn sie die Pfänder verbarg; so saß sie in der tieferen

Wöl-

Wölbung der Laube mit nachläßiger Wendung; etlicht in Brüchen floßen die Falten, die zierlichen Glieder herunter, des Gewandes aus glänzender Seide: der blendende Mantel lag ihr nachläßig zur Seite, welcher am Leben der Kirschen bunten Zinnober weit überwand. Die weißen Arm in die florene Schürze gewickelt, fragt sie mit losem Blicke lächelnd: Was soll die zur Buße verrichten, die leichtfertige Schwärmerinn, welche im Wettlauf ihren Ballen verlor? Einige wurden verurtheilet, mit bloßen Händen Rosen zu pflücken, sie zusamm in niedliche Kränze zu binden, wie auch die spizigen Stachel ihre zarten Finger verwundet, dann zu fliegen zum schöngebauten Tempel der Venus, auf ihren goldnen Opfertisch die wohlriechende Gabe zu legen. Einer andern wurde befohlen, wie die unstäte Göttinn des Glückes, in einer gauckelnden Stellung auf Einem ihrer kleinen Füße zu stehen, und jeder eine vorwizige Frage zu lösen. Wieder andere mußten in Schleyer sich züchtig hüllen, knieend auf der Erde Vergebung ihres Fehlers zu bitten. Unbarmherziger ward eine Createnserinn behandelt: sie hatte das Unglück, von anderen gehaßet zu seyn, weil sie vielleicht unter ihnen die Schönste war; die Aegypterinn winket nur mit blizendem Aug, und sie mußten es alle, daß die gehaßte Griechinn es galt. Sie ließen sie von einem

schatten-

schattenfreyen Hügel den Untergang der sinkenden Sonne betrachten: ohne schützendem Hute mußte sie die sengende Stralen ertragen, und was kann einem Frauenzimmer wohl tiefer zu Herzen gehen, als die Sorge, der blendenden Weiße des Angesichtes beraubet zu werden, in bräunlichte Farbe verwandelt? Krisamis hatte beißenden Zorn, weint heissere, bittere Thränen, als jemals sie weint, ohn Unterlaß von grausomen Gedanken gefoltert, eines unersetzlichen Verlurstes ihres Felles Zärte, der jugendlich lachenden Farben, so vieler künftiger Eroberungen der Helden in Amors Kriegen, deren sie unzählbare Mengen gekettet ihrem Triumphwagen schon folgen sah. O welche Rache, glühende Rache schwur sie ihren Gespielinnen, immer in ihrer Seele nachsinnend auf Mittel, empfindlicher zu geiseln die Schadenfrohen. Indessen als die Griechinn alle diese Schmerzen verschlang, fuhren fort in ihrem Spiele die Königinnen: noch war nicht ganz abgelesen das Bußregister; einige wurden gesandt bis an das Ufer des Kidron, welcher den Garten und die Mauern der Festung vorbeyrauschte, mit naßen Armen mußten sie aus seinem Rinnsale kleine Steine verschiedener Farben herausheben, sie der Gesellschaft dann bringen. Einigen wurde gebothen, Unterredungen zu pflegen mit der schwatzhaften Echo von ihren Herzensangelegenheiten, und ihre heimlichen

Seuf-

Seufzer gab vielfach der eyförmige Bogen der Felsen zurück, darinn am Fuße des Schloßes die wasserspielende Grotten gebauet waren. Einige mußten in die Harmonie der Vögel singen, mit dem Wohlklange der Saiten eintönen andere; mit durchlöchertem Sieb aus Brunnenbeeten schöpfen, und füllen leere Gefäß, oder zu haschen einen flüchtigen Butterbogel, oder eine langbeinichte Heuschrecke verfolgen; einige wurden beordert, in Einer Minute zu lachen und zu weinen, welches letztere für die leichteste Buß aus allen angesehen wurde: oder was kann wohl ein Frauenzimmer weniger Mühe kosten, als das, was ihres Geschlechts angeborne Fertigkeit ist? So giengen noch immer die Aufgaben im Zirkel herum; denn der Pfänder waren viele auszulösen.

Jzt küßte die Sonn ihre schimmernde Gattinn, die Erde, die große Leuchte des Tages fuhr den Gesichtskreis hinunter, der jzt von Gold und Purpur flammte. Mit kochendem Blute trat in ihrer Gespielinnen Gesellschaft zurück das beleidigte Mägdchen aus Creta: ihre Haare verwirrt, sie wallten unordentlich in Locken die runzlichte Stirn, und den stolzen Nacken hinunter; die Hitze des Gestirns hat das wohlriechende Fett aufgelöst, mit welchem die Priesterinnen des Puztisches täglich der Eitelkeit opfern, da selbe

die

die weichen Haar ihrer Gebietherinnen in wunderliche Schnecken drehen, oder die Furchen des Säemannes, die Wellen des Meeres, oder zerzauste Gebüsche, Straussennester, Pyramiden und Thürme, je nachdem die Thorheit der Moden es fodert, mit unverdroßner Gedulb nachahmen. Nicht erst spätere Zeiten haben diese Thorheit vom Gebiethe der Seine durch die französische Putzmacherinnen in der bekannten Welt verbreitet, die Mode hatte schon von uralten Zeiten regieret: die üppigen Römerinnen machten selbe sich zum Geschäft; und was war in Rom Schlimmes, daß der Hof Herodes nicht in sein Eigenthum aufnahm?

Noch waren nicht alle Pfänder eingelöset. Die Reih, eine Buße zu geben, traff auch die Beschimpfte; sie freute sich schon im Voraus ihrer Rache. Die, welche sich strafbar gemacht, sprach sie mit eifrigem Tone, soll uns die schwere Frage beantworten: welche aus den Königinnen die Schönste sey? Das Loos traff der Israelitinnen Eine, zu Salem geboren, sie hatte der väterliche Eigennuz, die unschuldige Taube, dem Wüthrich zum Opfer gebracht, der sie noch nicht lang in seinen Klauen fest hielt. Sie war izt noch eine Schülerinn, die verberblichen Künste des Hofes zu lernen, und wie man rechts und links durchschlüpfen soll, ohne zu trüben

die

die Quellen im Eymer, welche jeder Höfling auf dem Kopfe trägt zum Zeichen seiner
Bescheidenheit, und der Gewissensruh, und
der Geradheit seiner Handlungen, immer so
fortschleichend mit kunstreicher Lüge, daß er
dabey kein Tröpfchen seiner Ehrlichkeit Fülle
verliere; sie wußte noch nicht das verzeh-
rende Gift in süssen Zucker einzumachen, und
ihre weibliche Zunge zu spitzen, zu stählen,
zu schleifen, zu poliren, weit schärfer und
spiegelflächer, als eine haardünne Lanzette.
Noch nicht vollkommen war aus ihr wegge-
löschet der angeborne Hang zur Redlichkeit,
welcher die wahren Israeliten bezeichnet; sie
besaß noch etwas von den Ueberbleibseln der
edeln natürlichen Einfalt, die bey Höfen zu
erscheinen so selten einen Freybrief hat; sie
war noch nicht geschickt genug, die Meynung
ihres Herzens mit einer vortheilhaften Mas-
ke zu decken, und noch zu wenig unver-
schämt, ihre Feinde todt zu küssen.

Die Untersuchung über die weibliche
Schönheit hat in der Welt schon sehr viel
Unheil gestiftet. Ihr zu Liebe stand Troja
in Flammen; Ströme des Heldenblutes rollten wegen dieser unwillführlichen Caprice in
allen Theilen der Erde; ganze Provinzen
stürzten um; die Thoren würden des Himmels Gewölb eingeschlagen haben, wenn es
ihre Kräfte vermöchten. Noemi, so war
der

der jungen Hebräerinn Name, trat in ihrer eifersüchtigen Geschlechts Versammlung vorwärts; und nachdem sie gegen alle sich neigte, denn die Schönheit wird von allen Weibern immer als etwas Hochheiliges gehalten, und so einer Untersuchung sich nähern, darf nicht geschehen ohne Ehrfurcht, betrachtete sie mit geheftetem Auge das Angesicht Aller, ihres zierlichen Wuchses Gestalt, der Gliedmaßen Bau besonders, und ihre Uebereinstimmung im Ganzen; sie gestand jeder, denn Schlauheit ist von der Stunde der Geburt schon jedes Weibes Eigenthum, und auch die Unerfahrenste ist dennoch damit reichlich versehen: gestand jeder einen seltenen Vorzug, um die Wohlgewogenheit Aller erstens zu verdienen. Deine Lippen sind der auserlesensten Rubinen Nebenbuhlerinnen, schmeichelte sie der Robope; Deine Augen funkeln wie der Morgen= und Abendstern; Rosen, auf milchweißen Marmor gestreut, ist die Farbe Deiner vollen Wangen auf dem leuchtenden Angesicht, umwallet wie der Sonnengott vom goldnen Haare: doch ich will schweigen, Deine edle Bescheidenheit nicht zu beleidigen. Und sie wandte sich gegen eine stolze Römerinn, die gar so gern den Weihrauch roch, welcher dem Kapitolium zu Ehren in ganz Judäa verschwendet wurde: Du bist aus dem Geblüte des edeln Cäsars entsprossen, wird Dein Ruhm wohl größer,

wenn

wenn ich noch von Deiner Schönheit rede? Wäre Deine Brust mit schuppichtem Stachel geschnallt, säß auf Deinem Haupt eine Sturmhaube mit drohendem Reigerbusche, schwänge Dein Arm einen schimmernden Speer: wahrhaft, Du würdest der Pallas gleichen, welche aus dem Hirne des Jupiters sprang, so hat die Weisheit alle die Linien Deines Angesichts, und besonders der hohen Adlernase, gezeichnet. Eine blonde Dalmatierinn, auf Europens Gestade geboren, saß gegenüber mit grossen blauen Augen: Deine blaßgelben schöne langen Haare, fuhr die schlaue Abrahamitinn fort, gleichen den schimmernden Fäden, welche der Goldweber aus arabischem Golde zieht; Dein Angesicht glühet, wie ein Frühlingsmorgen: Deine Augen haben die Farbe, welche den Himmel malt: so wallet dem prächtigen Komete nach, sein Schweisschimmer, wie Deinem zierlichen Nacken die geflochtenen Haare, wenn Du daher eilest.

Ist sagte sie eine Schmeicheley der Aethiopißinn, welche mit ihrer braunen Farbe die Reihen unterbrach der Frauenzimmer mit zartem weißen Felle, denn der lüsterne Geschmack des Herodes foderte zu seiner Befriedigung alle Welttheil auf: Deine Zähne sind weißer, wie die Lämmer aus Galaad, wenn sie gewaschen aus dem Jordan steigen, und kein

Roche

Kochenilleschneck hat so hochrothes Blut, wie Deine Lefzen, Nachbarinn der Sonne, brennen; wie schön läßt die Perlschnur, in Deine beerschwarze Haar eingewoben, das blitzende Band auf Deinen runden Armen. Ein hochmüthiges Weib aus Persien hatte schon lang auf das Opfer geharret, das ihr entrichtet würde. Gewiß, an Majestät übertrifft Du alle: Deine Stirn ist hoch und gewölbt, sie ist gebildet, eine Krone zu tragen, Dein schön gezeichneter Arm zu schwingen einen Scepter, den Nationen küssen: unter Dir zittert die Erde, wenn Du in Deinen Stoffen daherrauschest: keine Göttinn, welche ihr da trüben des rothen Meeres anbethet, kann in ihrer Wendung und Stellung feyerlicher seyn. Du bist eine Morgentulpe, die aus der Knospe bricht, junges tracisches Mädchen! wehe uns, wenn Du ganz Deinen Purpur entfaltest: Du lachest zwischen uns auf, wie der Blumen Jüngste im Reiche der vielfärbigen Flora: und was hat nicht die Jugend voraus jeder vollbrachten Schönheit. Aus dem Lande der Amazonen ist jene mit dem Heldengesicht: wie erheben Deinen Wuchs die kühn aufgeschürzten Gewand: ich möchte Dich sehen Deinen stählenen Bogen spannen, darauf legen den geflügelten Pfeil; es knarrt, und er steckt schon in des Zieles Mittelpunkt; zu schwingen eine schwere Lanz, aus der Scheide zu
ziehen

ziehen das blitzende Schwert; jede kriegeri=
sche Uebung mag Deine Schönheit, mit wel=
cher Du wohl viele der lorbergekrönten Sie=
gerinnen Deines Reiches übertriffst, unglaub=
lich erhöhen. Wie dem Gebirgstrom die
klagende Quell entgegen fließt über Gras
und Blumen, und kleine Kieselsteine; der
Kryßall ihrer Lauterkeit dem stürzenden
Wasserdampfe; so schmiegst Du Dich hin an
den Heldenbusen, Du kleine Inselbewohne=
rinn von Tyrus: Milde verkünden die züch=
tig niedergesenkten Bogen der Augen, die
Grübchen der Wangen, und am spitzen Kinn,
die Holdseligkeit des annehmlich geschloßnen
Mundes: Dein Haupt neigt sich immer gü=
tig zum Herz: spieltest Du mit einem jugend=
lichen Lamm, niemal glücklicher hätte die
Natur das Bild der Sanftmuth entworfen.
Weiß und roth, wie die Blüthen der Pfir=
sich im May, sind Deine Farben, o Nach=
barinn Syriens, des großen Antiochus Enk=
linn: Du glänzest an unserm Hofe mit eig=
nem Schimmer; Deiner Bildung Erhaben=
heit aber verräth den Adel aller Könige, von
denen Du herabstammest. So pries alle
Noemy, denn Herodes hatt unter seinen
Kebsweibern viele der Königinnen. Jede ki=
zelte sie mit einem besondern Lobspruche, wel=
cher keiner was wegnahm, und allen doch
gab. Bis izt waren alle zufrieden, und prie=
sen die Billigkeit der Jsraelitinn, welche doch

K

nicht

nicht aus besonderer Absicht, denn sie hatte die Hofkunst zu wenig gelernt, sondern nur aus des weiblichen Geschlechts angeborner Verstellung jeder eine Lüge sagte. Sie beschaut itzt die Griechinn, welche den Gram noch nicht verkochte, der ohn Unterlaß ihr Herzensstiche gab; diese glaubte durch die Aufgab über die weibliche Schönheit den Apfel des Zwietrachts unter sie geworfen zu haben, und sich bald ihrer genommenen Rache zu freuen; aber noch ermüdeten ihre Nebenbuhlerinnen die Lust nicht mit neidischem Gezänke: sie biß sich die zitternde Lippen.

Aber die Israelitinn fuhr fort: Ja, gewiß Euch allen, Ihr Meisterstücke der Natur, gebührt das geziemende Lob: sie hat mütterlich zärtlich unter Euch ihre Schönheiten vertheilet, und versagte Keiner die Ehr, unter ihren Töchtern die Geliebtere zu seyn. Doch, weil ich einmal, um Buße zu thun, die nackte Wahrheit reden muß: darf ichs nicht verhelen, daß eine von Euch Königinnen, so kein schiefes Bild im Auge mich täuschet, auserwählt war, unseren Zeiten ein Muster der Schönheit zu seyn: wie im Punkt der Tiefe des Brunnenspiegels sich die Stralen der wohlthätigen Sonne versammeln mit sengender Kraft, dann aber abglittend vertheilt nach allen Seiten sie schießen, so hat auch die Natur alle ihre Reitz in die

Bil-

Bildung dieser Griechinn geschmolzen, sie wies mit der Hand auf Crisamis, und wir alle empfangen von ihr, doch immer minder schön, einen ganz besondern Glanz. Wenig hätte gefehlt, und es wäre getrennt der Senat der geschwätzigen Weiber; wie, gedachte jede mit Ungestüm, meine Reize sollen weichen dieser eingebildeten Thörinn? Sie fühlten alle ihres gekränkten Herzens gewaltiges Klopfen, es drangen sich in ihren Busen die Seufzer mit Galle vermischt: schon alle Nerven spannten sich zu rächen, wär es auch nur mit den Waffen der Haarnadel, zu rächen die Unbild. Doch dießmal hielt sie noch der Wohlstand zurück: sie begnügten sich, der Unzufriedenheit Miene zu machen, zu rümpfen ihre kleine Nasen, Blitze, wie die Katzen im Dunkeln, aus ihren Augen zu schießen, und mit knirschendem Zahne sich die Lefzen zu pressen. Aber ich will Eure Geduld nicht mißbrauchen, fuhr das Kind Moses fort, Ihr ehrenwerthe Damen! laßt mich nur kurz die Wunder der Schönheit beschreiben, die mich in Erstaunen setzt: und sie führte bey der Hand die Griechinn heraus in die Mitte des Zirkels der weiblichen Eifersucht. Hat wohl je ein schönerer Wuchs einem sterblichen Mägdchen zur Zierde gedient? Welch harmonischer Bau der wohlgestalteten Glieder, die schlank sind, mit einer Rundung umgeben, als wenn sie der netteste Künstler

K 2   gedrech-

gedrechselt, mit einer fliessenden Wellenlini
eingefaßt, welche sonst das Gezwungene mit
edler Einfalt verwechselt, und Kühnheit, und
Schwung und Adel den arbeitenden Nerven,
hingegossene Anmuth der Ruhenden giebt?
Ich hab Euch schon von Rosen und Lilgen
und Blüthen geschwaßt, aber betrachtet einmal diese Farbe des Lebens: nur Schade,
daß sie heute nicht wenig von den Stralen
der Abschied nehmenden Sonne gelitten, sie
überwindet die zarte Mischung der Blumen
aller; brennet wohl heller eine Farbe am Bogen des Himmels, oder schmilzt so lieblich
am lazurnen Firmamente der liebliche Morgen? Nichts zu melden vom hohen Auge,
das glänzend und dunkel wie Agtstein ist; der
vollen zarten Wange, man sieht in selber das
wallende Blut; dem holden Munde, der so
bescheiden lächelt, wie Rachel, als sie mit La-
bans Heerten ihrem Jakob sich nahte; der
prächtigen Wölbung der Stirne; dem zierlichen Schnitte der länglichten Nase, und des
kleinen Kinns mit lieblichem Bogen bezeichnet; der ganzen seelenergößenden Miene; ver-
geßt auch nicht der braunen lockichten Haare,
mit denen ohn Unterlaß die Winde spielen,
sie sind nicht schwarz, wie das Gefieder des
Raben, sie würden zuviel abstehen von der
Milchfarb der Stirne, blinken auch nicht ins
Röthliche, wie der Castanien Farbe, sie sind
dunkel und schattigt, wie die Muskatnuß,

zu-

zudem, wir sind ja alle geschmünkt, auf ihrem Antlitze blühen hingegen die natürlichste Farben; betrachtet aber auch den kleinen Fuß, welcher, ungeachtet daß sich alle Glieder in ihrem Fortschweben annehmlich widersprechen, denn Verschiedenheit macht Schönheit, die leichte Tänzerinn fortträgt; auch die zierliche Hand mit ihren kleinen spitzen Fingern; die leicht bewegliche Lenden, welche so mancher Halsgürtel umschnürt.

Schon viel zu lang war die Gedult der Königinnen geprüft: die Lobrednerinn wollte zwar noch immer fortsprechen; aber Rodope riß sich hervor mit offenen Armen, die Polster des Ruhebeets fielen zur Erde, flucht alle Götter des Nils ins Land der Hebräer herüber, daß sie die Frevelthat rächen, die ein Weib, aus diesem Stamm entsprossen, gegen sie verübte. Zwar die Götter drüben des Nils waren Holz nur und Stein, oder aus dem Feuerofen geschmolzen, ihre Ohren hörten die Beschwörungen nicht. — O, wären mir gegeben die Klauen des Habichts, fuhr die Rasende fort, wie wollt ich Dich in tausend Stücke zerreissen! wäre doch das scheußlichste Krokodill mit dem furchtbarsten Schlunde, das jemals Aegyptens Gestad in Schrecken setzte, zu meinen Diensten, mit welchem Hohngelächter würd ichs ansehen, wie sie Dich, Elende, mit ihren gräßlichen
Zäh-

Zähnen zermahlet! Dich begrabe brennender Sand, und schaffe Dich um zur häßlichsten Mumie! möchte die gröste Klapperschlang aus der thebäischen Wüste herüber sich wälzen, und Dich als einen erwünschten Leckerbissen verzehren! daß der Hagel Dich schlage, zernichte der sengende Blitz! Welcher Satan, von dem Euer Geschlecht immer besessen ist, redet aus Dir, daß Du so Deinen giftigen Zahn an uns wetzest: schon erkühnest Du Dich, unser zu spotten, kaum als Du von der niedrigen Hütt in den Palast aus Gold hinüber schleichest! — Sie riß die Blumen vom Busen, warf ihrs in Angesicht, und wandte sich um. Mit rollenden Augen, und glühendem Angesichte stand itzt eine andere vor der Schuldigen: wie würde meine Mühe reichlich belohnet, mit der ich Deiner dicken Locken jedes Härchen zählte, dann eines nach dem andern nach vorhergehender Pause Dir ausrupfte, und den tausendfachen Schmerz erneuerte! hätt ich eine Million Nadeln, wie wollt ich sie tief, tief eine nach der andern bis in das Mark der Knochen hineinschlagen. Daß Dich der Aussatz verderbe, und die cyprische Krankheit, schrie wieder eine andere: Dich die Ameisen zernagen, und die Wespen ihren Stachel an Dir stumpf machen. Auf Dich blase der Nordwind, schrie wieder eine darein: daß Deine Wangen einschnurfen, wie getrocknete Datteln, ein Gallenfluß Deine

Glieder lähme, und sie einwärts drehe, daß wir Dich kriechen sähen, wie eine verwundſchene Heudechſe. Deine Zähne mögen ſchwarz werden, wie eine Steinkohle, und wenn ſie Deine Schmähſucht herausgeklappert hat, ſich dann Lippen und Naſe küſſen. Dein Rückgrad krümme ſich wie die Sichel des Schnitters! Nein, wie der Rücken eines Trampelthiers, das zween Buckel hat! an Deiner Stirne wachſen garſtige Hörner, und Dein zartes Kinn zier ein zozigter Bart, wie den ſcheußlichſten Waldteufel. Dich nehm ein Dammkopf zum Weib, und Narren ſeyen Deine beſtändigen Aufwärter! Sey das Geſpött der Gaſſenburſch, und das Hohngelächter der wohlfeilſten Dirnen! Dich beklatſch jeder Lotterbube! Deiner höhne der ſieche Wohlluſtling, der nur wie ein Schatten in ſeiner Schwindſucht daherkreiſet! Dich rette vom Hungertode nur noch das Handwerk der ſchlechteſten Kupplerinn. So ſagten ſie ihr wechſelweiſe die empfindlichſten Schmachreden, bald ſchrien alle zuſamm, daß von ihren Flüchen die Grotten und die weite Gänge des Gartens widerhallten: alle nachbarlichen Vögel entflohen, und jedes zahme Thier wurde verſcheucht, und läuft in ferne Gebüſche; die Schnellkraft der Luft war nicht ſchnell genug, die zankſüchtigen Weiber zu befriedigen, der erſte Ton war noch nicht einmal verbreitet, ſo folgten ſchon zehn andere nach:

nach: es ward ein ganz unverständliches Geschnaber, das ununterbrochen zwischen schreyenden Stimmen, und krächzendem, auch bitterheiserem Laute fortfuhr; so haben im Capitolium nicht die Gänse geschnattert, als der Gallier die Mauern bestieg: in der Arche Noe alle die geflügelten Thier auch nicht also geschnattert, und gewispelt, und gewitschert, und geschwazt, und zusamm geschrien. Die Sache würde zu Thätigkeiten gekommen seyn; denn was sollte die erbitterten Weiber wohl noch zur Vernunft zurückführen; können sie mit dem Schwert ihrer Zunge nicht siegen, so haben sie von der Viper gelernt zu brauchen den giftigen Zahn, den der pelzichten Kaze mit der Klaue zu hacken; schon hatten sie die arme Israelitinn ergriffen, sie erinnerten sich bloß ihres Geschlechtes, und vergaßen ganz auf ihre Würden; eine hatte sie bey den fliegenden Spizen, bey den wallenden Locken die andere, eine dritte krümmte die Finger sie zu zerfleischen: zahnknirschend löste vom Fuß eine vierte die goldene Sohle, und hob sie empor: wieder eine andere den stärkeren Windfächer, dareinzuschlagen; aber es kam die Bothschaft des Königs, und hatte der Kriegserklärung, der weiblichen Eitelkeit, dem beginnenden Scharmützel, ein Ende gemacht.

Der Blutvergießer Bethlebems war in seinem purpurnen Bette vom Schlummer erwacht; um ihn noch zu strafen empfindlicher, wandt auf eine Zeit von seiner Scheitel das Schwert der Todtenengel: Herodes hat einen wohllüstigen Traum der Berauschten; zu solchen Vorstellungen, oder der Grausamkeit Phantasien, waren seine Nerven immer gewöhnt, der das Rückmark erhizende Traubensaft vollbracht izt das Erste. Eines frohen Muthes, und heitern Angesichtes mit funkelnden Augen, nicht mehr denkend auf die Leichen der Knaben, so ward ihm zur Gewohnheit durch beständige Ausübung schnell wieder zu vergessen seine scheußliche Thaten, sazt er lachend zu der Wach ohne Bart: Bringt mir die Königinnen. Die Kastraten flogen, ungeachtet des Bleyes, das sie in den Beinen hatten. Schon standen sie vor der weiblichen Haberlaube,

Semira, das war einer Königinn Nam, erschrack zuerst bey dem Anblicke der Bothen des Königs, die andere waren, noch in der taumelnden Hize begriffen, fast sinnlos; laßt die Wellen der See vom Sturme bewegen, wenn er auch zu blasen aufhört, steigen und fallen noch lange die Wasser, und schlagen das müde Gestad. Viele Augenblicke waren verloren, bis es alle vernahmen, denn die Sopranisten, ungeachtet sie sich
auf

auf die Zehen stellten, drangen nicht so schnell durch das weibliche Chor mit ihrer kränklichen Stimme; nur eine nach der andern kam langsam zu sich, bis sie es alle wußten: doch noch bewegten sich lang ihre Mäuler, und in Arbeit der Muskeln die zoppelnden Glieder, und jede hatte noch übrig zu sagen eine Menge Worte, und ihre Rechthaberey dem Himmel und der Erde begreiflich zu machen, und über Unrecht zu klagen. Nobope gab sich zuerst ihr gesetzes Wesen wieder: hieß abtreten die Bothschaft mit dem Befehle; sie erscheinen die Königinnen. Die Zunge der Weiber ist gleich der Magnetnadel unruhigem Wesen, gar selten ist sie ohne Bewegung, wenn auch kein magnetischer Strom sie nach dem Pol zur Mitternacht lenket, sie trillt fast immer über der Spitze der Nabel; die Zunge der Weiber ist gleich einer Vogelscheue leichter hangender Stäbe, welche ohn Unterlaß plappert; ihr dürft nicht erst bis zum Aufbrausen die weiblichen Geister bewegen, ein kleiner Hauch nur gegen eine beliebte Grille setzt sie in Gährung: aber noch mehr! laßt sie ganz ruhig seyn, ohne zu reitzen ihrer Leidenschaften gewaltige Wuth, laßt sie vollkommen geduldig seyn; sie schwätzen dennoch zu viel. Jetzt stellt euch aber vor, die weibliche Gall aufs höchste gereitzet, ganz aus dem Ruhepunkte geworfen, alles, was man Bescheidenheit nennt, und ver-

vernünftiges Betragen, und Anstand und unterscheidende Klugheit: ihre Herzensstiche bey der kiglichen Frage der Schönheit, da jeder der Puls weit heftiger schlägt, als in einem erhizenden Fieber. Gebiethet dem Radwerk einer Mühle zu stehen am rollenden Flusse: dem Fluge des Wetterhahns im Sturme: der hohen Wolke, von brausenden Winden gejagt: Bergwässern, daß sie nicht stürzen die Felsen der Felsen hinab, ihr gebiethet umsonst: doch werdet ihr sie eher zur Ruhe bringen, als die verbitterten Weiber.

Sie giengen zwar, und verliessen die Laube der hochrothen Kirschen; denn daß der König auf sie warte, das dünkt ihnen bey all ihrem grimmigen Zürnen dennoch nicht rathsam, so viel Ueberlegung ließ ihnen doch der Taumel des Zorns: ein Tyrann hat dieses immer voraus, daß man sich hütet, seiner zu spotten: des Schwertes Blutroth schrecket gewaltig, und verwandelt in Demuth auch den weiblich-sonst unhändigen Stolz. Sie eilten sogar die Königinnen, ihres Gehorsams Beschleinigung Beweise zu geben. Doch, wer wird ihre böse Mienen beschreiben, mit denen sie einander schreckten; der Gebärden Feuer, und ihrer Luchsenaugen; die beissende Worte, die sie ohn Unterlaß einander zuwarfen; ihr Hohngelächter; die Thränen des kochenden Zorns: alle Glieder waren

waren in Arbeit, hinter ihnen fliegen die
glänzende Stoffe. So eilten nicht die Füchse
Samsons mit ihren brennenden Fackeln.

Der Kinderwürger saß noch auf dem
goldgestickten Bette, vor ihm standen offen
die Flügelthüren der Vorzimmer. Schon ferne sah er kommen den weiblichen Chor, man-
nigfältiger an Farben, als Orients Papageyen, und seine indianische Raben, auf dem
Kopfe mit höherem Buschwerke schwankender
Federn, als die Trommelthier aus Madian;
sie schwebten über die glänzende wachsbezo-
gene Fußböden herüber, wie der Vogel
Strauß, dem seine Flügel den Lauf beschlei-
nigen. Sie standen vor dem Könige mit schnell
athmender Brust. Kommt, meine Lieben,
sagt er mit der Miene der Freundschaft: es ist
zu bemerken, daß der Tyrann die einnehmende Gab hatte, das Wohlwollen seiner Mitmenschen auf eine sonderbare Art zu gewinnen, wenn er ganz den Wolf in das Schafs-
fell kleidete; aus seinem Munde träufelte
dann lauter Honig und Balsam, jedes Wort
war überzuckert, und wurde von der lieb-
lichsten Tenorstimm empfohlen; er schien
dann die Sanftmuth selbst zu seyn, und
die Gütigkeit: Setzt Euch hieher um mich in
den Kranz der Freundschaft, flossen seine
Worte fort, wir wollen diesen Abend uns
freuen. Schon einige Monate sind vorüber-
ge-

geflogen, daß mir das Vergnügen nicht ward, wie itzt: ich glaube heute bey den Göttern im Olimp zu seyn, so spielende Phantasien schweben vor mir. Diana, Venus, Minerva, Galathee, Bellona, Ceres, Pomona, Euridone, Juno, Helena, Ariadne, Jole, Hero, Creusa, Dido, Andromahe, Cleopatra, Circe, Caßandra, Calypso, Briseis, Atalanta, Andromeda, und wie alle die Schönen heissen, über welche so mancher eifersüchtige Memus seine Bemerkungen macht; was diese den Göttern sind, das seyd Ihr heute mir; ein kleines ländliches Mahl soll uns aufheitern. — Doch, wie ich sehe, Königinnen, er sprach im ernsthafteren Tone, seyd Ihr erhitzt, gewaltiger wallt in Euren Adern das Blut, Eure Mienen sind samt den Haaren zerstört! was hat Euch in diesen Zustand versetzt? Rodope, welcher in der Geschicklichkeit, schnell die Wahrheit in eine Lüge zu kleiden, keine beykam, nahm das Wort, und, nachdem sie eine anständige Verbeugung machte, sagt sie mit der Bescheidenheit Stimme, der Menschenkenner nennt sie Unverschämtheit, sagt, ohne röther zu werden: Wir haben uns erst durch das Spiel leichter gefiederter Ballen erhitzet, dann geriethen wir auf einen Einfall, darauf in einen heftigen Wortwechsel; ich sollt es verhehlen, denn unser halbes Vergnügen ist nun dahin, doch, um dem Könige die Wahrheit

zu sagen, sie stockt, besieht ihre kleine Hand, fährt dann fort: Du weißt, ich hasse die Lüge mehr, als den Tod, ich will es ohn Umschweife sagen: Wir hatten den Antrag, lang über die Erfindung berathschlagend, unserm Gebiether und König eine unerwartete Freude zu machen; dürfen wir hoffen, daß Du unsern Eifer, Dich aufzuheitern, nicht verschmähen, daß Du eine unerwartete Ueberraschung, Dir neues Leben und Wonne zu geben, mit Deinem Beyfalle belohnen werdest? Sie küßt ihm den Saphir, welcher an seinem Finger glänzt. Herodes, vor Freude taumelnd, ist stolz darauf, solch eine Aufrichtigkeit noch nie in einem Weibe gefunden zu haben. Aber auch ich bin an Erfindung nicht arm, das schwör ich Euch bey meinem königlichen Scepter, schrie er aus vollem Halse: — er gab ein Zeichen, indem er mit beeden Händen klatschte. Sehet Wunder: es lösen sich von der Ueberdecke des Vorzimmers die Füllungen alle, und sanken langsam herunter. Die mittere Verzierung war eyförmig, ihre Ueberfläch eine gedeckte Tafel mit dem niedlichsten Auffatz beladen; Rundungen waren umher, diese dienten statt der Credenzen, darauf standen erhitzend und kühlende Getränke; vier länglichte Vierecke flogen noch zur Seit herab, darauf waren stuffenweis erhaben, in zierliche Ordnung eingetheilt, allerley Gefäß und Schalen, theils zur Zier-
rath,

rabe, theils zum Gebrauch für die Tafel: doch, alle diese Gerathschaften waren weder Gold, noch Silber: nur aus der feinsten Siegelerde vom damascenischen Acker verfertiget; griechische Künstler hatten darauf verschiedene Dinge bald erhaben gebildet, oder auf ihre Flächen gezeichnet, oder tief eingegraben; in ihren Fabeln fanden sie hinreichenden Stoff: der Grund war weiß, die Erde schmilz in dem Brennofen zum glasartigen Wesen, beynahe, wie unsere Porcelläne sind, durchsichtig; Figürchen und Laubwerke waren mit lebendigen Farben gemalet, gezeichnet aber so schön, und in eben dem Geschmacke, wie die Gefässe der Hetrurier sind, welche man in des Alterthums Sälen bewahrt, und besonders itzt der neapolitanischen Sammlungen die größten Seltenheiten und unsere Bewunderung sind. Ueber den Platz der gewesenen Füllungen waren zu einer Kuppel von den Zweigen des Oelbaums Bögen gesprenget: aus ihnen trillten über alle diese Tische mit vielen Armen flammende Kronleuchter mit hangenden Tropfen herunter, die waren von Krystall, durcheinander geschlungen mit Blumenketten, welche auch von allen Seiten der Wände, die ganz mit hellen Spiegeln bezogen waren, herunterflossen. Es fanden sich Menschen am Hofe des Herodes, welche nichts anders zu thun hatten, als beständig zu sinnen, der unaufge-

setzten

setzten Ergötzlichkeit den Eckel zu nehmen, und schon gewohntes Vergnügen mit immer neuem zu wechseln. Diesen sonderbaren Einfall hatten sie schon vor einigen Wochen hier ausgeführt, um bey der nächsten Ankunft den König damit in Erstaunen zu setzen, denn im Frühjahre war hier sein gewöhnlicher Aufenthalt, heute machten sie Gebrauch davon, und bathen den König nur um ein Zeichen, ihm ein ganz unerwartetes Schauspiel zu geben. Einen hinreissenderen Anblick, wie dieser war, hat die Ueppigkeit selten gesehen: der Schimmer der zahlreichen Lichter, der Glanz der ellenhohen Spiegel von allen Seiten, und ihr Perspektiv in die Ewigkeit; die nieblichen Geschirre; die Abwechslung der Blumenketten; der Putz der wollüstigen Weiber, alle in hochfärbige Stoffe gekleidet, ihre schönen Gesichter, in ihren Gliedern das Leben der Jugend, welches dem Funkeln der Edelsteln, in welche die Lichter blitzten, noch weit höheres Feuer gaben; das alles ergriff bis zur Betäubung die Zuschauer, welche zahlreich, dieß liebte der König, herbeykamen, und ein wenig entfernt außer den Portalen in den grossen Sälen standen, erstaunt gegen einander die Hände ringend.

Rodope, ihre Lüge mit der Wahrheit zu schmücken, wollt auch ausführen ihren glücklichen Einfall: sie sandte daher eilend, aber ge-

geheim nach Jerusalem, Narren zu holen.
Solche sonderbare Menschen waren vor Zeiten
an den Höfen immer die merkwürdigste
Sammlung. Sie allein hatten die Freyheit,
ohngescheut selbst Kaisern und Königen die
bittere Wahrheit zu sagen, nur nackt durften
sie dieselbe niemals vorführen, das war gegen den Wohlstand gesündiget, und dieser
Art Keuschheit durften sich alle Höfe rühmen:
aber ins Gewand der Thorheit gehüllet
ward der Wahrheit zu erscheinen gestattet.
Doch, auch hierinn macht eine Ausnahm Herodes, er, welcher nur von dem Verderbniß
aller Höfe das Schlimmste an sich sog, niemals nachahmend ein Beyspiel des Guten,
verboth unter Strafe des Kopfes, daß keiner
seiner Lustigmacher auch nur von ferne berühre, weßwegen man auf Thatsachen seiner
schon verhaßten Person oder Regierung aufmerksam werden konnte; die größte Besol-
dung genoß der, welcher am meisten zum
Lachen bewegte, beförderte des Zwerchfells
Erschütterung; aber außer dem Gebiethe der
Possenreißerey durfte sich keiner unterwinden
zu treten: übrigens, die Zoten der niedrigsten Art, darüber auch noch das geübte Laster roth wird, aus den untersten Cloaken,
waren nicht nur gestattet, waren wohl eines
sonderbaren Verdienstes Empfehlung, auf
welches grosse Belohnungen folgten.

Man setzt sich zum Gastmahl mit ungewöhnlicher Heiterkeit nieder; Wohllust und Freude standen den Ergötzlichkeiten dieses Abends vor. Die weiblichen Aufwärter hoben die Gedecke von Schüsseln, und es dampft aromatisch empor. Es war herrlich anzusehen, wie die Tafel bereitet war, die Augen zu täuschen: von erwähnter Siegelerde war die ganze Versammlung der Götter, wie selbe die dichtende Griechen erfanten, gebildet, mit diesem Aufsatz ganz die Oberfläche der Tafel bedecket; in Gruppen vertheilt, standen sie, oder sassen, oder lagen, oder schienen zu eilen umher. In ihrer Mitt herrscht über dem Adler seiner Donnerkeule Verwahrer, der Wolkenversammler Zevs, auf dem hohen Olympus; neben ihm steht die eifersüchtige Juno, ihr zu Seite breitet der Pfau seine Spiegel auf; Ganimedes, der Mundschenk, hält die Schal, Hebe füllt sie mit Nektar auf; dort jagte Diena mit ihren Nymphen flüchtigen Hirschen nach; hier war Vulkan in der Feueresse Lemnos, die Cyclopen schmieden an dem Schilde des Achilles, während Venus ihre Pfeil in Gift eintaucht; von den Höhen des Parnaß mit zween Gipfeln tritt der Sonnengott, die Leyer im Arme, zwischen den neun pireißen Mägdchen herunter, das geflügelte Pferd schlägt mit dem Huf aus dem Felsen die castalische Quelle; Proserpina wird vom Höllengott, Pluto,

Pluto, geraubet, umsonst strecken vom blumenreichen Gestade die Gespielinnen ihre weißen Arme nach ihr aus: Ceres, die verzweifelnde Mutter, verheeret indessen mit der flammenden Fackel die Saaten der Erde; hoch auf seinem Triumphwagen führt der Weingott einher, in der Hand den Thyrsus mit Weinlaub umwunden, von gefleckten Tiegern gezogen, hinter ihm schlagen taumelnde Bacchen die Crotalen durch die Weingebirge, und die ziegenfüßige Faunen; der Kriegsgott sitzt in einem Rüstgebäude zwischen verderblichen Waffen, zu seinen Füßen liegen Sklaven in Ketten aus allen Nationen: ihn krönt der Sieg mit dem römischen Lorbeer: über ihm schwebt mit der Göttinn des Rufs, die in zwey Posaunen stößt, die Glorie. Eines der grösseren Felder der Tafel nahm der tyrintische Held ein, mit der Keule Herkules: die vornehmste Thaten, welche er verrichtete, die ihm die Unsterblichkeit zuwegen brachten, waren sehr lebhaft gebildet: man sah ihn erschlagen die lerneische Hydra, den Riesen Antheus zerdrücken in seinen nervichten Armen, wie er schoß nach den stimphalischen Raubvögeln, bändigt an der Höllenporte den siebenköpfigen Cerberus: der Furien ungeachtet, der schrecklichen Richter des Abgrunds, dringt er ins Elysium, und führet zurück ihrem liebenden Gatten Alcestis: Tragend auf seinen Schultern Himmel und Erde schreitet er einher,

L 2

her; dann verfolgt er wieder einem Weibe
zu lieb den Centaur Neſſus, ſpießt ihn an einen ſeiner Pfeile; Omphale vermocht ihn,
zwiſchen ihren Mägdchen am Rocken zu ſpin-
nen, ſie aber, in die Haut des erlegten Löwen gehüllt, ſpielt indeſſen mit ſeiner
Keule; ſein Raſen war beſonders mit Wahrheit ausgedrückt, wie er ſeine, und des Jphiklus
Söhn ins Feuer warf, wie in Angſt mit ihren Kindern fliehen die Mütter: endlich ſah
man auch, wie er ſich auf dem theſſaliſchen
Berg Oeta verzweifelnd in giftigen Schmerzen, Dianeira ſaudt ihm das peſtilenziſche
Kleid, verbrannt, und ſo der Held zu den
Sternen hinaufſtieg. Auch Kinderwürger Saturn, welcher dem Könige gegenüber ſtand,
hob ſich aus einer weitſchichtigen Gruppe:
ſonſt der Vater der Zeit, in ſeiner Hand die
Pole der Achs, um die ſich die Welt mit allen
Kreiſen der Sonn und Monden dreht: er ſah
auf die vier menſchlichen Alter nieder, welche
unter ihm waren; im goldnen Alter ſaſſen die
Menſchen in erquickender Ruh der häuslichen Freuden, der Kron ihrer Kinder, von
keinem Unfall gekränket, und genoſſen der
ſüſſen Früchte, welche ohn ihren Schweiß
ihnen die Erde gab; das ſilberne war mit
Thaten belebt, zwar nicht mehr die Händ
im Schoß, zur Arbeit ausgebreitet ſchafften
ſich die Menſchen Vergnügen und Nahrung:
doch, die Natur kam ihrem Fleiße zu Hilf,
kam

kam so manchem ihrer Wünsche zuvor, oder reicht ihnen doch immer doppelte Gabe; das bleyerne ward von der Dummheit beherrscht, und der Unwissenheit mit langen Ohren: die Menschen jagten den Thorheiten nach, und verliessen die Ruhe bringende Einfalt; daraus entstand das eiserne Alter, das Hunger und Pest, und blutige Kriege verheerten; dieses Elend der Menschheit war dem Tyrannen ein erfreuender Anblick, war Nahrung für seinen erfinderischen Geist, Menschen zu quälen; aber auch die Weiber lachten, so weit erniedrigt ihr Gefühl die Wohllust, aus vollem Halse darüber. Es wär aber lang zu erzählen von allen den Vorstellungen, welche die Tafel zierten. Jtzt wurden sie weggehoben, denn sie dienten nur zu Deckeln der Schalen, darinn die erste Tracht der warmen Speisen war.

Der Weise, welcher die Grossen der Erd an der Tafel speisen sieht, oder die Delikatesse des Adels, darinn besonders unsre Damen über die Gränzen aller Glaubwürdigkeit ausschweifen, denkt an das Elend der Menschen, welche Göttern gleich wollen gehalten werden; an das allgemeine Bedürfniß, zu erhalten ihr Leben, daß sie Speise zu sich nehmen, davon sie weder Diplomen, noch Ahnen zu dispensiren vermögen. Zwar hatte der Ueberfluß, besonders an Höfen, dem Bedürfdürfniß ein ganz frembes Ansehen gegeben: Schwelgeren umlallete die Nothdurft, und der Pöbel wähnt immer etwas mehr, dann Menschliches, zu sehen, wenn er Höflinge speisen sieht; indessen sind sie doch der allgemeinen Gebrechlichkeit lautere Zeugen, sie tragen weit kennbarer noch der Verwesung Spuren, und der hinfälligen Sterblichkeit; ihre morschen Körper sind die stärkeren Beweise, daß sie der erhaltenden Nahrung bedürfen, als des Landmannes mit gesundem Fleisch, und festen Musseln, diesem blos das ernährende Brod Schnellkraft giebt, und ein frischer Trunk Wasser. Doch, ich will noch ferner, das Reizende beschreiben, das dieser Tafel ihre Außerordentlichkeit gab.

Die ersten warme Gerichte, welche aus den Lebern und Rogen kostbarer Fische, dem Hirne der Fasanen und Pfauen, vornehmer Vögel Zungen, und anderen ausgesuchten Lederbissen zubereitet waren, alles mit auserlesenen Herz und Magen stärkenden Brühen, der Adel hat sie öfter vonnöthen, begossen, verfolgten Braten und Backwerk, das, was unter dem Namen Gemüs und der Sulzen kömmt, und der schmackhaften Früchte. Man vergeß indessen nicht, daß die Tafel nur ein Abendschmaus war, folglich alles, was starke kochende Hitzen des verdauenden Magens erforderte, war weggelassen, nur mit Speisen

leich-

leichter salzichter Theile, welche der Verdauungsſaft ſchnell anflöſet, war der Tiſch beladen. Die Kunſt, welche in der Küch ihren Lehrſtuhl hat, und aus allen Künſten ihre meiſten Bewunderer zählt, die ſich Appetits wegen um ſie verſammeln, erſchöpfte dießmal ihre Talente. Dieſe ganze Tracht der Speiſen war in eine Forme gehüllet, welche kein ſterbliches Aug erwartete; doch, was war nicht möglich am Hofe des Herodes? Man vermuthete vielmehr einen Stillſtand des Eſſens, Raum der Arbeit des Magens zu geben, denn es erſchien, wie durch ein Zauberwerk, auf der Tafel das ganze Reich der Natur, welches die Erde bedeckt. Es ſtanden Gebirg und Felſen empor, theils welche die Metall erzeugen, mit vielfältigem Schimmer, theils welche, mit Cedern und Fichten, und der Palme und dem Taxus, und verſchiedenem Buſchweſen bedeckt, durch abwechſelndes Dunkel ergötzen, das waren die Werke des Paſtetenkochs; die Thäler und Flächen prangten mit vielfachem Grün, dazwiſchen ſtrömte die goldne Saat, auch Gebüſch und Bäume wuchſen aus ihnen häufig herauf. Berg und Felſen waren aus eßbarem Teige gebaut, mit Zuckerglanz angeworfen, beſtrichen mit gefärbtem Eyerklar, darinn lag das Beſte der auserleſenſten Fleiſchbiſſen: zu einigen Bäumen, welche gerade Stämm haben, beſonders, die ſich in die Fernen verloren, dienten

ten vorzüglich die dunkle Maueracken mit lichten Stirgeln, zu anderen die wohlriechende Zimmetrinde; Körbel- und Kettelkraut, und Kresse, Beterfilien, und Mayram gaben die Gestalt der Blätter, Knospen und Aeste. Das Grüne der Erde bildete die zarte Farbe des Spargels oder der gestreiften Cucumer; der Melonen Mark, das Gold der Saaten. Meer und Seen, die strömenden Flüsse, waren Sulzen aus dem durchsichtigen Safte der Limonen und Oranien. Die Dunkle des Erdreichs gab das Pulver der gebrannten Kakaubohne, mit Kraft und Wohlgeruch der Vanilie vermischt; verzuckerter Anis oben gesäet bedeutet die Kieselsteine, von denen sonst die Gestade weiß sind. Aus dem zarten Fleische der Kapaunen und Hühner waren Elephanten und Rinozeros, Bären und Löwen, und Kamele, Pferd und Hirschen gebildet, auch Schaf und Ziegen, und Hunde, Kuh und Kalb mit dem muthigen Srier, alle die grossen und kleineren Thiere, zahm und wilde Thiere, welche die Erde bewohnen; die Haut verschiedener Fische, ihre besondere Federn und Floschen, diente besonders dazu, durch die äußerliche Farb das Aug zu täuschen. So sah man auch bis in Abgrund der durchsichtigen Sulzen, welche das Gewässer vorstellten, eine Mannigfaltigkeit der Seethier und Fisch auf dem nämlichen Stoffe bearbeitet. Die Sammlungen der Vögel waren meistens Lämmer-

braten

braten, aus ihren Nieren und Briefeln geformet; Salat, und alle Gattungen Kohls, auch Blätter unschädlicher Blumen, besonders des feurigen Saphrans und der Muskatblüthen, schmückten sie statt der Federn mit ihren hohen Farben. Auch ward nicht auf die Fahrzenge vergessen, welche das Meer durchschneiden, auf Seen und im Rinnsal der Flüsse Segeln, diese bestanden aus Schalen der kostbarsten Würze, die jungen Zuckerrohre dienten statt der Masten, oder zu Bäumen der leichteren Flösse. Die Städt und Märkt, und Dörfer und Hütten baute der Zuckerbäcker; von der Spitze der Thürme bis auf die Grundfesten hinab war alles geniesbar, eingesottene Früchte, der Himb- und Maulbeeren, Marill und Zwetschken, und Weichseln, darein man die Braten taucht, waren die innere Füllung.

Lange noch würden die Königinnen bewundert haben die Erfindung der witzigen Köche, hätt auch diese Gedulb ihr Gebiether gehabt; aber Herodes, welcher alles das, was den Geist beschäftiget, ohne sinnlichem Genuße nicht lange vor sich sehen konnte, seine größte Herzensfreud aber immer in Zerstörungen fand, ließ sich zwey grosse Messer geben, mit denen seine Hausmeister die indianische Hahnen, oder andere grosse Fleischstück zerschnitten: er nahm in seine starken Fäuste

Fäuste die blitzende breite Klingen, biß übereinander die Zähn, und säbelt auf einmal nieder das schöne Reich der Natur. So war in Einem Augenblick die Arbeit vieler schlafloser Nächte vereitelt; denn in der Werkstätte der Küche war immer an neuen nie gesehenen Erfindungen gearbeitet, um dem Könige täglich auf jeden Wink neue Schauspiele zu geben.

Während daß jedes seinen lüsternen Gaumen sättigte, füllte die Tonkunst den Raum, und spielte dem Ohr Entzückungen zu. Kein Lärm der Trompeten und Pauken, der Cymbalen, Zinken, Posaunen, schreckte die Nerven; das Trommelfell des Gehörs wurde durch sanfte Töne gewiegt, welche nur mit leisem Fittich in seinen Schneckengang flatterten; die Seele der Suite schmolz in die süßtönende Queerflauten hinüber; gebogene Hörner bliesen darein in Pausen, und theilten wieder mit männlichem Ernste die jugendlichen Töne: Lieder flossen darein wie die zärtliche Nachtigall unter dem Schatten der Aeste klagt; oder schallten auch, wie der Lerche, wenn sie am heitern Morgen steigt; aber alle Töne begannen seufzend, und endigten mit schmachtendem Laute; diese Melodie hat die Wohllust ersonnen, und die Syrenen gelernt, Unvorsichtigen den Tod zuzusingen; dazu kamen allerley süsse Getränke, welche die Geister

ster erhitzten, glühende Gährung in das Geblüt jagten. Sie wurden tollsinnig die Weiber, aus aller Ehrbarkeit Schranken geworfen, erfüllten sie die Wünsche des Königs, welcher alle Spuren der Scham und Zurückhaltung vom weiblichen Geschlechte verbannt wissen wollte. So weit sinkt der Menschen Elend hinab, welche sich dem Laster ergeben, daß sie selbst die Natur in ihren Boden verachten, um einer neuen Welt Schöpfer zu seyn. Die Eingezogenheit, und das schüchterne Wesen, welches dem weiblichen Geschlecht angeboren ist, erhöht ihre Schönheit, ist gegen den stärkern Mann, und seine freyere Handlungsart, ist wie die zärtere Blume, welche an der stärkeren Stamm sich hinaufschmiegt; sie behält ihre zierliche Farben, giebt sich preis dem entblätternden Sturm, wenn sie allein in ihrer Freyheit umherschwanket. Die Zügellosigkeit der Weiber verdirbt ganze Geschlechter, deren Mütter sie sind, wollt ihr weißagen vom Zustande der Menschen in künftigen Zeiten, so sehet auf der Schönen Erziehung, und ihre Lebensart, sie sind die Herolden des Schicksals folgender Alter. Entnervung und Krankheit, Faulheit, und sieches Leben, Gefühllosigkeit gegen seinen Mitmenschen, den Fraß, und die Trunkenheit, Eselen und Eigendünkel, Unterdrückung der Armen, Unglauben und Gotteslästerung, Mörder und Diebe bringt die freche
Wol-

Wollust zur Welt. — Eben darum trösten uns auch ist keine fröhliche Aspekten des neunzehnten Jahrhunderts.

Aber ich kehre zu den Ergötzlichkeiten des Hofes zurück. Ein ganz neues Schauspiel belebt ist die Tafel; das Zuckerwerk ward aufgetragen, selbes stellte den Palast der Sonne vor, mit durchschimmernder Farben Beleuchtung. Der ganze Aufsatz war in acht Felder vertheilet, diese enthielten des Firmaments vorzüglichsten Sternbilder, aus deren Mitte schoß die Sonne zwischen den Kreisen der Planeten ihre Stralen aus. Es ist unglaublich, in welche Formen sich der sonst so spröde Zucker bringen läßt, in welche hohe Farben er schmilzt; wer niemals der kandirenden Künste Wunder gesehen hat, wie sie an Höfen erscheinen, der faßt es nicht. Auf blauen Grund von der Farbe des höchsten Lazur, wohin der Ultramarin steigt, waren die Bilder der Sterne gesetzt; bloß die Gestirne, wie sie am Himmel erscheinen, wären den Damen zu alltäglich gewesen, der Witz des Zuckerkünstlers studirt aus den Obelisken Aegyptens, und dem hyeroglyphischen so berufenen Tische der Isis, daraus zu Memphis die Götzenpfaffen ihre Orakel logen, verschiedene Bilder, welche die Gestirne bedeuten; auf einige war stolz seine eigne Erfindung, stolzer, als ein Mathematiker, der einem

Mäcenaten zu räuchern, weil er nichts besseres hat, ihm einen Büschel des Firmaments Sterne dedicirt. Diese Bilder erschienen in Goldfarbe, wie der Morgen den benachbarten Himmel malt, an dem die Sonn heraufsähret: wer weis aber nicht, wie herrlich Aurorens Farben auf Himmelblau spielen, zumal, wenn ein Glanz der Beleuchtung durchschimmert, wie hier zu sehen war. Alle diese Bilder erzählen, würde dem Leser nur die bessere Zeit rauben: sie bestanden aus allerley Vögeln, und vierfüssigen Thieren, mathematisch und politischen Zeichen, auch der Mechanik und Kunst, und auch viele dichterische Fabeln waren mit eingestreut; der Thierkreis der zwölf Zeichen des Himmels, oder der Weg, darinn die Sonne fährt, hob mit Pracht sich besonders heraus; auch die entferntere Planeten von der Sonnenburg: Saturn in dem beweglichen Kreis, Jupiter mit dem schimmernden Zwerchband, und im Blutschimmer Mars; die Bilder waren in einigen Theilen mit glänzenden Sternen bedeckt, nach der Weis und Form, wie sie am Himmel funkelten: und was noch besonders die Augen an sich riß, war der Gestirne Bewegung, wie sich selbe um die Achse, die in beeden Polen lag, drehte, sie stiegen und sanken die Sterne den Gesichtskreis hinunter, herauf, immer mit neuer abwechselnder Vorstellung, wie am Himmel. Doch der Palast der
Sonne

Sonne war das Werk einer weit höhern Begeisterung, war ganz aus kandirtem Zucker geschaffen, ein Meisterstück eines röhmischen Konfektsmeisters, desgleichen Augustus nicht hatte. Zwölf Thore von sehr einfacher Bauart dienten zum Eingang, sie schienen aus violfarben Topasen gebaut, wie auch die Mauer, welche sie vereinigte: die Schutzgeister der Zeiten bewachten die Thore. Zierlicher hob sich ein zweytes Bauwerk über die erstere Mauern empor: es ruhten gesprengte Bögen auf Säulen, gleich einer Kron umgab sie ein zierliches Gebäude; sie schienen aus der Materie des blauen Saphirs zu seyn, darauf fuhr Luna auf dem silbernen Wagen, das Volk nennt sie den Mond, welchen die Heyden zu einer höhern Gottheit erhoben. Aus grünen Schmaragden stieg ein dritter Umfang, darauf schienen hangende Gärten mit Lauben und Bäumen aus Myrthen geziert, das war das Heiligthum der Göttinn aus Paphos, der huldreichen Venus, welche nach dem wechselnden Mond der Erde nächster Planet ist, und mit eben dem Auf- und Abnahme die Sonn umzirkelt. Die vierte Feste war purpurroth, wie die Farbe der dunkeln Granaten, aus ihr standen Spitzsäulen und Denkmäler heraus, der Alles ernährenden Sonne gewidmet: das war das Gebieth des Merkurs, des Götterbothen, welcher der grossen Leuchte des Tages nächster Planet ist.

Auf

Auf den Purpur kam ein Zirkel von gelbrothen Rubinen, Aurorens Bewohnung, welche vor den Stralen der Sonn heraufeilt, und mit dem annehmlichsten Roth Himmel und Erde malt. Endlich der letzte Vorhof am Palaste waren goldgelbe Topassen. Also stieg stuffenweise die Höhe durchschimmernder Farben, wie am Bogen des Himmels, welcher in der Regenwolk erscheint, wenn die Sonne der Grade fünf und vierzigsten betritt.

Mit zierlich gewundenen Säulen, in dreyfach zirkelnder Ordnung, unterschieden durch Geländer, darauf Gefäß und Piramiden stunden, stieg im goldnen Schimmer von allen Seiten, durch verborgne Lampen beleuchtet, und Widerspielung der Farben aus unbemerkten Hohlspiegeln, der Palast der Alles hervorbringend- und ernährenden Sonne prächtig überraschend empor. Das Aug des Zuschauers ward auf eine Art getäuscht, dessen Weise jedem, der es nicht wußte, unbegreiflich schien: das ganze Gebäu war aus geschmolzenem Zucker künstlich gemacht, dessen Oberflächen glatt, als wenn sie geschliffen, und durchsichtig, von innen aber waren sie hohl; in diesen Höhlen nun hiengen im Freyen zahllose Blätchen geschlagenen Goldes, diese wurden durch die Lampenwärme bewegt, und wendeten unaufhörlich nach allen Seiten die blitzente Spiegelflächen gegeneinander; so glänzte

das

das Zaubergebäu in beständig beweglichem Schimmer. Unter den Portalen, über welche erhaben ausgehauen schienen die Verrichtungen des Tages, standen die Horen aus schneeweißem kanarischem Zucker gebildet; der Eingänge waren sechs, vier Stunden hielten vor jedem die Wache, vier und zwanzig in allen, denen der Tag niemals untergeht: so hüllet durch sechs Monathe des Pols Einwohner niemals die Nacht ein, solang die Sonn im Thierkreis um ihre Halbkugel sich wälzet; die Morgenstunden waren kennbar, bey ihnen weilt die Arbeit im Rosenglanz, über ihr Haupt funkelt ein Stern mit blaßem unruhigem Lichte; bey den Abendstunden fuhr im Hintergrunde die Dämmerung freundlich vorbey, geschmückt mit ihrem Sternenschleyer: den Stunden des Tages kamen entgegen wohlthätige Genien, sie brachten mit Gastfreyheit der ermüdeten Arbeit Erquickung, Speise, welche dem Leben die Sonne bereitet, Labung vom rinnenden Quell, Traubensaft im schäumenden Becher. In der mittern Halle waren die Elemente versammelt, die Sklaven der gütigen Sonne: sie lagen auf ihren Knien, und brachten ihrer Gebietherinn Opfer; die Nymphen der Erde, die Dryaden, Oreaden, gossen die Füllhörner aus, und die belastende Körb; alle die Gaben, welche mit der Sonne begattet, durch die gebärende Kraft die

Erd

Erd hervorbringt, Edelstein, und reiche Metalle, Blumen, und Nahrung verschaffende Früchte; die Lüfte mit leichtem Fittig opferten aus Rauchgefässen balsamische Düfte, der Spezereyen flüchtiges Wesen, das in den Dunstkreis hinaufsteigt, und der kostbarsten Würz: über ihnen schwebten Paradiesvögel; die Geister des Feuers, denen der Flammen verschlingende Cameleon zum Zeichen dient: einige erweckten zückende Blitz aus dunkeln Wolkenklumpen, andere schimmerten im Glanze des freundlichsten Lichtes: über ihnen wölzten sich Sterne; die Wassergottheiten gossen ihre weite Urnen aus, Najaden und Tritonen brachten Geschenke von Korallen und der hellen Perl auf vielfärbigen Muscheln, und wunderlichen Seegewächsen; aus dieser Elementen Mitt erhob sich die allgemeine Mutter die Natur, und breitet ihre Arm aus: ihre Bildung war, wie sie die Phantasie des alten Aegyptus erfand, ein jugendliches Frauenzimmer mit vielfachem Busen, von der Ferse bis über die Lenden mit Bändern, gleich den Mumien, eingestrickt, ihr Haupt trug eine gethürmte Kron: auf den Amuletten aber, welche sonst in jenem Land über die Windeln die Leichen umgeben, waren in erhabner Arbeit alle vier Reiche gebildet, welche durch die Natur Daseyn, Leben und Wachsthum erhalten: das Reich der Steine, welche das Wasser und die Erd erzeugen, das Reich

M der

der Metalle, welche sich in den Gebirgen entwickeln: die Pflanzen, welche, zwar ohne Empfindung, doch sich vermehren, und Nahrungssaft einsaugen: der Thiere, die Empfindung und Leben haben. Die verschiedene Zeiten des Jahres, in zwölf Monathe getheilet, zierten die oberen Geländer, sie umgaben den Gott Janus, welchen die Heyden mit doppeltem Gesichte vorstellen, weil, wie sie sagen, er in die Zukunft, und auf das Vergangene schaut: in der Hand trägt er einen goldnen Schlüssel, des Schicksals Geheimniß aufzuschliessen. Die Vorstellungen der Monathe waren gemäß ihren Verrichtungen geistreich erfunden. Der erste der März, der Anfang des Sonnenjahres, wenn sie den ein und zwanzigsten Tag in den Himmelszirkel tritt, in das Zeichen des Widders, und Tag und Nacht gleich sind: der war ein Jüngling im flatternden Gewande mit jungen Blumen gegürtet, in der Hand einen grünenden Zweig, des Frühlings Bothschafter; reicher an Blumen, auch schon mit Blüthen geschmückt, nur zum Beweis seiner Unbeständigkeit trägt er auf der Stirne den wechselnden Mond, schreitet ein zweyter fröhlicher Jüngling einher, der April; den geruchreichen May stellten die holden Gratien vor mit ineinander geschlungenen Armen, weil in diesem Monath Heiterkeit, Wonne, Reiz und Schönheit die Erde betreten, umflattert vom Schmetter-
ling,

lina, und der Honig sammelnden Bien; einige
Mädchen, welche sanfte Schafe nach sich
führten, waren die Bedeutung des Brachmo-
naths, weil in diesen Zeiten die Schafe ge-
schoren werden; mit Sensen und Rechen über
der Schulter, hüpfen die Feldleut einher, sie
zeigten den Heumonath an: über ihnen verfolgen die schlauen Falken die langhalsichten
Reiger, denn in dieser Zeit werden diese Jag-
den in Europa gehalten; frohe Schnitter trugen die goldne Garben; hinter ihnen tanzen
die feyernden Mäydchen mit Kornblumen gekrönt, das war der Monath, welchen die
Römer ihrem ersten Kaiser zu Ehren Augustus nannten; voll männlicher Schönheit der
Herbst, welcher den zween Monathen Se-
ptember und Oktober vorstehet, freute sich
der eingebrachten Früchte, welche um ihn her-
lagen, und der gelößten Traube: der Gärtner und Winzer dankten in verschiedenen Gebärden der wohlthätigen Sonne; den Win-
termonath feyerten die Jäger mit dem gewundenen Horn, denn dieser ist ihr Eigenthum; December und Jänner hatten zu ihrem Sinnbild das Alter, ein großer Theil
der Erd ist dann mit Eis und Schnee bedeckt, wie die Greise mit silbernen Haaren,
sie schmachteten nach der erwärmenden Sonne; das Fest der Bachanalien, welches die
Römer im Hornung feyerten, schloß die Reihe der Monathe: sie waren mit allen den

Thorheiten vorgestellet, welche die Menschheit entehren, und auch der Ausschweifungen Gräuel, denen sie sich sinnlos überliessen: dieses Fest, des Heydenthums Schande, wer sollt es glauben, ist auch in des Christenthums heilige Religion übergegangen; wir nennen es Fastnacht, und beschimpfen damit die Lehre Jesu. Ueber alles dieses schimmert in unvergleichlicher Glorie die Sonne: sie bewegte sich unaufhörlich um ihren Mittelpunkt in einem stralenden Kreis, um sie wallte flüßiges Gold; die Chemi, oder die Kunst Metalle zu scheiden, und die Kunst, die flüßigen Körper nach den Regeln des Gleichgewichts in Bewegung zu bringen, lieh den Zuckerbäckern diesmal den Einfall, welcher allgemeine Beklatschung verursachte; sie nahmen lebendes Quecksilber, legten darein Gold, zu feinen Blöthen geschlagen; das erstere drang durch, und riß die Theile des Goldes an sich, welche das Silber färbten: das ward durch geheime Kanäl in die Sonne getrieben, sprizend durch unzählbare Haarröhrchen in den fliegenden Umkreis ward selbes zu spielenden Stralen, welche von allen Seiten, wohin sie drangen, wellend herabflossen. So war fertig ein Schauspiel, das durch die brennende Lampen, die aus allen Orten darein blitzten, erstaunlich wirkt, und der ganzen Tafel eine Pracht gab, welche nur königliche Kosten bestreiten konnten. Der Königinnen Augen

Augen aldampfen vor Freuden, sie erniedrigten ihr Geschlecht durch der Dankbarkeit Ungestüm, welche sie dem Tyrannen entrichteten, der ihnen diese Wonne verschafft; auch niemals war so vergnügt und heiter der König, als heut, und weniger getrübt seine gute Laune, welche sonst fast mit jeder Minute wechselte. Die Freuden der Lasterhaften sind ein süßes verzehrendes Gift, welches an seiner tödtenden Kraft jedes andere weit übertrifft: immer begieriger sauft sie der gewohnte Sünder hinein, sein Gewissen ist stumm, fühlt nicht mehr die Gall im Becher der Wohllust; das ist das Zeichen, daß er schon reif dem Gericht ist, und dem rächenden Schwerte, das nun bald über ihn um so erschrecklicher hinstürzt.

Aber itzt zirkelten die Schalen herum, worinn das Zuckerwerk lag, das nicht bloß zur Schau ausgesetzt war: in Honig und Zucker eingemachte Früchte, süsse zitternde Sulzen, gefrorne Säft aus kühlendem Steinobst gepreßt, oder des orientalischen Mandelbaums, und der Bistazien, der riechenden Kaffeebohne, und der kostbaren Vanilie, Zuckerbrod aller Gattungen, und was immer die Einbildungskraft der Köche zu verwandeln vermochte, daß nichts mehr in seiner natürlichen angebornen Gestalt erschien. Dar zwischen giengen die Wein herum; der stär-

Kern

fern Traube Gewächs trank der König, welches Italiens gemäßigtere Boden, als des Aufgangs Weinberge sind, oder Galliens oder Spaniens, hervorbringt, oder die näheren asiatischen Küsten; die hitzigere Climen, besonders, welche unter der Linie liegen, verfeinern schon zu viel den Saft der aromatischen Erde, die Wein übergehen ins Süße. Herodes war ein entsetzlicher Esser, unter der Mahlzeit ward ihm immer der Schwertgürtel aufgeschnallt, so vergrößerte sich vor Aller Augen sein Bauch, dem kochenden Magen zu Hilfe zu eilen; daß ihm den Appetit keine Unverdauung verderbe, mußt er sich feuriger, schnell verzehrender Getränke bedienen, derer, welche auf dem Berge Puleiano wachsen, oder zu Alicanti, oder in Europens Gebieth, das sich gegen Asien lenkt, itzt Tokaj genannt, oder in Galliens Provinzen, wie Burgund und Languedoc sind. Die schwächeren und süsseren Weine waren Weibergetränk; die Mohren mit schwankenden Perlen hatten vieles zu laufen mit dem Karienseet, und dem schäumenden Safte, welcher auf der Insel Malaga wächst, oder am Euphrat, oder in beyden Indien, auch dem levantischen Muscat und Morachet: und wer wird endlich alle die Namen nennen, welche in den Regiſtern der königlichen Keller eingetragen waren? Die Vorsteher derselben hatten keine Vorschrift, was nur kostbar und selten war,

das

das durften sie herbeyschaffen; wegen Verschwendung der Talente, welche den Sinnen dienten, wurde nie einer zur Rede gestellt. So taumelten die Freuden immer zügelloser fort, der Klang der Saiten und Flöten hatte die Wohllust noch weicher gemacht: alles schwamm im Vergnügen, und schlürft immer begieriger sein betäubendes Honig; das Gelächter, und der Scherz, und die Ausgelassenheit standen immer zur Seite, und bliesen die Begierden in Flammen; selbst die weibliche Verstellung, welche der Zärtlichkeit dieses Geschlechtes sonst eingeschmolzen scheint, und gewöhnlich sie niemals verläßt, war itzt von ihren Gebietherinnen gewichen: die meisten waren ganz ohne Firniß des Anstandes, berauscht, in der Blöße der ungestümen Wohllust lagen sie in ihren Armstühlen, und wälzten schmachtend die Augen, oder raseten, und jauchzten, und klatschten, und heulten vor Freuden, daß noch nie so ein weiblicher Unsinn gehört wurde.

Aber die Seelen der Knaben standen vor Gott, bey ihnen ihre schützenden Engel, alle mit dem Purpur ihrer Wunden geschmücket, mit wehenden Palmen, und schimmerndem Kranz. Vom Altare des Mittlers schrie das Blut der ersten Erwürgten, schrie zum Vater um Gnade für die Sünden Judäens, seine Vergießer, und auch des entsetzlichen Wütherichs. Gott hörte die Stimmen des
Bluts,

Bluts, und schwieg: einer seiner Blicke gebot dem Todtengel, welcher, herabgesenkt das braschelnde Schwert, auf einer dunkeln Wolke noch über Rachels Leichengefilde stand, in traurender Stellung: ein andrer war Belohnung der Seelen der Knaben; unaussprechliches Gefühl noch nie empfundener Seligkeit, welches daraus folget, wenn die gerichtete Seele weis, daß sie das Gefallen Gottes verdient, ergriff sie: sie sanken mit ihren Engeln aufs neue nieder im Stralenschimmer; alle Heilige, alle Engel mit ihnen, es klagen auf glänzenden Stuffen die goldene Kronen.

Die Bothen, von der Aegyptierinn gesandt, welche nach Jerusalem flogen, vollzogen mit dringender Eile des regierenden Kebsweibes ernste Befehle, die Narren zu bringen: alle, welche Theilnehmer an des Königs Grausamkeiten waren, oder sich vor seinem Grimme fürchteten, frolockten, daß des Tyrannen Laune, welche der Mord von Judäens Kindern ein wenig in die Unordnung brachte, wieder lächelte. So rollen ofters auf ihren stolzen Wagen die Verwüstung vorbey schadenfrohe Höflinge, wie die Narren von Jerusalem Bethlehems Hütten; sie wissen nicht, was das ist, den unwilligen Boden umgraben, zu pflegen der beständig Arbeit fodernden Weinrebe, sie kennen keines rinnenden Schweißes, als welcher im Tanz herab
läuft,

Luft, oder auf der ermüdenten Jagd, oder in kindischen Possen; ihnen mangelt der Begriff des Brodverdienens, man schüllt ihnen zur wohlgedeckten Tafel, und dann fluchen sie, daß noch ein Leckerbissen mangelt; der Winzer und Säemann, die Haare zerrauft, mit starren Augen, steht vor seiner Hütte, ringt die Händ, und erfüllt die Luft mit Jammer, daß ihm izt alle seine Hofnung der schmetternde Hagel niederschlug; aber sie rollen vorbey die Hofleute mit verachtenden Blicken, und reden vom Abendschmause, der sie auf dem Schloße dort erwartet. Noch hörte man vom Muttergeheul Jerusalem schallen, Bethlehems Gefilde waren mit Leichnamen bedeckt, und der Säuglinge frischem Blut, jedes empfindsame Aug schwamm in Thränen, und klagte dem Himmel den Jammer; aber die Hoftellerlecker waren des frohesten Muths, sie pfiffen und sangen, und jollten und fuhren in aller Ausgelassenheit der Gebärden, Entsezen und Tod, und das Elend der Mütter vorbey. Zu gleicher Zeit, als die Thorheit aus der heiligen Stadt berufen wurde, stieg ein unseliger Gedanken in die Seele Deborrens; sie war die Amme des jungen Antonius: ihrer Königinn zu Ehren, welche so viel Aufsehens in der Welt verursachte, der ägyptischen Cleopatra, gab Robope dem Knaben, den sie Herodes gebar, des Römers Namen, welcher der Beherrscherinn des

des Nils, Asien und Europa samt dem Capitolium schenkte. Dieses Weib war die Einzige an des Tyrannen Hof, die noch Gefühl hatte; das Weheklagen in Jerusalems Mauern zerfleischt ihr das Herz: ich will die Freude, die zu Herodium ermuntert, vollkommen machen, indem ich seiner Mutter den lächelnden Knaben bringe; und mir wird leichter ums Herz, daß ich die blassen Gesichter der Mütter nicht sehe, welche ihre Wohnungen herumzittern, nicht mehr vernehme das Schluchzen des Weinens, und die Seelen zerspaltende Seufzer. In eine Muschel von getriebnem Silber setzt sie sich, der muntere Knab, in weichen tyrischen Purpur gewickelt, lag ihr im Schooß: von zween Härmelinenhengsten gezogen, mit blauem Sammt geschnallt, raßelt das leichte Fuhrwerk nach Herodium hinüber.

Die Mitternachtstunde war schon vorangeschritten, als Deborra, die Narren nach ihr, des Schlosses hohe Stuffen betraten. Man hielt vor dem König das strengste Geheimniß, nur in Rodopes Ohr ward ihre Ankunft gerannt. Sie trat heraus von der schwelgerischen Tafel, gab einen Ring für die Ueberraschung der Amme, der an einem ihrer gezierten Finger steckt, ein Carniol wars, darauf der Kopf der Charmion künstlich geschnitten, einer der Kammerfrauen, welche ße den Muth hatte, mit Cleopatra zu sterben, mit Brillianten umfaßt, nebst einem geheimen Auftrag; den Narren aber befahl sie, sich in die comische Masquen zu stecken, und durch ihren Wiz und eine neue Erfindung ihrem Einfall Ehre zu machen. Sie sezte sich wieder an die Seite des Königs, und weckte die Tafel mit ihrem lebhaften Wize zu neuen Unterhaltungen auf. Noch wechselten immer die Schalen, mit den Schalen die Becher: man aß und trank, und schwazte und rasete in ununterbrochener Ordnung fort, stürzte sich in Freuden aus; und was noch alles erhöhte, war die Heiterkeit des Königs, und sein liebreiches Wesen; die Welt hatte noch nie so einen zahmen Tieger gesehen, und ungeachtet des beständigen Trinkens blieb dießmal sein Verstand nüchtern.

Aurora malte schon Judäens Bergspizen, und noch flammten die Leuchter von den Spiegelwänden, von den hangenden Krystallen herab. Endlich wurde der Sonnenpalast abgetragen; sie begann, der Tafel lezte Erscheinung. Das war die Tracht der gebrannten Gelster, welche die Ausschweifungen des Magens zu beßern bey allen wohllüstigen Tafeln die Obliegenheit haben. Nicht erst eine neue französische Erfindung, wie mancher wähnt, schon Römer und Griechen

wußten

mußten durch Hilf des Kohlfeuers, und der Sandbäder von dichten Körpern die geistige Kraft herüberzuziehen, durch Widerholung dieser Arbeit ihnen das Brennen zu nehmen, welches sie sonst auf der reizbaren Zung, und im Gaumen zurücklassen, und durch Zucker noch vollends sie zu entledigen jeder Schärfe, daß auch die Lippen der Weiber, ohne darüber ihr lächelndes Wesen zu verlieren, diese Säfte begierig hineinschlürften. Diejenigen, welche die Tafel anordneten, erwarben auch hierinn ihrem Geschmack besondere Ehre. So zierdevoll die vorigen Aufsäze waren, und ein Reichthum der Ideen, gedrängt dicht ein besondrer Gedanken am andern stand, so einfach, ungekünstelt und natürlich erschien diese Erfindung. Weiter nichts: es lagen glühende Früchten aus allen Gattungen, so wähnte das Aug, auf frischen grünen Blättern: diese wurden in niedlichen Körben aufgetragen, und umhergesezt; im Grunde warens die geistigen Säfte, mit verschiedenen Dingen gefärbt, in reine Krystallen verschlossen, welche die Form von allerley Früchten hatten. Jedes nahm hinaus, was ihm gelüstete, brach den Stingel der Frucht; dieser war an die Oefnung gekittet, und goß in kleine krystallene Muscheln, deren jede auf einem gewundenen Fuße stand, der lieblichen Säfte Farbenspiel.

Die

Die Tafel belebte die heiterste Laune, die aufgehende Sonne schien ihr ins Angesicht, so weit waren die Stunden schon vorgerückt. Es war der Gebrauch, daß alle Morgen die Gärtner die schönste Blumen brachen, wenn sie noch voll Geruch waren, ehevor sie ihre Kelch öffneten, wenn auf ihnen noch zitterte der glänzende Duft: sie banden selbe in Sträusse, jeder Königinn einen, dem Könige die ausgesuchtesten Blumen zusamm. Schon hatten die Pfleger der königlichen Gärten die wohlriechende Gaben der Flora in einen Korb von leichten Binsen geordnet, noch mangelte der Büschel des Königs, den sie eben brachten, in die Mitte der Königinnen liegender Sträusse zu stellen: aber sieh, da kam Deborra herein mit wankendem Tritt, ihr hatten Jerusalems Schrecken die Glieder gelähmt, noch waren schlapp der Feise Nerven, und die Kraft war in ihre Knie noch nicht wieder zurückgetreten; sie vollzog ihrer Gebietherinn Befehl, und legt, in weiße Seide gemascht mit diamantenem Gürtel, zwischen die Blumen den schlafenden Knaben, darüber deckt sie einen griechischen Flor, durch den leicht der Odem gieng, und bestreut ihn mit Oranienblüthen; Roboyens Kämmerling trug nach dem Speisesaal, wiegend in den Armen, die süße Bürde.

Die Erste der Königinnen goß eben in des Königs Kryſtall den Geiſt gebrannter Nüſſe, da der Kämmerling, mit dem Auge nach ihr blitzend, hereintrat: Rodope verſtand ihn, ſie ſchlang den weißen Arm in die Hermelin, welche des Tyrannen Schulter umgab, hob mit der andern, ihre klein ausgeſtreckten Finger ſchimmerten von Edelſteinen, an ſeine brennende Lefzen die kühle Kryſtalle, und gießt ihm friſches Feuer ein; ſie wälzt ihr kohlſchwarzes Auge mit verkürztem Geſichte nach ihm, damit er nicht Zeit hätte, etwas anders außer ihr zu ſchauen: indeſſen ſetzte der Kaſtrat vor den König den Korb mit Blumen gefüllt, und eilte davon. Bis auf den Grund leerte die Muſchel Herodes; den letzten Tropfen verfolgt ein Seufzer, wie ihn die Schwelgerey ſeufzet, zum Beweis, daß es ſchmeckt, und er rieb ſich das rothe Geſicht, und den Salben duftenden Schnurbart. Nicht augenblicklich ſah er die Blumen, bis ihn diejenige, die ſeine Vormunderinn war, und ihn gewöhnlich am Gängelband führte, dahin aufmerkſam machte. Er zählte die Blumenbüſchel, und dann die Königinnen: Rodope war der ſchönſte zu Theil; er hob den zweyten aus dem Korbe, den ſechſten und achten, gab, oder überſandt ihn den Königinnen, wie ſie nah, oder ferne von des Königs Seite ſaſſen.

Wäh-

Während daß der Engel des Todes, ihm ward diese Minute vom Throne gebothen, erhob das Flammen speyende Schwert, über die Scheitel des Tyrannen mit ausgebreitetem Arm die blutige Schneide wälzend, nahm Herodes einen Rosenstrauß, Willens, ihn der jungen Israelitinn zu senden: die Dörner der Stängel hatten sich in dem weit gegitterten Schleyer verwickelt, der mit des Königs eilender Hand in die Höhe flog. Herodes sah sein Kind: — das grausamste unter allen Viehern, die Hyenne, welche gewöhnlich nur Menschenfleisch frißt, durch Menschenblut ihren Durst löscher, nimmer satt wird die Menschheit zu würgen, nur immer erhitzter, sie war zween ganze Tage ohne blutige Beut, ihr begegnet ein Raub: so rollen ihre feurige Augen nicht, nicht also stehen ihre Börster zwischen den Ohren auf, oder blöckt also ihre krummen Zähne, welche Sicheln gleichen, oder schäumt häufigeren giftigeren Schaum, so fürchterlich murrt sie mit rasselnder Kehle, wie ein eherner Kriegswagen, krümmt, zu zerreissen die Beut in hundert Stücke, die blitzende Klauen, als den Blutvergiesser itzt eine Wuth ergriff; die Wuth eines tollen Kettenhundes wäre noch Lämmer- milde dagegen gewesen; seine Zähne schlugen über einander, wie rauhgehauene Mühlsteine, durch das Wasserrabwerk getrieben, die Augen standen ihm mit ihren Funken vom Kopf

umzir-

umzirkelt vom Ringe des Augapfels, faß
erst wie ein Teufel von Erz unbeweglich in
krämpfigter Stellung, alles um ihn war
vor Schrecken erstarrt; itzt stürzten aus einander die Glieder, wie die Aeste des Eich-
baums, vom Donner getroffen; hinter ihm
der Armstuhl, vor ihm sprang in die Höhe
die belastete Tafel; die Link ergriff den Knaben, der erwacht und schri, aber geschleu-
dert im Schwunge, droßelt ihn die Rechte,
brach ihm das Genick, schmettert ihn nieder
zu den Füssen des Weibes.

— Itzt traten die Hofnarren herein, und
wollten spielen vor dem König.

Religion.

Ich versprach in der Vorrede zum ersten
Band die natürliche Religion, und die Offenbarung meinen Lesern mit der mög-
lichsten Klarheit der Begriffe vorzulegen,
und die Gründe von beyden deutlich zu
entwickeln. Das, was ich in eben dem ersten Bande von der Gottheit des Meßiae,
über Jakobs Weißagung, von den Wunderzeichen geredet habe, soll nur als eine
Zubereitung zu folgenden ausgedehnten Beweisen der Offenbarung betrachtet werden;
es sind nur Bruchstücke, die ich bey Gelegenheit der Erzählung der Geschicht angebracht
habe,

habe, um die Leser zu dem Uebergang von dem Sinnlichen zu abgezogenen Begriffen zu gewöhnen, welche in der Folg erst erläutert werden; ihnen einen Vorgeschmack beyzubringen, daß dem gehefteten Geiste der Schwung der Abwechselung, die Verschiedenheit der Spannung nicht so fremd sey, welches auch alle folgende Bände beobachten, so, daß die Einbildungskraft bald von der Dichtkunst in Feuer gesetzet wird, bald die Geschichte den Verstand unterhält, oder Philosophi in das Tiefe der Betrachtungen hineinführet. Ich fang an die erste Grundregeln unsrer Glaubenshistorie zu verhandeln, die sich kettenschlußweise folgen, so, daß auf den ersten Satz sich der letzte nothwendig beziehet; nur diese Bitte muß ich beysetzen, daß meine gütigen Leser sichs wollen belieben lassen, diese Sätze öfter, und mit Bedacht zu lesen, zu überlegen, ihrer Wahrheit nachzudenken: denn auch bey aller beybehaltenen Klarheit können gewisse wichtige Wahrheiten, besonders, wenn eine aus der andern kettenschlußweise folget, nicht ohne Anstrengung des Verstandes betrachtet werden. Man muß sich hier aus der so beliebten Prochurlesemethode ganz hinausdenken, wo es nicht um Gründlichkeit, sondern bloß um eine Unterhaltung und Zeitvertreib zu thun ist. — Ich denke, das Wesen der Religion, von dem am Ende doch alles abhängt, sey es würdig

N genug

genug, daß man ernsthafte Betrachtungen darüber anstell, um in den Stand gesetzet zu werden, aus dem Schwarm der Bücher, welche wie die Mayenkäfer von der Leipzigermesse zu uns herüberfliegen, zu unterscheiden, was geschrieben oder gesubelt sey; das, was ein biederer Mann verrichtet, oder Leute, welche die Absicht haben, die Sitten aus dem Grunde zu verderben, und welche unter Lügen der Aufklärung, geläuterter Philosophie, Menschenverbesserung, mit einer Pest die christliche Staaten vergiften, an deren Siechthum noch folgende Jahrhunderte keichen werden.

Vor ich zur Sache selbst schreite, muß ich, um nicht zu weitläufig zu seyn, auch den Leser nicht zu verwirren, einige Säze voransetzen, die ich indessen schon als erwiesen annehme. Ich werde zwar bey einer andern Gelegenheit, wenn ich von Pharisäern und Saducäern rede, auch dieser ihre Proben vor Augen legen, gegenwärtig aber würden meine Leser in der Hauptsache verhalten, wenn ich dieselben izt erwiese.

Man nehm also indessen als eine ungezweifelte Sach an, daß die Welt nicht von Ewigkeit sey, sondern in der Zeit erschaffen wurde. Deß ein Gott sey, welcher alles erschuff, ein von der Natur, die wir die

Kraft in der Schöpfung nennen, ganz verschiedenes Wesen sey, ein unendlich vollkommnes Wesen. Daß der Mensch etwas mehr, als eine blosse Pflanze sey, erhabner, als diejenigen Geschöpfe, welche wir unvernünftige Thiere nennen; daß in ihm eine Kraft sey, zu empfinden, zu denken, den Gedanken zu überlegen, zu urtheilen, zu schliessen; daß diese Kraft, wiewohl sie mit diesem Leben ihren Anfang nahm, dennoch in Ewigkeit nicht vergeh, auch nach der Zerrüttung der körperlichen Theile, nach dem Aufhören ihres Lebens, das wir Tod nennen, in der Wirklichkeit bleibe. Vielleicht wird Mancher staunen, daß ich diese Sätz als Erfordernisse zu folgenden voraussetze, da diese bis itzt noch bey keinem gesitteten Volk in Zweifel gezogen wurden. Allein, unsere Zeiten sind einmal so, daß Thorheiten in christlichen Staaten öffentlich geschrieben werden, welche ehedem ganz unglaublich waren, durch Unterhändler des Satans aller Orten verbreitet, die Hütte des unverdorbenen zufriedenen Landmannes ist nicht sicher, daß nicht angesteckte Menschen, von denen itzt die Städte wimmeln, das Gift dieser Pestilenz hineintragen, und ihm Tugend und Fried, und Religion rauben; die Unwissenheit aber, welche wegen Vernachläßigung gründlicher Wissenschaften durch die itzige nur faselnde Litteratur sich gewaltig ausbreitet, ist überhaupt die

N 2 Mörder-

Mörderinn, welche der Tyranney des Unglaubens ihre Schlachtopfer zuführet. Ein gründlicher Unterricht ist noch das einzige Bewahrungsmittel gegen das Elend der Irrlehr: eine Rüstung gegen die Räuber des menschlichen Glückes, das allein eine reine Religion gewähret.

Religion ist der Gottesdienst, oder eine Ausübung der Pflichten, welche Gott den Menschen auflegt. Pflichten setzen also einen Gesetzgeber voraus; denn, wo kein Gesetz ist, ist auch keine Pflicht oder Verbindlichkeit: folglich setzt Religion einen Gott voraus. Alle diejenigen also, welche unmittelbar oder mittelbar das Daseyn Gottes läugnen, sind Menschen ohne Religion, zwar vernünftige Geschöpf, aber die weit gefährlicher sind, als wilde Bestien, welche im Wald umherlaufen: diese folgen wenigstens ihrem Instinkt, durch den sie nothwendig handeln, jene ihres Herzens willkührlicher Bosheit. Auch nützt der kahle Einwurf nichts: der, welcher keinen Gott erkennt, kann doch ein guter Weltbürger seyn. Denn, wenn Gott dem Staate nicht die Gewalt giebt, ihren Unterthanen Gesetze vorzuschreiben, woher hat der Staat denn das Recht, über Menschen zu herrschen? Von der Natur ist Jeder zur Freyheit geboren, und erkennt er keine Pflicht gegen einen Schöpfer: wie soll er selbe gegen seine Mit-

Mitmenschen erkennen, denen die Natur über ihn zu herrschen keine Gewalt gab? Ein Mensch ohne Religion erkennt also keine Pflichten; weil er keine oberste gesetzgebende Gewalt, und also keinen Gott erkennt: was kann aber gefährlicher seyn, als ein Mensch ohne Gesetz? Wie kann Jemand ein guter Weltbürger seyn, den gar keine Pflicht verbindet, den nichts beherrschet, als sein eigner Wille?

Es giebt eine Religion, weil ein Gott ist, der Schöpfer ist. Der Begriff eines Gottes setzet das vollkommenste Wesen voraus: und der Begriff eines Schöpfers, die Abhänglichkeit des Geschöpfes. Hieraus aber aus dem Begriff des vollkommensten Wesens, und der Abhänglichkeit des Geschöpfes entspringt eine Pflicht, das vollkommenste Wesen anzubeten, und zu lieben, dieses heißt mit Einem Worte, dem Schöpfer dienen. Der Beweis liegt in der Gottheit dem Schöpfer, und dem Menschen dem Geschöpfe. Das vollkommenste Wesen übertrifft aller Wesen Vollkommenheit, so vollkommen sie sich auch denken lassen, eben darum, weil es das vollkommenste Wesen ist: das unvollkommnere ist aber immer dem vollkommneren unterworfen; die Ueberzeugung liegt in der ganzen Natur, die vollkommneren Kräfte der Körper unterjochen die schwä-

cheren

chern, der vollkommnere Geist herrscht über den schwächern, der erhabnere Verstand beleuchtet den seichtern. Aus diesem einzigen Grunde der Vollkommenheit gebühret Gott von den verständigen Menschen die tiefeste Anbethung. Aber aus eben diesem Grunde die vollkommenste Liebe; denn jede vernünftige Liebe verhält sich nach den Vollkommenheiten des geliebten Gegenstandes. Dem Schöpfer aber, welchem wir unser Daseyn, unsre Vollkommenheit, alle Gaben seiner Güte zu danken haben, welchen wir anbethen und lieben müssen, gehört unser vollkommenster Gehorsam, die Befolgung alles dessen, was er uns befiehlt, er ist unser Herr, wir seine Knechte, der Knecht aber muß den Willen seines Herrn vollziehen; er ist unser Vater, wir seine Kinder, die Kinder aber müssen den Willen ihres Vaters vollziehen. Ich hoffe nicht, daß diese Gründe nicht klar und einleuchtend genug seyen, daß der Begriff Religion und Gottesdienst mit dem Begriff eines Gottes auf das engste verbunden seyen, und daß sich eines ohne das andere nicht denken läßt, angenommen, daß Geschöpf einmal in der Wirklichkeit sind.

Vor ich weiter schreite, muß ich noch einen Einwurf zernichten. Die Herrn, welche so ganz schnell nur von der Oberfläche weg entscheiden, werden sagen: ich widerspreche mir

mir selbst, da ich oben behauptete: Jeder Mensch wäre von Natur zur Freyheit geboren, und folglich unabhängig, und gleich darauf sagte: Das Unvollkommnere ist immer dem Vollkommneren unterworfen, die Ueberzeugung liegt in der ganzen Natur. Dieser scheinbare Widerspruch wird aber gleich dadurch gehoben, wenn man die Natur ohne Schöpfer, oder mit dem Schöpfer betrachtet. In dem ersten Falle, wenn die ganze Natur weiter nichts, als ein bloßer Zufall ist, und von keinem schöpferischen Wesen entstand, noch davon abhängt; wiewohl auch dann der Körper vollkommnere Kräfte die schwächern unterjochen, der vollkommnere Geist über den schwächern herrscht, der erhabnere Verstand über den seichtern: so hat doch Jeder von Natur die Freyheit, seine Kräfte zu versuchen, ob nicht die seinen die fremden überwinden, und auf diese Art ist jeder Mensch zur Freyheit geboren, weil er eben das Recht hat, über den andern zu herrschen, welcher jetzt über ihn herrscht, wenn er ihn mit seinen Kräften, seyen sie dann List oder offenbare Gewalt, überwindet. Nun setze man einmal einen Staat in diesen Zustand: Todtschläge, Vergiftungen, Thronentsetzung, bald republikanisch, bald despotische Verfassungen, Rebellion, unaufhörlich bürgerliche Krieg, und der Regenten mit ihnen, und alle Zerrüttungen, die sich zur denken lassen,

werden

werden die Menschheit verwüsten. In dem zweyten Falle aber, wenn die Natur abhängig von einem Schöpfer betrachtet wird, dann herrscht über sie das vollkommenste Wesen; da aber das vollkommne Wesen, niemals desselben Vollkommenheit erreichen kann, weil dieses unendlich, jenes aber, wie vollkommen es sich auch denken läßt, in Gränzen eingeschlossen ist: so wird jede gesetzgebende Macht, welche von diesem ihre Macht erhalten hat, ihre Wirkung erreichen, und Ordnung in den Staaten erhalten, weil sie diese gesetzgebende Macht eine Vollmacht aufweisen kann, die ihr das vollkommenste Wesen gab, gegen dessen Macht keine Macht der Natur etwas vermag, wie auch sonst jeder Mensch von der Natur zur Freyheit geboren ist.

Aber ich will die Pflichten der Religion deutlicher auseinander setzen; doch zuerst muß ich den Endzweck der Schöpfung erklären, zu was Ende denn dieses herrliche Gebäu, und darinn der vernünftige Mensch geschaffen seyen.

Gott ist das vollkommenste Wesen, also das vollkommenste vernünftige Wesen: aber jede Handlung ohne Endzweck widerspricht der Vernunft, also kann Gott ohne Endzweck nicht erschaffen haben. Nur fragt sich, worinn dieser Endzweck bestehe. Antwort: in der Glückseligkeit.

Die

Die Glückseligkeit ist ein dauerhafter Zustand des Vergnügens, oder eine Sättigung aller Wünsche; alles übrige, dem man nur fälschlich den Namen Glückseligkeit beylegt, ist wahres Elend. Aber jeder andre Zweck, als die Glückseligkeit, würde den Vollkommenheiten Gottes widersprechen, was aber Gott widerspricht, oder, welches eines ist, seinen Vollkommenheiten, ist nicht möglich; weil der Haupthang, wohin die Natur des Willens sich neigt, niemals befriediget würde. Weiters, da aber Gott keine neue Glückseligkeit zukommen kann, denn das, was einmal im höchsten Grade vollkommen ist, kann durch keinen Zuwachs mehr bereichert werden, so ist nicht die Glückseligkeit Gottes der Zweck der Schöpfung, sondern eine Glückseligkeit außer ihm: solcher Glückseligkeit aber ist allein das vernünftige Geschöpf fähig, also bestehet der Zweck der Schöpfung in der Glückseligkeit des vernünftigen Geschöpfes, wohin der Mensch gehört.

Gesetze sind dem vernünftigen Geschöpfe die Mittel, den Endzweck zu erreichen, also die Gesetze, welche dem Menschen von Gott gegeben sind, haben ihre Richtschnur in der Glückseligkeit: die Beobachtung dieser Gesetz ist der Gottesdienst, also bestehen die Gesetze der Religion in den Gebothen zur Glückseligkeit.

Diese

Diese abgezogenen Begriff haben zwar nicht den Reiz der blumichten Schreibart; aber ich würde diesen so nothwendigen Sägen ihre Schärfe benehmen, wenn ich sie mit einem zierlichen Stile maskiren wollte. Darum bitt ich, diesem Kettenschluß eine längere Betrachtung zu widmen: man darf kein Schwäger seyn, wenn man Grundwahrheiten zergliedert, und kein Schmetterlingsgeist, der bald auf einer Zuckerrose weilet, oder einem zarten Vergißnichtmein, und, vom Zephir gewiegt, nach Empfindungen seufzet, wer simple zieradenlose Wahrheit sagen will. Der Mummerey des Stils, und der Schwachheit der Leser, welche aus Mangel der Einsicht alles für baare Münz einnehmen, hat die Afterphilosophi alle ihre Eroberungen zu danken.

Wenn Gott das vollkommenste Wesen ist, so ist er unendlich vorsichtig, oder es würd ihm an einer Vollkommenheit mangeln. Vorsichtigkeit ist aber die weise Anordnung der Mittel zum Zweck. Hat also Gott der Schöpfung einen Zweck vorgesetzt, hat er auch Mittel gegeben, diesen Zweck zu erreichen; ohne dem Gesetz aber, welches dem flatterhaften Willen Schranken anweiset, wird es dem Menschen am nothwendigen Mittel mangeln, die Glückseligkeit zu erreichen; denn nur durch gute Handlungen läßt sich

ein

ein dauerhaftes Vergnügen erwerben: also Gott, der den Menschen erschuff, gab ihm ein sittliches Gesetz, das ist, Gott befahl ihm Religion,

Die Natur aber ist des Gesetzes Verkünderinn, darum wird auch diese Religion die natürliche genennt; von Offenbarung ist hier die Rede nicht.

Man setze einen Menschen in den Jahren seiner Vernunft, mit dem vollkommnen Gebrauche seiner Sinnen: es ist nicht nothwendig, daß er durch sonderbare Erziehung ausgebildet sey, doch auch nicht, daß er mit wilden Thieren im Wald herum graß, in diesem Falle wäre zu vermuthen, daß aus Mangel des Umganges mit Menschen die Vernunft sich noch nicht genug entwickelt habe; er sey frey von den Vorurtheilen einer Religion, aber auch nicht so verdorben, daß er die Stimme seiner Vernunft nicht mehr hören, und durch Irrlehren geblendet, nicht ferner mehr Licht sehen will. Man setze einen mittleren Zustand seines Daseyns, eben keinen tiefsinnigen Philosophen, auch keinen Schwärmer, auch keinen Bösewicht. Wird es wohl nothwendig seyn, daß er die Kräfte seiner Seele sehr stark anspanne, um zu wissen, daß ein Gott sey, daß er diesem Gott zu dienen verbunden sey? Er weis weiß doch, daß er sich selbst das Daseyn nicht gab, er erfährt, daß alle Geschöpfe, die um ihn herum sind, nicht sich selbst hervorgebracht haben, daß immer Ursachen vorausgesetzet sind, welche Wirkungen hervorbringen. Er sieht der Ursachen Auftäumen, Zerstörung, Abhängigkeit, Ordnung, wird sein Verstand hier wohl stille stehen, wird er nicht weiter forschen, daß aller dieser Geschöpf, endlich eine letzte Ursache sey, welche von keiner andern mehr abhängt, dann: eine unendliche Reihe endlicher Ursachen widerspricht sich, nichts kann zugleich endlich und unendlich seyn, und was sich widerspricht, das ist unmöglich? Die letzte Ursach aber, eben darum, weil sie ihr Daseyn von keiner andern mehr hat, weil sie von keiner andern mehr abhängt, schließt alle Vollkommenheiten schon in sich ein, und das ist Gott.

Ein Beyspiel wird noch deutlicher die Sache vor Augen legen. Betrachtet die Blume, den Sprößling des Baums, der dort entstehet; dieß Entstehen kömmt aus dem Saamen, und der Wärme der Erd, und der Sonnenkraft, welche die Saamengefäß entwickelt: der Saame keimt, es schießt das Gewächs, und entblättert sich; und woher war der Saame? Von der Blume des vorigen Jahrs, vom Mutterstamme des Baumes. Wär eine Albernheit, wenn hier auch

der

der Verstand eines Bauermannes stehen blieb, oder etwa wähnen sollte; die Blume, der Baum, welche den Saamen hervorgebracht, aus welchem dieser Sprößling, diese junge Blum entstand, wäre ohn einem vorhergehenden Baume, Blume, welche auch sie durch den Saamen in die Wirklichkeit brächte. Je mehr er aber nachforschet, je verwirrter scheint ihm der Ausgang seiner Betrachtung. Immer prediget ihm der Verstand, diese Blum entstand aus dem Saamen, und die vorige auch, und die dritte auch, die hundertste auch, die tausendste u. s. f. Aber eine unendliche Reihe widerspricht sich, denn jede Reihe bestehet aus Zahlen, und keine Zahl, sie mag noch so groß seyn, als sie will, ist unendlich, sie kann immer gezählet, geschrieben, ausgesprochen werden: also muß eine erste Blume gewesen seyn, ein erster Baum, aus welchen alle Nachkömmlinge entsprossen. Dieser erste Baum, diese erste Blume kann sich selbst ihr Daseyn nicht gegeben, nicht sich selbst erschaffen haben, oder sie wäre schon in der Wirklichkeit gewesen, vor sie entstanden wär, indem sie sich selbst hervorgebracht hätte. Also war eine andere getrennte Ursache, welche den ersten Baum, die erste Blume schuff. Diese Ursache kann aber kein endliches Wesen gewesen seyn, weil sonst immer die vorige verwirrende Frage entstünde: Wer hat denn dieses Wesen hervorgebracht, wel-

ches

ches Bäum und Blumen macht, und so würde nichts als die Zahl gehäufet, ohne jemals an ein Ende zu kommen. Also war es ein unendliches Wesen, dieses Wesen ist Gott.

Der Mensch weis also aus dem Lichte der Natur, daß ein Gott sey, der auch Sonn und Mond erschaffen hat, so viele Millionen funkelnder Stern ans Firmament gesetzet hat, ihnen zu leuchten geboth, und in ihren Kreisen zu laufen: der Donner und Sturm und das Erdbeben, die Wogen des Weltmeeres sind Zeugen seiner Allmacht; die Zeugen seiner Güte der Jahreszeiten wunderbare Abwechslung, die Schönheit der Erde, die süsse Früchten, die sie uns giebt; seiner Weisheit Zeuge des Ganzen wunderbare Ordnung, der Instinkt der Thiere, des Menschen durchdringender Verstand, welcher Schöpfungs ähnliche Werke durch Wissenschaften und Künsten hervorbringt. Nur eine kurze Betrachtung, und der noch unverdorbne Mensch wird von Lieb und Ehrfurcht durchdrungen, und beugt seine Knie.

Der Mensch erkennet also aus dem Lichte der Natur einen Gott, und eben so leicht erkennet er, daß er diesem Gott dienen müsse. Er weis, daß er diesem höchsten Wesen sein Daseyn, sein Leben, seine Erhaltung, sein Eigen-

Eigenthum, die Erde, welche er bewohnet, zu danken habe; daß dieses höchste Wesen die Macht hab, ihn zu strafen, zu belohnen, zu vernichten; alle die Kennzeichen der höchsten Herrschaft, deren Gepräg alle Geschöpf an sich tragen, kann er nicht läugnen; die Herrschaft über den Menschen läßt sich aber ohne dessen Dienerschaft, Knechtschaft nicht begreiffen, und die Dienerschaft nicht ohne die Pflicht, das alles zu thun, was dem Diener der Herr gebiethet. Diese Fragen also, hoffe ich, seyen gelöst:

Es sey ein Gottesdienst, oder eine Religion, weil ein Gott ist.

Der Endzweck der Schöpfung ist die Glückseligkeit.

Die Mittel, dadurch das vernünftige Geschöpf diesen Endzweck erlangen kann, sind die Gesetze Gottes, oder die Religion.

Die Natur ist die Verkünderinn dieser Gesetze, oder der Religion.

Diese Religion, welche man die natürliche nennt, bestehet in den Pflichten, welche zu erfüllen uns Gott gebiethet auch ohne vorhergehende Offenbarung.

Alle

Alle diese Begriffe liegen in der Herrschaft des Schöpfers, und in der Dienerschaft des Geschöpfes.

Es fragt sich also weiters: In welchen Gebothen insbesonders die natürliche Religion bestehe? Antwort: Sie werden in drey Klassen getheilet, die Pflichten gegen Gott, gegen den Nebenmenschen, gegen sich selbst. Zwar Religion überhaupt schliesset alle drey ein, denn die Pflichten gegen seinen Nächsten, und gegen sich selbst beobachten, ist eben sowohl Gott dienen: nur der Klarheit willen werden einige besonders Pflichten gegen Gott genannt. Wir wollen es auseinander setzen.

Die Allmacht, und die Güte sind zwo Vollkommenheiten, welche in der Betrachtung Gottes am deutlichsten erscheinen: der Allmacht Zeug ist die Schöpfung, des Menschen Daseyn, welcher die Schöpfung betrachtet; die ganze Ordnung der sichtbaren Natur, welche ununterbrochen fortwähret. Die Güte verkünden die Wohlthaten, welche dem Geschöpfe der Schöpfer erweiset, von denen die ganze Schöpfung zum Dienst des Menschen, welcher im seligen Zustande der freyen Natur lebet, überfliesset; die Bestimmung zur Glückseligkeit aber, der Endzweck des erschaffenen Menschen, ist der Inbegriff aller Beweise der unendlichen Güte Gottes.

Gott

Gott also, der wegen seiner Almacht der höchste Herr ist, gebühret die vollkommenste Dienerschaft; weil er der gütigste Geber ist, die vorzüglichste Liebe. Er ist unser Herr und Vater: wir sind seine Söhn und Knechte; dieses ist also der zweyfache Beweggrund unsrer Dienstleistung, oder die Religion; welche allgemein in Beobachtung aller seiner Gebothe bestehet; insbesonders aber in Bezeugung der tiefsten Ehrfurcht gegen unsern Herrn, der Bezeugung der vollkommensten Liebe, als unserm Vater, welche hauptsächlich im Eifer für seine göttliche Ehre bestehet, aus welchem die Stärke der Lieb erscheint.

Diejenigen Menschen, welche so weit unter das Thier herabsinken, daß sie an keinen Gott glauben, sind Gottesläugner, und werden Atheisten genannt; jene, welche zwar Gott nicht aus der Wirklichkeit läugnen, aber doch die Pflichten der Religion für überflüßig ansehen, heissen Theisten; beede Irrthümer streiten gegen die gesunde Vernunft, und wir haben keiner besondern Offenbarung nöthig, diese Irrthümer einzusehen. Welch schädliches Ungeziefer so eine Gattung Menschen in einem Staate seyen, wird leicht begreiflich; denn der, welcher an keinen Gott glaubt, oder wenigstens an keine Religion, erkennt außer seiner Selbsterhaltung keine ne-

nere Pflicht: denn von Natur werden alle Menschen zur Freyheit geboren, und keiner hat aus der Natur, welche ohne Gottheit weiter nichts als ein abgezogener Begriff ist, das Recht, über andere zu herrschen; die gesezgebende Macht fodert aber einen Untergebenen, seines gleichen ist niemand einen Gehorsam schuldig: über sich erkennt ein solcher Mensch wieder keine gesezgebende Gewalt, weil er die Religion, oder die Pflicht der Beobachtung der Gebothe Gottes verachtet: ein Mensch aber, welcher außer seiner Selbsterhaltung keine weitere Pflicht erkennt, hält alles für erlaubt, wenn er nur babey auf seiner Hutt ist, daß man sein Verbrechen nicht wisse; also heimliche Bestehlung, Beschädigung des Nächsten aller Art, Menschen in jedes Unglück zu stürzen, sie zu verderben, mit Schwert oder Flammen hinzurichten, ganze Länder den Grausamkeiten des Krieges und Hungers preisgeben, wenn nur der Schurke dadurch seine Kasse füllet; die Unschuld zu verführen, zu entehren, zu verdammen, alle Geschöpfe seinen Leidenschaften aufzuopfern ist ihm erlaubt, wenn er nur behutsam genug ist, sich so zu verkappen, daß er, der Teufel aller Intriquen, der Mörder und Henker seiner Mitmenschen unentdeckt bleibet.

Wie ein Fürst der spanischen Inquisition zu beschulden, wenn er mit aller Strenge gegen diese verderbliche Secte der Atheisten und Theisten die schärfesten Untersuchungen anstellte, wenn er jeden überwiesenen Verbrecher aus seinen Staaten verbannen, und die ganze Welt vor diesem gefährlichen Ungeziefer warnen ließe, wenn die Nichtüberwiesenen, aber gegen welche gegründete Vermuthungen obwalten, mit dem schärfesten wachsamsten Auge beobachtet würden: handelt er gegen das Duldungssistem, und die so gepriesene Preßfreyheit, wenn er in die Hände des Scharfrichters alle die ansteckende Schriften liefern läßt, welche solche die Menschheit entehrende Grundsätze verbreiten, welche die Welt in einen Schlangenteich, eine scheußliche Höhle der Drachen, in eine Tiegergrube verwandeln wollen, darinn alles aufgefressen wird, was nicht von ihrer Brut ist! So ein Fürst wäre kein spanischer Inquisitor, wäre kein unbescheidner Eiferer gegen seine Religion, er wäre bloß der Beschützer seiner Unterthanen, und verrichtete nicht mehr, und nicht weniger, als seine Pflicht.

Möchten die Hausväter sich sorgfältig hüten vor dieser ansteckenden Seuche, welche das End unsers Jahrhundertes, das wirklich zu sein philosophirt, zu verwüsten drohet, auf die gesunden Glieder ihrer

Familie schwarze Eiterbeulen setzt, und ihr Haus in ein Spital der Unheilbaren verwandelt! möchten Lehrer und Unterrichter der Jugend dafür sorgen, daß Knaben und Jünglinge, welche noch nicht einmal recht die Luft, die sie einathmen, kennen, nicht schon in starke Geister verwandelt werden, ehe ihnen am Kinne zarter Pflaum anfliegt! daß nicht unter der albernen Lüge der Schönbenkerey wegsehen über des Christenthums Einfalt, und schon umgeschaffen in freche Dirnen die Mägdchen werden, bevor die jungfräuliche Sittsamkeit aus der Knospe reift, und noch nicht verstehend der Mutter Namen herzlich über eine Mode lachen, so die Menschen Religion nennen. Eine solche Warnung würde von den Zeiten des entstandenen Christenthumes bis auf die siebenziger Jahre des achtzehnten Jahrhundertes überspannt und überflüßig gewesen seyn: aber nun leider ist eine Harpie über Teutschland aufgeflogen aus dem Gerassel der Todtenschädel, breitet über so viele sonst Hellbenkende Nacht aus, und speyet mit ihrem Geifer auf die Pressen der Buchdrucker, welche sehr theuer verkaufen um reines Gold diese faule Waaren, die Verleger des neuen verbesserten teutschen Geschmackes.

Aber ich hoffe auch, die wahren Aufklärer Teutschlands achtzehnten Jahrhundertes werden mich hier nicht mißkennen, als

als wenn ich das liebe Vaterland in Kochems barbarische Zeiten zurückwünschte, wiewohl dieser fromme Kapuzinerlektor mit seinen schwärmerisch lächerlichen Begriffen dennoch gewiß weniger Schaden bracht, als unsere starke Geister, welche an gar keine Religion glauben, und öffentlich zu lehren sich nicht scheuen: der Kirchhof und der Luderplaz verscharre Geschöpfe, welche mit dem Tode gleiches Ende nehmen. Fern von mir, als wenn ich jene Menschenfreunde dem Volke verdächtig machen wollte, welche uns aus wahrer brüderlicher Liebe von der flammenden Leuchte den Schirm wegrücken, welchen übertriebener Religionseifer, auch manchmal Bosheit, am öftesten Eigennuz hinpflanzte; diesen ersteren haben wir viel zu danken, welche ungeachtet des pharisäischen Aergernißes fortfahren, Zeugniß der Wahrheit zu geben, und unerschrocken der Schwärmerey, und dem Aberglauben, wie auch Scheinheilige ihre feisten Hände zusammenschlagen, die schön vergoldete Larve vom Gesichte reissen. Aber unterscheidet, Ihr Brüder, diejenigen, welche mit Herzensaufrichtigkeit Euch's gut meynen, von denen, welche die zackichte Mähne des Wolfs mit weicher Schafswolle bedecken, und des blutigen Zahnes ungeachtet blä blä schreyen.

Die

Die zwote Klasse der Gebothe begreifet in sich die Pflichten gegen uns selbst und gegen unsern Nächsten. Wir wollen zuerst die Pflichten gegen uns selbst auseinander setzen.

In den Vollkommenheiten Gottes seiner Allmacht und Liebe besonders liegt der Grund, was wir diesem höchsten Wesen schuldig sind, wie wir eben gehöret haben: aber auch in diesem liegt der Grund aller übrigen Pflichten gegen uns, und unsern Nebenmenschen: denn weil die Vollkommenheiten Gottes unendlich sind, so kann außer selben nichts Gutes seyn, dessen zureichender Grund nicht in selben schon enthalten ist, sie müssen alles, was zu einer Vollkommenheit dienen kann, in sich enthalten, oder es würd ihnen etwas mangeln, und folglich könnten sie nicht mehr mit dem Beysatz unendlich betrachtet werden, welches das ganze Wesen der Gottheit zernichtete. Die Vollkommenheiten Gottes sind es also, nach denen sich der Mensch bilden muß, wenn er die Pflichten gegen sich selbst erfüllen will. Das, was Gott in einem unendlichen Grade besitzt, das suche der Mensch in seinen Gränzen nachzuahmen, und er wird dann jede Pflicht gegen sich selbst erfüllen. Wir wollen es aber deutlicher zergliedern.

Die

Die Erhaltung seiner selbst ist eine der ersten Vollkommenheiten: der natürliche Hang, beständig zu seyn, die Liebe zum Leben ist allen Menschen angeboren, nur der Mangel an guten Grundsätzen, böse Gesellschaft, wenn der Mensch ohne Vertrauen auf Gott ist, verderbliche Lehren, mit diesem Leben ende sich Alles, wir haben vor dem Vieh und der Pflanze keinen Vorzug in unserm Sterben, das Aas in der Schinderhütte lieg in Einem Range mit dem todten Christen, Verzweiflung an der Barmherzigkeit Gottes, Mangel an Geduld in den Leiden dieses Lebens, können in Elenden den Wunsch erwecken, daß unsere Tage sich abkürzen, daß wir in Nichts mögen verwandelt werden: der Tugend ihre Früchte sind dieses nicht, von einem tugendhaften Mann, welcher bey seinem vollkommnen Verstand, und an Sinnen gesund ist, noch Freygeist oder Schwärmer ist, läßt sich kein Haß gegen dieses Leben, wie kummervoll es auch für manchen ist, erwarten, er verlangt die Roll auszuspielen, darum ihn die Vorsicht auf die Welt gesetzet hat: vor dem Gedanken aber der Zernichtung bebet er zurück, denn er erwartet jenseits des Grabes Palm und Kronen.

Der unmittelbare Selbstmord ist dieser Pflicht am ersten entgegen gesetzt. Teutschland hat noch niemals diese Raserey so gewaltig

waltig ergriffen, als noch am End unsers achtzehnten Jahrhunderts, wo die Aufklärer von allen Ecken herpredigen, von Menschenpflichten und Staatsglückseligkeit, Herzensgefühl, und der Empfindungen Wärme, Geistesbildung, und wahrer philosophischer Bruderschaft: den ächten Begriffen der Glückseligkeit, der Wiederemporhebung der Rechte der Menschheit, und den Reinigungsmitteln von aller Schwärmerey und Aberglauben. Man sollte zwar vermuthen, gerade die Philosophie wär es, welche uns Stärke geben sollte, mit unerschüttertem Muthe die Leiden dieses Lebens zu ertragen: wenigstens in den Augen der Profanen und Unheiligen, welche in den Misterien der Tafel der Isis, womit sich diese Leute pralen, noch nicht eingeweiht sind, wird ein Mensch weit verehrungswürdiger scheinen, welcher gelassen und ruhig die Stürm aushält, welche dieses Leben am Grabe durchbrausen, als welcher klein genug ist, sich darum den Tod zu geben: die Leiden, welche uns das Evangelium auszuharren gebiethet, sind auch würdig genug, einen Seneca und Socrates zu verewigen, aber das blinde Heydenthum würd es ihnen zur unvergeßlichen Schand angerechnet haben, wenn sie die Kleinmuth eines Werthers ums Leben gebracht hätte, welcher das Gewicht einer rosenrothen Schleife nicht mehr zu ertragen vermocht, und deßwegen Narr genug war, sich

sich vor den Kopf zu schießen. Thomas von Kempen, das in den Augen der Aufgeklärten ein gar geringes Büchlein ist, wird gewiß mehr fähig seyn, Helden zu bilden, als die Klagen der Nachtigall, die Göthe, von der herrschenden Romanenschwärmerey beklatschet, und vorjammert. Indessen, man soll es nicht glauben, liefern uns Teutschlands Pressen eine Menge solcher ansteckender Schriften; der Eigennutz des Buchhandels, durch ihn diejenige, welche das Apostolat der neuen Philosophi auf sich nehmen, spielen selbe in die Hände der aufbrausenden Jugend, denen es schon öfters an guten Sitten und Grundsätzen mangelt, in der Erziehung vernachläßiget, der Ausschweifung und dem Muthwillen überlassen; erstaunet also nicht, liebe Landesleute, wenn der Selbstmord, den man itzt noch mit einer zierlichen Leichenrede zu unsern Freythöfen begleitet, im sanftmüthigen Christenthume raset.

Auch der mittelbare Selbstmord ist eine Sünde gegen diese Pflicht, wenn man durch Körper zerstörende Ausschweifungen seine Tage verkürzet, und das Ende seines Lebens beschleuniget. Hieher gehören: ungezähmte Wollust, Faulheit, und Nerven schwächende Schwelgerey, der Fraß und die Trunkenheit, Unmäßigkeit der körperlichen Ergözungen, welche die besten Säfte verzehren,

ren, wohin des Tanzens gewaltige Erhitzungen, und die sonderbare Thorheiten christlicher Fastnächte vorzüglich zu rechnen sind, wo so manche junge Leute sich Schwindsucht und Unbrauchbarkeit für ihre künftige Lebenstage um baares theures Geld einkaufen; die französischen Kochkünste, welche jeder Speis ihre natürliche Eigenschaft benehmen, mit Wein und Würz und Liqueurs vermischet, eines gesunden verdauenden Magens Kräften aus dem Grunde verderben, so, daß der Küch immer noch die Apotheke zu Hilf eilen muß: die Verzärtlung, und übertriebene Gefühlsfeinheiten, junge Leute von zwanzig Jahren können beynahe schon die stärkende teutsche Luft nicht mehr ertragen, und wimmern bey jedem Nordhauch in ihre geheizte Stuben ungesunter Ausdünstung zurück: kein Thier auf Gottes Erdboden hat mehr Pelzdichte genug, ihre Knochen zu wärmen; sie klagen über die Erde des harten Auftrittes wegen, und über den Himmel, daß er regnen und schneyen läßt, die Hundstage sind ihnen zu fröstig; man hat sich durch die Modelectur seufzender Romanen einen gewissen Nervenreiz erworben, daß sich wirklich Ohnmachten und Herzensschwächen, die sonst ganz allein für Theater gehörten, schon bey mannbaren Mägdchen und Jünglingen einfinden, wenn ein kleiner Unfall ihr Schmetterlingsleben trübet, und man

Kerbrod tröstet. Sie können weinen über die klagende Quelle, das Girren der Turteltaube geht ihnen schon tief zu Herzen, Seelen zerreissender Schmerz ist's ihnen, einen Todten begraben zu sehen, sie wickeln sich, wie beym Donnerwetter, in ihrer Mutter Schürz; aber die stärkern Unfälle dieses Lebens, denen kein Alter, kein Stand auszuweichen vermag, schmettern sie vollends danieder: Gicht, Tollheit, Verzweiflung würgen sie dann um. Alle diese Menschen dürfen sich niemals langes Leben versprechen, und wenn sie auch von der Natur den gesundesten Körperbau erhalten hätten, darüber, daß sie schnell zu den Geschäften der menschlichen Gesellschaft unbrauchbar werden, und mit frühem Siechthum behaftet, nur so wie wandelnde Schatten herumschleichen, stürzen diese Kinder der letzten schlappen Jahr unsers Hunderts noch früher in die Grub, als die Greisen im achzigsten, welche noch munter und frisch genug sind, immer zu ihrer Urenkel Todtentruhen die Bäume zu fällen.

Ein mäßiger Gebrauch der Gaben des Schöpfers, welche uns zur Nahrung beschoren sind, und auch jener, die zur Ergözung dienen, und Erholung von der pflichtmäßigen Arbeit, welche zu übertreiben eben auch gesündiget wär: eine vernünftige Abwechslung zwischen Geschäften und Ruhe, Muth und Stärk in Uebertragung der Unfälle,

ke, Weichherzigkeit und Gefühl gegen das wahre Elend, Nerven stärkende Thätigkeit des Körpers, welche den Umlauf der Säfte beschleuniget, und die Sorg, ihn reinlich zu halten: die Entfernung von Weichlichkeit und verzärteltem Wesen, dieses fristet das Leben, und erhält auch noch öfters im Greisen das jugendliche Feuer. Freylich eine ganz andere Pflicht prediget denjenigen, welche unglücklich genug, sind gebrechlich und elend, mangelhaft an gutem Saft und Kräften, auf diese Welt zu kommen; eine beständige Diät für ihren Körper, und immerwährendes Gelübd Arzney zu nehmen, damit ihr morsches Fleisch zwischen der eingeschrumpften Haut nicht in Fäulung übergeh, und ihr klappernd Gebein an schwachen Muskeln zusammhält, ist ihre große Schuldigkeit. Dieses Schicksal der Menschen gehörte sonst unter die außerordentlichen Zufälle dieses Lebens, sie gehörten unter die seltenen Beweise, daß die Natur nicht beständig gleich fruchtbar in ihren Erzeugnissen sey: aber diese Zeiten haben sich gewälzet, und Teutschland, durch ausländische Sitten verdorben, ist es nun schon gewohnt, zerfressene Blüthen und wurmstichige Früchte wenigstens in ihren bevölkerten Städten zu sehen; sie erinnert sich kaum noch jener seligen Zeiten mehr, wo unter ihrem gesunden mitternächtlichen Himmelsstrich ihre starken Söhne zu jugendlichen Kriegsheeren erstanden, an-

deren

derer Nationen Bändiger; der Feldherr muß itzt die Krieger von den Alpen und Gebirgen, oder dem Nahrung verschaffenden Pflug holen, die Städte liefern, bloß Personen auf das Marionettentheater, deren Arm und Bein immer an dirigirenden Schnüren hängen müssen, damit sie sich bewegen, im Drat ihre müden herabschnappenden Gelenk aufrecht zu erhalten, daß sie nicht zusammenstürzen: blaßgelb, eingeschrumpft, nur so die Haut über die Beine gehängt, schleppen sie, von der Wollust entnervet, unzählbare Mengen Aeltern und Kinder, ihre müden Glieder fort: sind ganze Geburtslinien verdorben, und pflanzen sich allein für das Spital fort.

Doch nicht nur durch die bloße Erhaltung des Lebens ist der Pflicht gegen sich selbst genug gethan; der Mensch ist verbunden, seinem Körper durch die Art der Erhaltung mehr Vollkommenheit zu geben, ihn nach Möglichkeit thätiger zu den Geschäften des Lebens zu machen, und also seinen Schöpfer zu verherrlichen, zu erhöhen. Die Gaben des Geistes, seine Seele mit Kenntnissen zu bereichern, dadurch er die Pflichten seines Standes genauer zu erfüllen vermag.

Ueber die Mäßigkeit in Speisen, Getränken und Vergnügungen sorget er auch dafür,

dafür, seinem Körper mehr Feste, Dauer, und, wenn es sein Amt erfodert, mehr Anstand zu geben; die Reinlichkeit des Körpers, der Gewand und Wohnungen, verschiedene Bewegungen und Ruh geben den Muskeln eine ungemeine Schnellkraft, und befestigen das Nervensystem, frische Arbeiten zu unternehmen, sie mit mehr Muth zu übertragen: ohne zu melden, wie frey und ungehindert der Geist in Körpern wirke, dessen Werkzeuge nicht nur nicht zerrüttet, sondern schnell und leicht ihre Verrichtungen thun. In einem muntern Körper denkt weit heiterer die Seele, wie jeder die Beweis in seinen eignen Erfahrungen findet.

Aber ich will von der Vervollkommnung der Seele reden. Das Wesen der Seele, welches an einem andern Orte deutlicher wird behandelt werden, bestehet aus dem Erkenntnißvermögen, und dem Wille: unsere Pflicht ist, beeden eine beständig höhere Vollkommenheit zu geben, den Verstand immer mit mehr Kenntnissen auszubilden, daß sich die Vernunft besser entwickle, und dem Herzen eine edlere Wendung zu geben. Wir dürfen also keine Gelegenheit versäumen, was unsern Verstand besser beleuchtet: er ist zwar von der Ausstralung der Gottheit ein göttlicher Funke, doch, welcher sich immer mehr und mehr entwickelt, wie ein flammender Stern, welcher durch die
Hülle

Hölle des Nebels bringt; die Natur ist das große Buch, das der Schöpfer vor unsern Augen aufgeblättert hat, in dem wir seine Vollkommenheiten lesen; sie hält uns alle wesentliche Pflichten vor, schließt uns immer, wenn wir schärfer nachdenken, neue Geheimniß auf, führt uns in die Tiefen der Tiefen hinein, das vollkommenste Wesen immer näher und näher zu kennen; und so sammeln wir uns Schätze für unser Erkenntnißvermögen, wir erhalten das kostbare Gut, welches die wahre Weltweisheit ist. Ist der Verstand beleuchtet, steuert er sich auf richtige Grundsätze, dann hat das Herz keine Entschuldigung mehr, wenn selbes nach dem Laster sich lenket; zwar unterliegt öfters das Fleisch, von schneller Leidenschaft gefasset, einer sündlichen Lust, doch wird der Mensch bald wieder aus seinem Taumel erwachen, wenn nur sein Verstand durch falsche Grundsätze nicht verdorben ist. Man hat unrecht, auf die Leidenschaften zu schimpfen: die Leidenschaften sind der Saame der Tugend: würden die Menschen ohne Leidenschaften seyn, dann mangelt ihnen die Ursache, tugendhaft zu seyn, die Ehre des Helden wächst mit der Gefahr des Kampfes, den sein Muth überwindet: derjenige, der sein brausendes Temperament bändiget, verdient gewiß einen schönern Lorbeer, als welchen so leicht kein sinnlicher Eindruck in Harnisch jagt: einer, welcher die Wuth des Zorns bezähmet, zu

dem

dem er von Natur schon so sehr geneigt ist, schreitet in der Reihe der Tugendhaften weit vor dem, welchem alles einerley ist: eben dieses ist von allen Leidenschaften zu sagen.

Wir wollen aber auch eine kleine Betrachtung den Pflichten gegen seine Mitmenschen widmen. Der Mensch ist nicht zur Einsamkeit, zum geselligen Leben ist er geboren; diese Wahrheit erscheinet deutlich aus dem natürlichen Hang, welchen alle Menschen zur Gesellschaft haben, theils aus der Nothwendigkeit, daß ein Mensch dem andern zur Hilfe kömmt. Der Mensch hat zu viel Bedürfnisse, die er, sich selbst überlassen, nicht befriedigen, er besitzt auch Fähigkeiten, deren er außer der Gesellschaft keinen Gebrauch machen kann; Gott aber handelt nicht unweis, ordnet keine Mittel, welche zu keinem Zweck taugen. Die Erfahrung bestättiget diesen Vernunftschluß: man hat noch keinen Winkel des Erdbodens entdecket, die Menschen mögen auch noch so wild seyn, als sie können, dort sie nicht freundlich in Horden versammelt mit einander wohnen und handeln. Man muß also das ganze Menschengeschlecht als eine große Famili ansehen, deren allgemeiner Vater Gott ist, die Bundsgenossen aber alle Brüder sind, jeder Mensch sich als ein Glied dieses Körpers, welcher die Pflicht hat, mit den übrigen, un-

ter

ter was immer für eine Art in beständiger Verbindung zu bleiben. Alle Pflichten aber, welche wir gegen unsere Mitmenschen haben, sind in diesem sehr begreiflichen Satz eingeschlossen: Liebe den Nächsten, wie dich selbst; das ist, such ihn zu vervollkommnen, wie dich selbst, dessen Ebenbild wir in der Gottheit finden: die Anwendung aller Pflichten, durch welche ich gegen mich selbst verbunden bin, auf meinen Nebenmenschen, ist die Erfüllung dieses Gesetzes, der von unsern Philosophen so gepriesenen Menschenliebe.

Es giebt gewisse Menschen, welche diese edlen Worte von Menschenliebe beständig im Munde tragen, ihr Herz ist aber weit davon: sie sind unverschämte Gastgeber, welche einen prächtigen Schild vor ein elendes Wirthshaus hängen, darinn auch für baares Geld nichts zu haben ist: sie sind Diebe, welche unter dem Vorwande, sie zu bedienen, die Menschen bestehlen, ihnen die Güter des Glücks und der Seele rauben. Thaten verrichten, und die schönsten Sprüchelchen im Munde führen, das sind zwey ganz verschiedene Ding: alle diejenige aufgeklärten Geister, welche immer von Wärme des Herzens und Menschengefühl sprechen, sind schon darum sehr verdächtig, weil die wahre Tugend keinen Trompeter vorausschickt, ihre Ankunft zu verkünden. Wer in die Nothwendigkeit, sich

P selbst

selbst zu loben, versetzt ist, hat die ganz billige Vermuthung gegen sich, daß er sich mit seinen guten Thaten den Leuten aufdringen will, die sie sonst nicht glauben würden: die ächte Tugend hingegen, je bescheidener sie ist, desto mehr Lobredner gewinnt sie; überhaupt diese große prahlende Ausdrücke sind weiter nichts, als ein glänzender Firniß, mit dem sich sehr oft Betrüger anstreichen, welche uns Hab und Gut, und was noch das Allerschlimmste ist, die wahre Seelenruh aus lauter philosophischer Bruderliebe stehlen.

Der wahre Philosoph, welcher ächte Bruderliebe hat, theilt alle seine Kenntnisse, welche sein Verstand aufbewahret, und dem Menschengeschlechte nützlich sind, seinen Mitmenschen mit: durch Wort oder Schriften, Predigten, welche er der Gemeinde, wenn es sein Beruf fodert, oder seiner Hausfamilie hält, darinn er Vater ist: er hüttet sich sehr, unflätrige Prochuren fliegen zu lassen, welche die Unschuld verführen, und unter dem Vorwande der Verbreitung des guten Geschmacks nichts weniger als eine ganze Nation öfters verderben: er wird niemals so weit herabsinken, und sich dadurch jener Gaben unwürdig machen, mit denen ihn der Schöpfer beschenkte, daß er unter der Lüge Bruderliebe, seinen Mitmenschen von der

Schwär-

Schwärmerey zu kuriren, über das losziehet, was Wahrheit der Religion ist: wird mit Bescheidenheit Mißbräuche rügen, oder auch, wenns Noth thut, im satyrischen Ton, aber nicht Spöttereyen über den wahren Gottesdienst ausgiessen: das lächerlich machen, was der Menschheit das Heiligste ist, und gottesfürchtige Menschen, welche aus Grund der Vernunft ihren Gott anbethen, dem Koth der Gassenburschen preis geben, und den Catholicismus dem Aberglauben der Vielbuelis, und chinesischer Pagoden an die Seite stellen. Darüber noch das, was er sagt, lehrt, predigt, schreibt, sucht ein wahrhaft menschenliebender Mann auch in seinen Sitten auszudrücken: er weis, daß, wie auch gute Lehren erbauen, die Beyspiel hinreissen, daß es sehr übel lasse, wenn ein Mann von Abstinenz und Mäßigung predigt, welcher täglich Rebhühner verzehrt, und Burgunderflaschen ausleeret: seinen Brüdern Geduld zuspricht, die Leiden dieses Lebens zu ertragen, er aber anbey immer auf neue Bequemlichkeit sinnt, sich einen Faulsessel zu bereiten, daß Sardanapalus nie besser gesessen hat: immer der Freygebigkeit gegen den Armen und Nothleidenden sich rühmet; seine Kreuzer hingegen, die er Almosen giebt, in öffentliche Zeitungen drucken läßt, und ingeheim sich mit Beutelschneiderey abgiebt: von wohlthätigen Anstalten den Obrigkeiten vorwimmert, Erbauung

P 2 der

der Spitäler und Krankenhäuser, auf der Straß aber seinen Bruder, der vor Hunger und Elend abgezehrt da liegt, mit nur gar zu philosophischer Gleichgültigkeit vorübergeht: er erkennt die entsetzliche Gleißnerey derjenigen, welche seufzen, daß sich die Steine bewegen, wenn man einen Straſſenräuber zum Galgen führt, hingegen durch ihre Intriquen und Eigennutz ganze Familien zum Hungertod verdammen: denen die schönsten Sprüche von Enthaltung, Mäßigkeit, Bezähmung der Lüsten, und was dergleichen empfehlende Worte mehr sind, immer vom Munde fliessen, sie aber in den Pfützen der Wohllust herumwühlen, und wie sehr sie auch die Philosophie bitten, ihnen lügen zu helfen, in ihrem Gesicht, und auf ihren Knochen eine Ueberschrift haben, welche ihr Siechthum in den Augen des Monds und der Sonne bezeugen. Aus ihrer Frucht werdet ihr sie erkennen, das ist so ein sehr entscheidender Spruch, Afterphilosophie von wahrer Weisheit, den biedern Mann von dem Heuchler, Edeldenkende von den Falschen, gute Menschen von den Bösen zu erkennen. Deßwegen, meine lieben Brüder! wenn zu euch Menschen kommen, welche sich eines neuen Apostolats rühmen, sehet zuerst auf ihre Sitten, und ohne die Lehre zu untersuchen, werdet ihr über neue Religionssysteme klar werden.

Die

Die Menschen haben unter einander wechselseitige Pflichten: die Pflichten der Kinder, und der Aeltern, der Ehegatten, der Bürger, und der Herrschenden u. s. f. Der erwachsene Mann wird sich seiner Aeltern niemals schämen, wenn auch ihr Stand gegen den Glanz seiner itzigen Würden sehr abstehet: er erkennet die heiligste Pflicht, diejenigen zu verehren, durch die er das Leben erhielt: itzt ihnen unter die Arme zu greifen, die ihn mit so vieler Müh und Arbeit erzogen haben, wenn ihnen an eignen Kräften mangele, sich ferner zu nähren: er versäumet keine Gelegenheit, ihnen ihre Dankbarkeit zu zeigen, sucht mit Trost und Hilf ihr graues Alter friedsam in die Grube zu bringen. Der Vater wacht sorgfältig über seine Kinder, er weis, daß eine gute Erziehung ihr bestes Erbtheil sey: er beobachtet den zarten Keim ihrer Leidenschaften, ihm eine gute Wendung zu geben: er unterrichtet sie selbst, insoweit sein Kenntnißvermögen hinreicht, indem er überzeugt ist, wie sorgfältig man seyn müsse, wenn der Hirt die Schafe dem Miethling überläßt: er macht sie aufmerksam auf die Wunderwerke der Schöpfung, welche in den schwachen Organen der Kinder den vortreflichsten Eindruck machen, und zeigt ihnen liebreich die Stuffen, durch die Reihe der Geschöpfe zum Schöpfer hinaufzusteigen: er lehrt ihnen die Weis, ihre Vernunft zu entwickeln, und prägt ihnen mit wahrem Eifer die

ersten

ersten Grundsätze der Religion ein; bestellet er einen Lehrer zum Unterricht des Kindes, dann ist seine vorzüglichste Sorge einen Mann aufzufinden, welcher der Schutzgeist seiner Kinder ist, nicht einen Mann von unbescheidener Schärfe, nicht einen, welcher durch die Finger sieht: er achtet nicht des leeren Geschwätzes von Aufklärung, Geschmack, Styl, Bildung, welche öfters die Masken der Unwissenheit oder Bosheit sind; er bringt ist auf das Gründliche, und Kernhafte, weis, wie wenig an der Frisur der Worte liegt, wenn sie nicht Sinn und Verstand haben: er hält sehr Acht, daß sich nicht Wölf in Schafskleidern in sein Haus einschleichen: er würd es sich niemals vergeben, wenn er gestattete, daß seine Tochter mit zwölf und fünfzehn Jahren verderbliche Romanengeschichten, vielweniger Bücher lese, welche die Sitten verderben, und die Begriffe der Religion in ihrem jungen Herzen auszulöschen bemühet sind: so zum Beyspiel würd es seinem wißigen Mäbchen sehr verweisen, wenn sie sich Blumauers Reimen erkaufte, welche einige Schönen aus Mangel besserer Kenntnisse zum Unterhalt und Laune lesen; dieser Mensch hatte den scheckichten Einfall, ihr wißt es doch nicht ihr Trojaner, den armen Aeneas in einer Hannswurstenjack aus Teutschen erscheinen zu machen, andern aber, um nicht allein einer unserer mindesten Dichterlein zu seyn,

seyn, welche am Fuße des Parnasses grasen, sondern auch als Philosoph zu erscheinen, oder vielmehr, daß ihn die philosophische Recensenten nicht mit der Ruthe fixten, über die Geheimnisse der katholischen Religion mit seinem öfters die Wasserspeye verursachendem Witze seine Leser zum Lachen bittet: so würd er auch nicht nur alle kindische Märchen auf die Seite schaffen, sondern vorzüglich darauf Acht haben, daß nicht unter erbaulichen Titeln, unter denen so mancher Schurke steckt, der ein Author ist, pestilenzische Schriften in sein Haus kommen, und die Unschuld zu Grunde richten. Der Ehemann weis, was er seiner Gattinn schuldig ist: er sieht das, was itzt zur Mode geworden, nicht als eine Kleinigkeit an, er kennt das Elend der Ehemißverständniß, die Verabsäumung seines Hauswesens, die Verbindlichkeit das Gestohlene seinen Kindern wieder zurück zu geben, die Vernachläßigung der Kinderzucht, die Zerrüttung des häuslichen Vergnügens: er ist Herr seiner Famili, aber nicht Tyrann, der Mann des Weibes, dem die Obergewalt gebühret, aber er versäumet nie die Pflicht eines Freundes, er gebraucht sich jenes Rechtes nur mäßig und sparsam, um seltner gefürchtet, immer geliebet zu werden. Das Wort Patriot wird sehr oft eitel genommen: man giebt den Menschen in unsern Zeiten einen ganz schwärmerischen Begriff davon, so man-

cher

cher aber stellt dieses große Wort für die Lücke, die in der Erfüllung seiner Pflichten ist; der wahre Bürger ist bereit, alles für sein Vaterland zu thun, was dessen Wohlseyn erheischet; ich bin jedem meiner Mitmenschen insonderheit verpflichtet, also sagt er, also um so mehr der ganzen Verbrüderung des Staates, wo alle Privatrechte zusammfliessen: wie das Kind sich gegen seinen Vater verhält, also der Bürger gegen den Monarchen, welcher den Staat beherrschet, des Vaterlandes Vater, den Geschäftsträger Gottes, er liebet ihn, und fürchtet ihn, ist fern von jenen abendteuerlichen Gesinnungen: es steh in der Bürger Gewalt, Staatssystem umzumodeln, und nach ihrer Willkühr denselben eine andere beliebte Form zu geben. Aber auch der Herrscher erkennt seine Pflicht gegen die Unterthanen: er ist kein Despot, des Vaterlandes Vater ist er, weis, daß alle die Menschen der grossen Familie, welche unter ihm als ihrem Haupte sind, seine Brüder seyen: nicht nach seiner Willkühr ordnet er die Gesetze, sondern in Ordnung der Gewalt, welche er von Gott über andere zu herrschen empfangen hat: dem allgemeinen Wohl opfert er sein eigenes auf, und leuchtet durch alle Handlungen mit dem beßten Beyspiele vor; erhabner als jeder Privatmann sucht er der Vollkommenheiten Gottes Ebenbild zu

am meisten hervor, denn er ordnet durch weise Gesetze Mittel zum Zweck, welcher die allgemeine Glückseligkeit seiner Staaten ist: darum ist er auch der strengste Handhaber der Gerechtigkeit, welcher das Laster straft, und die gute Thaten belohnet: er kann aber auch, wenn ein höherer Nutzen dabey erzielt wird, den Gebrechen der Menschen gerne vergeben, um durch ihre Besserung dem Staate neue nützlichere Glieder zu geben, nur des Herzens Bosheit ist er ein unversöhnlicher Verfolger: besonders aber kennt er, was dem Staate daran gelegen ist, daß die Religion befördert und geschützt werde; er sucht sie zu reinigen von der Schwärmerey, und einer Menge Nebendingen, welche nur vom Wesentlichen abziehen; aber er geduldet nicht, straft sie mit Strenge, welche aus der wichtigsten Pflicht aller Menschen nur so Spaß treiben, mit hinreißendem Aergernisse der Gemeinden die Jugend mit himmelschreyender Sünde verführen, besonders wird er dem Buchhandel Schranken setzen, daß sich's keiner herausnehme, seinen Eigennutz zu befördern, eine ganze Nation zu Grunde zu richten.

Das sind die Pflichten, welche jedem Menschen, welcher die Stimme seiner Vernunft hört, schon von der Natur gebothen werden: man wird leicht fassen, daß ohne die Befolgung dieser letztern Gebothe, welche

die

die Liebe des Nächsten sind, keine menschliche Gesellschaft glücklich seyn, ja nicht einmal bestehen könne: sehen wir aber einen Menschen, welcher zwar diese Pflichten beobachtet, aber die Pflichten gegen sich selbst vernachläßiget, so schadet er wenigstens mittelbar dem Staat, indem er durch diese Vernachläßigung zu einer Menge Dienstleistung gegen seinen Nebenmenschen ganz unfähig wird; lassen wir aber den Menschen die Pflicht gegen sich selbst und seinen Nebenmenschen auch sehr genau erfüllen: er glaubt aber an keinen Gott, an keinen Schöpfer, mit dessen Daseyn die Pflichten des Geschöpfes nothwendig verbunden sind, dann fehlt ihm der erste Grund der Verbindlichkeit aller Pflichten; über das, daß er wegen Mangel des Daseyns der Vollkommenheiten Gottes keine Richtschnur, kein Vorbild mehr hat, sich zu vervollkommneren: verrichtet er die sogenannte Pflichten nicht aus Nothwendigkeit, nur des Wohlstandes wegen; es ist aber ein sehr wesentlicher Unterschied, ob jemand eines höhern Gesetzes wegen seine Pflichten erfüllet, aus Ehrfurcht gegen einem höhern Wesen, oder bloß aus Wohlstand; dieser wird immer von seinem Eigennutze beherrschet, jener von einer höhern gesetzgebenden Kraft: alle guten Vorsätze des Menschen werden am Ende vermischt, vereitelt, umgewandt, wenn er die Stimme sei-

selbst der Nächste, und erkennet man keine höhere Macht, der man gehorchen, welche man fürchten muß, so werden alle Pflichten gegen seinen Mitmenschen schnell in Trümmer gehen, wenn sie mit des Ausübenden Eigennutz nicht mehr in Verbindung stehen: der Satz also, daß Gottesläugner unschädliche Glieder des Staates seyn können, ist der verderblichste von der Welt, oder wie läßt sich auf die Rechtschaffenheit solcher Menschen zählen, welche das Daseyn eines höchsten Gesetzgebers läugnen, welche mithin an keine wahre Pflicht glauben, da man so viel zu thun hat, auch die Menschen, welche Religion bekennen, weil sie ungeachtet der Ueberzeugung eines höchsten Rächers sich doch so oft von dem Eigennutz aus der wahren Bahn schleudern lassen, in Ordnung zu erhalten?

Ich glaub also: man darf weder großer Philosoph, noch ein Schriftgelehrter seyn, um leicht gegenwärtige Sätze zu fassen:

Vorausgesetzt, daß ein Gott sey, so haben wir gegen diesen Gott Pflichten zu beobachten, diese richten sich nach seinen Vollkommenheiten, aus diesen leuchtet Almacht und Güte, diesen sind untergeordnet tiefe Ehrfurcht, aus welcher der vollkommenste Gehorsam fließet, und Liebe; durch das erste bekennen wir unsern Schöpfer, durch das zweyte unsern Vater:

wir

wir sind seine Knecht, und zugleich seine Söhne.

Eben darum, weil wir Gott Pflichten schuldig sind, seine Vollkommenheiten in uns auszudrücken verbunden sind, haben wir Pflichten gegen uns selbst, und gegen den Nächsten zu beobachten: die Vollkommenheiten Gottes dienen uns wieder zum Muster.

Die Pflichten gegen uns selbst bestehen in der Erhaltung unsers Lebens, der Vervollkommnung des Zustandes unsers Körpers und der Seele. Die Pflicht gegen den Nebenmenschen in dessen Erhaltung, und seines Zustandes Vervollkommnung, nach dem Lehrsatze, welchen uns die Menschenliebe dictirt. Liebe deinen Nächsten, wie dich selbst: was du dir selbst thust, das thu auch deinem Bruder, und was du nicht gerne hast, das bürde auch nicht andern auf.

Gott ist unendlich weise, vorsichtig, gütig, gerecht, barmherzig: eben diese Vollkommenheiten, in so weit sie unsere Gränzen zu fassen vermögen, müssen wir in uns ausdrücken: und wir werden alle Pflichten gegen uns selbst und den Nebenmenschen genau erfüllen.

Aber

Aber ich will fortschreiten, und von dem natürlichen Gottesdienst insbesondere reden, und den Begriff, der mit dem Worte Religion bezeichnet ist, genauer entwickeln.

Von dem natürlichen Gottesdienste.

Wir haben die Religion, oder den Gottesdienst, überhaupt betrachtet, als den Inbegriff aller Pflichten; denn alle unsere Pflichten erfüllen, das heißt mit Wahrheit Gott dienen: nun wollen wir die Religion insbesonders betrachten, und die Begriffe zergliedern, welche nach dem allgemeinen Sinne mit dem Worte Gottesdienst verbunden sind; daher sagt man: der Heyd hat seine besondere Religion, der Türk hat seine besondere Religion, der Jude hat seine besondere Religion, der Christ hat seine besondere Religion, die natürliche Religion, die geoffenbarte Religion, oder welches Eines ist; diese sind lauter verschiedene Arten, Gott zu dienen. Der starke Geist, der Modephilosoph, hat keine Religion, weil er nicht die Nothwendigkeit einsiehet, Gott zu dienen. Ich muß also zuerst auf einen Einwurf der sogenannten Aufgeklärten antworten, welche die Religion von ihren Fenstern aus nur so als ein Spielwerk betrachten, und die armen Narren bedauern,

dauern, welche diese Sklavenketten trägt? Ist ein Gott, und also ein vollkommenstes, sich selbst genügsamstes Wesen: so bekümmert er sich nichts um diese Würmer, welche diesen kleinen Punkt der Welt bewohnen, wie unsere schnackigte Erd ist, er bedarf unsern Dienst nicht. Man sollte vermuthen, daß mit der Profession zum Orden der neuen Philosophen auch das Gelübd verbunden sey, die Vernunft abzulegen. Der Begriff eines Gottes schließt in sich alle Vollkommenheiten in unendlichem Grad ein, und also ist der Besitz seiner selbst schon seine unendliche Glückseligkeit, und eben so gewiß durch allen Dienst, welchen ihm die Geschöpfe leisten, wird der Genuß dieser Glückseligkeit um nichts erhöhet, weil er schon unendlich vollkommen ist, eben so wenig, als ihm durch die Schöpfung keine neue Vollkommenheit zukam: ein ewiges unendliches Wesen ist keiner Geschöpfe bedürftig. — Aber dennoch schuff er sie, und die Erschoffenen erhält er; da aber die Erhaltung, daß sie nicht wieder in ihr Nichts zerstäuben, ein beständiger Beystand Gottes ist, so werden die Herrn, welche sich so aufgeklärte Philosophen nennen, dennoch erlauben, daß auch nach der Schöpfung, durch die beständige Erhaltung nämlich, doch noch immer ein wechselseitiges Verhältniß zwischen dem Schöpfer, und den Geschöpfen herrsche: denn bekümmert

kümmert sich Gott nichts mehr um diese Unterwelt, so kann ich nicht begreifen, wie ihre Erhaltung noch fortwähre, welche eine wiederholte Schöpfung ist, denn Gottes Kraft muß die Geschöpf erhalten, wie selbe sie schuff, oder nimmt man dieß weg, so haben wir die Dauer der Geschöpf ganz ohne zureichendem Grunde, das ein ganz klarer Widerspruch ist.

Ist aber noch ein wechselseltiges Verhältniß zwischen dem Schöpfer und den Geschöpfen, oder vielmehr zwischen dem Erhalter, und den Erhaltenen, dann sorget Gott noch wirklich über die Würmer, welche den kleinen Punkt dieser Welt bewohnen, und es ist ganz falsch, daß er sich nichts mehr darum bekümmere, weil er das vollkommenste, sich selbst genügsamste Wesen ist. Sorget aber Gott noch wirklich für uns, so ist es Gotteslästerung, wenn wir ihm unsre Lieb, unsern Gehorsam abläugnen wollen, denn es waltet in der Erhaltung eben diese Grundursache, wie in der Schöpfung: sind wir aber Gott diese Pflichten schuldig, so kann es Gott nicht gleichgültig seyn, ob wir selbe erfüllen oder nicht, oder er ist nicht mehr das vollkommenste gerechte Wesen, welches will, daß jedem das Seinige gebühre. Doch, das ist das Elend des menschlichen Verstandes, wenn er zu stolz auf seine eigene Kräften es für
unwür-

unwürdig hält, sich gewissen Wahrheiten zu unterwerfen, die er nicht begreift: dann irrt er auch zum Beweis seiner Blindheit, und des Unvermögens im klarsten Licht, und das, welches sich auch vor der unausgebildeten Seele des rohen Landmannes entwickelt, verbirgt sich vor dem Selbstwisser. Aber wir wollen dem natürlichen Gottesdienste näher treten. Gleichwie kein Volk unter der Sonn ist, welches nicht ein höchstes Wesen erkennt, wie uns alle Reisebeschreibungen der bis itzt noch unbekanntesten Nationen beweisen, so ist auch kein Volk, welches nicht durch eine Art äußerlichen Gottesdienstes, von diesem will ich itzt reden, dieses allerhöchste Wesen anbethet; nur die Weise der Völker Gottesdienste sind verschieden. Doch, bevor ich die Arten der natürlichen äußerlichen Gottesdienste zergliedere, muß ich die Frage lösen: Ist denn ein äußerlicher Gottesdienst nöthig, oder ist der Wille des Herzens hinreichend? Schon der Gottesdienst überhaupt genommen, welcher in Beobachtung der Gesetze Gottes bestehet, wird wohl nicht ganz innerlich seyn können, weil er den Menschen verbindet, welcher aus einem Körper bestehet, der nothwendig äußerliche fühlbare Handlungen verrichten muß: also schon das Wesen der an das Gesetz verbundenen widerspricht einer bloß innern Beobachtung der Gesetze, besonders aber würde

dem

dem Nebenmenschen sehr wenig mit dem Heuchler gedient seyn, welcher Gottes Gesetz allein in seinem Herzen beobachten wollt, und ihm keine äußerliche Hilfe leisten. Doch, ich rede hier von dem Gottesdienst insbesonders, ob wir nämlich aus dem Zustande der blossen Natur schon verbunden seyen, unsere Lieb und Ehrfurcht gegen unsern Schöpfer und Vater auf eine äußerlich feyerliche Weise, dazu besondere Ceremonien gehören, an Tag zu geben? Allerdings, der Grund hiezu liegt in beeden Pflichten der Ehrfurcht und Liebe, welche wir Gott schuldig sind, beede erheischen einen besondern Eifer Gott zu dienen, folglich seine Ehre nach Möglichkeit zu befördern, zu verbreiten, dazu ist das geschickteste Mittel der äußerliche Gottesdienst, welcher mit gewissen Ceremonien, oder heiligen Gebräuchen, verbunden ist. Fürwahr, Gott scheint uns selbst hierinn ein Beyspiel gegeben zu haben, daß er einen so herrlichen Tempel der Allmacht mit allen dienenden Gestirnen an dieser Schöpfung und Welt vor unsere Augen gestellet hat, die Begriffe von seiner Hoheit deutlicher beyzubringen: besonders der gemeine Mann ist nicht aufgelegt, abgezogenen Begriffen nachzuhängen, das Sinnliche unterrichtet ihn schnell, reißt auch den Einfältigsten mit dem Gelehrtesten hin; es giebt kein Mittel, dem Volk ehrfurchtvolle Begriffe der Religion kräftiger beyzubringen,

O   als

als durch Errichtung der Tempel, und Einführung der heiligen Gebräuche: laßt einen Cicero kommen, und Demostenes, sie werden mit all ihrer Beredsamkeit gewiß bey dem gemeinen Volke weniger ausrichten, als die Baukünstler, welche den Tempel der Diana zu Ephesus bauten, und Numma Pompilius gethan hat, welcher ein besonderer Erfinder gottesdienstlicher Gebräuche gewesen: bey der besten Predigt gähnt der mehrere Theil der Zuhörer; aber wer wird der Majestät des vatikanischen Gottesdienstes widerstehen, vor dem auch die gereisten philosophischen Engländer noch immer gerührt zurückkehren. Wenn also unsere Aufklärer, welche sich so weit herablassen, uns armen Blindgebornen den Starren zu stechen, immer in krebsrothen Eifer gerathen, daß man so viele Summen an Gotteshäuser verschwende, und an den öffentlich gottesdienstlichen Pracht; daß man alles so einfach, als möglich, herstellen solle, weil doch die wahre Religion nur in der Wärme der Bruderliebe bestehet: so muß ich ihnen sagen, daß sie bey all ihrer Philosophie gar schlechte Herzenskenner seyen: selbst Vater Weishaupt, welcher sich für den General des Illuminatenordens in Baiern, der aber im Grunde nur ein Zweig der Voltairischen Sekt ist, ausgiebt, sagt in seinen Briefen, daß der Erfinder der Ceremonien der katholischen Religion kein schlechter Herzenskenner

war;

war; er wollte, wie wieder aus seinen Briefen erhellet, um dem gemeinen Volk ein Steckenpferd zu geben, in seinem Orden den persianischen Feyerdienst einführen, wiewohl ich sehr daran zweifle, ob dieser stolze Mann wohl Kopf genug gewesen wäre, der Einbildung der Zuschauer einen würdigen Schwung zu geben; wenigstens die in dem erlauchten Orden schon eingeführte Ceremonien waren sehr grosse Kindereyen. Wenn wir die älteste Geschichten durchblättern, so stehen die Wilden, welche Menschenfresser sind, mit den aufgeklärten Heyden, unter welchen die ersten und größten Philosophen lebten, in einerley Rang, die Art der äußerlichen Gottesdienste betreffend. Im Gegentheile, wenn nicht irgend sich ein philosophisches Fragment unter ihre Vorältern verirret hatte, begnügten sich jene meistens Sonn und Mond, und Sterne, Feuer und Wasser anzubethen, oder das, deren Pracht oder Schrecken am meisten Ehrfurcht unter ihnen erweckt; aber die aufgeklärten Heyden machten sich aus jedem Laster einen Götzen: die erlauchten Aegypter, von denen unsere Aufgeklärten die geheimen Wissenschaften, und den Stein der Weisheit ererbet zu haben sich rühmen, betheten Vögel, Hund und Katzen, Kuh und Kalb an: die weisen Chineser, von denen unsere starken Geister sonst mit so vieler Begeisterung reden, haben noch aus allen die dummsten

und abendteuerlichsten Götzen in ihren Pagoden. Was wollen wir erst von der Art des Gottesdienstes sagen? Die Opfer des Bachus wurden mit Trunkenheit gefeyert, durch Unzucht die Venus verehret, dem Saturnus und der Diana wurden Menschen geopfert; das alles geschah unter den weisen Griechen und Römern. Aus dem wird klar, daß die Philosophie das nicht vermochte, was die patriarchalische Einfalt in den goldnen Zeiten: selbst Voltaire, welcher sonst seinem Witz jeder Wahrheit aufopfert, und allen unsern Philosophen mit einem mexikanischen Priesterhorn Courag einblies auf die Bibel zu schimpfen, gesteht ein paarmal, daß ihn die ersten Bücher Moses sehr rühren. Doch diese Strahlenhelle, die sehen die Augen der scharfsichtigen Philosophen nicht klar, welche die Natur in ihrem einfachen Zustande verschmähen, und ihr Gesicht mit einer Menge Vergrößerungs- und Verkleinerungsgläser verderben. Liebe Leser! die abgeschmackteste Meynungen haben ihr Entstehen gewiß den Philosophen zu danken: der Grund aber liegt auch wirklich in der Umwälzung des Natursystems. Was einmal die Gränzen seiner Höh erreichet hat, das geht wieder abwärts; die blühendste Staaten sind nunmehr in ihrem Schutte begraben, und wo ehemals die Welt in Geschäften von allen Seiten zusammenfloß, schwimmen igt Fische: Nationen,

nen, von denen ehmals Geschmack und Kenntniß sich über den Erdball verbreiteten, sind izt die Zeugen einer ungewöhnlichen Dummheit: die Barbarey sizt izt auf dem Stuhle, wo ehmals die Aufklärung saß: und die Philosophi, weil sich selbe ihrem Stolz und Eigendünkel, und der Unbiegsamkeit überläßt, begeht mit der Quintessenz ihrer Weitheit immer die unbegreiflichste Thorheiten.

Der Verstand ist die herrlichste Gabe Gottes, er unterscheidet uns von den Thieren, ist das Licht, das uns aus der Finsterniß führt, die Richtschnur unserer Handlungen, der Probierstein des Guten und Bösen, der entscheidende Richter unsers Gewissens: allein, übermäßiger Gebrauch schadet in allem, was uns der Schöpfer zur Erreichung der Glückseligkeit vorgelegt hat; das beste Heilsmittel wird Gift, wenn selbes nicht in gehöriger Maß gebraucht wird. Auch kann sich keiner damit entschuldigen, daß er nicht wisse, wie weit sich des Verstandes Gränzen erstrecken: der Schöpfer würd hier sehr unweise gehandelt haben, wenn er uns diese nicht vorgezeichnet hätte. Die Vernunft, welche die Kraft ist, das zu überlegen, was der Verstand vorzeigt, giebe dann uns den Stillstand von weiterer Nachforschung zu erkennen, wenn hinreichende Ursachen einer Befriedigung da sind, sonst ein Satz heraus kömmt, welcher der Meynung der gesamten

ten vernünftigen Natur widerspricht: so widerspricht der Meynung aller Nationen, behaupten, es sey kein Gott; das, was wir Geist im Menschen nennen, sey nicht unsterblich; die allgemeine Gesellschaft der Menschen hielt es noch immer für wahr, nur sehr wenige, welche gegen dem großen Ganzen nicht zu rechnen sind, behaupten das Gegentheil. Woher entsprangen aber diese sonderbare Meynungen? Daraus, daß sie nicht verstehen konnten, wie ein vollkommenstes Wesen, das alle Vollkommenheiten im unendlich vollkommnen Grade besitz, in der Wirklichkeit sey; weil sie nicht fassen konnten, daß ein Wesen sey, das niemals einen Anfang gehabt hätte, darum läugneten sie endlich selbst das Daseyn eines Gottes, weil sie die Weise seines Daseyns nicht verstanden, bekennen aber dadurch ihre Thorheit, daß sie als endliche Wesen ein unendliches verstehen wollten. Was schafft wohl einige Sonderlinge zu Materialistem um? Sie können nicht begreifen, wie ein einfaches geistiges Wesen sich mit den aus Theilen bestehenden und ausgedehnten, wie die Materie des Körpers ist, verbinde, und darum sagen sie, es ist kein Geist, welcher in uns denkt, sondern die Materie des Körpers denkt, da aber diesen der Tod zerstört, so hört damit auch die Kraft zu denken auf. Kurz, es ist keine Abgeschmacktheit, welche nicht ihre Patronen findet, und das ziffern

die

die Herrn immer aus der allerfeinsten Philosophi heraus. Lernet, meine Leser! die Wißbegierd in Schranken zu halten: glaubet nicht, daß darum gewisse Wahrheiten nicht seyen, weil wir selbe nicht begreiffen können; können wir doch nicht einmal die alltäglichsten Sachen begreiffen, welche alle Augenblicke vor unsern Augen schweben, und von deren Daseyn uns nicht erst abgezogene Beweis überzeugen müssen. Brechet die nächste beste Blume, wo war denn der Philosoph, der uns ihr Wesen vollkommen zergliederte, dorinn nicht immer neue Entdeckungen in der Naturgeschichte beständig vorkommen? Nehm also jeder von der Philosophie so viel zu sich, als seinem Magen tauget, und er verdauen kann, und laß er sie, um gar zu gesund zu werden, nicht in Gift ausarten: die Gabe der Weisheit, welche aus dem Verstand, und der Vernunft entspringt, brauchet bescheiden, dann habt ihr einen vortreflichen Mitridat gegen alle die giftige Schwärmereyen, mit denen unsre teutsche Luft, leyder! angestecket ist, und die euch unheilbare Pestbeulen verursachen. Gott sagt: Ich bin der Herr, und allein beständig in meinen Wegen, auf diesen vertrauet, nicht auf den Eigendünkel der philosophischen Menschen, denen die Welt zu ihrer Strafe nicht zum guten Gebrauch, sondern zu ihrem Wortkramm, ihrem Disputiren überlassen worden.

Gott

Gott sagt: Ich bin der Herr, und mein Wort ist allein ewig und unwandelbar, wohl aber die Welt ist dem Disputiren der Menschen überlassen worden.

Laßt uns itzt einige Blick auf jene seligere Zeiten zurück heften, wo die Natur, noch durch keinen Götzendienst entweihet, ihrem Schöpfer opferte. Außer der Bibel haben wir kein Buch, darinn von diesem Alter ächte Spuren anzutreffen sind; theils vielleicht, weil außer den Büchern Mosis keine ältern vorzufinden sind, theils weil sie ganz mit dichterischen Fabeln der alten Aegyptier und Griechen vermischt sind, und ihnen schon überhaupt Würd und die Einfalt der Erzählungen mangelt. Zwar auch die Schrift meldet nicht umständlich genug von dem äußerlichen Gottesdienste der ersten Menschen, sie berühret nur leise diesen Umstand; doch läßt sich klar genug auf unsere Absicht schließen, wenn wir auch nur allein Abels und Kains Geschichte durchlesen. Die Haushaltung der ersten Menschen, in derer frischem Angedenken noch die sonderbare Gutthaten Gottes waren, welche die Neuerschaffenen beglückten, war das Bild jener sterblichen Seligkeit, welche auch nach dem Falle, wo schon Tod und Elend über der sündigen Erde herrschten, die Thaten der Redlichkeit belohnet. Die ernährende Arbeit war zwar schon des Menschen Loos, doch verkanntkannte die Natur ihre pflegenden Hände nicht, sie gab ihnen reichlichen Segen: auch damit waren die ersten Menschen zufrieden; sie genossen die Speise mit inniglichem Dank, ohne noch auf eine besondere widernatürliche Lüsternheit des Gaumes zu denken, der gesunden Nahrung ihre Einfalt zu rauben, und durch sonderbare Küchenkünste zu verderben den guten kochenden Magen; viel weniger vermuth ich, dachten sie das zu essen, aus dem sie selbst bestanden, das Fleisch der getödteten Thiere für den besten Leckerbissen anzusehen; sie löschten den Durst von der rinnenden Quelle, verschmächten wohl aber auch nicht den Herz erfreuenden Wein, den auch die Güte Gottes wachsen ließ, mißbrauchten aber nicht, nachdem sie genauer ihn kannten, seine stärkende Kraft. Ihre Kleidung war reinlich, nicht kostbar, noch üppig: sie diente ihnen zur Bequemlichkeit und Nothdurft, auch Schönheit, aber niemals zur Verschwendung; das Frauenvolk hatte sonder Zweifel schon dazumal Liebe zum Putz, denn diese ist ihnen doch angeboren: aber sie geriethen auf keine Thorheiten, sich durch den Anzug ihre Bildung zu verderben; das, was ihrem Wuchs und Gesichte gut stand, war bey jeder die herrschende Mode. Von Königen wußte damal die Erde nichts. Der Verstand der ersten Menschen hat auch nicht gleich des schimmernden Goldes Minen erblickt, oder sie

freuten

ten sich des strahlenden Glanzes, aber sie kannten das verderbliche Metall nicht, das itzt so manchem Vernünftigen die Augen blendet, Krieg und Hunger erwecket die Menschheit niederzuwürgen, das die gröste Plage aller Zeitalter ward. Viel weniger wußten sie damals das Eisen zu Waffen zu stählen, sie krümmten es nur zur Sichel, und zur Schaare des Pfluges. Jeder Hausvater war Fürst seiner Famili, und auch Priester zugleich: dem höchsten Herrscher Opfer zu bringen, war der erste gottesdienstliche Gebrauch, davon überzeugt uns die älteste Geschichte: der Pracht der Tempel erstand in späteren Zeiten, aber sie errichteten Gott gefällige Altär an abgesönderten Orten, welche ihnen statt der Tempel dienten, und weihten selbe mit Gebethen voll Unschuld ein. Der Feyerlichkeit willen, und der Weihe, daß dieser Ort Gott heilig sey, werden sie selben mit wohlriechenden Gebüschen umzäunet haben, darinn in Reihen Frucht tragende Bäume gepflanzet, umschattet von Myrten oder Lorbeer stand auf Stuffen der Altar im heiligen Dunkel. Wenn die wohlthätige Sonne sich aus dem Meer, oder über die Gebirgspitzen erhob, und bereift von fruchtbarem Thau die Erd entgegen glänzte, dann traten die Hausväter in der Kron ihrer blühenden Kinder aus ihrer friedsamen Hütt, und vor sie zur Arbeit sich schickten, wandelten sie zu ihren

Altären, dem Allmächtigen und Gütigen Gebethe des Dankes, und um neuen Segen, zu entrichten. Sie fachten vermuthlich aus einem Büschel wohlriechenden Holzes eine Flamm an, der Hausvater streute Weihrauch darein, und sie warfen sich rings um den Altar auf ihr Angesicht nieder: mit den Wolken des Weihrauchs stieg zum Himmel ihr Gebeth. Außer dem Rauchwerk mag wohl jedes öfters nach seiner Andacht oder Nothdurft eine besondere Gabe zum Altar gebracht haben, je nachdem eine Arbeit sie beschäftigte. So manches fromme Mädchen, welches die wohlriechende Blumen des Gartens pflegte, wird öfters die schönsten, die auserlesensten gepflücket, sie in zierliche Kränze geflochten, und zum Opfergeschenk dargebracht haben: eine andere hatte die Sorge, Gartengewächse zur Nahrung zu ziehen, die untadelhaftesten wird sie gesondert haben, selbe in reinlichen Körben ihrem Schöpfer zu widmen. Ein munterer Jüngling war auf der Weide der Hirt, ihm folgten wollichte Schafe, und milchweiße Ziegen, er zählt aus den besten so manches jugendliche Lamm, und trug hin die süße Bürde zu dem Altar, und brachte es dem Allerhöchsten zum Opfer. Nicht zwar vermuth ich, daß die erste Menschen durch Vergießung des Bluts der unschuldigen Thiere Gott zu gefallen suchten, denn die Vernunft findet keinen Zusammenhang

zwischen

zwischen einem Gott gefälligen Opfer, und
der Zerstörung seiner lebenden Geschöpf, auch
geht es dem Gefühlvollen gewiß nah ans
Herz, die armen Thiere zu würgen: den
blutigen Gebrauch zu opfern halt ich für eine
Erfindung späterer Zeiten, wo der Dienst der
Götzen empor kam; und wenn schon die
Schrift sagt: Abel habe von den Erstlingen
seiner Heerd, und deren Fett dem Herrn ge=
opfert, so mag das wohl von den besten
Erstlingen zu verstehen seyn, nicht, als wenn
er seinen geliebten Lämmern den Tod gab,
und das um so weniger, als diese erste Haus=
haltung ein ungewöhnliches Entsetzen bey
dem Gedanken des Todes, dessen sie viel=
leicht kaum ein und anderes Beyspiel sahen,
ergriff: lassen wir seine friedsamen Hände
noch nicht vom Blute triefen, der unschul=
dige Jüngling erscheint uns in viel liebens=
würdigern Zügen. Junge Männer von star=
ken Muskeln bauten im Angesichte der sen=
genden Sonne das Feld, diese nahmen von
ihren Früchten, mit ihrem Schweiße befeuch=
tet, und legten sie ebenfalls auf den Altar.
Werden nicht schon Kinder, bey denen sich
die ersten gottesdienstlichen Begriff entwickel=
ten, von dem Beyspiel ihrer ältern Geschwi=
strig und Hausgenossen gereizt, auch einige
Opfer der Unschuld gebracht haben? Sie
freuten ein Paar girrende Tauben: im Bauer

einen zitronenfarben Zeisig, das war ihr Liebstes, und darum opferten sie selbes dem Herrn, und sahen es ferner nicht mehr als ihr Eigenthum an; sie gaben diesen kleinen Sklaven die Freyheit. Der Witz der ersten Menschen, deren die noch so ziemlich unverdorben beysammen wohnten, gab ihren gottesdienstlichen Handlungen ohne Zweifel einen ganz besondern Schwung, sie wußten seine Würde durch neue Erfindungen wunderbar zu erhöhen, auch dann noch, bevor kostbare Tempel entstanden; die Lieb ist sinnreich, und von dieser waren gewiß die ersten Menschen durchdrungen. Man darf glauben, daß sie über die gewöhnlichen Opfer noch besondere Tage werden beobachtet haben, welche sie durch besondere Feyerlichkeiten zu verewigen suchten: sie feyerten vielleicht an einem gewissen Tage das Angedenken der Schöpfung, das war wohl das feyerlichste aus allen; sie begiengen das Fest des Neuen Jahres, oder wenn die Sonne nach vollenderetem Laufe selben wieder von Neuem begann, das wußten sie aus Erfahrung, und sie brauchten hiezu keine gelehrte Sternkunde; sie werden wohl ein Dankopfer entrichtet haben, wenn sie die Früchten der Gärten und Felder in ihre Scheuern brachten; sie werden Bittage bestimmt haben, daß ihnen Gott durch Gewitter verschone, denn diese verursachten vermuthlich ihnen damals das größte Schreken; sie werden Preistage festgesetzt haben, den Herrn der Allmacht zu loben; sie werden in anderen sich vor ihrem Richter gemüthiget haben, daß er ihnen ihre Laßigkeit, ihre Verbrechen verzeihe; und dem ungeachtet, wenn sie auch mehrere solche Tag aus dem Jahre zum Dienste des Herrn gehoben werden sie darum nicht geglaubt haben, es entschleich ihnen die Zeit zur nothwendigen Arbeit, sie verschwenden diese Tage, welche ganz frey von Geschäften waren; sie mußten wohl, daß die Arbeit, und die Behandlung der Geschäfte darum eben nicht glücklicher sey, wenn man Gott jede Stunde vorrechnet, welche die Kargheit der geizigen Menschen empört: derjenige, welcher bethet, und arbeitet, und sich auch ergötzet, thut alles mit Ziel und Maß, wird gewiß weiter in seinen Geschäften vorfahren, als welcher mit an das Zeitliche ganz geheftetem Herze Verstand und Sinn immer zappelt, sich durch die Güter der Erd eine bequeme Ruhe zu verschaffen, in ewigem Kriege mit seinen Geschäften verwickelt. Glaublich, daß die Menschen schon früh Instrumente der Tonkunst erfanden, dazu sangen sie Lieder; werden sie nicht auch bald gottesdienstliche Melodien erfunden haben, sie mit dem Schmelz süftönender Flöten begleitet, oder mit majestätischem Klange gebogener Instrumente? Ich zweifl auch nicht, daß die

Opfern-

Opfernden sich durch besondere, vielleicht des Anstandes wegen, fließende Gewand unterschieben, oder sonst durch eigene Zeichen, das die Würde der gottesdienstlichen Handlungen in den Augen der Zuschauer erhöhte.

Wie lang so ein reiner Gottesdienst mag fortgewähret haben, haben uns bestimmte keine Schriften hinterlassen; doch wie sich die Laster auf Erde vermehrten, so wurd auch immer trüber die Vernunft, wie sie sich auch mit Weisheit brüstete: die Aegyptier erhielten sich bald unter den Völkern der Erd einen Namen, daß sie an Weisheit um vieles voranschritten, selbst Griechenland schickte seine Schüler nach Babilon, und erhielt sie als die grösste Weltweisen zurück; und dennoch war der Aberglauben und Götzendienst in beeden Erdstrichen bis zum Abendteuerlichen gestiegen, die eckelhaftesten Götzen hat die Welt Aegypten zu danken, die unverschämtesten den Griechen, jedem auch unstubirten ein handgreifliches Beyspiel, daß die Religionssysteme, welche ein stolzer Verstand zusammendenkt, dem nicht ein tugendhaftes Herz höhere Bestrahlung verdient, eben darum ganz unbegreifliche Thorheiten sind: die gröbste Dummheit wurd am Nil und in Athen eben auch keine schlechtern Dienst in der Religion geleistet haben, als die Philosophia. Indessen kam dennoch ein gewisser

wißer allgemeiner Sinn der Menschen, derjenigen sowohl, welche Gott mit reinem Herzen, als deren, welche den Götzen dienten, darinn vollkommen übereins, daß sie äußerliche Gottesdienste verrichteten: keine Nation, auch in den spätesten Zeiten, blieb bloß bey abgezogenen Begriffen stehen. Doch, vor wir noch bestimmter die natürliche Religion zergliedern, muß ich in einem Zwischenraume, nachdem wir den Verstand, und die Vernunft zu Rath gezogen haben, itzt auch etwas von dem Verderbniße des menschlichen Herzens sagen.

Unsere schönen und starken Geister werden herzlich über meinen Satz lachen, als wenn das Ding, was wir Verderbniß des menschlichen Herzens nennen, nicht ohnedem schon in der Natur läge. Doch, dem ungeachtet schäm ich mich gar nicht, hierüber eine ernsthafte Betrachtung anzustellen: und ich denke, derjenige, welcher mit unbefangenem Verstande dieses liest, werde mich deßwegen nicht in die Reihe der Fantasten setzen. Wir haben ein natürliches Gesetz, und das ist wirklich auf unsere Herzen geschrieben, das innerste Bewußtseyn einer gesetzwidrigen oder guten Handlung, das die Bigotten, wie jene Herrn sich auszudrücken belieben, Gewissen nennen, nach ihren Grundsätzen aber weiter nichts, als ein Erziehungsposten ist, überzeugt gemgt jeden darüber. Der Mensch kann zwar, durch eine beständige Fertigkeit sich in jedem Laster zu üben, so weit kommen, daß die Stimme seines Gewissens nicht mehr donnert; der Sünder hört öfters nur noch ihr Echo, sie verlieret sich dann in einen dumpfen Hall, schweigt zu des Verbrechers größten Straf öfters ganz: doch ruft sie nach einem Zeitraume wieder über Gebirg und Thäler vernehmlich hinüber, und schreckt ihm von der Seite die Ruhe weg. Daß dieses Wahrheit sey, ruf ich die Erfahrung aller Menschen zum Zeugen, die wildesten Völker waren niemals von den Bissen des Gewissens frey. Durch das menschliche Herz versteht man sittlicher Weise den Willen des Menschen: der Verstand ist sein Führer, und leuchtet ihm mit der Fackel voran; durch den Verstand erkennen wir das, was wesentlich gut, und wesentlich bös ist: der Wille lenkt sich zwar allemal nach dem Guten, und scheucht das Böse; doch hängt er sehr oft dem wahren Bösen nach, das unter der Larve des Guten erscheint, widersteht dem wahren Guten, das ihm unter der Gestalt des Bösen vorkömmt: oder welches Eines ist, wählet sehr oft anstatt des wahren Guten das Scheingut, hasset statt des wahren Uebels das Scheinübel, ungeachtet daß der Verstand dem Wählenden vor die Augen stellt, daß jenes, das er zu wählen im Begriff ist, kein wahres Gut, sondern

R wahres

wahres Uebel sey, und jenes, was er verwirft, kein wahres Uebel, sondern Scheinübel sey. Ein Beyspiel wird es deutlicher erklären.

Man stelle sich einen Kranken vor, dem die Aerzt ankünden, eine sehr schmerzhafte Verstümmlung an seinem Körper zu leiden, ohne welcher er ganz sicher sterben werde: es fodert wahren Heldenmuth, sich zum ersten zu entschließen. Indessen haben wir keinen Weltweisen nöthig, jemand zu beweisen, daß die Erlangung einer vollkommnen Gesundheit ein weit höheres Gut sey, als das Freyseyn von einem auch sehr heftigen Schmerzen, welcher aber eine kurze Zeit dauert. Setzen wir nun in diese Lag einen Weichling, welcher, sein ganzes Leben der Gemächlichkeit gewohnt, über den Stich einer Nadel schon mit tief geholten Seufzern ächzen kann. Der Verstand wird zwar diesem Menschen eben so getreu die Güte der Sache vorstellen, wie dem Heldenmüthigen: der Wohllüstling wird eben sowohl erkennen, daß die vollkomme Herstellung der Gesundheit diesem kurzen Schmerzen weit vorwiege, dennoch kann er sich nicht entschließen, das in den Brand übergehende Glied, wärs auch nur sein kleiner Finger, wegstümmeln zu lassen: seine ganze Natur empört sich gegen den eingebildeten Schmerzen, er sagt: Ich will nicht.

Setzen

Setzen wir ein eigensinniges Frauenzimmer: ihre Natur hat schon sehr gelitten, die Aerzte verbiethen ihr jede starke Erhitzung, besonders den sogenannten teutschen Tanz: sie findet sich in einer Gelegenheit; allein die Kraft der Violine wirket so stark, daß sie, ohnerachtet des Verbothes der Aerzte, sich nicht von der Raserey dieses Tanzes enthält: ihr Verstand legt ihrer Seele zwar alle die Schwierigkeiten vor, sie denkt gar wohl an das Geboth der Aerzte, sie erinnert sich der Todesgefahr, in welcher sie jüngsthin war; allein ihre Sinnen überschreyen den Verstand, sie trillt wieder mit einem Narren herum. Beede diese Personen erwählen nun gegen die ganz klar und deutliche Vorstellung des Verstandes das Scheingut, oder unter der Gestalt des Guten wahres Uebel.

Haben wir nicht Ursach, alle Menschen, unsern elenden betrübten Zustand zu beweinen; ungeachtet, daß mit so heller Fackel der Verstand uns vorleuchtet, die Sinne beständig seinem Licht entgegen hauchen, und selbes trüben, daß es nicht so hell umher leucht; ungeachtet, daß wir den Werth der Tugend wohl erkennen, die Seligkeit der Ruhe des Gewissens, die Zufriedenheit, die aus rechtmäßigen Handlungen entspringt, das Frohseyn, wenn man das Laster überwunden hat, so lenkt sich unser Herz doch immer eher zum Bösen, und überwindet den Verstand; und noch zum Ueberfluß: dieses beweisen gerade die Weisesten; welche den hellesten Verstand von dem Schöpfer erhalten haben, erniedriget am meisten das thierische Begehrungsvermögen, sie begehen gemeiniglich weit mehr Schwachheiten, auch öfters Thorheiten, als diejenigen, welche mit Herzenskenntniß und Philosophie bey weitem nicht so vertraut sind. Es läßt sich also nicht läugnen, daß unser Herz sehr verdorben ist, und immer gegen die gute Sache des Verstandes kämpft, und gewöhnlich sieget; die Stimme der Sinnen überschreyen gemeiniglich alle Vorstellungen des Verstandes, und wir lassen ungeachtet alles Bewußtseyns, daß wir dadurch Glückseligkeit, und die wahre Ruhe, welche nur ein reines Gewissen gewährt, verlieren, uns von ihnen fesseln. Ich hoffe, man fodere dieses meines Satzes keine stärkeren Beweise mehr: wir wissen es aus der ununterbrochenen Erfahrung der Geschichten aller Zeiten; jeder aber wird insbesonders den deutlichsten Beweis in seinem Herzen lesen, und um so deutlicher, als er mit Kenntnissen wahrer Aufklärung ausgerüstet ist.

Woher entspringt nun diese Unordnung, in welcher unaufhörlich der Verstand, und des Menschen Herz verwickelt sind? Sagen wir: von der Natur! wer hat die Natur gemacht?

gemacht? Gott; also entspringt diese Unordnung von Gott; und doch alles, was Gott gemacht hat, ist gut. Sagt uns hier nicht der Verstand, wir haben nicht nöthig die Bibel gelesen zu haben, es ist ganz unwahrscheinlich, daß mit so vielem Fehlern behaftet die Natur aus Gottes Hand kam, es sey etwas in ihr vorgegangen, dadurch sie ihre erste ursprüngliche Vollkommenheit verloren hat. Ich will noch nichts sagen von dem Elende der Krankheiten, das uns martert: von den Bedürfnissen des Lebens, welche so manchem Tugendhaften mangeln, welcher oft in einer Einöde den Hungertod findet, den die Flamme verzehrt, welchem Wasser, oder Frost, oder Erdbeben sein Leben nehmen: nichts von den Mördern unsers Lebens; von dem kleinsten Ungeziefer bis zum königlichen Adler lauert jedes Thier auf des andern Leben: von sittlich- und wirklichen Menschenfressern; es finden sich Menschen, welche ihre Brüder braten, und ihr Fleisch bey ihren Taseln als den besten Leckerbissen verzehren: es giebt Menschen, welche ganze Familien, Städt und Länder, bloß ihren Stolz zu befriedigen, oder den Eigennutz, oder ihre Lust, in die elendeste Lage versetzen; nichts will ich sagen von den Schrecken des Krieges, vom beständigen Blutvergießen der Menschen unter einander, von ansteckenden Seuchen, dem Tod in den verschiedensten Gestalten, welcher

cher, ohne es auf der Schale der Gerechtigkeit erst abzuwägen, alle Menschen ohne Unterschied, den Sünder mit dem Tugendhaften, ohne Barmherzigkeit alle niederwürget; doch auch öfter den Lasterhaften, schneller, unvermutheter, mit augenblicklicheren wenigeren Schmerzen in die allgemeine Grube stürzet, den Tugendbeflissenen hingegen mit den ausgesuchtesten Qualen martert: die alltägliche Erfahrung überzeuget jedermann. Nun, wie verhält sich aber das alles mit Gottes unendlicher Güte, mit der Vollkommenheit seiner Werke? — Und doch giebt es Leute, sie legen sich die stolzen Namen bey; der Aufgeklärten, der Beleuchteten, der Tiefeinsehenden, welche über den Begriff von dieser Verderbniß, das wir Altgläubige nach dem biblischen Ausdrucke die Erbsünde nennen, auf dessen Spuren aller Widersetzlichkeit ungeachtet uns doch die Vernunft weiset, uns gar sehr bemitleiden, sich aber mit diesem trösten, sie sterben den Hundstod: das heißt so viel: Bruder, entschädige dich in diesem Leben, so gut du kannst; zu hoffen und zu fürchten hast du dann nichts mehr, wenn du krepiret bist.

Doch lassen wir unsern Geist ausruhen, welchen die Schärfe des Nachdenkens ermüdet, und das Angedenken der Sterblichkeit ohne Hofnung des Wiedererwachens und

Auf-

Auferſtehens verwirret. Das, was ich da in dieſem Kapitel geſagt habe, werden meine Leſer, denen die Wahrheit lieb iſt, und ſelbe zu unterſuchen der Mühe werth halten, öfters zur bequemern Zeit wiederholen, und darüber ihre Betrachtungen anſtellen: ich zweifle nicht, ſie werden ſich davon durch eigene Prüfung überzeugen. — Izt will ich ſie auf die blumigte Fluren Aegyptens führen, und ihnen den Knaben Jeſus zeigen.

Jeſus in der Sonnenſtadt.

Dort, der ſtolzen Babilon gegenüber, wo aus den Wüſten Thebaidis mit Meilen breitem Strom der Nil ſich wälzt, und über eine ſchwindelnde Gähe der Felſen mit weit vernehmlichem Donner hinabſtürzt; ganz nah am gefahrvollen Ufer, wo die fürchterliche Crocodillen auf lebende Beute lauern, erbauten ſchon Aegyptens Urväter eine prächtige Stadt, welche ſie der Sonne weihten, und nannten ſelbe ihr zu Ehren Heliopolis, das iſt, die Sonnenſtadt.

Mit den Schulen der Weisheit, mit welcher ſchon frühe Memphis, Babilon hieß ſie in ſpätern Zeiten, ſich pralend emporhob, breiteten ſich verhältnißmäßig dort auch die Laſter aus: von entfernten Geſtaden ſchifften die

die Menschen herüber, um Sophen, nämlich Weise zu werden, und kehrten mit pestilenzischer Seuche der Sitten dann wieder in ihr Vaterland zurück. Man sprach damals in allen bekannten Weltgegenden von den ägyptischen Magiern, auch so nannten sich ihre Weisen; man schrieb ihnen die Kraft zu, Wunder zu wirken, denn sie wußten durch geheime Künste das Volk in Erstaunen zu setzen, welches nicht so genau der Natur verborgene Geheimnisse kannte, darum auch ihre Machtsprüch als der Götter Orakel allgemein anerkannt wurden: sie hatten aber sonderbare geheime Lehren unter sich, welche sie einander durch eine gleichfalls geheime Schrift mittheilten, die man Hieroeliphen nannte; eine besondere Weise, Lehren, welche das Licht scheuchten, und ausser einigen wenigen Betrügern der ganzen Welt sollten verborgen verbleiben, auf die Nachwelt zu bringen, denn ausser dem Mittel der Sophen konnte so eine Schrift von niemand gelesen werden. Statt der Buchstaben bedienten sie sich verschiedener willkürlicher Figuren, darunter vielfältig die Bilder der Thiere, der Vögel besonders, vorkamen. In getupften Granite, oder Porphir liessen sie dann diese Schriften hauen, auch öfters giessen in ewiges Erz: die Denkmäler aus Stein waren meistens zum Himmel steigende Piramiden, welche das Volk mit Erstaunen und Ehrfurcht beschaut, und schlagend an seine Brust

Brust, daß solche Göttlichkeiten die Weisen erfanden, schauervoll vorübergieng. Die Kaiser der alten Römer, welche mit ihren siegreichen Waffen bis in die Tiefe des Orients drangen, bemächtigten sich nicht selten solcher Denkmäler; nicht aus Liebe zur Weisheit, sondern ihrem Stolz zu errichten ein Denkmal, befahlen sie diese geheimnißreiche Säulen zu stürzen, damit zu belasten ihre geräumigen Schiffe, und nach der Stadt der Welt über die grüne Wellen zu führen. Die Nachkömmlinge nach Tausenden der Jahre sehen sie itzt noch über der Höhe der sieben Hügel stehen, auf dem vaticanischen Berg und dem Esquilischen, im Lateran, und bey der flaminischen Porte.

Die menschliche Weisheit und der Götzendienst waren immer die vertrautesten Freunde. Memphis dann, die Aegyptens Städte an Weisheit alle weit übertraf, thats selben auch in der Thorheit hervor, Holz und Stein und Metall anzubethen. Nicht nur alle Gattungen Thiere, die verächtlichsten Mücken nicht ausgenommen, auch Zwiebel und Knoblauch wurden von ihnen zur Gottheit erhoben; vor diesen warfen sich dann die Sophen auf ihr Angesicht nieder, bathen um Beystand und Schuz Gemüs und Pflanzen, was der feine gefräßige Zahn des kleinsten Ungeziefers verzehrt, und in Nichts zu verwandeln von

den

dem die Vollmacht hat, welcher zur Strafe die Weisheit der Menschen, wenn sie duldet, der Thorheit zu züchtigen überläßt, wenn sie vom Stolze geblendet und Eigendünkel, die Elende, den Herrn des Himmels und der Erde mißkennen. Um wie viel weit geringer war an menschlichem Ansehen der Weisheit Heliopolis: die Magier zu Memphis blickten nur über die zuckende Schulter auf die Lehrer und Vorsteher des Volkes da unten; so wie etwann schneeweiß gepuderte Magnificenzen in Doctorstrümpfen einer hohen Universität, welche sich den Ruhm erposaunte, daß sie den delphischen Dreyfuß besitzen, auf Lyceisten hinabsehen. Allein die verachtete Nachbarinn hatt einen weit edleren Stolz, als manche unserer Academien, welche von dem erworbenen Lärm einer höheren beben, daß sie nicht das Gericht der Recensenten ergreife, welche immer schwingend die pfeifende Rüschen, wie die Knaben der Reitschul, auf alles loshauen, was ihnen, weil sie immer in Gedanken gallopiren, im Wege stehet: sie achteten wenig des Kopfherumwerfens der Magier, und des Flugs ihrer langen Aermeln, welche der geduldigen Luft Unwille verursachten: noch der hohen trotzigen Augenbraunen, welche so schlechtweg Unterwerfung geboten; sie hatten ein Gesetz von ihren Vätern ererbt, das schien ihnen gut und gerecht, ihnen waren, um selbes zu verstehen, die Hiero-

elyphen

egypten nicht nöthig, und aller Demonstrationen ungeachtet, und des gelehrten Geschnaters, mit denen sie Memphis bestürmte, blieben sie der Uebergabe getreu, welche sie so niedrig zu denken nicht lernte, daß sie dem menschlichen Ansehen zum Opfer auch ihre Religion hingäben. Es waren einige Nachkommen aus dem Stamme Seth, des frommen Noachiden, welchen diese liebliche Gegend gefiel, sie bauten sich Hütten, dann Mauern und Thürme, und es entstand eine prächtige Stadt, so wie sich die Friedliebende vermehrten. Zwar durch lange Reihen der Nachkömmlinge, welche zahlreich nach Norahams Segen sich folgten, hatte sich von der ersten Einfalt, Gott zu dienen, vieles verloren: die Diener der Götzen, welche ringsumher ihren todten Klößen räucherten, waren ein zu verführendes Beyspiel, als daß die Gemeinde dieser Frommen unbemackelt blieb: auch sie neigten sich endlich zum Bilderdienst, welcher aber durch diese Lauterkeit der Begriffe sehr gereiniget war. Das Bild der Sonne hat aus allen Geschöpfen ihnen ohne Zweifel den größten Eindruck verursachet, das mit so anschaulicher Pracht am Firmamente den Gesichtskreis heraufsteigt, welcher Pracht auf der Erde nichts gleich kömmt, wie auch sich alle Künste müde gearbeitet haben, etwas Aehnliches hervorzubringen: vor dessen strahlendem Antlitz jede Finsterniß weiche,

durch

durch ihre Wärme die Leben bringenden Säfte in den Adern der Erde circuliren, darum sein Wachsthum das grünende Kraut, empfindsame Sinne das Thier erhält, der brennende Durst die fließende Quelle findet, Speis'und Nahrung die verlangende Eßbegierd: ohne dessen Kraft die Natur bloß todter Klumpen wäre, durch die aber nun unaufhörlich ihr der Puls schlägt: sie diese strahlende Königinn am blauen Himmel, welcher alle Gestirne dienen, von ihrem Urlicht alle Planeten ihre Beleuchtung empfangen: durch dessen anziehende Kraft die Dünste der Erde majestätisch in Wolken emporsteigen, durch ihren mächtigen Einfluß auf das Gleichgewicht der blasenden Winde sich in weiten Kreisen herumwälzen; ihre von sich stoßende Kraft aber schleudert die Blitze, die sie im Donnerwetter bereitet, von sich und den schmetternden Hagel, erquicket aber dann auch die Erde mit des fruchtbaren Regens rauschendem Segen wieder. Sie betrachteten ohne Zweifel die Sonn als den Spiegel der Gottheit, darinn dem Menschen am sichtbarsten seine Allmacht und herrliches Wesen erscheint. Sie verehrten also die Sonn aus einem sehr vergeblichen Irrthum, empfahlen die Stadt ihrem mächtigen Schutz, und bauten einen Tempel, welcher weit und breit berühmt wurde. Merkwürdig war an seiner Bauart das goldene Dach in eine weite Kuppel gebogen, selbes gab das Antlitz

der

der Sonne, nach allen Seiten blendend, von sich, wie sie vom Aufgange des Tages ihren Weg vollbrachte bis zum Niedergang: die Stunden waren darauf mit gefärbtem Glas eingeschmolzen, von gewaltigen Fernen auf den Gefilden schon sichtbar, welche um die Stadt her lagen: vor jeder Ziffer der Stunde, welche ägyptisch geschrieben waren, stand erhaben ein Obelisk, der warf hinunter den Schatten, die Ziffer hinunter, und bemerkte die Stunden des Tages. Reste dieser Seltenheit standen noch zu den Zeiten der Römer. Der Geiz des Cäsars bestimmte den Schatz dem capitolinischen Jupiter, selbem von dieser Eroberung Aegyptens einen Thron zu bauen: Wie viel Herzen des Volks werd ich durch diesen gottesdienstlichen Vorwand erobern, so dachte der schlaue Despot, und freute sich schon; allein der Senat berief ihn zurück wieder nach den sieben Hügeln, noch vor er den Sonnentempel geplündert hatte. Antonius entkleidet ihn erst, seiner Verschwendung Unkosten zu bestreiten: dieß Gold wurde verbraucht zu dem herrlichen Triumphgerüst, welches die Eitelkeit auf dem Marktplatze zu Alexandrien errichtete, wo Cleopatra ihn zum König in Aegypten erklärte, der thörichte Feldherr hingegen an sie in vielen Königreichen der Römer Eigenthum verschenkte.

Aber

Aber ich gehe zurück auf edlere Zeiten. Schon die Geschichte der Patriarchen hinterließ uns von dieser merkwürdigen Stadt sehr glänzende Züge: der erhöchte Joseph im Hause des Pharao nahm von dort eines Priesters Tochter zur Gemahlinn, die ihm Ephraim und Manaße gebar; der edle Jüngling aber würde nach seiner Väter Beyspiel, welche sich mit den Töchtern Chanaans nit befleckten, keine Göbgendienerinn zu seines Lebens Gefährtinn gewählet haben, Putifar war ein Priester des allmächtigen Gottes, zwar von keiner Offenbarung erleuchtet, aber er opfert zu Heliopel für sein Volk gemäß dem natürlichen Gesetze: Ascenet wußte zwar nichts von Abrahams Segen, und dem Vorrechte der Abrahamiden: aber sie bethete mit keuschem Herzen zu dem Schöpfer der Sonn, auf deren Altar sie oft mit ihren Gespielinnen wohlriechende Gaben hinlegte: verdiente dadurch dem Geschlecht, aus welchem der Meßias entsprang, beygesellet zu werden, die Stifterinn von zween Zünften, des segenreichen Josephs Gattinn zu werden, welcher allen nachfolgenden Zeiten ein Beyspiel der Unschuld, der Tugend, der Gerechtigkeit, des brüderlichen Erbarmens aufgestellt war, gewührdiget ein Vorbild Jesus Christus zu seyn.

Viele der Tugendhaften versammelten sich also beständig inner den Mauern dieser Stadt, welche

welche des ägyptischen Götzendienstes Gräuel wohl einsahen, und bekannten sich zu einer Religion, welche nach Moses Gesetz auf Erden die heiligste war: selbst die Juden sahen sie als ein Zufluchtsort an, wenn sie zu Jerusalem ihren Tempel in Flammen, oder in Empörungen sahen. Das letztere veranlaßte den frommen Hohenpriester Onias, daß er von der Aegyptier Könige Ptolomäus die Erlaubniß ersteht, hier in dieser Stadt nach dem Vorbilde des Jerosolimitanischen einen Tempel Israels Gott zu bauen, dorthin dann alle die Juden zogen, welchen das regiersüchtige Priesterthum der heiligen Stadt Sklavenketten anzuschlagen beschloß, daß desto sicherer auf dem Nacken, der Gutgesinnten für ihr Gesetz und Vaterland, ihr stolzer Fuß einhergienge. Eben zu diesen Zeiten, als der Welt das Licht der göttlichen Gnaden in Jesus erschien, stand zu Heliopolis in seiner ganzen Glorie der Tempel, um selben wohnten viele tausend der Juden dort in Sicherheit, wo sie das bluttriefende Schwert Herodes nicht mehr erreichen konnte. Der Priesterdienst wurd auch, wie zu Salem, pünktlicher noch, gewiß aber aus reineren Absichten, gepflogen, die Juden genossen hier die vollkommne Freyheit, nach dem Gesetz ihrer Väter zu leben, und in eben dem Land, anbethungswürdige Vorsicht! dem zu opfern, der Aegypten, wo Israel Sklave war, mit sieben erschrecklichen

Plagen

Plagen einst schlug, sie durch die Hand mächtiger Wunder herausführte.

O ihr Engel, die ihr Nazarets Hütten umschwebtet, die Begleiter des hohen Meßias vom Jordan bis zum Nil waret, itzt in Aegyptus euch freuet, daß auch Israels Verheissung sich nach diesen Gefilden verbreitete, dort in scheußlichsten Götzen die höllischen Luzifers soffen; erzählet uns die heilige Haushaltung der erhabnen ebräischen Pilger, malet uns die holdseligen Züge des zum Heil der Menschen heranwachsenden Knaben Jesus, und zeiget uns aus den grossen wehenden Büchern, dem himmlischen Angedenken der Tugend künftiger Christen gewidmet, was ihr dort im schimmernden Anfange von der Kindheit des göttlichen Lehrers mit goldenen Buchstaben eingetragen habt. Denn alles ist für uns auserkohrne Lehr, jeder kleinste Umstand unsers göttlichen Meisters unterrichtet, und dient uns zur vielfachen Lebensregel.

Kaum traten die heiligen Fremdlinge durch die hohen gesprengten Bogen der Porten der ägyptischen Stadt, begegneten ihnen schon eine Menge der ebräischen Einwohner, welche den grösten Theil des Volkes hier ausmachten. Die Leutseligkeit, und das freundliche Betragen hat keiner Empfehlungsschreiben nöthig, zu wahrhaft gutmeynenden Herzen
des

den Eingang zu finden: dieß hat erst die feinere Politik der Welt erfunden, damit sich Bösartige, denen keine Verstellung die Dienste lästet, wie Einfalt und Unschuld dem biedern Mann, um so leichter in die Gesellschaft der Tugendhaften sich einbringen möchten. Die Geschichte von Jesus, besonders was sich mit den Weisen und Herodes in Jerusalem zugetragen hatte, selbst der Mord der unschuldigen Kinder zu Bethlehem, war zwar auch schon in der Sonnenstadt den Juden bekannt; denn von dieser nach Jerusalem, und von der heiligen Stadt hieher, wallten ohn Unterlaß Pilger; auch unterhielten die Juden, mit einander Gemeinschaft zu pflegen, besondere Kameltreiber, die ihnen zu ordentlichen Bothen dienten. Freylich vergrößert und verkleinerte das Gerücht, das immer zwo Posaunen hat, die Umstände; doch in der Hauptsache stimmten immer alle Nachrichten überein, daß ein Knab in Juda geboren sey, bey dem viele Kennzeichen ihres so heiß verlangten Meßias übereinstimmten. Das war also Abrahams Söhnen, denen Aegypten nur zum Schutzort diente, in ihren Erwartungen kein geringes Labsal, als sie des neugebornen Jesus Wunder vernahmen. Mehrere ihrer Schriftausleger wickelten aus dem Dunkeln ihnen die Weißagungen auf; sie erklärten, daß aus Bethlehem Juda ihr Meßias entspring, und aus Davids Stamm; auch ent-

S wiß

mich ihnen nicht die Bemerkung über den Scepter in Juda, der nun ganz weggenommen sey, weil durch Selbstanerkennung der Juden der fremde Idumäer über sie herrsche; daß es also nicht unwahrscheinlich wäre, Jesus sey der ihnen schon so lang verheissene Retter: wie würden frolocket sie haben, wenn ihnen itzt bekannt gewesen wäre, ihre süße Erwartung hätte sich ihnen genähert: der, von dem schon so viele Wunder zeugen, werde zwischen ihnen itzt wohnen; sie seyen auserkohren, ihn in seiner Kindheit zu schützen. Allein, das wußten sie nicht: sie kannten die Fremdlinge von fern an ihrer gesetzmäßigen Kleidung, an der Redlichkeit Zügen, welche die wahre Israeliten bezeichnen, und es war ihnen genug; alle, die auf der Straße sie sahen, eilten ihnen entgegen, sie zu bewillkommen. Sie hielten Joseph in ihren Armen, drückten ihm mit Bruderliebe die Hände, Josephs Wangen glühten von Küssen der Freundschaft; indessen andere schnell entlasteten das Gepäck von dem Rücken des ermüdeten Thieres: voraus tragend in die Herberge die kleine Geräthschaft, führend nach sich das willige Thier. Joseph war im Taumel der Freude schon vorwärts, schon weit in der Nilstraß hinauf gegangen, als er sich umsah nach seiner himmlischen Gattinn, die stand noch tief unten am Thore. Ihr Ange-

let, die schlanke Zeichnung des Leibes in dem dunkelblauen Mantel, so war die Sitte der ebräischen Frauen, die Verheiratheten mußten der Züchtigkeit wegen jeden andern, als ihres Gleichen, ihre Schönheit verbergen, und hinterließen uns ein sehr merkwürdiges Beyspiel ehelicher Keuschheit. Eine alte Matrone leitet an der Hand eine ihrer Enkelinnen, sie wohnte ganz nah am Thor; und saß eben einsam an ihres Hauses Treppe: aber sie hörte von der Herumstehenden Munde Nazaret schallen, das war ihr Geburtsort, sie sehnte sich herzlich, etwas aus ihrem Vaterlande zu hören, noch von ihren lebenden Freunden. Joseph war schon von vielen umrungen; aus Ehrfurcht wichen sie der verschleyerten Gattinn aus dem Weg; Esther, dieß war der Alten Name, klammert sich an die Mutter des Herrn: Sag mir, Beste! sag mir, was machen meine Freund in Nazaret? Lia, die ist meine Schwester, sie hatt einen Bildschnitzer zum Mann: Thamar, eine vieljährige Wittwe, die zog in meines Vaters Haus, das steht der Schule gegenüber, ein Feigenbaum, er grünet doch noch, umschattet den Eingang: Der kleine Natanael, der lag damals in Windeln, als mein Gatte mit mir von Nazaret eilte: was ward doch aus ihm, was hast Du vernommen? Ich konnt es noch niemals erfragen, seit vielen Jahren kam kein Nazarener mehr nach

S 2   Aegy

Aegypten herüber. — Thamar, Deine Schwester, lebt noch, sprach die süße Stimme Mariens, und duldet ihrer Leiden sehr viele; die andere, was soll ichs Dir verhehlen, sie ist hinüber zu den Vätern, und windet Euch allen der Belohnung schimmernde Kronen: den blinden Vater nährt der segenreiche Nathanael, an seiner Seit ist ein liebendes Weib, wie eine fruchtreiche Rebe, hofnungsvoll sprossen eine Menge Kinder um ihn: er treibt Handel mit Libanons Cedern, und erwirbt sich viele zeitliche Güter. Die Alte, umhebsend ihre Landsmänninn, sie konnte vor Freuden und Wehmuth nichts mehr stammeln: ihr rollten die Thränen die Streife des Kopftuches herunter; nur durch Zeichen bath sie die Seligste unter den Müttern, ihr in ihre Wohnung zu folgen. Während als dieses geschah, und mit des Wohlwollens Ungestüm Esther der Fremden ihre Gastfreyheit aufdrang, wälzte sich vom Nacken Mariens, und fiel rückwärts das zierliche Haupt hinunter der dunkelblaue Mantel; in der Dämmerung seiner Falten lag nun vor Aller Augen das göttliche Kind, von der Mutter Antlitz aber flog der Schönheit verhüllende Schleyer. Die Mengen, welche sich um die Fremde versammelt hatten, ergriff stummes Erstaunen: so stehen die Menschen mit offnem Mund, und starren Augen, wenn sie aus dem Eingange dunkler Gebüsch, in deren Schatten und unfremd=

freundlichem Fußsteige sie lange wandelten, zumal in die frohe Landschaft hinanssehen, dort steigt über der Gebirge Rosenroth in glänzender Pracht der Herold des Morgens der funkelnde Stern, nach ihm hebt sich, mit Strahlen umschimmert, doch noch mit Aurorens Farben vermischt, vom Gesichtskreis die Sonne: so eine Schönheit, mit Hoheit verbunden und Adel, mit welcher die Mutter des Göttlichen von dem Schöpfer ausgeschmückt war, hatte noch Keiner in Menphis gesehen, solch einen majestätischen Wuchs mit jungfräulicher Sittsamkeit, die königliche Würde milderendem Wesen. Wenn die weiblichen Reitze noch Tugend erhöhen, und jungfräuliche Eingezogenheit, dann mischt sich unter der Betrachtenden Staunen auch Ehrfurcht, sie sehen Gottes Güte, welcher so reichlich seine Vollkommenheiten mittheilet, im Bilde sterblicher Menschen sichtbarer einherwandeln: seiner Liebe, seiner unendlichen Schönheit Züge deutlicher vor ihren Augen erscheinen; jede Linie der Schönheit der Bildung ist ein Lobredner mit hundert Zungen auf die schöpfende Gottheit: Wohlwollen und vertraulicher Umgang sind dann das Empfinden, und die heissen Wünsche der hingerissenen Seel, aber jeder unlautere Gedanken ist weit entfernt, so ein häßliches Ungeziefer erkühnet sich nicht, auch unter was immer für einer Gestalt in der Keuschheit weit um sich strahlenden Kreis zu tretten.

Du

Du zartes Geschlecht, in deren Bildung die Natur nicht ohne Ursache Sanftmuth und holdes Wesen gelegt hat, klage nicht über die Bosheit der Verführer der Unschuld, wenn Dich ihre Fallstricke verwickeln; jede Jungfer hat einen Beschützer für sich, und jeder Feind zittert vor seinem Anblick, er verrichtet nicht weniger, als der flammende Cherub vor des Paradieses Eingang: dieser Hüter ist die weibliche Eingezogenheit. Ihr Mütter! klaget nicht über die Argheit der Welt, wenn eure Töchter schon so früh oft ein unglückseliger Raub der Ausschweifungen sind: betrachtet euch nur selbst in des Spiegels Klarheit: eure eigene Ausgelassenheit riß die unschuldige Tochter mit sich in die Grube, eure Erziehung, zur Eitelkeit; die Einimpfung verderblicher Grundsätze verbreitete schon früh schleichendes Gift in ihre Adern, das keine Arzney mehr zu heilen vermag; allgemeines Beyspiel schleudert sie fort; zur Gelegenheit dieses zu sehen, führt selbst an der Hand ihre Kinder mit Lachen die Mutter; Tanz und böse Gesellschaft, Geschmack der Lectür, und die Thorheit der Moden, werfen um, die Schutzwähr eurer häuslichen Freuden: knicken schon die Blumen ab, noch vor ihre Reife die spielende Farben entfaltet: brechen die Sprossen des fruchtbaren Baums: reissen mit ihrer Wurzel samt den Ranken aus selbst die weinende Reben; und schaffen den herrlichen den Garten, den ihr euch mit Mühe gepflanzet, zum schändlichen Schutthaufen um, auf dem auch kein übelriechender Widhorſe mehr weilet. Doch, laſſen wir dieſe Unglücklichen, welche, um in der ſchönbenkenden Welt zu brilliren, die Lehren des Tugend erhaltenden Chriſtenthumes mit ſtolzer Miene verachteten, früh oder ſpät, ohne mehr Hilfe zu hoffen, über den Kopf ihre Hände zuſammenſchlagen; ſie fühlen doch noch, wenn ihr Elend ſich häufet, freylich öfters zu ſpät, daß ſich die Bosheit ſelbſt gelogen; ſie erhalten nur ſelten die Gnade vom Himmel, daß ſie ſich noch zeitlich genug in die Arme der Religion werfen, die allein dem Büßer ſtärkenden Troſt gewähren kann. — Jzt laßt uns wieder hinüberſehen auf Jeſus, und ſeine göttliche Mutter. Maria, durchdrungen vom Danke, folgte der Alten, doch ſich wieder mit Anſtand verhüllend; ſo deckt oft ein Morgengewölk wieder das Hofnung erfüllende Antlitz der ſteigenden Sonne: mit der Hand aber winkte ſie aus dem Fernen Joſeph, der ſchon lang, aber unbemerkt, immer zurückſah; ſie beſtieg die Höhe des Söllers, nach ihr ſchauten freudenvoll die zuſammengelaufenen Menſchen, ſie ſagten ſich unter einander die troſtreichen Worte: Sie wird alſo unter uns wohnen, die ſchöne Nazarenerinn mit ihrem holdſeligen Knaben. — Jzt verbarg ſie aber ganz von ihren Augen des Hauſes Innerſtes.

Vor

Vor ich fortschreite der neuen Frommen heilige Haushaltung zu beschreiben, laßt uns eine Geschichte behorchen, welche ihren Söhnen Esther erzählte, sie ist unterhaltend und lehrreich, in wunderbare Knoten verwickelt, ein Beweis des menschlichen Elendes, und auch der Menschen ihrer Glückseligkeit, nach welcher zwar jeder unter den Sterblichen eilet, jeder sich zu geben vermag, wenn er nur nicht aus den Schranken zu treten sich vornimmt, die ihm die ewig weise Vorsicht vorgezeichnet hat; indessen finden selbe doch die wenigste, weder im vergoldeten Palaste, noch in der Hütte des Landmannes.

Nicht lange hernach, als die Gebärerinn Gottes hinaufstieg, betrat auch Joseph des gesegneten Hauses Schwellen, von der Länge des Weges, und der seugenden Hitze ganz ermüdet; muntere Jünglinge trugen das Gepäcke nach ihm. Der frommen Wittwe war noch ein getreuer Diener geblieben, welcher in der Sorge der Verwaltung des Hauses, sie brachten ihn mit sich aus dem Lande der Juden, grau ward. Dieser setzt in mäßigter Ordnung einer rühmlichen Sparsamkeit erquickende Speis, und kühlenden Trank vor die Gäste: zwo Schalen mit Feigen, es war eben die Zeit ihrer Reise: in einem zierlichen Korb aus Binsen geflochten lag eine große gefleckte Melone; wieder zwo Schalen mit

mit Hülsenfrüchten der ehrwürdigen Sybj mien, wir nennen diese Frucht Johannisbrod; dann eine Flasche mit kühlendem Weine gefüllt, der süßsäuerlichten Granatäpfel; dieß war das bescheidene Mahl. Die Mutter des Herrn saß oben: den Knaben Jesus hatten sie mit erfrischender Milch gestillet; zur Rechten ruhte Joseph; gegenüber freute sich die tugendreiche Wittwe. Wie selig bin ich – so sprach sie in Demuth des Herzens, daß ihr, edle Pilgrimme, meine geringe Wohnung nicht verschmähet, ach! könnt ich euch nach Würde bedienen, denn ihr seyd doch weit erhabner, als dieser geringe Stand von euch zeuget. Schon zwölf Jahre sind es, fuhr sie fort, daß meines Wissens kein Nazorener mehr diesen Mauern sich nahte: wohl kommen öfter aus der königlichen Stadt, von Damascus und Gaza, zu uns mit ihren schnellen Kamelen die Bothen herüber, aber meines geringen Geburtsortes, von der Hauptstraße seitwärts entlegen, erinnert sich kleiner: wenn ich daran denke, wie tief ist die stolze Nazaret gefallen, ehemals ein Sitz der besten Handelsleute, welche an der Mündung des Flusses gelegen, der sich durch Esdrelon wälzt, die Erzeugnisse des honigfließenden Landes von den Fernen des gallilä&schen ins Meer abirrtschiften, aber seitdem der unselige Geitz dem Tempel herrscht, und die Grausamkeit, ward auch sie nebst ei=

dern

dern, guten Handelsplätzen durch die Niederträchtigkeit der Pachter zerstört, sie sogen sie aus, wie die verderbliche Wespen einen blumenreichen Garten zernagen; und richteten alles zu Grunde, wie die Plage der Heuschrecken; auch mich jagt ihr ins Elend, ihr Tyrannen; sie ward in ihrem Innersten gerührt, daß sie weinte. Die gefühlvolle Seele Marieus verlangte ihr Trost zu geben, allein sie wußte der Schmerzen ihrer Leiden Geheimnisse nicht; erzähl uns, Du Edle! die Leiden, sprach sie mit lindernden Tone; wenn Du nicht noch mehr bey ihrer Wiederholung empfindest, wären wir vielleicht so glücklich, Balsam auf Deine Wunde zu träufeln. Die Wittwe schwieg; dann wischte sie vom Angesichte die salzichte Thränen, und heiterte sich auf, wie eine verlassene Gegend sich aufheitert, wenn auf ihre Zerstörung wieder freundlich der Sonnenstrahl blinkt. Ja, ihr Pilgrimme von Tabor! sprach sie, Euch haben doch zu mir die Engel geleitet, vielleicht empfängt durch Euch mein Herz Linderung, ich will gerne meine Geschichte erzählen, doch heute nur ihren lächelnden Anfang, mit Trauer wollen wir uns diesen hellen Abend nicht trüben; die untergehende Sonne scheint von den Höhen des Nils so freundlich zu uns herein, als wenn sie Euch grüßen wollte, wir wollen ihr nicht mit Thränen vergelten. Erfrischet aber Euch nur indessen bey

diesem

diesem geringen Mahl, ich will die Zeit mit einer unterhaltenden Erzählung verkürzen:

Meine Aeltern waren gebürtig von Salem, das Glück hat ihnen Ehr und viele Reichthümer zugetheilt, die Zerrüttungen, die schon damals in der heiligen Stadt herrschten, bewogen sie eine Wohnung bey Nazaret zu bauen, den Pracht des volkreichen Jerusalems mit ländlicher Annehmlichkeit zu verwechseln. Am Fuße des paradiesischen Tabors erhob sich ein prächtiger Edelsitz, seine Mauern stehen wohl noch; — Ja, am Fuße des Tabors, sprach Joseph, da sind noch gewaltige Trümmer — dort war unser ländliches Haus, dort brachten wir immer die schönste Jahreszeit hin, kehrten nur dann im Winter wieder nach Salem zurücke. Ich kostete des Lebens ganze Süßigkeit in dem Anfange des Frühlinges meiner Jahr, es mangelte mir an keinem Vergnügen, welches mir die ländliche Freude gab, an keiner Freude, welche die Städte belebet: ich war unschuldig und unerfahren, von keiner Sorge gequälet, von keinem Unfalle niedergebeugt, das alles schwang mein Vergnügen zu einer Glückseligkeit, welche ich, seit jene Zeiten von mir flohen, nie wieder gekostet habe. Am Ruder des Staats saß damals Alexandra, eine Wittwe sechzigjährigen Alters; mein Vater war ein Mischling des Hircans und

Aristo-

Aristobolus, ihrer zween Söhne: die Königinn erhob ihn zu der Ehr ihres ersten Geschäftsträgers; meine Mutter war aus Syrien von einem uralten edeln Geschlecht entsprossen. Zwar jeder Jude verfluchte das Andenken des Alexander Jomnäus des Kreuzigers, ihres Gemahls, kein so ruchloser Tyrann hat außer dem Herodes in Judäa noch niemals geherrschet, aber seine Gemahlinn, die erwarb die Liebe des Volkes, zwar nur durch verführende Künste, denn ihr Herz war voll Stolz und Eigensinn, aber sie wußte den Haß, den Jerusalem gegen den verstorbenen König hatte, für sich zu verwandeln in Liebe; sie war von dem Wütheriche schon frühe verflossen, ehe er noch seine blutige Thaten verübte: diese Unbild dient ihr zum Schild, den sie für ihre Leidenschaften pflanzte; sie bediente sich sehr künstlich der Schwachheit des Pöbels, welcher gegen die Verstossene jederzeit Mitleid zeigte. Ich hatte das Licht der Welt noch nicht erblicket, als mein Vater am Hofe diese Würde trug, er legte sie nach zwey Jahren nieder: sein Verstand war durchdringend, und er sah schon tief in das Geheimniß der Zukunft hinein, wenn er schon an Jahren noch jugendlich männlich war: er verlangte lieber würdelos in Ruhe zu leben, als die Streiche zu fühlen, mit welchen die Kabale die begünstigten Höflinge züchtiget; zwar nur mit Müh erhielt er seine
Ent-

Entlaßung, denn die Regentinn kannte das Verdienst, wußte es auch zu schätzen, und sah die Nothwendigkeit ein, redliche Diener zu haben; nur durch Ungestüm ermüdet gewähret sie ihm endlich seine dringende Bitt: aber von der Pflicht, ingeheim ihr bester Rathgeber zu seyn, entledigte sie ihn nicht, und an ihrem Hofe war er immer der annehmlichste Gast. Die Güte, seine Freundlichkeit, sein leutseliger Umgang, sein zum Wohlthun so sehr geneigtes Gemüth machten ihn in ganz Judäa berühmt: Fremde schwärmten um uns, wie die Bienen um den Honigsaum, nicht nur zu Jerusalem ward von ihnen meines besten Vaters Gastfreyheit mißbraucht, sie verfolgten uns bis nach Nazaret: aus den entferntesten Gränzen Judäens flossen die Schmeichler zusammen, und leckten aus unsern Schüsseln; jeder pries sich glücklich, in den Kreis unserer häuslichen Freuden treten zu dürfen, ihre Verstellung stritt in die Wett, uns alle ihre Dienst anzubiethen. Unter der zahlreichen Sammlung unserer Freunde waren nicht wenige aus dem Orden der Pharisäer und Sabucäer, und wiewohl diese zwo Sekten, wie ihr selbst wisset, sich sonst tödtlich hassen, so hatte sie doch die Tafelliebhaberey gemeinschäftlich an sich gezogen, und die gute Gelegenheit, listige Streiche zu führen; denn grosse Gesellschaften sind der Schurkerey unentbehrlich. Sie schlichen sich

aber

aber ein jeder unter der Gestalt ein, die ihm eigenthümlich war. Jene stritten für ihr Jüdisches Herz die Andacht, gleichwie sie mit dieser beschaulichen Lüge die ansehnlichsten Familien der Juden in das Netz ihrer abscheulichen Geldgierde lockten: dieser ihre verfluchten Grundsätze waren zwar bekannt, allein sie machten sich furchtbar, weil nur durch sie die Canäle geleget waren, dadurch die mächtigere Partey ihre Herrschaft über den Staat führte: jene erworben sich das Volk durch ihre langen Gebeth, und öffentliches Almosen, und Reden von himmlischen Dingen: diese unterjochten sich den Hof durch der falschen Staatskunst verderbliche Grundsätze, welche an das zu glauben verbietthen, was gegen die mächtige Regierung des Lasters streitet, und den Menschen beweget, dem Reize der Tugend zu folgen. Eine der merkwürdigsten Personen meiner Geschichte war Demetrius, ein Damascener: dieser bekannte sich zum Judenthum, doch nur, damit er desselben Vortheile genoß, im Grund hielt er weder auf Moses, noch auf Gottes Gesetze, sein Wahlspruch, der ihm nie aus dem Munde kam, war dieser: Um das bekümmert Euch, was ihr sehet, dem, was außer dem Gebiethe der Sinnen ist, jaget nicht nach: doch genug, er war aus der Schule der Saducäer. Ich trat eben aus den Jahren der Kindheit, als wir in diesem glänzenden Zustand uns befanden: diese

Ein-

Eindrücke waren die erſten, und daher erhalt ich ſie auch noch ſo feſt in meiner Gedächtniß; damals kannt ich noch keine Thränen, als welche die Unſchuld etwa weint, wenn ſie eine kleine Strafe fürchtet, oder wenn man ihr dem unterhaltenden Spielzeug raubt, einen ſchön gefiederten Vogel, oder ein ſchmeichelndes Hündchen; ich ſah die Welt als den Aufenthalt aller Freuden an, und ihrer beraubt zu werden, dacht ich, wäre wohl unter den Uebeln das größte; die Begriffe des Todes waren mir damals noch unklar: die Freuden dieſes Lebens zu genießen; ſo, wie ich ſie damals kannte, war allein mein heißeſter Wunſch; ich war gleich einem fröhlichen kleinen Schmetterlinge, der die Tage des Frühlinges in der Blumen Honig und Wohlgeruch verflattert, unwiſſend noch der ſtechenden Strahlen des ſengenden Sommers, und des Nordſturms im Herbſte. — Doch, itzt erhob ſich ein Umſtand, welcher jede meiner Freuden von Neuem umkränzte, ſie ſahen nach mir mit neuer lachender Miene.

Alexandra ſaß nun feſt auf ihrem Throne, ſie hatte ſich die Huld des Volks, welche ſo lang weggewandt war, ganz erworben; um ihr Glück noch mehr zu befeſtigen, gewann ſie, doch vorzüglich durch Geſchenke, die Parthey der Prieſter, welche

dem

dem Schimmer des Goldes, nur gar selten widerstehen, daß sie ihren Sohn, den Hiskas, zum Hohenpriester erkohren. Die Sklaven hatten den Ruf vorausgeschickt, vieles zu sagen von des jungen Mannes Eigenschaften. In der Gelehrsamkeit der heiligen Bücher ward er als ein Wunder betrachtet, dem vermuthlich Gott, wie Salomo, im Traum erschien, und ihm die Gabe der auslegenden Weisheit ertheilte: und der Pöbel glaubte das Wunder, so die Priester logen. Sein Wuchs war edel, und erhaben die Bildung; das Frauenvolk wünscht ihn einhellig beym hohen Altare zu sehen, und das Frauenvolk hatte doch immer bey dieser Art Wahlen entscheidenden Ausspruch zu geben. Seine Worte waren gefällig und sanft; wie die Salben über Aarons silbernen Bart herabträufelten, so, sagten die beschaulichen Schmeichler, fliessen seine Worte. Von einer zügellosen Lebensart wußte man nichts, das neigt auch sehr die Gemüther nach ihm, welche in diesen Zeiten nicht mehr viel auf das Priesterthum hielten, aus Ursache, weil seine Vorfahrer und Zeitgenossen den Tempel immer entehrten, und die heiligen Gewande. Der vierte Tag des Märzens, noch vor die Ostern eintret, war schon zur Salbung bestimmt. Man dachte itzt auf nichts, als dem Volke besondere, noch nie gesehene Feste zu geben, um

die Verfaßung des Staates zu heften. Bey dieser Gelegenheit ward nun meiner Eitelkeit auf eine ganz ungewöhnliche Weise geschmeichelt.

Die Feste waren prachtvoll, daß seit Judas dem Großen, welcher von des Heydenthums Gräuel die heilige Stätte reinigte, nichts mehr Aehnliches in Jerusalem gesehen wurde. Der ganze Tempel mit dem Umfange der weitschichtigen Hallen ward mit Millionen Lampen den Vorabend beleuchtet; die Fernen vermutheten: solch ein röthlichter Schimmer hatte sich durch den ganzen Dunstkreis verbreitet: es flamm Jerusalem zum Himmel, und strömten herbey, bis der Anblick Herrlichkeit ihren eilenden Fuß fest hielt, und sie staunend an sich riß. Frühe dem Festtage, noch ehe ihren Schleyer die Nacht gänzlich von der Erd hinweg nahm, klangen schon von allen Thürmen auf Moria die silbernen Posaunen, und von Sions Höhen herunter, und wieder hinauf durch die Klüften der Felsen von der Alexandra königlichem Palaste; der Widerhall von allen Seiten der Berge stürzte wider die Stadt, und erschütterte die Luft, welche gewaltiger dann wieder aller Erwachenden Ohren erschütterte. Das Morgenroth lachte von des Oelbergs Höhen herunter, und die streitbaren Männer waren schon alle in rasselnden Waffen, ihr Panzer-

Panzergang wurde schon weit herauf die Straſſen vernommen, unter ihnen bebte die Erd, alle Zuſchauer bebten vor Ehrfurcht. Indeſſen wurden die Paläſt und Häuſer, welche vorbey der majeſtätiſche Zug gehen ſollte, allenthalben mit reichen Stoffen behängt, dazwiſchen eingetheilt Zweige der Palmen, und des biegſamen Oelbaums: die Gaſſen waren mit Blumen beſtreut, und grünenden Blättern. Gegen die dritte Stunde ward ſtärker der feyerliche Schall der Poſaunen vernommen: das Volk floß häufiger zuſammen: zu den Höhen des Tempels ſtrömten die Mengen unaufhaltſamer, denn es traten ſchon die Levi aus dem Heiligen Gottes, dem neuen zu ſalbenden Hohenprieſter die geweihte Leinen zu bringen. Es war herzerhebend, ſie, die Diener des Tempels, Morias Höhen hinabſteigen zu ſehen: zwey hundert Jünglinge wandelten in erbaulicher Ordnung einher, alle in ihrem gewöhnlichen Schmucke, wie ſie beym Opfer dienten, in weißen flieſſenden Gewanden, mit Purpur gegürtet, und auf dem Haupt auch eine purpurne Müze: fünfzig aus ihnen blieſen die Flöten, dazwiſchen waren zwanzig Harfenſchläger eingetheilt, zehn ſpielten die Gidith, und wieder zwanzig wechſelten die ſüß klingende Cymbalen. In drey ſilbernen Körben auf groſſe Muſchelſchalen von Gold geſetzt, bedeckt mit griechiſchem Seidenflor, wurden
die

die neugeweihte Leinen getragen: jeder aus den übrigen begleitenden Levi hielt in der Hand einen silbernen Stab mit oben lachendem Blumenbüschel. Der Zug der Priester begann etwas später; gar feyerlich und ernst giengen die Männer herunter, welche die Ausleger Gottes Gesetze sind, und das Vorurtheil vor sich hatten, daß sie fromm und heilig, und beschaulich, und tief einsehend, und Geheimniß ertheilend seyen. Vieler Häupter waren schon mit des ehrwürdigen Alters Schnee bedeckt, ihnen flossen die Brust lange glänzende Bärt herunter: andere waren in feurigen Jahren, und der Eifer für das Haus Gottes, oder die Geister des Weingewächses, oder der Ruhm, der ihr Herz itzt weit machte, jagt ihnen in die volle Wangen das Blut. Sie liessen vor sich her die Jubelposaunen blasen, wann diese schwiegen, dann ertönten die Psalter, und sie sangen in grossen Affekten die Lieder Davids und Asaphs: Pausen des Stillschweigens wurden dazwischen gehalten, um den Zuschauern Muße zu lassen, ihrer hohen Würde nachzudenken; itzt stiessen wieder die silbernen Hörner die Luft weit von sich: und es sangen wieder die Priester mit erhabenen Stimmen, das Weiße des Auges zum Himmel wälzend. Der Mengen Frolocken und Jauchzen war nicht zu beschreiben, als die heiligen Reihen ehrwürdig hinabtraten.

Diese

Diese merkwürdige Sammlung der Heruntersteigenden schimmerte von ferne; so wanken in einem blumenreichen Feld auf hohen Stingeln mit weit geöffneten Kelchen eine Reihe Tulpen, wie sich dieser Männer reiche Mützen über den Köpfen des niedrigen Pöbels bewegten.

Doch, nicht nur das Priesterthum feyerte die Jubel, jeder aus dem Volke trug auch das Seinige bey, der Freud eine neue Wendung zu geben: die Jugend der Stadt verherrlichet aber am meisten diesen Tag. Ihr ward die Bestimmung gegeben, das Volk an der Tapferkeit Thaten zu erinnern, welche verrichtet hatte Israels Geschlecht, von Josue dem Sonnengebietyer, bis auf Judas, der Machabäer Helden. Zu diesem waren nun Anstalten getroffen: ein nicht geringes Heer versammelte sich bald; jede der Thaten war mit einer prächtigen Fahne bezeichnet, und theilte die Geschwader in verschiedene Schaaren. Flüchtige Jünglinge, noch nicht mit Stahl und Eisen bedeckt, wie wir unsere Krieger ist sehen, sie leiteten nur leichte Wanderstäbe, zur Reis aufgeschürzt war ihr Gewand, vom Gürtel aber zwischen blobernden Falten hieng nur an leicht beweglichen Schnüren das Schwert: diese waren das Sinnbild unserer Väter, welche über den Jordan setzten; Josua wehte in des Paniers

niers Purpur. Schon geübte Krieger hingegen schienen diejenigen zu seyn, welche vorstellten, was die Richter thaten; ihre jugendlichen Glieder waren mit Schuppen von
Eisen bedeckt, Panzer und Helm waren blinken der Stahl; Simson, Jephte, Gedeon, Samuel, Heli sah man in der Kriegsfahnen flat-
ternder Schimmerfläche. Die Menge der wallenden Helmbüsche gab diesen muthigen Strei-
tern schon ein prächtiges Ansehen, das zugleich furchtbar war: doch sah man dazwischen noch keine Kronen strahlen, keine
Edelsteine von Stirnbinden funkeln, welche
nachmals zum Zeichen der Oberherrschaft allein die Könige trugen. Die Anzahl der
Jünglinge war sehr groß, welche von Saul,
dem Gesalbten, bis auf Manaße, dem Gö-
gendiener, die ruhmvolle Thaten: der ab-
scheuungswürdigen wurde freylich nicht erwähnt: der Herrscher in Israel und Juda
vorstellten; der Erhabnere spielt immer die
Rolle des Königs; einige saßen im Purpur
auf glänzenden Streitwagen; andere wurden,
zwar gegen die jüdische Gewohnheit, auf Schil-
den zur Schau getragen; andere befahlen
von dem schäumenden Roße: sie umgaben
Pfeilschützen und Steinschleuderer, Männer
mit Streitkolben bewaffnet, ein Lanzenhain
flüchtiger Reiter. Die Lücke der babyloni-
schen Gefangenschaft, wo die königliche Gewalt in Fesseln lag, wollte man eben nicht
bemer-

bemerken, sondern mit Lorber geschmückt, die
Waffen umwunden mit Oelzweig trabte gleich
die auserlesenste Jugend einher, und feyerten
die Triumphe des Judas, welcher den He-
bräern wieder ihre Rechte gab: eine sonderbare Schmeicheley wehte von der hohen Stan-
darte, mit goldenem Stickwerke geschrieben;
Judas, Priester und König; wie die Seite
sich wälzte, stand, Hirkan: und das Volk
weißagte sogleich, auch dieser Priester werd
einstens ihr König.

Nicht nur die männliche Jugend suchte zu verherrlichen das Fest; auch die
Jungfrauen von Salem versammelten sich,
den königlichen Hohenpriester zu bewillkommen. Sie kamen, gegenüber der Männer in
Waffen, mit Blumenketten, das zum herrlichen Gegensatz diente, die weibliche Sanftmuth dem männlichen Ernst: einige trugen
Körbe voll wohlriechender Kräuter, einige
hielten Gefässe geruchreicher Wässer; die vier
weiblichen Helden, welche unser Geschlecht
verewigten, Judith, Esther, Deborra, Jachel, fuhren auf erhabenen Wagen, mit Palmen umweht; ein erhabnerer Thronwagen mit
vier schneeweissen Pferden bespannt, ausge-
schlagen mit Purpur und Gold fuhr in deren Mitte, leer war sein Sitz, aber über selben zitterte mit schimmernden Spitzen die Kö-
nigs-Krone; das war eine anschauliche Lüge,

Ale-

Alexandren zu sagen, der Ebräer Geschlecht hätte noch nie ihres Gleichen ein Weib. Uebrigens sah man aller Orten eine Verschwendung der Schätze; jeder buhlte um die Gunst, dem Hofe zu gefallen: man achtete nicht der Kosten; nur wie des einen Pracht und Geschmack den andern überwinden möchte, war die höchste Sorge. Schon diese Zubereitungen allein hatten das Volk des neuen Hohenpriesters wegen in Ehrfurcht gesetzt. Es begann aber wirklich der Zug aus dem Palaste. Alle königlichen Diener traten voraus, zwischen ihnen waren eingetheilt zahllose Müßiggänger, Hofnarren, Schmeichler, Betrüger, Taugenichts, welche keine andere Ehre haben, als daß die Welt glaubet, sie gehören zum Hof: und mit diesem Ungeziefer war damals Jerusalem geplagt, wie die Gefilde, welche nah an einem übelriechenden Sumpfe liegen. Auf sie folgte die Klasse derjenigen, welche die öffentlichen Geschäfte des Staates besorgten, sie verliessen sich auf die Vermuthung, welche die Menschen von der Gerechtigkeit haben, daß sie blind sey, und sie thaten sich keinen Zwang an; die Güte ihres Herzens war den Meisten auf die Stirne geschrieben. Dann kamen die Zieraden des Hofes, sie sind die Muscheln und Schnecken des Grottenwerkes der Eitelkeit; außer ihren schimmernden Farben, welche sie der Mühe des Seidenwurmes zu danken haben,

und

und des Schönfärbers Kunst, und der wunderbaren Bestäupung, welche ihrem Körper die Affekten giebt, war nichts mehr an ihnen; hohl, wie die Kürbiß im Winter, paradirten sie bloß mit dem Lärm ihres Umkreises: die Welt giebt diesen Leuten den Titel der stummen Hofherrn, welche bey gewissen Feyerlichkeiten bloß die Leere des Raumes einzufüllen da sind. Auf sie folgten die Männer, mit den höchsten Würden und Ehren bekleidet, einige trugen die Lasten des Staates, einige schienen selbe zu tragen; ihre Mienen waren feyerlich und ernst, aber auch an ihrem Ja oder Nein hängt der Faden des Lebens so vieler Menschen, und die Haare des Glückes; neben ihnen giengen die Wachen des Hofes: denn der Hoheit des Amtes weichet das Vertrauen des Volkes gemeiniglich aus, darum verbirgt sich auch so mancher Höfling hinter die Lanze des Fußknechts, damit ihr blitzender Strahl seine Feinde weit von ihm wegschrecke; so mancher aber sendet voraus seine edle Thaten, seine bekannte Gerechtigkeit hat unter das Volk Lobredner vertheilt, und er wundert sich, daß die Beschützer der Menschheit noch der Wachen bedürfen. Den Weltlichgesinnten traten nach die Schaaren der Heiligen: der Pharisäer und Schriftgelehrte verfolgte die Ferse des Höflings; der Schwarm der Diener des Tempels gieng nach ihnen, doch mit weit frömmerem Tritt, aber nicht

nicht minder schalkhaftem Herzen. Der Ersteren war keiner ohn: Gottes Name, der auf der Stirne funkelte, keiner ohne dem großen Gesetzbuch im Arme: die Runzeln, und ihrer Augenbraunen dunkle Krümmungen leisteten ihrer tiefen Gelehrsamkeit Bürgschaft, der Pöbel glaubte mehr der Auslegung, als selbst der göttlichen Schrift. Den anderen dienten noch mehr die Gewande zu Fürsprechern; wiewohl der Orden der Priester seine Hochachtung auch bey dem Pöbel fast gänzlich verlor; sah selber aber diese Männer im Tempelanzug, so vergaßen sie über ihre Laster aus Ehrfurcht. Nach den Stuffen des Alters schritten alle diese verdächtigen Männer einher; die priesterliche Greisen schlossen den Zug, in deren Mitte Hirkan gieng, schon in die heilige Leinen gekleidet: aber sein Gürtel war Gold, das heilige Stirnband mit reichen Juwellen besetzt; seine Person war voll männlicher Schönheit: er übertraff alle an Größe: keiner glich ihm an der Schönheit der Glieder: sein Angesicht war bräunlicht mit glühenden Wangen: hoch das blitzende Aug: auf dem brennenden Lefzen saß liebreiches Wesen, und eine Adlernase gab das Zeugniß einer nicht geringen Klugheit von sich: seiner Gebärden Pracht legt allen diesen Vorzügen noch einen höheren Werth bey; er wußte zu behaupten den königlichen Rang, den ihm die Geburt gab, ohne

daß

daß ihn doch der Stolz zu entehren schien, und so lockt er auch dem Volke die Stimmen ab. Wie er fortschreitet, vermehrte sich der Zuschauer Jubel: Es lebe Hirkan, der Erste der Priester; und es ertönten von allen Seiten die Drommeten, Posaunen, Zinken, Cimbalen, der Psalter, und die Asoor. Also wurd im Triumphe der zu Salbende geführt die breite Strassen hinauf gegen den Tempel auf das Hochpflaster: hier waren Ehrenporten errichtet bis an Stratons Thurm, durch welche sie giengen, jede mit Sinnbildern geschmückt, und vielen passenden Lügen in verschiedenen Gestalten. Von des Rathshauses erhabenem Marmorgeländer sah über fliessenden Sammt mit ihrem Gefolg Alexandra herunter; sie war in violfarbe Seide gekleidet, mit einer Scharfe von Perlen, auf dem Haupt eine Kron von schimmernden Steinen: um sie war versammelt des ganzen Hofes üppige Thorheit; ein Gemisch aus allen Farben und Anzügen seltsamer Erfindungen: des weiblichen Reizes, und der Häßlichkeit, der Ausgelassenheit, und der Verstellung, und des künstlichen Betruges im Hofkleide. Den Mengen strömten Mengen entgegen von Morias Höhen. — Aber auch die Mägdchen des Tempels stiegen herab, den Neuerwählten zu bewillkommen.

Schon zwey Jahre verflossen, als ich aus der heiligen Halle kam, wo mit jugendlichem Unterricht unser aufkeimendes Geschlecht gebildet wurde: zwar mehrere aus dem Geblüte der Edeln aus Juda entsprossen, wuchsen da oben zur Tugend und Frömmigkeit auf; doch, sie wählten mich einstimmig, oder vielmehr die Priester, welche dieser weiblichen Pflanzschul Oberaufseher waren, und das Vermögen meines Vaters bey der Königinn kannten, unter ihnen die erste Stelle zu haben.

Die Priester wollten sich durch die Sonderheit eines Gedankens hervorthun, und die Aufmerksamkeit Aller allein an sich reißen; sie fanden für gut, Sions Tochter vom Tempel herab dem neuen Hohenpriester entgegen zu senden. Die Liebe zur Eitelkeit ist ein unserm Geschlecht angeborner Hang, wenn selbem nun noch mehr geschmeichelt wird, wenn ihn noch unbescheidenes Lob erhöhet, dann hat uns in Wahrheit das Schicksal auf die gefährlichste Klippe gestellet. An der Sonderbarkeit meiner Person schien aus politischen Absichten den Priestern vermuthlich eben so viel gelegen zu seyn, als an der Außerordentlichkeit ihres Gedankens. Wir reizen noch mehr der Königinn Gnade, dachten sie sich etwa, wenn wir ihres Vertrauten in Ehren gedenken, auch war sie die Erste unter den Mägdchen des Tempels, dieß giebt ihr vor den Augen des Volkes ein scheinbares Recht. Sie erkohren mich also, Sions Tochter zu werden, hiezu ließen sie prachtvolle Thronwagen ausrüsten; zwischen dem Gesetz, und der Weißagung, von einer Menge der Gespielinnen umringen, sollt ich die Höhen Morias hinabfahren. Die Priester bewirkten sogar, um den Pöbel ganz zu ergreifen, und zu erschöpfen bey diesem Fest alle Erwartung, daß der königliche Schatz mir den Anzug verschaff'e. Die Hofputzmeisterinn, sie waren meistens griechische Schülerinnen, die verstanden es wohl, wie schön bey der höchsten Verzierung die edle ungekünstelte Einfalt stehe. Nur ein leichter Zeug von der klaren Farbe des Thautropfens, mit flüchtigem Silber durchzogen, ward mir angeschnüret; meine lichtgelben Haare ließen sie in Locken mit dem Winde spielen; um die Schläf aber was gebogen ein schmales Band von blaßem Lazurglanze: die hohen Farben überließen sie der Natur, mit denen sie damals glühend mein Angesicht malte. Mit dieser scheinbaren Zierabenlosigkeit vermutheten sie weit mehr auszurichten, als alle die Thörinnen der Stadt, welche sich eines hohen Geschmackes brüsteten, und bloß aus einer erhitzten Einbildung, welche die Regeln des Anstandes nicht kennt, ohne zu verstehen, was den Körper wohl bildet, denen nach Eroberung seuf-

lichsten Putzes vorschrieben: zudem konnten sie auch wohl das Abstechende zu dieser Nachlässigkeit, denn sie setzten mich in einen Juwelenschimmer, der mich umzitterte; die Schlauheit der anordnenden Priester befahl aber zu meinen Füssen einen zahmen Löwen zu ketten, zum Zeichen der geistlichen Herrschaft, welcher, so lang sie hinter dem Schilde der Religion stehet, keine königliche Stärke zu widerstehen vermag. Das Gesetz, so mir zur Rechten fuhr, war eine mannbare Jungfer mit ernsteren Zügen, sie wählten aus Hunderten eine, denn die meisten Mägdchen lachen immer, bis die Zeit des Weinens eintritt: über ihre dunkeln Haare saß eine schimmernde Hornhaube, und vom Ephod blitzte das Brustblatt: beede Tafeln des Sina lagen ihr im Arme mit von ferne sichtbaren Buchstaben. Die Weißagung zur Linken; sie war in Schleyer gehüllet, welcher durch die Bewegung des rollenden Wagens vom holden Angesicht auf und nieder flog. Die Begleiterinnen waren alle in weissen Gewändern, die Stirnen umkränzt: ihre leichten Finger spielten auf Saiten, oder bewegten die helltönende Cymbalen, oder klimperten in des Stahls Dreyangel: die süssere Stimmen nur sangen; die übrigen streuten Blumen aus, oder warfen aus ihren Schürzen unter das Volk viele schönfärbige Früchten. Auf dieses Schauspiel waren nun Aller Augen

gen geheftet, man vergaß auf das schon Gesehene: meine Eitelkeit schien mir noch mehr zu sagen, als wäre die Bewunderung Aller auf mich allein gerichtet; ich glaubte deutlich zu vernehmen unter dem Volke die Reden: nur prophetischer Sinn kann sich so herrlich und schön Sions Tochter vorstellen; dieses Weihrauches Wohlgeruch empfand ich in seiner ganzen Süßigkeit, mein Herz schlug vor Stolz und Eigenliebe mächtig empor, und ich lernt iꜩt das erstemal kennen der Leidenschaften Unruhe.

Doch, der Zug nahte sich schon der goldnen Porte des Tempels. Man hielt inne, vor man in die Halle der Heyden trat: der Priestern Aeltester bestieg mit ehrwürdigem Ansehen des Eintritts in den Tempel oberste Stuffe, breitete den Arm aus, und hielt unter dem marmornen Bogen zum Volk eine feyerliche Rede. Er sprach von des Hohenpriesters Würde, dann von dem glücklichen Zeitpunkte, daß ihren Wünschen der Himmel den ehrenwerthen Hirkan, zwar nicht ohne langes Gebeth, und darauf folgender sehr deutlicher Einsprechung gab, auch mangelt es nicht an Erscheinungen, wie er betheuerte, und wer sollt einem priesterlichen Eide nicht glauben? Er ermunterte sie zum bevorstehenden Dankopfer: des Opferstockes wird ja nie

für die Sünde; das Uebrige war an den Einzuweihenden gerichtet: er sagt ihm: welche Last von Israels Zünften auf seinen Schultern läge, die er vor Gott zu tragen hätte, alle ihre Missethat und Sünde: er beschwur ihn bey der Lade des Bundes, um dem Betrug alle Wichtigkeit des Ansehens zu geben, er wolle Israels Führer, und Retter und Fürsprecher seyn. Man ermahnte mich, hinunter vom Wagen zu steigen, und ihm zu überreichen den goldenen Stab, der in meinen Händen glänzte: ich überreicht ihm den Stab, das ist das Zeichen, sprachen die Priester, daß Du der Hütter Israels seyest. Die Mengen frolockten und jauchzten, und segneten Hirkan. Man betrat die heilige Stätte des Tempels; für mich war ein Thronhimmel bereitet, eine Ehre, die mein Herz ungemein erweiterte, den Priester aber führten sie zu den hochen Altären.

Von dem, was da geschah, will ich Euch, eble Pilger, mit keiner Erzählung ermüden: Ihr wißt es, vieleicht habt ihr es auch selbst gesehen, welche die erbaulichen Ceremonien sind, mit welcher nach der göttlichen Vorschrift Aarons Nachkömmlinge geheiliget werden: wie ihnen über die heilige Leinen der Priesterrock gegürtet, welcher die guten Werke bedeutet, mit denen der Hohepriester allen übrigen vorangehen soll: darüber das funkelnde

de Brustblatt, das Sinnbild der Gewißens-
reinheit: das Haupt erst mit einer reichen
Infel geziert, das giebt ihnen den Rang
selbst auch unter den Königen, wenn sie nur
nichts mehr, und nichts weniger, als ihres
Amtes Obliegenheit, ausüben: auf die Infel
geheftet in Gold, heilig dem Herrn; dieser
Schild sagt der Welt, daß sie von allem
Zeitlichen sollen getrennt seyn, und nur allein in der Geistlichkeit ihres Amtes Gott
vor Augen haben: wie sie dann mit wohl-
riechendem Oele gesalbet, zum Zeichen, daß
durch Milde, nicht durch Strenge, der Priester Obergewalt über die Menschen herrschen
solle, sie durch Sanftmuth, sich selbe durch
den Geist der Belehrung, nicht der Oberherrschaft, unterjochen soll: wie denn der
Neugeweihte über die Opfer die Hände legt,
denn sie sind des Herrn Bevollmächtigte,
durch sie erhalten wir Segen: ihnen das
dampfende Rauchgefäß in die Arme gelegt
wird; wie die Wolken des Weihrauchs, so
möchten steigen ihre Gebethe zum Himmel empor. — Alles dieses wurd am Hirkau vollbracht, Freudengeschrey erfüllte den Tempel — — und der Unwürdige schlich sich
hinein ins Allerheiligste Gottes.

Esther schwieg, die Gäste mit ihr: so
schweigt die Abendluft, mit ihr das annehm-

Wir haben Dich lange behorchet, sprach Maria mit himmlischem Reize, wir haben durch unser unterbrochenes Stillschweigen Deine Stimme müde gemacht, aber die Annehmlichkeit Deiner Rede hielt unsere Zungen zurück: Ruhe itzt sanft, unsre menschenfreundliche Wiethinn; wir genossen Deine Gaben, und nehmen auch Deine wohlmeynende Liebe mit Dank an, mit welcher Du uns beherbergest diese Nacht. Dein guter Engel erschein Dir zur Vergeltung, daß Du die Dürftigkeit aufnahmst, und träufle dafür in Deine Seele himmlisches Labsal: mühe Dich nicht, laß uns nur führen, wo Du vergönnst uns zu bleiben diese Nacht. Sie erhob sich, faßt in ihre verlangenden Arme den schlafenden Jesus, und drückt ihn ans Herz; Tobias nahm den vierarmichten Leuchter, und schritt voran: der Bethlehemit konnt aber mit Mühe nicht zurückhalten die gutherzige Wittwe; sie stiegen zusamm die marmornen Treppen hinauf: die Lampen streuten reichlich ihnen Schimmer entgegen: die Schatten schlüpften nach.

Von den Religionssystemen der menschlichen Vernunft.

Wir haben oben die allgemeinen Begriffe der Religion auseinander gesetzet; wir handelten belten von der natürlichen Religion; itzt lasset uns untersuchen, liebe Leser, ob die natürliche Religion, ohne von der Offenbarung geleitet zu werden, auch zureichend sey, den Menschen zu seinem Zweck zu führen: Ob die Vernunft Kräfte genug habe, sich ein vollkommnes Religionssystem zusamm zu denken. Wäre dieses, dann ließe sich wenigstens die Nothwendigkeit der Offenbarung nicht erweisen, wie auch historisch gewiß wäre, daß selbe geschehen sey. — Diejenigen, welche zwar eine natürliche Religion zugeben, aber die Offenbarung läugnen, werden Naturalisten genannt.

Erwähnte Frage zu entscheiden, kann durch zwo Arten der Beweise geschehen: der Verstand giebt überzeugende Beweggrund an die Hand, und auch die Erfahrung.

Die Beweggründe des Verstandes sind zwar mehrere, doch einer ist vorzüglich stärker. Der Schöpfer setzte nothwendig seiner Schöpfung einen Zweck voraus, welcher dem vernünftigen Geschöpfe, mithin dem Menschen, erreichbar seyn muß: die Vernunft ist aber eigentlich das Mittel, diesen Zweck zu erreichen, denn die Menschen kann wesentlicherweise nur überlegte Erkenntniß zum wahren Guten leiten. Wenn nun aber die Vernunft, so wie sie mangelhaft in uns

Menschen ist, diesen Endzweck durch sich selbst nicht genug erkennt: dann ist wohl noch eine andere Weise nothwendig, welche uns diesen Endzweck entdecket.

Der Endzweck ist, wie wir oben gehört haben, eine ewige, immerwährende Glückseligkeit: aber diese erkennt die Vernunft allein ohne Offenbarung nicht.

Nur durch sehr schwere Vernunftschlüsse, welche tiefen, einsichtsvollen Gelehrten erreichbar sind, läßt sich die Nothwendigkeit dieses Zweckes beweisen; was aber nur wenig Menschen erreichbar ist, das kann niemals als ein allgemeiner Grundsatz der ganzen vernünftigen Natur angenommen werden: denn die zureichenden Mittel zum Zweck müssen allgemein bekannt seyn, oder Gott wäre kein vorsichtiger Beherrscher dieses Ganzen; folglich läßt sich überhaupt, und im allgemeinen Sinne nicht sagen, daß die Vernunft hinreiche, diesen Zweck zu erkennen.

Auch tauget der Einwurf nichts: Der größere, ungelehrte Theil der Menschen wäre verpflichtet, den einsichtsvolleren Gelehrten zu glauben; wenn also diese bloß aus der Natur schon deutlich den Endzweck erkennen, dann sey es eben so viel, als wenn selbe alle Menschen erkennten, weil jene ihre Orakel diesen

diesen pflegen mitzutheilen. Denn wie unglücklich die Gelehrten in ihren Orakeln seyen: fodert eben keine sonderbaren Beweise: die Gelehrsamkeit und Thorheit, wenn sich die Weisen ihrem Stolz und Eigendünkel überlassen, vereinigen sich meistens in schwesterlichstem Kuße. Doch, wir werden es unten deutlicher sehen.

Zwar noch fernere Beweise sind:

Jeder erfährt in sich selbst, wie sehr seine Natur zum Bösen sich neigt, welche Ueberwindung und stäten Kampf es koste, auf der dornichten Bahne der Tugend muthig fortzuschreiten: wie oft auch derjenige fällt, und Gottes Gesetz übertritt, welcher in vieler Augen der Gerechteste zu seyn erscheint; nun aber der Mensch, wiewohl ihn sein Gewissen, auch ohne einzige Offenbarung, der Sünde versichert, und der Beleidigung seines Schöpfers, weis aus der Natur kein Mittel, Gottes Gerechtigkeit zu versöhnen; eilt ihm also die Offenbarung nicht zu Hilfe, so stünde schon die Verzweiflung vor ihm.

Zwar erkennt aus der Natur jeder Mensch ein höchstes Wesen, welches wir Gott nennen, er weis auch überhaupt seine Gebothe, doch der sonderbare Gottesdienst, welcher den göttlichen Vollkommenheiten gebühret, deren wahres Bewußtseyn wir allein der Offenbarung

rung zu danken haben, wird ihm ohne diese ein beständiges Geheimniß bleiben.

Oder, lieber Leser! lege mein Buch aus der Hand, und seh um Dich auf diesem Schauplatze der Welt. Hefte Deine Augen da auf jene Seite. Dir lachet allenthalben die schönste Natur entgegen; sie streuet reichlich aus ihrem Füllhorn ihre Gaben über die ganze Erd aus. Die erwärmente Sonne blinket freundlich aus dem Purpurgewölke. Gesunde Lüft erquicken die Erd, und erhalten Menschen und Thieren ohne Anfall das süße Leben. Die Vögel singen auf wiegenden Aesten: auf der Haid, und in den Wäldern tummeln sich zahm und wilde Thiere mit frohem Muth herum, und jagen einander muthwillig nach. Dort spiegelt die silberne See, und die cryſtallene Flüsse; Fahrzeuge, mit Reichthum beladen, segeln einher, der Schiffpatron jauchzet, und der Kaufmann und Wechsler schlägt vor Freude die abgenützten Hände klatschend zusamm. Betrachtet die goldene Saat, die dankenden Bauersleute binden sie in Garben: alle Bäume sind mit Früchten beladen, und bücken sich bis zur Erd hinunter: der Winzer löst singend vom Weinstocke die durchsichtige Traube. Hier kömmt mit Schalmeyen und Flöten ein hochzeitlicher Zug: die muntere Jugend erhitzt sich im Tanze: die Schönheit der Menschen trägt sich zur Schau herum

um in wollüstigen Gärten: andere sitzen an gedeckten Tafeln, schmausen und ertränken die Sorgen in gefüllten Pokalen. — Itzt wendet die Augen, und sehet jenseits hinüber. Beobachtet die Elementen im Kampfe, wie sie alles verwüsten: den Landmann mit zerrauften Haaren, um ihn heulet sein Gesind, daß ihnen der Hagel alles zerquetschte, daß die Fluthen ihre kleine Heerde wegspühlten. Ganze Städte gehen in Rauch und Flammen auf, oder durch entsetzliches Beben reißt die Erd, und begräbt samt den Mauern ihre Bewohner. Betrachtet das Elend des Todes in allen Gestalten, wie er mit gräßlichen Leichnamen, vom Sklaven am Scharwerke, bis auf den regierenden Menschen unter dem Throne, die Erde dünget: überwindet noch mehr eure Delikatesse, und sehet die Fäulniß im lebenden Körper: blicket in den großen Unterweisungssaal eines Spitals, sehet da all das erbärmliche Elend, welches so manche Menschen gar nicht nach Verdiensten quälet: blicket in jene Einöden, wo ein ehrlich unschuldiger Mann bestimmt ist, durch Hunger und Durst, oder Frost, oder wilde Thiere zu sterben. Heftet euer Aug auf das Scheusal des Krieges, mit welchem Grimm die Menschen zu tausend und tausend, nicht selten wegen einer Caprice, einander würgen, wie sich Ströme des Blutes über Leichnam im Schlachtfelde wälzen. Sehet die allgemeine

Feind-

Feindſchaft, welche auf der ganzen Erd herr-
ſchet: ein Thier ſtellet dem andern nach, eines
frißt das andere auf, vom Wurme bis auf
den königlichen Adler: unter Menſchen ſind
noch wirkliche Menſchenfreſſer; dieſe tragen
kein Bedenken, ihre Brüder zu braten, und
ihr Fleiſch als den ausgeſuchteſten Leckerbiſ-
ſen zu verzehren: andere ſind wenigſtens ſitt-
liche Menſchenfreſſer; um ihre Leidenſchaften
zu ſättigen, verdammen ſie manchmal ganze
Familien zum Hungertod. Sehet ſelbſt auf
den unbarmherzigen Himmel, wie er den
Menſchen, die unter ihm wohnen, ſeinen
milden Einfluß verſaget, und mit Bliz und
Donner, dem Wolkenbruch, und peſtilenzi-
ſcher Luft wüthet.

Gewiß! der durch die ganze Natur allgemein herrſchende Tod iſt ſchon allein fähig
genug, den Verſtand aller Philoſophen zu
verwirren; oder antwortet mir, ſo ihr könnet, ihr, die ihr Euch rühmet, die Urſa-
chen aller Wirkungen zu ergründen. Ihr
nennet dieſes Wüthen des Todes durch die
ganze Natur, damit ihr ihm doch einen phi-
loſophiſchen Namen gebet, das Zerſtörungs-
ſyſtem, und bedecket dadurch nur mit einem
groſſen Wort Eure Unwiſſenheit, wie man
nicht ſelten in der Philoſophi alſo manche
Lücke ein Wort pflanzet, welch: der Verſtand mit keiner deutlichen Idee auszufüllen
ver-

vermag; aber antwortet mir, und löset mir die schwere Frage: Alles, was eine empfindsame Seele hat, stirbt, von dem ersten Thier an, dem Polyp, der nah an die Pflanze gränzet, an dem man nur den ersten Grad einer Empfindung wahrnimmt, bis auf den vernünftigen Menschen, der ein Nachbar des Engels ist. Wenn nun das Sterben so sanft hergienge, wie etwann ein Licht entfliebt, das über den Docht weglöscht, so könnte man so manchen, wie durch andere nichtsbedeutende grosse Worte, mit dem Zerstörungssysteme beruhigen: aber wenn wir auf all das elende Ringen der Menschen und Thiere hinabsehen, auf die Schmerzen und Krämpfungen, das Lechzen nach Labsal und Hilf in dem erschrecklichen Kampfe des Lebens mit dem Tode; da wir hienieden keine Gerechtigkeit erfahren, das unschuldige Thier leidet, wie der schuldige Mensch; unter den Menschen wird nicht selten die Tugend nur mit noch mehr Qualen vergolten, der Fromme wird öfters weit schmerzhafter vom Tode gefoltert, als der unaufhörlich in Ungerechtigkeit und Lastern lebte: und erst noch recht lange gefoltert, bis ihm der Knochenmann die Gurgel zudrückt: — antwortet mir, grosse, erhabene, beleuchtete Geister, oder mit welchem Namen ihr Euch immer dem Menschengeschlecht als allgemeine Lehrer aufdringen wollet, welcher ist der erste Begriff,

welcher

welcher sich, ohne die Lehrsäße der Offenbarung zu fragen, mit diesem Schreckenspiele verbindet: ganz gewiß kein anderer, als dieser: Ist ein Gott, dann ist er ein grausamer Gott, der sich Geschöpfe bloß zu martern schuff. Liebe Leser! oder wir müssen dem Zerstörungssystem ein Entschedigungssystem entgegensetzen, oder wir haben einen tyrannischen Gott, der an den Peinen seiner Geschöpfe Wohlgefallen hat. Das erstere zeiget uns allein die Offenbarung; das letztere bewiese, daß wir gar keinen Gott haben: das Wesen, dem es an Güte mangelt, ist kein vollkommenstes Wesen, also kein Gott.

Nun, wie wird sich wohl der größte Theil der Menschen in diesen scheinbaren Widersprüchen fassen, wer wird ihm die Zweifel lösen könen, wenn ihm keine Offenbarung leuchtet, und der Vorsicht weise Ordnung entwickelt; wird ihn nicht die Versuchung überwinden, zu fluchen seinem Aufenthalte, zu fluchen seinem Vater, der ihm zu diesem Elende das kurze Leben gegeben: oder Gott lästern, als das unbarmherzigste Wesen, das nur an den Qualen der Elenden seine Augen weidet, oder gar an dessen Daseyn zu zweifeln, weil er zwischen Vollkommenheit und Ungerechtigkeit kein Mittel findet: er wird für Thoren diejenigen halten,

welche

welche der Strenge der Tugend nachstreben, und glücklich preisen den Schwelger und Ehebrecher; denn er sieht das Laster auf den Ehrenwagen, und die Unschuld das Opfer abgefäumter Schurken werden. Wird er nicht mit der einen nach dem Becher der Wohllust greifen, mit der andern Hand nach dem tödtenden Dolch: entweder soll ihm das babilonische Weib den Kelch füllen, oder er schneidet sich den Faden des Lebens ab, das ihm unerträglich wird. Gott! wenn du den Menschen diese erschrecklichen Zweifel nicht lösest, wer wird mächtig genug seyn, selbe zu lösen?

Laßt uns zur Erfahrung schreiten, und sehen, auf welche Irrwege die Menschen, ohne von der Offenbarung geleitet zu werden, geriethen.

Die ersten Zeiten des Weltalters sind so mit Dunkelheit umhüllet, daß wir außer dem, was uns der heilige Text davon sagt, von keinem andern Schriftsteller eine bestimmte Nachricht haben. Es schwätzen zwar unsere Philosophen vieles von den Chinesern, als wenn diese in ihrem mit Mauern umzingelten Reiche, weis nicht, was für chronologische Tabellen hatten, welche viel genauer, als die göttliche Schrift, das Weltalter bestimmten; allein wir erhalten wohl über das Meer chinesisches Porcellän, Pagoden, Ta-

peten

peten von Papier und Seiden; aber ihre besondere historische Nachrichten drangen noch nicht bis zu uns. Vor die Chaldäer berühmt wurden, wissen wir nichts von der so gepriesenen Philosophi; und bis dahin reichte wenigstens unter den frommen Nachkömmlingen des Adams das goldene patriarchalische Alter: wenn die Nothwendigkeit einer Offenbarung erwiesen ist, so läßt uns die Vernunft selbst keinen Zweifel übrig, daß nicht den ersten Menschen gewisser unerreichbareren Wahrheiten Aufschlüsse vom Himmel geschehen, wenn uns auch die Bibel hierüber nicht belehrte. Durch eine mündliche Uebergabe vermuthlich kamen diese Wahrheiten auf die Nachkommenschaft, welche Gott nach seinem Gefallen mit reinem Herzen diente. Aber schon beym Abraham lesen wir von chaldäischen Götzen, so wie auch sich zu Babilon, desselben Reichs auch ein Theil Chaldäen war, schon einige bestimmtere Anfänge der Philosophi entdecken lassen. Nimrod war der erste König in Babilon, sein Sohn war Belus, von diesem soll der orientalische Götterdienst seinen Ursprung genommen haben, indem man ihm zu Ehren eine Bildsäule setzte. Zu Zeiten Daniels waren die Chaldäer in der Aufklärung schon ziemlich vorangeschritten: die Magi, dieses Namens bedienten sich die weisen Männer, sind nach Aristoteles Zeugniß älter, als die sogenannten Aegyptier;

diese

diese waren also vielleicht wohl auch Chaldäer, aber sie waren schon zu Zeiten des Moses berühmt: die Geheimnisse dieser zwar ganz uneigentlichen Philosophi, oder philosophischen Künste, wie mans nennen will, bestanden noch meistens in gewissen natürlichen Wirkungen, welche einigen schlauen Chaldäern bekannt, dem Volk aber allgemein verborgen waren: sie legten sich die Ersten auf die Sternkund, und konnten daher aus genauer Beobachtung der Gestirne schon gewisse Veränderungen am Himmel weißagen, darüber der Pöbel erstaunte: sie studirten auch die Naturgeschicht, und so brachten sie manche Wirkungen durch Kräuter, und anderes Wesen hervor, welche die erste Meynungen der Zauberey festsetzten. Diese Menschen, welche sich durch derley Künste berühmt machten, waren auch meistens Priester, folglich regierten sie mit uneinschränkter Gewalt ein Volk, das ihnen, wie Göttern, glaubte: sie benützten diese allgemeine Schwachheit, gaben Gesetze, bestimmten den Gottesdienst, so wie es ihrem Interesse angemessen war; daher benn eine gräuliche Abgötterey entstand. Doch, gleichwie bis itzt die Anfänge der Philosophie noch schwach, und die Menschen erst anfiengen, ihre Steilen zu erklimmen, so mag das Religionswesen doch so schlimm noch nicht gestanden haben, wie in spätern Zeiten. Diese

Art

Art Philosophen betrogen nur meistens die Menschen, um ihren Beutel zu spicken. Diese Weisheit war das Eigenthum der Priester: sie warfen eine geheimnißreiche Hülle darüber, und erwarben dadurch beym Volk und Adel mehr, dann königliches Ansehen. Die Hieroclyphen, oder die Weise, durch verschiedene Bilder zu schreiben, besonders der Vögel, und auch anderer Thiere, thaten ihnen vortrefliche Dienste, welche Schriften so leicht kein Profaner entziffern konnte. Man weis nichts, daß sie noch andere gefährliche Lehren verbreiteten. Isis und Osiris waren jene zwey besondere Gottheiten, denen sie räucherten. Uebrigens war die Tugend nicht gänzlich verbannt: man hielt auf Unsterblichkeit der Seel, und glaubt an ein höheres Wesen, Belohnung und Strafe nach diesem Leben. Wie aber die Philosophie fortschritt, und die Menschen stolz auf ihre Vernunft allein vertrauten, vermehrte sich der Gräuel der Abgötterey. Dem ungeachtet waren die Aegyptier in der Weltweisheit sehr berühmt, so wie auch die Erfindung aller übrigen Künsten ihnen zugeeignet wurde: die Griechen schifften darum hinüber, von ihnen Weisheit zu lernen.

Es ist gar nicht zu läugnen, daß diese jene sowohl in Wissenschaften, als Künsten, sehr weit übertraffen: ihr Geschmack am Schönen

Schönen war unvergleichlich, und die berühmtesten alten Weltweisen sind die sieben, auf welche Griechenland stolz war; so überstieg aber auch die Abgötterey der Schüler gar weit die Thorheit ihrer Lehrmeister: sie setzten einen ganzen Olymp der Götter zusammen. Jupiter war der Oberste unter ihnen, welcher sich aber mit seinem Vater und Brüdern, dem Pluto und Neptun, erst lang herumbalgen mußte, bis ihm das Himmelreich zu Theil wurde; diesem aber blieb das Wasser, jenem die Hölle zum Erbtheil. Dem Jupiter gaben sie zur Gattinn eine sehr böse und eifersüchtige Frau, die Juno, welche aber auch allerdings Ursach hatte, auf die oberste Gottheit, welche den irdischen Ausschweifungen sehr ergeben war, ein wachsames Auge zu haben. Venus wurd aus dem Meerschaume geboren, und stand der Wohllust vor. Pallas Minerva sprang mit Helm und Panzer, nachdem der gute Allvater lang unerträgliches Kopfweh hatt, aus dem Hirn des Jupiters. Gott Mars war ein Blutschänder. Bachus der Gott der Trunkenheit. Merkur ein Dieb. Saturn der Kinderfreßer. Flora eine Buhldirne. Vulkan ein hinkender Schalk. Momus war der Gott der Verläumder. Kurz, es war kein Laster, dessen Beschützer nicht eine Gottheit war, und keine Gottheit, welche nicht den Leidenschaften der armen Sterblichen unterlag; dieses berechrechtigte nothwendig ihre Diener, sich in den Unflath aller Laster zu stürzen. Zu diesem Ende waren sogar gewiße Feste bestimmt, welche mit öffentlicher Unzucht gefeyert wurden: derley vorzüglichen Feste waren jene, welche zur Ehre des Bachus, der Venus, der Flora, der Ceres gehalten wurden; dem blutdürstigen Saturn wurden Menschen geopfert, und Dianens Altar träufte vom Blut aller ankommenden Fremdlinge.

Die Römer, welche den Götterdienst aus Griechenland erhielten, dennoch mit neuen Gottheiten den Olymp erfüllten, übertraffen diese noch an Grausamkeit. Sie waren die Urheber der grausamen Schauspiele, wo sich die Fechter auf dem Kampfplatz in die Wett erstachen; selbst bey den wohllüstigsten Tafeln wurden diese furchtbaren Auftritte beliebt, und die Weichlichkeit artete so zum Erstaunen aus, daß, indem sie neue Kräfte dem Leben verlieh, am Tod und Blutvergiessen Armseliger ihr Auge weidete: ich übergeh alle die Scheusale, welche die Natur in den unglückseligen Geschöpfen der armen Sklaven ertrug; wem die römische Rechte bekannt sind, daß Leben und Tod in der Gewalt grausamer Herren stand, daß sie nach Willkühr dieselben mit den ausgesuchtesten Qualen martern durften, daß man dieses alles mit den Grundsätzen der Religion vereinigte, der entsetzet sich

über

über die Strafe der mißbrauchten Vernunft.

Aus diesem läßt sich auf den Verfall der Sitten schließen, welcher nothwendigerweis aus solcher ausgelassenen Religionslehre folgen muß; diese stürzt auch beede Staaten in Abgrund, und die griechisch und römische Monarchie, nachdem sie in der menschlichen Weisheit die höchste Stuffen erreicht haben, wurden der Tummelplatz der Barbaren, und die Beut unwissender Völker. Nur dieses; die Unzucht, welche die Natur beschimpfet, war ein erlaubtes allgemein verbreitetes Laster: der Wucher wurde durch Gesetze gebilliget: und die Rebellion wüthete beständig.

Man wird sagen: Der Pöbel habe die Lehren der Weisen mißbrauchet: die Götterlehre der Griechen wäre gar nicht ohne hohe Begriffe gewesen: die Priester haben nach den Maßregeln ihres Eigennutzes sie umgemodelt, und das Volk verfertigte sich einen Glauben nach der Bequemlichkeit. Allein, dieser Einwurf läßt sich wegwischen, wie Kreide von der schwarzen Tafel; man darf nur die Lehren der damaligen Weltweisen selbst untersuchen, und man muß erstaunen über die Thorheiten, auf welche diese Menschen verfielen; der offenbarste Beweis, daß die
sich

sich selbst überlaßne Vernunft ohne die Gnade wenig vermag.

Es waren Weise, welche von dem Daseyn Gottes, von seinen Vollkommenheiten, von der Seel Unsterblichkeit: Sokrates, Plato thaten sich besonders hervor: ganz herrliche Dinge schrieben; allein sie verfielen darum auf der andern Seit in solche unvergebliche Fehler, daß man gar nicht fassen kann, wie beyde so ganz widersprechende Begriff in ihrer Seele sich vereinigen konnten. Sokrates gab die schönsten Lehren von Gott, und seinen Vollkommenheiten, und dennoch befahl er noch sterbend, einen Hahn dem Aesculap, welchem er sich verlobet hatte, zu opfern. Plato glaubt an Gott, und bethete dennoch die unteren Gottheiten oder Dämonen an. Der größte Haufen aber mißkannt auch die ersten Grundwahrheiten, sie stürzten in die chorrechteste Meynungen. Einige legten der Welt die Ewigkeit bey, oder wenigstens dem Stoff, aus welchem sie nachmals selbst erwachsen ist. Andere sagten: Gott ist die Seele der Welt, jedes Leben der Geschöpf ist ein Theil der Gottheit: Gott selbst sey dem unerbittlichen Schicksal unterworfen. Die Seele des Menschen war nach Einiger Muthmaßung der reinste Theil des Bluts, oder das feinste Lüftchen, oder der feinste Feuertheil. Die Seelenwanderung war ein bekannter Grundsatz der Platoniker, daß die Seele durch die Körper der

T Pflan

Pflanzen, und Thier und Menschen so stuffenweise bis an das Firmament zu den Firsternen hinaufsteige. Der vernünftige Aristoteles bestättigte die unzüchtigen Bilder der Götter. Cicero behauptet, der Glauben an die Unsterblichkeit wäre das stärkste Band der menschlichen Gesellschaft, ob aber die Seele wirklich unsterblich sey, daran zweifelt er. Ueber diesen Punkt der menschlichen Seele kamen wohl die Meisten überein, daß selbe bloß ein materialisches Wesen sey, und kein Geist; daß sie mit dem Körper einerley Schicksal habe, und mit dem Tod aufhöre zu seyn. Mit eben diesem Grundsatze schliessen sich die meisten Philosophen unserer Zeiten an jene, und bringen es mit allen ihren Spitzfindigkeiten nicht höher, als daß wir außer einer Handvoll Erde nichts weiter werden. Elende Philosophie! die uns keinen andern Trost gewähret, als daß wir nach einem kurzen Schmetterlingsleben in ewiges Nichts zerstäuben: welche dem Staate keine nützlicheren Dienste zu leisten vermag, als daß sie ihm Mörder und Räuber, und Blutigel, und Koßadiebe, bestochene Richter, sieche und durch Wohllüsten entnervte Bürger, Heuchler und Tyrannen, und Despoten, Schurken in die Arme führet: oder welcher Grundsatz ist fähiger, alle Schutzwehre der Tugend niederzureissen, dem Laster die Thore zu öffnen, und die Menschen zu aller Ausgelassenheit

heit anzufeuern, als dieser: Die Seele stirbt, jenseits des Grabes, ist kein Gericht mehr.

Solche Systeme denkt sich der menschliche Verstand aus, wenn ihm die Fackel der Vernunft allein durch dieses nächtliche Thal leuchtet, ohne daß die Lichter des Firmaments zwischen gefährliche Klippen herein in die Tiefen des Abgrundes, auf die Flächen benachbarter Wässer blinken, und ihn vom Sturze bewahren. Ja, es ist ganz unwahrscheinlich, daß die Weisen solche tolle Meynungen von ihren Göttern gehabt haben, wie der Pöbel, oder der priesterliche Eigennutz selbe erheischte; man geb auch meinetwegen zu, daß sie sogar hohe Begriffe damit verbanden: allein, warum sanken sie denn in anderen Dingen, besonders was das Leben der Seele betrifft, so tief herunter? Ist dieser Beweis nicht schon hinreichend, welch elende Mittel zur Glückseligkeit uns die sich allein überlassene Vernunft hinterläßt, wie wenig anlockend zur Tugend die Philosophi ohne Offenbarung sey; vielmehr uns gebiethet, weil nach ihren Begriffen für uns keine Ewigkeit ist, dem Sinnen ergößenden Laster, weil dieses uns schmeichelt, wenigstens so weit zu folgen, daß den Verbrecher das Auge der verfolgenden irdischen Gerechtigkeit nicht erblick, und das Leben keiner Gefahr ausgesetzet werde? Laßt uns mit Blumen kränzen, weil sie sind, denn nach dem Tod ist keine Freude mehr.

Der Aufenthalt Jesus in Aegypten.

Sonnen giengen auf, und giengen unter, und noch genoß die fromme Wittwe des Allmächtigen Segens, daß der Herr des Himmels in ihrem Hause wohnte. Esther aber hatte vergebens geweint, die heilige Familie bey sich noch länger zu halten. Denn gleichwie die Erhabenste unter den Weibern sich die Mäßigung in allem immer zur festen Regel sezte, so, daß sie weder äußerliche Strenge bezeichnete, noch Liebe zur Bequemlichkeit jemals erniedrigt hatte, wollt in der Pracht dieses Hauses ihrem Stande kein übels Beyspiel hinterlassen. Sie nahm mit Herzensdanke die Gastfreyheit an, welche ihr die liebreiche Wirthinn anboth; aber sie wußt auch, daß die Guttthaten mit Bescheidenheit zu genießen wären, daß man öfters mit unausgesezter Erwiederung des ungestümen Begehrens der Wohlthäter endlich lästig werde: dann geziemt es sich wohl? glaubte die edeldenkende Maria, daß eine Frau in den kraftvollen Jahren, mit einem Gatte, der sonst Handwerk trieb, sich nicht durch Arbeit die Nahrung herbeyschaffen, sondern bloß von den errungenen Mitteln eines fremden Schweißes leben soll; sie war selbst das unwiderlegliche Beyspiel, daß man aus

der

der Almosensammlung niemals eine Tugend machen soll, nur derjenige darf die Freygebigkeit seiner Mitmenschen anflehen, wenn ihm keine anderen Mittel mehr sind, sich selbst die Nothwendigkeit zu schaffen. Das versprach die Mutter des Herrn der zudringlichen Wohlthäterinn, gar nicht fern von ihren Mauern zu wohnen; damit sich die schon einmal geknüpfte Freundschaft durch wechselseitige Besuche niemals mehr aus den Augen verlöre.

Wir haben schon oben gemeldet, daß zwar die Gebärerinn Gottes die Schätze, welche ihr die Weisen aus Orient hinlegten, unter die hilfbedürftige Armuth vertheilte, doch auch die weise Vorsicht hatte, etwas für ihre eigene Nothdurft aufzubehalten: denn schickt dem Menschen der Himmel ein Glück, so soll er selbes niemals mit frommem Stolze von sich stossen, als wenn all das Irdische zu gering für seine Aufmerksamkeit wäre, sondern er theilt es in erfoderlicher Klugheit mit seinen Nebenmenschen: daß er im Falle der Krankheit oder Unvermögheit mit Dank sich der himmlischen Wohlthat erinnere, und keine schwere Bürd auf den Schultern Anderer werde. Die Wohnungen der Stadt waren wegen der angewachsenen Volksmenge zu sehr hochen Preisen gestiegen, aber gleich außer den Ringmauern standen viele anmuthige Hütten, meistens von Menschen bewohnet, welche sich auf den Gartenbau legten; das nächste Häuschen am Thor, ein Laubengang aus dem Hause der Wittwe, führte durch eine Seitenöffnung der Stadtmauer noch schneller hin, ward von den Neuangekommenen gewählet, das nahmen sie in Pachtung samt einem kleinen Stück Erdreich.

Es gehört mit unter die vernünftigen Anstalten des menschlichen Lebens, auch für die Zierde und Bequemlichkeit seiner Wohnung zu sorgen. Wo wir immer sind, sollen wir uns beständig der Gaben unsers Schöpfers erinnern, und jede Gelegenheit entfernen, welche unser Gemüth unzufrieden macht. Die verschiedene Veränderungen des Luftkreises haben die Menschen genöthiget, sich gegen selbe zu schützen: es sind gewisse Zeiten, wo die Schönheit des Firmamentes, in unfreundliche Wolken gehüllet, uns den Aufenthalt im Freyen sehr beschwerlich macht; aber auch der helle Sonnenschein wird uns nicht selten wegen seinen stechenden Strahlen unerträglich, wir nehmen zu unserer Wohnung die Zuflucht, und diese nimmt uns gütig in ihren ruhigen Schooß auf. Welche Wonn erfüllt dann die Seele wieder, wenn ein niedlicher Aufenthalt uns von den Unbilden des Wetters entschädiget! Schmutzig, unreinliche Zellen gehören weder zur ascetischen

schen Frömmigkeit, oder zu der sonst nie genug zu preisenden evangelischen Armuth eben so wenig, als der tadelhafte Stolz, sein Zimmer über die Bedürfniß des Standes mit überflüßiger Zierde zu schmücken. Die strengste Tugend verbindet gar gern die Bescheidenheit mit niedlichem Wesen, denn sie nimmt sich zum Bepspiel die Werke des Schöpfers, welcher auch Dorn und Distel nicht ohne Zierde läßt, die schöne Welt zu keiner Spelunke gebaut hat, sondern einen freuntlichen Aufenthalt. Oder kann wohl die Ordnung ohne Zierde bestehen, und lieber nicht die Tugend die Ordnung am ersten?

Hier in Aegypten findet sich vielfärbig wohlriechendes Holz. Eine Menge derley kostbarer Bäume wachsen im Freyen, wie unsere Buchen und Fichten, nur selten trifft man sie zu Hapnen versammelt an. In diesem Lande des Ueberflußes ist es niemand verwährt, diese Stämme zu fällen. Joseph hatte zuerst die geringe Wohnung in drey Fächer getheilt, dazu gab ihm die Ausübung des Zimmerwerks den Vortheil in die Hand, und die nicht geringen Kenntniße der Baukunst, die er besaß. Ein geräumiger Söller, von zwo Seiten beleuchtet, nach dem Gestade des Nils, und den ewigen Piramiden, behauptete die Mitte. Rechts und links waren zwey kleine Gemächer, dem Gebethe, der

Ruhe

Ruhestätt, und der Arbeit der edeln Maria gewidmet. Den Söller kleidete der erfahrne Künstler mit röthlichen Brasillen: dazwischen legt er in erhabner Bildung Palmen ein, mit grünem Safte gefärbet. Die Zeit der Arbeit zu verkürzen, sammelt er sich Holzwerk von allen Farben zu diesem Gemach: aschengraue Oliven lagen zum Grund: der Bilderzeichnung war er weniger kündig, diese lernte zum Stickwerk in der Halle des Tempels die holde Maria. Die schönste der weiblichen Hände zichnete hierauf in kleinen Feldern Blumenbüschel: dazwischen abwechselnd niedliche Landschaften: in den leeren Räumen flogen hie und da einsame Schmetterlinge. Die Farben gab meistens der Hölze Natur, nur wenigen kam eine künstliche Beize zu Hilfe: das war für das Aug ein entzückendes Spiel; alle die hellen Farben auf Aschengrund: noch helleres Leben gab ihnen der Firniß, mit welchem sie das Tafelwerk bestrichen, er war aus klarem arabischen Gummi bereitet. Mit des Himmels Bläue war jenseits das Kämmerchen gemalt; an die Oberdecke, welche in ein kleines Gewölb zugearbeitet war, hefteten sie spielende Sterne, das Gesims wurde von zierlichen Säulen getragen, mit Gehängen verbunden: hätte Gold die feinste Glieder bedecket, es wär ein kleiner prächtiger Haustempel gewesen; sie aber begnügten sich bloß mit der Farbe des Goldes,

des, wie es sich zu ihrem Vermögen schickte. Gelb und Himmelblau sind die feyerlichste Farben, sie geben der Seele wunderbaren Schwung; sie wählten diese daher zum Ort, für welchen das Gebeth, und die Betrachtung himmlischer Dinge gewidmet war. Aber auch das Aeußerliche ihrer Hütte schmückte niedliches Wesen. Gegen Aufgang der Sonne bauten sie Traubengeländer, an selben krochen die Ranken hinauf bis zur Spitze des Daches, die grossen Blätter wehren Kühlung hinein: die übrigen Seiten zierten Amarillen und Pfirsiche, Früchte, welche in der Trockne des Bodens fortkommen; und die Hütte glich einer paradisischen Laub, und spottete so manchem Palaste gegenüber, an dessen Erbauung man vielleicht tausend und tausend Talente verbrauchte.

Auch ein kleines Erdreich ward den Fremdlingen nebst der Hütte vergönnt, das legten sie theils zum kleinen Garten an, theils ward es ihr weniger Feldbau. Die geschmackvolle Jungfrau zeichnete selbst den Plan, nach welchem sie den Garten angebaut wünschte; Gemüs und Blumen widmete sie sich zur Sorge, der schwereren Arbeit Ausführung bath sie ihren willigen Mann auf sich zu nehmen. Mit einer Mauer einzufassen das Erdreich, dazu mangelt ihnen Vermögen, aber eine grüne Schutzwehre zu bauen, daß Thier
und

und Menschen ihre Mühe nicht vereitelten, das konnten verrichten ohne kosten arbeitende Hände. Das Gewächs der wilden Rosen ist in Aegypten vielfältig, besonders auf den Gefilden, welche näher am befeuchtenden Nile liegen. So ein grüner Zaun mit Stacheln bewaffnet, den weiß und rothe Farben belebten, dünkt ihnen erwünschlich. Joseph schmerzten die wunden Hände nicht: er grub dieser bewaffneten Stauden eine Menge, gebunden in Büchsel trug er sie heim, und pflanzte sie rings um das Erdreich: sie wuchsen schnell zum lebenden Zaun auf. Das kleine Feld war mit Reis und Weizen besäet, und sie sahen hofnungsvoll ihrer Nahrung entgegen. Mit saurer Arbeit, vielem rinnenden Schweiße grub er eine tiefe Cisterne, und legte sie von innen mit Steinen aus: das war der Wasserbehälter, wenn der Nil seine Arme zurückzieht, und, in seinem Brunnsaal sich wieder verschließend, das Land zu befeuchten aufhört. Die Cisterne war des Gartens Mittelpunkt: Lilien umkrönten ihre Mündung; von dieser Krone zogen sich die Strahlen: zwo und zwo flossen immer in Ecke zusammen, und so ward der Garten zum Sterne gebildet; die Füllungen waren mit grünem eßbaren Kraut eingelegt, nur in der Mitte wuchs immer, hier ein zahmer Rosenstrauß, dort ein Busche der goldgelben Minestra: denn nur Reichthum und

Ueber-

Ueberfluß gestattet den ganzen Raum dem Blumenwerk: aber die Säume waren wohl mit Blumen besteckt, Tulippen und Veilchen, Hyacinthen, Narcissen, Animonien, und wohlriechende Nelken; die Spitzen aber verlohren ihre Schärfe durch immergrünende Aloe, welche in Gefässen aus Holz ihre Blätter majestätisch auseinander theilten. So hatten die Fremden aus Nazareth sich in kurzer Zeit eine angenehme Wohnung bereitet: sie hatten Ursache zu glauben, daß lang in Aegypten ihr Aufenthalt noch seyn dürfte, denn die Reihe der Tyrannen war groß, welche sie in Gottes Tempel sowohl, als im Palaste sich einander folgen sahen.

Doch, laßt uns, liebe Leser! zu dem schreiten, was Euch näher belehret, was jedem aus Euch zum Muster dient, eine Tagesordnung einzurichten, welche das Gebeth mit der pflichtmäßigen Arbeit, beede mit anständiger Erholung verbindet: Laßt Euch ein Beyspiel zeigen, daß weder das Gebeth der Arbeit, noch diese der Erholung eine Hinderniß setze. Es ist Thorheit, so für die Güter dieser Erde zu sorgen, daß man sich in beständiger Arbeit verzehrt: zu glauben, daß fürs Hauswesen jede Minute verloren sey, welche man nicht auf die Zusammenscharrung des zeitlichen Reichthumes verwendet: Gebeth dazwischen segnet die Arbeit.

Ihr

Ihr versuchet den Himmel, allein auf lange Gebether, und immerwährendes Psalliren Vertrauen zu setzen; der Schöpfer befahl dem Adam nicht kanonische Horen. Es ist unbeschdner Eifer, und eine Sü..e gegen die Pflichten, welche sich jeder selbst schuldig ist, seinen Kräften gar keine Erholung zu gönnen, und gegen jeden Zeitvertreib mürrisch jede Freude zu fliehen. Die sanfte Bescheidenheit hält in allem die Waag, und dann lächelt immer Zufriedenheit gegen ihr hinauf.

Ich will anfangen von den Morgenstunden, wie selbe die erhabne Maria, und ihr edler Gatte durchliebte. Nicht die Stunde der Mitternacht sollte sie aufschrecken aus dem ersten Schlafe, wie viele Mönchen und Nonnen in spätern letzten Jahrhunderten. Warum hat denn diese Stille der Schöpfer auf der Erde verbreitet? Selbst die unfreundliche Eule hält ihr klägliches Ächzen um diese Stund zurück; will also der Mensch weiser seyn, als sein Schöpfer, daß er mit klingenden Metallen die Natur aus dem Schlafe schrecket? Nein! dem Bothe des Tages, dem funkelnden Morgenstern, eilten sie entgegen; wenn die Spitze der Berge roth wurden, dieses Zeichen, welches die Natur der Arbeit gab, war der feyerliche Wecker; Maria wischte dann lächelnd ihre schöne Augen, voll inniglichen Dankes, daß der Schöpfer die Na-

te

tur so freundlich zur Arbeit ruft. Die Reinlichkeit des Körpers ist die Außenseite der Reinigkeit der Seele: ihre Seele war die reinste unter den Seelen der Kinder Evens, sie umhüllte ein Körper voll himmlischer Schönheit: so mancher wandernder Engel, der von Gott auf die Erde dorthin oder jenseits, zu vollbringen Befehle, gesandt war, blieb voll Erstaunen stehen, denn er sah etwas, das er noch nie in den Himmeln gesehen hatte. Sie schmeichelte ihrem Körper nicht, aber sie sorgt auch, daß das Edelstein, welches ihr zu verwahren der Schöpfer anvertraute, kein Schmuck verdunkelte. Merkt es Euch, weichliche Frauen! daß es Verschiedenheit sey, zu sorgen, daß man ohne Schmutz sey, das ist eine große Stuffe zur Heiligkeit, oder den Körper mit allerhand geborgten Zieraden zu putzen, durch Pomad und Essenzen, und Pouder, und Ultramarin und Cochonille zur lebendigen Mumie machen. Die Keuschheit, welche sie des Abends entkleidet hatte, legte der seligen Jungfrau wieder die Gewand um; die lebende Quelle gab ihrer Jugend spielenden Farben wieder frischen Glanz, wie der perlende Thau der im Morgen frisch sich öffnenden Blume. Ihr Kopfputz war ein gewebtes Band, meistens aus weißer Seide, welches die dunkelbraune Haare zurükflocht, darüber geheftet ein leichter Flor, welcher

den

ten schönen Nacken hinab flatterte. Sie war angekleidet, und trat vor Gott.

Sie warf sich aufs Angesicht nieder, denn die Grimassen des Talmuds waren damals noch unbekannt, daß man nur stehend, in senkrechter Linie die Stellung des Leibes, zu Gott bethen dürfe, und daß jede andere Wendung des Körpers ein Gräuel sey. Sie brachte in des Herzens Reinigkeit ihrem Schöpfer ein Opfer, das weit erhaben über die blutigen Altäre war, welche im Tempel zu Jerusalem flammten. Die gute Meynung, welche jeder ihrer Thaten des Tages einen unaussprechlichen Werth gab, war das unbefleckte Opfer, das sie entrichtete. Ihr Herz war der Altar, der Priester ihr erhabner Geist. Sie wußte, daß Versöhnung und Brandopfer, welche der Arm der Priester würgte, nur das Sinnbild wären geschlachteter Leidenschaften; sie war weit entfernt von der abergläubischen Meynung, als wenn die guten Werke, welche die Priester, wie sie sagten, für die Layen verrichteten, fremden Seelen den Himmel erkauften: sie glaubte fest, nur das, was jeder Mensch selbst Gutes verrichtete, werde dort oben in die goldene Tafeln gezeichnet, einstens aufgestellet zu werden im ernsten Gerichte. Das Gebeth dehnte sich nicht in langweilige Stunden aus, welches öfter anstatt der Erhebung

zu

zu Gott nur der Faulheit Böhmen verursachet: davon ist bster der Zeuge von seinen Psalmsängern der Chor. Ein kurzes, aber brünstiges Gebeth überwieget die zahlreichsten Hymnen. Nur die Hälfte einer Stunde dauerte das Bethen, die andere Hälfte war der Betrachtung gewidmet. Einige Psalmen waren, welche sie wegen der Göttlichkeit des Inhalts täglich bethete; mit den übrigen wechselte sie nach dem Umlaufe der Zeiten, und den feyerlichen Tagen, daß sie durch den Cirkel des Jahres Davids ganzen Psalter vollbrachte. Der Stoff ihrer Betrachtung aber war immer eine aus den Vollkommenheiten Gottes, welche ihre beschauliche Seel erfüllte:

Andächtiges Frauenvolk, so nennt Euch selbst der göttliche Text, nicht als wenn alle aus Euerm Geschlechte der Andacht pflegten, dagegen haben wir zu viel überzeugende Beyspiele, sind in unserm Jahrhunderte der Philosophie nur gar zu viele der Weiber, welche sich des Bethens schämen; sondern Euch wird die Andacht als ein Beywort gegeben, weil die Natur in Eure Seelen weit sanftere Regungen legte, als in jene der Männer: aus weit feinern Fäsern sind Eure Herzen gebildet, Ihr schmelzt weit schneller dahin; ihr habt also viel Anlage zur Andacht, das ist die Auslegung des Textes. Erlau-
bet

bet mir, daß ich einige Worte zu Euch rede. Ihr Stolzen, Ihr seyd jeder Verachtung werth, wenn Ihr Euch zu groß dünket, vor Eurem Schöpfer Euch zu demüthigen, wehe, wenn euch die Natur zur Erziehung bestimmt, Euer Beyspiel wird Eure Kinder hinreissen, und dann wartet auf Euch ein entsetzlicher Fluch. Ihr zu frommen Matronen! Ihr sehet beständig zum Himmel, und verliert aus dem Gesicht Eure Pflichten, welche von Euch die edle Erbe begehrt; Ihr richtet gegen den Satan eine Schutzwehr auf aus einer Reihe Gebethbüchern, nicht Satan, eine Kleinigkeit, die nicht nach Eurem Kopfe trillt, richtet alle diese Balisaden zu Grunde. Ihr verweilet halbe Tage vor mirakulosen Altären, daß Euch die Heiligen Gottes von einer Menge der Kreuzen erlösen; und ihr vergesset zu bitten um das größte Mirakel, daß sie vom nothwendigen Verderben erretten möchten das Hauswesen einer so höchst andächtigen Frau.

Auf das Gebeth folgte die Arbeit. Der Eigensinn stellte sich niemals dazwischen, als wenn bey dringenden Geschäften die Arbeit niemals zur Zeit des Gebeths eintreten dürfte, vor die gewöhnliche Stunde nicht erfüllt war: in diesem Fall folgte nur auf das Gebeth, der Arbeit Gebeth. Auch war die Reihe der Arbeiten nicht also bestimmt, daß nur

diese,

diese; und nicht eine andere Arbeit den Raum der Stunden füllte. Nothdurft und Nutzen gaben die Bestimmung; Maria war über jede Sonderlichkeit erhaben. Der Knabe Jesus hatt immer die erste Sorge der Mutter, der Zeit Kostbarstes ward ihm gewidmet, wie auch die Sorge für die Kinder eine gesetzmäßige, den Jsraelitinnen besonders gebothene Pflicht war. Unsere Zeiten haben sich das Gegentheil zur Gewohnheit gemacht, nicht nur der Adel, auch schon die bürgerliche Mutter dünkt sich zu vornehm, mit dem zu beschäftigen, wofür sie die Natur auf die Erde bestellet hat: die durchdringliche Stimme des Blutes ist den Müttern unverständlich geworden, seitdem die Thorheiten der Mode, und weibliches Gelehrtseyn, und Romanengefühl, und entnervende Wohllust alles überschrien haben. Die Kinderstube macht itzt eine eigen abgesönderte Famili aus, dessen Haupt eine gedungene Säugamm ist; die, welche die Kinder zur Welt geboren haben, statten bloß von Zeit zu Zeit Besuch ab, des Wohlstandes wegen. Die gewöhnliche Arbeit, welche die Tochter Annens vor sich nahm, war eine solche, welche ohne vieles Nachsinnen den häuslichen Nutzen beförderte. So mancher Frauen Arbeit ist wie die Arbeit unglücklicher Manufakturen, welche das Produkt aus fremden Landen erholen. Die Arbeit der Nadel und des

des Spinnrockens, der Bereitung der Speise, der Erhaltung des Hauses in reinlicher Ordnung, und die Pflege des Gartens zur Nahrung, war ihr ernstes Geschäft. Nur dann erst, wenn diese Nothwendigkeiten besorgt waren, setzte sie sich öfters an die fröhliche Stickrahm, und malte mit Farben in Seide niedliches Blumenwerk. Jene Frauen in Heliopolis waren stolz, welche sich rühmen dürften, von Mariens Hand einen fließenden Schleyer, oder ein rauschendes Ueberkleid mit lebenden Blumen, oder sonst ein Stickwerk zu besitzen; denn ihr war keine gleich, mit nachahmender Hand Gemälde von Seide zu sticken. Doch, nicht immer lange Stunden zusammengekettet dienten der Arbeit, zwischen sie, wenn nicht besondere Umständ es hinderten, war die Erholungszeit eingetheilt: verflossen einmal drey Stunden, dann ruhte die Gottesgebärerinn aus. Als sie noch zu Jerusalem weilt, und nachher in Nazareth, stand beständig an ihrer Seite die Tempelharfe, diese behorcht das Gebeth, Lieder und Seufzer, und ihr entgieng dann immer ein antwortender Laut, bis sie selbst gewürdiget wurde, daß ihr Mariens fliegende Hand mächtige Stimmen entlockte. Ist wohl eine sanfte Seele, welche die tröstende Musik nicht liebet, welche nicht entzückt wird beym Schwunge der tönenden Saiten, und schmilzt? Keine

ne Harfenſplilerinn ergözte die Sonnenſtadt
Heliopolis, auf dieſem Erdſtriche waren nur
üblich Flöten und Leyer, die Harfe war der
Pſalmen Begleiterinn, und von ebräiſchem
Witz erfunden: die Aegyptier ſpielten ſie nicht.
Wohl ſtanden zu Heliopolis feyernd viele
Harfen im Tempel, allein dieſe belebten nur
prieſterliche Hände, die Magd des Herrn war
zu demüthig, als daß ſie ſich getraut einen
Prieſter zu flehen, denn die Prieſter waren
auch hier, wie zu Jeruſalem, ſtolz. Aber
ſie erhielt von einem dichteriſchen Mägdchen
eine griechiſche Leyer. Erwartet nicht Wunder, als wenn die Mutter Jeſus bey der elfenbeinernen Leyer erſten Berührung ſchon
meiſterhaft zu ſpielen die Fertigkeit hätte;
ſie würd uns weniger nachzuahmende Beyſpiele hinterlaſſen, wenn ihr Lebenslauf wäre wundervoller geweſen; ſie beſaß zwar in
der Tonkunſt viele Vorzüge: ihr hatte die
Natur eine lieblichste Stimme gegeben, dergleichen menſchliche Ohren noch keine gehört,
doch, die Natur gab ſie ihr: noch nie hatte
ſich eine Seele harmoniſcher mit dem Körper
verbunden, als die Seele Mariens, doch,
auch dieſes war der Natur ihr Werk; mit
dieſen Fähigkeiten vereinbarte ſich Fleiß. Es
war alſo kein Wunder, wenn ſie aus dem
Tempel, der himmliſchen Tonkunſt Meiſte-
rinn trat. Sie faßt ſchneller, als jede andere, die Handgriffe der griechiſchen Leyer:

hätten

hätten sie die olympischen Spiele gehört, sie hätten ihr drey Kronen gebracht. Sie nahm also öfter die gebogene Leyer, von der Arbeit ausruhend, weil sie die Harfe vermißte, und die Vögel verstummten umher, indem sie himmlisch spielt: alle Engel umhorchten sie, welche Jesus auf Erden zu dienen vom Vater gesandt waren: die harmonischen Gesänge der Sterne waren ihnen unhörbar, so lang Maria spielte. Dann empfieng ihre Seele Trost und Salbung, fand sich zur neuen Arbeit gestärkt, und fängt wieder mit neuem Muth an.

In seiner Werkstätte war Joseph, und zimmert, und erwarb sich Brod unter vielem rinnenden Schweiße. Jede seiner Thaten bezeichnete die edelste Einfalt, mit welcher er selbe verrichtete: sein Augenmerk war nur dorthin gerichtet, wie er dem Kinde samt der Mutter Nahrung verschaffte; er dachte niemals über den Wirkungskreis seines niedrigen Standes hinaus: in diesen Raum hat mich die Vorsicht gesetzt, das ist sein befriedigender Gedanken; und er hob die schwere Axt wieder mit Muth in die Höh, und zimmerte vom Balken die Splitter. Sein Kenntnißvermögen in der Kunst zu bauen reichte zwar weit über gemeines Handwerk hinaus: allein der höhere Geschmack der Kunst erwirbt sich weit unsichterer

rer sein tägliches Brod, der Verständigen und Liebhaber ist immer nur eine geringe Zahl; die täglichen Bedürfnisse sind allgemein, und tragen weit gewissere Drahmen ins Haus. Das wußte Joseph, und blieb beym Gewisseren stehen.

Wenn die Sonne die Mittagslinie betrat, dann ruhte gänzlich die Arbeit. Man setzte sich zur bescheidenen Mahlzeit; auf dem Polster eines erhöhten Stuhles saß der Knabe Jesus, an seiner Schönheit holdseligen Zügen weideten sie dann die Augen, indessen ihr Mund stärkende Nahrung zu sich nahm; von welchen Freuden hüpfte das Herz der Mutter, wenn sie das Kind recht tröstlich essen sah; in einem kleinen Becher aus Ebenholz reicht ihm dann Joseph den Trank. Während aber daß sie ihren Leib mit Speise labten, erheitern sich auch ihre Seelen in unterhaltenden Gesprächen. Ein sehr lebhafter unterhaltender Witz war gar nicht die letzte Gabe der Mutter Jesus. Heiter, wie ein Frühlingsmorgen, war gewöhnlich ihr Angesicht, vor die trüben Wolken der stärkeren Leiden öfter heraufzogen: sie wußte die Pflicht einer liebenden Gattinn, dem arbeitsameren Manne, welchem die Nahrungssorge der Hausbedürfniß obliegt, die Erholungsstunde süß und angenehm zu machen; sie erwählte zu dieser Absicht manchmal kleine Geschichten, welche sie noch in den Mägdchensjahren ergötzten, so manchen kleinen unschuldigen Zeitvertreib, welcher damals ihre untadelhafte Freude war; sie erzählt ihm viele Ding aus dem Tempel, deren ein Mann von gemeiner Erziehung, wie Joseph, nicht kundig war: oder sie sagt ihm, wie weit ihr das Stück Arbeit gelungen, das sie unter den Händen hätt: oder sie erneuerte das Angedenken ihres Bekanntwerdens, oder ihres ersten vertraulichen Umganges. Zwar niemals ließ sie außer Acht die Gnaden des Himmels, welche auf sie so vielfach herabflossen, niemals die Seligkeit des Wonnegedankens, daß Jesus zwischen ihnen, in ihrem Mittel sey: doch war fröhliche Laun auch eines ernsten Gespräches immer die mäßige Würz, und Josephs liebreiche Gattinn hinterließ gar kein Beyspiel jener mürrisch=häuslichen Frauen, welche in der Ruhestund ihre Männer mit Verdruß erregenden Gesprächen quälen, und dabey den lächerlichen Glauben haben: sie können von häuslichen Geschäften nie genug predigen; oder jener beschaulichen Matronen, welche unter die irdische Nahrung ohn Unterlaß himmlisches Manna mischen, und über die traurige Nothwendigkeit seufzen, daß die Gesponsen der Engel sich hienieden noch mit körperlicher Speise beladen müssen.

Das

Das Mahl war kurz, doch auch nicht in stürmender Eile genommen; eine heilsame Lehre, daß nur der Müßiggänger die Stunden bey der Tafel mustert, und der Thor die Geschäfte zu Dellerwechsler ruft: beede verderben sich auf eine sündliche Art die Gesundheit; die Mäßigkeit soll die Aufseherinn jeder wohlgeordneten Tafel seyn. Auch gleich nach Tische war der Arbeit ihre Zeit noch nicht gekommen: sie weilten im lüftigen Söller, oder im schattichten Laubengang, über deren Wölbung die Strahlen der Sonn abgleiteten, ihnen aber annehmliche Kühlung durchwehte, da war denn mitten unter ihnen der Knabe Jesus, und versüßte die Ruhe, welche sie am schwüllen Mittage genossen.

Ein dürftiger Mann trug einstens ein weisses Kaninchen mit einem Hündchen zum Verkauf herum: Reicher Kaufherr am Strome des Nils! so sagt er zu einem Bürger von Babilon, welcher mit purpurrothem Gesichte über das Geländer seines Waarengewölbes herüberschaute, hier hab ich zwey kleine Thierchen, sie sind die Freude meiner Kinder, meine Gattinn daheim weint um sie, sie dienten uns treu, und waren oft unsre häusliche Freude; allein, wir können uns kaum retten vom Hunger, unsre Dürftigkeit kann ihnen kein Futter mehr geben: mich dauern die Armen, daß ich sie ins Elend hinausstoßen floſſen, und ohne Hilfe verſchmachten laſſe: von Deinem Tiſche fallen die Brodſamen reichlich, ich gebe ſie Dir für eine kupferne Scheidmünz. Allein der Mann mit dem purpurrothen Geſichte ſah immer gerade nach dem Markt hin, und ſpekulirte Trecento. Nein, ich ſchenke ſie Dir beede, laß ſie nur in Deinem Hauſe die Brodſamen ſammeln, daß ſie nicht vor Hunger vergehen. Joſeph gieng eben die Straß, und hörte die Klagen des Mannes; er ſtand: taub war noch immer der Spekulirer ſeiner Procento. Komm, redlicher Alter! ſprach Joſeph mit thränendem Aug, und folge mir. Sie erreichten bald mit geflügelten Schritten die gefühlvolle Maria: Nein, ſagte die Jungfrau mit holdem Lächeln, und ſtrich mit ihrer zarten Hand die Wolle des Kaninchens, keine kupferne Scheidmünze, ſieh hier einen Silberling, und trag wieder nach Hauſe deinen Kindern ihre Freude. Der Hebräerinnen Schönſte! antwortet der Greis, aber in ein Paar Tagen haben wir für ſie dann wieder nichts mehr zu eſſen, das Brod, das ich mir erwerbe, reichet kaum für unſern Mund. Nur durch Bitten ermüdet, bewogen durch das Zeugniß der Armuth, hob ſie aus dem Korbe von Pinſen die Thiere: ſo ſende deine Kinder öfter zu mir, daß ſie ſich hier freuen, und ſie gab ihm der Silberlinge zwölf. Wie

linge Mitleiden. Von dieser Zeit an waren diese zwey Thiere bey den Pilgrimmen von Nazareth. Sassen oder giengen sie dann in den Schatten nach der genossenen Mahlzeit, so sahen sie mit Wonne nieder auf das Frohseyn dieser Thier, und liessen sich durch diese unschuldige Freude die Zeit verkürzen. Ihre Zahmheit heftete nicht selten die Blicke Jesus an sich, so tief hatte sich herunter gewürdiget in der Gestalt des Menschen die Gottheit; oft reichten des Knabens heilige Hände dem Kaninchen Speise, das sich sanft am kleinen Busen hinaufschmiegte: mit Freuden erweckendem Ungestüm hingegen fodert auch etwas das Hündchen für sich: der Knabe lächelt, und da er durch Emporhaltung der Brodsamen das Vieh nur immer begieriger macht, ergötzt er sich ungemein an seinem muthigen Springen, und dem hellen Gebelle, giebt ihm aber für seine Müh auch zweymal so viel. Lustig war zu sehen der Muthwille, wie eines dem andern nachsetzte, durch Schnelheit der Hund, das Kaninchen diesen durch Schlauheit überwand: wie sie öfters sich zum Scheine bekriegten, und dann wieder freundlich zusammen sich legten.

In unsern philosophischen Zeiten, wo auf Gefühl, und der Empfindungen Feinheit sogar die Aspekten des Kalenders weisen, und unsere schönen Geister in Musenalmanachs

von

von allen Ecken des Geschmackes herwimmern: wo der Schuß eines Terzrollchens etwas sehr Gräßliches ist, und Teutschlands Jüngling in Ohnmacht stürzen, weil er sie an Werters Leiden erinnert: wo unsre Damen ein Anfall vom Fieber ergreift, wenn sie vom Trauerspiel hören: itzt ist eines der grossen Vergnügen bevölkerter Städte, die Hatze. Die Sanftmuth ist ein Hauptzug, welcher den Christen bezeichnet, den Befolger des Evangeliums, welches Frieden verkündet, und wir weiden unsre Augen an der Marter, und Qualen unschuldiger Thiere, welche mit Erlaubniß der hohen Obrigkeit die Grausamkeit zerfleischet. Selbst die Jagd ist noch ein Ueberbleibsel, das uns die Barbaren hinterlassen haben. Der Tod, der laute Ruf der Natur, daß ihr geflüchet war, kann der Vernunft nie zum Vergnügen dienen, und bennoch sehen wir: freylich setzen die geistlichen Rechte billich Strafen darauf: daß auch die Priester unsrer heiligen Religion, welchen die Lehre Jesus Christus die Sanftmuth der Schafe zumuthet, aber öfters in der Weichlichkeit die Sultanen übertreffen, mit langen Feuerröhren bewaffnet, und grasgrünen Weibtaschen behangt, weit unbarmherziger, als die Layen, gegen die armen Thiere die herbstlichen Kriege führen, und an dem entsetzlichen Ringen mit dem Tod, und den erbärmlichen Stimmen des Wehs ihren un-

sere

terhaltenden Spaß haben. Haltet es nicht
für eine Kleinigkeit, oder eine jugendliche
Einbildung, ihr, die ihr mich leset,
wenn ich euch das Mitleiden Mariens und
Josephs gegen ein Paar sehr unbedeutende
Thiere schildere. Wisset, daß keine unsrer
letzten Pflichten sey auch die Pflicht gegen die
Thiere: betrachtet diese dienstbaren Geschöpfe, hierinn stecket etwas, daß noch keine
Philosophi ausgeheckt hat, am wenigsten
aber sind sie da, unserm Muthwillen zu dienen. Ein edles Herz, ein Gemüth, das
von wahrhaft sanften Empfindungen wallet,
nicht des Gefühles sich rühmet, das bloß
die Affektation giebt, und die Modekrank-
heit unsers Jahrhundertes, leider! ausgebreitet hat, wird nie ohne innere Rührung
den Tod der Thiere betrachten: ihre Leiden
werden ihm an die Seele gehen, er wird das
entsetzliche Schicksal immer mit stillen Thränen beweinen, daß das Thier, welches mit
uns gleiche Empfindungen hat, ohne Ver-
schulden leidet, und schmerzhaft stirbt, wie
der schuldige Mensch. Doch, anbethungswürdige Vorsicht! hast nicht du uns den
Pfad in diesem Labyrinthe gezeichnet? Wir
haben eine strenge Pflicht gegen die Thiere,
daß wir sie milde behandeln sollen, im Falle
nicht die nothwendige Schutzwehre der Verthei-
digung uns entschuldiget: thun wir anders,
sind wir, ohngeachtet alles Schutzes, welchen die

Dumm-

Dummheit und Unerziehung über uns ausbreitet, einer großen Sünde schuldig.

Wie die Sonne schritt die Helft ihres Kreises hinunter, so eilt auch die Arbeit der Auserwählten zu ihrem Ende: frischer Muth belebte die Kräften, und er harret aus, bis die letzten Strahlen der Erd entschimmerten. So lang war Joseph in seiner Werkstätte, und Maria bey ihren Geschäften: nur dann und wann erquickte den Arbeitsameren in der Hälfte des Nachmittags ein erfrischender Trunk mit wenigem Brod. Wie sich aber über den Theil unsrer sichtbaren Schöpfung Ruhe verbreitet, und jeder Vogel in sein Nest zurückfliegt, jedes Würmchen zu seiner kleinen Höhle kriechet, jedes Thier nach seinem Lager eilet, und Speise zu sich nimmt, erwartend den süßen Schlaf, so übereinstimmt auch ihre Lebensart immer dem wohlgeordneten Plane des Ganzen. Sie bemitleideten die Grossen dieser Erde, welche, damit sie sich von den Menschen auszeichnen, welche sie für die Gemeinen halten, Tag in Nacht, und Nacht in Tag verkehren: ihre Lustbarkeiten beunruhigen das Sternenlicht, und den sanft wallend silbernen Mond: hingegen bescheinet die helle Sonn ihren Schlaf: vor den Augen der Damen aber steigt erst um Mittag aus der Schminkbüchse die Morgenröthe.

Die Abendmahlzeit bestand aus einem einzigen Gerichte, und einem Becher voll herzerfreuenden Weins. Die Kosten dieses Getränkes überschritten ihr mittelmäßiges Vermögen nicht: denn wenn auch in Aegypten wenigerwächst, so wird häufig hieher das Gewächs der Trauben aus Palästina gebracht. Sie verschmähten keine Gabe des Herrn; oder hat denn nicht der Schöpfer alle diese Dinge wegen dem Menschen erschaffen? Sie glaubten, die wahre Abtödtung bestünd im mäßigen Gebrauche, nicht im übertriebenen Eifer, die göttlichen Gaben zu verschmähen. Wenn dann die Abendmahlzeit zu Ende war, und mit jungfräulichen Händen die Gebärerinn, Jesus in sein Bettlein gemascht hatt, ihn wiegte, bis einschlief das göttliche Kind; denn saßen sie nicht selten unter dem belaubten Dordach ihrer Hütte: die ebräische Tonkünstlerinn nahm die Leyer in Arm, und wenn die Sterne so funkelten, so sanft der stille Mond seinen milden Schimmer umhergoß, ward in ihrem Innersten ihre Seele gerühret: sie konnte sich nicht mehr halten, und sie begann mit fliegendem Arme zu spielen, ihre Stimme schmolz in die süßen Töne der Saiten, und die Nachtigallen horchten alle umher, wenn die Stimme Mariens, und ihr künstliches Entlocken aus der elfenbeinernen Leyer, die Gebüsche sanft durchrauschte, in den Auen klang, und über die Wipfel

der

der Ceder und Palmen, die annehmliche Echo zu sich rief. Oft waren um des Gartens grünenden Zaun viele städtische Bewohner versammelt, die Engelsstimme zu hören, und den Saitenschmelz der ägyptischen Leyer; doch der Bewohner des Himmels waren zu Legionen versammelt, sie neigten sich bethend gegen die Wiege Jesus: ihr Geist aber, von noch nie gehabtem Entzücken emporgeschwungen, sah dankend zum ewigen Vater empor, daß sie die Harmonien des Himmels durch ein irdische Saitenspielerinn nimmermehr vermißten. Doch, wenn die Feyer des nächtlichen Stillschweigens die neunte Stund erreichte, dann schwiegen mit der Engelsstimme die Saiten. Beede stiegen in das Bethkämmerchen, zu verrichten ihre Andacht: sie wer kurz, oder brünstig, lange Gebethe würden sie untüchtig zur Munterkeit des anbrechenden Morgens gemacht haben.

Diese war die Tagesordnung der heiligen Fremdlinge, eine Ordnung, welche die Nachahmung jedes Christen verdient: nicht allein den Ordensmenschen führt die strengste Regel zum Himmel, nein, auch leichtere, bescheidnere Gesetze, wie ihr so eben im nachahmungswürdigsten Beyspiele betrachtet habet, führen zum Himmel.

Unter

Unter den wenigen Freunden, welche sie in Aegypten hatten, denn auch dieses ist Klugheit, sich nur wenige Freunde zu wählen, behauptete doch immer den ersten Platz die gutherzige Wittwe: diese besuchte sie öfters, und auch von ihr wurden öfters die Besuche vergolten. An einem trüben Tage, welchen sie der Erholung widmeten, und wo die Strahlen der Sonne weniger stachen, und der Himmel in Wolken gehüllt war, wandelte sie die Lust an, die ewige Pyramiden zu sehen: recht herzlich wünschte die Wittwe, ihre Begleiterinn zu seyn; allein ihr hohes Alter gab es nicht zu: diese Wunder der Welt waren zwo Meilen von der Sonnenstadt entlegen; sie sandte mit ihnen als Geleitsmann ihren getreuen Tobias, sie aber wollt indessen Sorge tragen für Jesus den Knaben, sie erwarten beym Rückweg im Balsamgarten, das verhieß sie ihnen. Sie brachen in den Morgenstunden auf, und giengen am Gestade des Nils gegen Babilons Thürme. Die geschichtkundige Jungfrau hatte vieles vom Stolze dieser Stadt gelesen, vieles gehört: sie unterbrach das Stillschweigen ihres aufmerksamen Gatten, und des ruhigen Begleiters. Joseph! welche hohe Gedanken durchwallen deine Seel, indem du den Last dieser Mauern mit geheftetem Auge betrachtest: denkest du an desjenigen wunderbare Geschichte, welcher mit so viel Ruhm

deinen

deinen Namen in ganz Aegypten bekannt machte, oder an die Zeiten des Moses, der schreckbaren vom Himml heruntergebethenen Plagen, als Israel mit reicher Beute beladen
der pharaonischen Knechtschaft entfloh: oder
an die Zeiten der Urväter, als Nimrod oder
Belus und Semiramis herrschten: oder an
Alexanders Eroberung: oder an die klägli-
chen Tag, als unsere Brüder ihre Flöten
und Saitenspiel an diese rauschende Palmen
hängten, sie aber in den Nil unaufhörliche
Thränen über ihre Gefangenschaft weinten?
Joseph erwiederte: nur die Thaten der ersten
und letzten Geschichte sind mir genauer bekannt: von Nimrod und Belus, und Alexanders Eroberung wünsch ich die Salbung
deiner Worte zu hören, annehmlicher als
das Murmeln des Baches werden sie in meiner Seele tönen. Was ich eben dachte, ich
gesteh es, das waren die Wunder von Josephs Geschichte, welche diese Mauern berühmt machten. Hier war es also, wohin
die Israeliten den erkauften Jüngling gefangen führten, den Putifars Haus aufnahm,
darinn er einer seltnen Keuschheit Beyspiel hinterließ: von dort in Kerker stürzt, aus dem
Kerker zum Throne sich schwang: ach, welch
thränenerweckender Auftritt war jener gewesen, als seine Brüder, die Mörder, den Un-
erkannten um Rettung ihres und ihres Vaters Leben ihn bathen, seine Milde flehten,

das

daß sie nicht durch Hunger dahin stärben; nach vielen harten Worten, und Strenge der Prüfung er dann ihnen um den Hals fiel, sie alle küßt, ihnen vergab, und am Halse Benjamins lauter aufweinte. Dem Redlichen standen selbst die Thränen im Aug, als er dieses sagte, die Wehmuth unterbrach ihn aber. Seine Worte verfolgt also die holde Maria: Edler Mann! dieser Joseph, unser Bruder, war zwar erhaben an Würde, königlicher Purpur floß von seiner Schulter: man nannt ihn den Erlöser der Welt, weil er alle, die zu ihm Zuflucht nahmen, vom Hungertode rettete: du gleichest ihm zwar nicht an menschlicher Würde, wiewohl du aus dem Blute der Könige stammest, die vom Sion beherrschten: doch, zu welchem erhabnen Werk hat auch dich die Vorsicht erkohren, zu welcher Ehr und Ruhm, wenn es einstens ausgeführet ist das Werk, welches durch dich die Vorsicht begann? Du nährest an deinem Busen unsern himmlischen Meßias, der weit erhabner, dann Aegyptens Joseph, nicht über die Ufer des Nils, aber von Meer zu Meer regieren wird. Doch ich will deine Demuth nicht beleidigen, Geliebter! und sie wandte sich mit schimmerndem Antlitze, die Morgensonne schien ihr aus einer zertheilten Wolf entgegen, sie wandte sich gegen den tiefsinnigen Tobis. Du, unser freundschäftlicher Gefährte! weilest schon lange Jahr in

Z Aegyp-

Aeghptens Königreich, wirst du nicht unsere Neugierde befriedigen? Zeig uns Denkmäler des Alterthums! sind in dieser Stadt, welche vor den hohen Pyramiden entstand, wohl keine mehr sichtbar? Nicht wenige, Nachbarinn! sagte der Greis: wie sie der gemeine Glaube dafür hält; freylich, wer kann die ächte Spuren bezeugen, noch mehr hundert, oder wohl tausend der Jahre: doch, wenn ich Eure Geduld nicht trübe, so zeig ich Euch vieles, was den Fuß der Fremdlinge an hält, der Weg ziehet ohne dem durch die volkreiche Stadt. Die Einwohner sind zwar Gößendiener, doch nicht aus Bosheit, aus Irrthum nur, in welchem sie der priesterliche Betrug, und die Lügen derjenigen erhalten, welche man Philosophen nennt. Ihr Herz ist meistens gut, nur der Verstand ist mit einem dicken Nebel umhüllet: sie werden Euch liebreich begegnen.

Indessen nahten sich die Fremdlinge schon wirklich den Mauern der Stadt. Diese waren aus grossen Quadratsteinen von ägyptischem Marmor gebaut, vier Meilen im Umkreise; sie trugen eine Menge der Thürme in die Wolken empor, welche durch ihre Verschiedenheit, Alterthum, und dunkle Farben ein Ehrfurcht erweckendes Ansehen der Stadt gaben, deren einige rund waren mit schönem Geländer gekrönt, andere waren eckicht

eckicht voll schimmernden Spitzen, Kuppelthürme mit vergoldeten Kugeln waren wieder dazwischen mildernd eingetheilt. Die Mauern, welche hinunter nach Heliopolis sahen, stiegen mit erstaunlicher Höh, in verschiedene Stuffen getheilt, und auf gesprengte Bogen gesetzt. Hier, über diesem Lauf der Mauern: Jobid wies mit dem Stab hin: sollen einstens prachtvolle Gärten gestanden seyn, gewiß ein seltenes Einfall, Gewächse der Erd in das Reich der Luft zu übersetzen: und dennoch soll durch Müh und Kosten, die her Pflanze gemangelt haben an ernährendem Saft: alles hab auf den trocknen Mauern gediehen, wie in der Fette des Erdreichs, welche da unten liegt: freylich hat die Zeit hier das Meiste zermalmet, doch erkennt man noch deutlich, wie über einander standen die Gärten, auch Beete von Stein sind noch übrig. Das sind der großen Semiramis ähnliche Wunderwerke, sprach die kenntnißreiche Maria, welche durch in der Luft schwebende Gärten ihren Ruhm drüben in jener Babilon, wo sie herrschte, verewigen wollte: doch die Zeit läßt sich durch keinen Ehrgeiz bestechen. Sie giengen durch Reihen der Wölbungen, Alexanders des Großen Triumph zog auch einstens durch selbe, und betraten das Hochpflaster der Stadt. Vor ihren Augen öffnete sich eine prächtige Straße, Paläste standen in langer Ordnung majestätisch hinunter: dieß

Z 2   Ans

Ansehen erweitert jede Seele des Fremdlings; dieses Staunen ergriff und so mehr die gefühlvolle Seele Mariens, welche für das Edle und Große immer eingenommen war: sie hat aber den Vorrang vor allen großen Seelen, daß sie in der irdischen Größe sogleich auch das Kleine gegen der Schöpfung Unermeßlichkeit empfand, und in Vergleichung mit dieser Welt etwas Erhabneres fühlt: nicht aus Hang zur Eitelkeit liebte sie den Seelen ergreifend irdischen Pracht, sondern ihrem Geiste neuen Schwung durch den sinnlichen Eindruck zum Himmel zu geben. Nicht lange war der Anblick der Straßen ihre Bewunderung, und ihr herrlicher Dom: einige niedergeworfene Trümmer aus Porphyr ziehen itzt ihre ganze Aufmerksamkeit an sich. Das sind noch die Ueberreste von Josephs Palast, sagt ihr redlicher Wegweiser: es ist eine uralte Uebergabe, daß hier Jakobs Sohn soll gewohnet, und so manchen großen Entwurf für Aegyptens Heil gemacht haben: dort aber jener ungebildete Schutt, den Ihr in der Ferne seht, links, wo sich die Straßen durchkreuzen, wo zwischen kriechendem Buschwerk jene magere Cypresse heranragt, das war der Pharaonen königliche Burg; der Fluch, welchen die Aegyptier noch immer gegen denjenigen aussprechen, dessen Verstockung so viele Plagen über ihr Haupt rief, bezeichnet noch immer die Stätte. Sie wandten sich,

sich, im Begriffe, fortzueilen. Ein großer Obelisk stand ihnen im Wege mit seinem majestätischen Bau. Sie erhoben voll Bewunderung ihre Augen zu noch nie gesehener Höh eines solchen Denkmales. Daran hatte sich Aegypten ausgezeichnet, alle Nationen erstaunen noch itzt, ohne daß diese Morgenländer nachzuahmen jemals einer die Kühnheit hatt; aus einem Stücke Granit oder Marmor wußten sie eine Spießäule zu bauen, welche in der Höh unsern europäischen Thürmen nichts nachgiebt: darauf gruben sie dann Aufschriften mit Buchstaben, welche aus Bildern bestanden, und hinterliessen auf diese Art ihre Geheimnisse zur Entzifferung der Nachwelt. Hier stand nun eine Spießäule, deren zwar Memphis noch aus dem ersten Alterthume sehr viele zierten, von vorzüglicher Höh und Schönheit. Der ganze Last war in zween Theile gesondert, das Fußgestell und die Säule selbst; doch ruhte diese nicht unmittelbar auf des breiten Fußgestelles Oberfläch: eine Sphinx mit schlanken gebogenem Rücken lag auf jedem der vier Ecke, schwer aus Metall gegossen, und trug künstlich den Last. Es herrscht eine wunderliche Rede bey diesem Volk: ein Ebenteuer saß auf einem der Felsen der Thebaischen Wüsten, und gab Räthsel auf: wer sie nicht auszulegen wußte, ward ihr blutiger Raub, und auf diese Weise wurden eine Menge der Menschen

schen verschlungen; einem Manne, der hieß
Oedipus, dem gelang sein Versuch, er löste
ihr das Räthsel: die Sphinx stürzt sich aus
Verzweiflung den Felsen herab, und Aegypten
war von dieser Plage befreyt. Das ist die
Fabel der Sphinx, deren Bildniß man an
allen Orten hatte, der obere Theil hat die
Form einer Jungfer, der untere eines Löwens: besonders aber diente dieß Zeichen zur
Bedeutung der Ueberschwemmung des Nils,
welche dann geschieht, wann die Sonne das
Gestirn des Löwens und der Jungfer durchläuft: die Sphinx erhoben sie auch zum
Sinnbild der Religion, weil ihre Geheimniß
undurchdringlich sind.

Seht hier auf diesem Schilde von Erz
eine ebräische Inschrift, unterbrach Maria
ihren noch immer staunenden Mann. Sie
lasen, es war geschrieben: Aegyptens Heil
durch Joseph. Dem Redlichen brann das
Gesicht aus edler Schamhaftigkeit, seinen Namen unvermuthet auf einem so glorreichen
Denkmale zu sehen. So etwas verursacht
gewiß in jeder Seele Bewegung, nur daß
sie bey einigen stolz ist, bey andern Freud
und Anfeurung zu ähnlichen Thaten. Deren
sind noch drey, sprach ihr Geleitsmann, mü-
het Euch nur, jede der Seiten des Obelis-
kens zu sehen. Sie kehrten sich zur Rechten.
Dieser Schild war in ägyptischer Sprache
be-

beschrieben; die Schrift lautete: Durch Ptolomeus, den Grossen. Die nächste Seite war griechisch; es stand: Alexander der Sieger. Latein die letzte: Wiederhersteller Oktavius. Die göttliche Mutter entziffert den Wißbegierigen den Inhalt. Sie kamen auf der großen Monarchien Zerfall, welche die Welt in Erstaunen setzten: — als in der Nacht unter lärmendem Gastmahle gegen den flammenden Leuchter die richtende Hand dem Balthasar sein Urtheil schrieb, und das Reich dem Perser und Meder gegeben wurde; sie erklärt ihnen von den Eigenschaften des menschenfreundlichen Cyrus, wie er auch geneigt gegen das Judenthum war, und den Gefangenen erlaubte, wieder nach Jerusalem zu kehren, und ihren Tempel zu bauen; sie unterrichtet die Wißbegierigen, wie die Monarchie der Perser sich endet, und Alexander den Darius überwand; auch durch den Tod dieses Helden die griechische in Trümmer fiel; die Römer dann über Aegypten die Oberhand gewannen, und die Unruhen, welche sich unter Pompejus und Antonius erhoben, der friedliebende Oktavius stillte, welcher itzt unter dem Namen August, Aegyptens, der Juden, und Römer Kaiser ist. Die Meisten dieser Begebenheiten hatten zwar mehr Bezug auf jene Stadt ähnlichen Namens, welche am Euphrates liegt: doch Aegyptens Babilon von

selber

selber aus dem Schutte wieder auferweckt, theilte den Stolz und auch die meisten Schicksale mit ihr. Auf der Höhe des Spitzes der Säule, sprach Tobis, habt Ihr auch schon beobachtet dieß goldene Bild mit vielfachen Armen? Das ist ein bekannter Gbz Aegyptens; und sie staunten hinauf. Es war eine ägyptische Isis: weil nach ihrer Entzauberung durch den Vollzug der Heurath mit Osiris die Gefilde des Nils eine außerordentliche Fruchtbarkeit segnete, stellten die Einwohner des Landes ihr Bildniß in einer seltsamen Gestalt vor; eine Frau mit vielfachen Armen und Busen, von der Verse bis unter den Gürtel mit Schleyer umwunden, darauf Sonn und Mond, die Thiere des Wassers und Landes gezeichnet waren, war der merkwürdige Gbz, Aegyptens einziger mit Osiris in Menschengestalt. Der gutherzige Führer wollte ihnen stehenden Schmerzen ersparen, leitete sie vorbey, ohne etwas zu sagen, bey einem öden Platze, dort laut der Uebergabe einstens die Brennhütten standen, wohin Israel in harter Knechtschaft unter rinnendem Schweiße die Backsteine trug, von Stockschlägen der unbarmherzigen Aufseher verfolgt. Sie stiegen aufwärts die Straßen: der Bogen einer Brücke sprang fern herüber, ein Arm des Nils wälzte sich durch die Hälfte der Stadt, und reinigte durch erfrischende Lüfte den ungesunden Dunst, wel-

cher

her über bevölkerten Orten sich sammelt: durch diese Brück hängt die Stadt in zween Theile zusammen. Von beeden Seiten sieht man zwischen einer Pracht der Gebäud in die entlegensten Fernen: eine Aussicht verliert sich bis an die blauen Gebirge der Einöde Pharan, und dem arabischen Seebusen: die andere breitet vor das Aug Aegyptens fruchtreiche Gefilde nieder, mit des Allmächtigen vielfachem Segen: aber der Last der ungeheuren Pyramiden steht im Vorgrunde, dieser dunkle Gegenwurf giebt der reizenden Landschaft erhöhtere Schönheit, und treibt annehmlicher die Entfernung zurück. Das Herz Mariens schlug mächtig empor, als sie die ewige Pyramiden schon so nahe vor sich sah: wir eilen, Joseph! sprach sie mit sehnendem Tone, zu betrachten die Wunderwerke, die nicht mehr ferne sind: sie strebet fort mit jugendlicher Eile. Bemerket diese Säul, antwortet Tobis: Ihr seht, wie sie in sechs Absätze getheilt prächtig heraufsteiget: das ist der Messer des Nils, zu bestimmen seines Wachsthumes Grade, wie hoch der Ueberschwemmungen Maß, und des Landes Fruchtbarkeit sey. Hier um diese Säule versammelt sich ganz Babilon, wenn zu schwellen anfängt in diesem Kanale der Fluß, und beobachtet jauchzend sein Steigen, jede Stuffe wird mit neuem Frolocken bemerket, und

dann

dann häufen sich wieder neue Opfer in ihren Tempeln. Das kleine Ufer war zu beeden Seiten mit dunkeln Sycomoren bewachsen, und dem schwarzen Maulbeerbaume, welche gegen die Paläste jenseits und dießseits grosse Schatten warfen: durch diese Schatten eilten sie izt. Sie kamen zu einem weiten prächtigen Bogen, und stunden. Alles war Porphyr, nur die Verzierungen Marmor von annehmlichem Weiß: die Mauern waren aus einem harten Steine von melancholischer Farbe des Graudunkels. Sie standen erst, bewundernd die kostbare Arbeit, am Eingange des Bogens: izt vernahmen sie, das wäre der letzten Könige Grabmal, welche Aegypten beherrschten: auch der stolzen Kleopatrens, welche Oktavius besiegt, und des Antonius Leichnam ruhe darinn. Izt traten sie näher. Das ganze Grabmal, das einem runden Thurme glich, war ebenfalls Porphyr, doch von weit höherer Farb, edlerem Wuchs, und mit mehr Leben gemischt. Ein sehr einfacher Sockel, von dem viel Stuffen, durch die man hinaufstieg, herabsanken, trug den ganzen Last, seine Oberfläche war mit Cypressen gekrönt: das erste Stockwerk umhiengen Tropheen von glanzlosem Metall, unterwunden mit Myrten: dazwischen zogen sich geheime Treppen hinauf in das Todten-

be-

behältniß. Dahin hatte sich geflüchtet die unglückliche Königinn, als sie den siegenden Lärm der Römer vernahm: dahinauf schlepp‍ten ihre Sklaven den sterbenden Antonius, der sich aus Verzweiflung einen tödtlichen Stich gab: da endigt sich vollends das Trau‍erspiel dieser listigen Buhlerinn des Alter‍thums; ungeachtet aller Wachsamkeit der Rö‍mer erhielt sie in einem Blumenkorbe Nil‍schlangen, ließ sich durch ihren Biß verbeis‍sen, und starb dann. Hingesunken über des Antonius Leichnam, der schon im Blute todt lag, auf dem Haupt Aegyptens strahlende Krone, starr und schon brechend waren ihre Augen, noch an der Brust hiengen die Schlan‍gen, ihre Kammerfrauen waren auch zu ih‍ren Füßen hingestürzt im Schlangenbiße, in diesem Zustande fand die Unglückliche der Triumphirer Oktavius, der im zu frühen stolzen Gedanken hinaufflieg, nach sich in Fesseln aufs Kapitolium zu schleppen das be‍rühmte Weib: allein diesem entsank aus der Hand das blutige Schwert, als er die Trau‍er dieses Schauspiels sah, und vergoß Thrä‍nen des Mitleids. Fest zugeschlossen war die Todtenkammer, doch ganz Babilon wußte doch, daß mit königlicher Feyer der Köni‍ginn und des Feldherrn balsamirten Leichname der römische Sieger beysetzen ließ. Auf die‍ses Stockwerk waren in Platten von Erz

der

der Könige von Aegypten Thaten in erhabner Arbeit gegraben, Flachsäulen hielten dazwischen die zierlichen Gesimse. Eine zwote Reihe der Cypressen über der Gruft spizte das Grabmal, zwischen denen sich der Porphyr wölbt: auf der Höhe der Wölbung aber blizt eine goldene Kugel: einen goldenen Adler mit der Lorberkrone ließ darauf zum Angedenken Oktavius sezen, daß sich Aegypten erinnere, daß ihm seine königliche Gewalt die Römer entrissen. Wie wurde die zarte Seele Mariens durch diesen Anblick bewegt! sie erzählte mir thränendem Aug Joseph die klagvolle Geschicht, und gab die herrliche Lehre, das schwache Menschen Mitleiden verdienen. Welch herrlicher Palast! fuhr fort der wißbegierige Bethlehemit, thürmet sich da gegenüber! er scheint von eben der Bauart, wie das kostbare Grabmal, nur noch mehr Pracht hebt ihn empor, und mächtigeres Ansehen hat ihm der Baumeister gegeben. Das ist eben der Kleopatra Burg, antwortet Tobis, wann sie zu Babilon weilte: von dieser Zeit an wohnt hier immer der Statthalter, welchen das Kapitol zum Nil sendet: die Schazkammer Aegyptens soll diesen Palast mit unglaublichen Kösten erbauet haben. Außer Jerusalems Tempel glich auch kein Gebäu in ganz Orient dieses Werkes Majestät. Der Säulen, Ge-

längländer, Spiaßsäulen, Bilder und Verzierungen, alle aus vergoldetem Erz, war keine Zahl: hellgrüner Marmor der Grund, aus diesem bestand der ganze Umfang des Mauerwerkes; und wem ist auch unbekannt, wie prächtig und schön auf Grün Gold stehet, wenn noch dazu die Pracht eine außerordentliche Kunst der Bauart erhöhet?

Der Kanal des Nils führt bis an das Ende der Stadt; von dort läuft er in einer festen Krümmung zum mütterlichen Rinnsaal: viele Erhöhungen und Tiefen machen den Weg beschwerlich, welcher sich seitwärts von Babilon krümmet, denn die Hauptstraße ziehet sich nach Thebe. Die älteste Sage bestättiget, bis da hinaus habe sich das alte Memphis erstrecket: die größten Hügel, über welche man nicht ohne Beschwerden steiget, sollen dieser weltberühmten Stadt noch übergebliebene Schutthaufen seyn: auch findet der Nachforscher noch heut zu Tage Steinklumpen, welche wegen ihrer Formen Verschiedenheit, und unbekannten Marmorarten jedes Fremdlings Bewunderung an sich ziehen. Ein Gespräch über die Eitelkeit, welcher die menschliche Thorheit nachjagt, verkürzt ihnen den Weg; aber noch ehe sie glaubten, standen schon die Riesen der Baukunst vor ihnen, die schreckbare Pyramiden.

ten. Entsetzen faßt ihr Auge, so, daß ihnen schwer war, gleich im Anfange zu ertragen den Anblick: Erstaunen ergriff beyde ihre Seelen: sie setzten sich unter zwo große schatichte Cypressen, um besser in Ruhe zu schauen.

Bildet euch nacktes Felsengebirg ein, das mit sieben getrennten Spitzen heraufragt: so stehen beym ersten Anblicke dem Wandrer die sieben Pyramiden entgegen, und weichen hinter einander in prachtvollem Dunkel zurück. Aus vier Ecken besteht die Grundfläche jedes dieser Wunder, von jedem der Ecke schießet eine Linie zum Himmel, in eine Spitze die vier Linien; welche dem Laufe der Wolken entgegen steht. Wie die Linien steigen, steigen mit ihnen in Verjüngung hundert und hundert der Stuffen bis zur höchsten Höhe; doch sind durch die mittere Stuffen Eingänge bereitet, welche in die innere Gruften führen. Wie sich vermuthen läßt, ihr Lieben! unterbrach das Erstaunen Maria, sind die Ungeheuer dieser Gebäude Mausoläen, vielleicht der ersten ägyptischen Könige Grabmäler. Ja, Grabmäler, Nazarenerinn! das betheuert ganz Babilon, doch die Aufschriften sind samt den Namen erloschen. Wenn ich Arbeit und Steine nur so obenhin
rechne,

lichne, sprach der baukünstigere Joseph, welche Schätze haben die Kosten verschlungen! Vielleicht weniger der Kunst wegen, als der außerordentlichen Größ und der Reichthümer Verschwendung hießen diese Pyramiden Wunder der Welt. Wahrlich, wie herrliche Ding hatt einstens Judäa gebaut, als sie ihre Tempel baute und erweckt, aber freylich so Ungeheures nicht, das dem Menschen immer wunderbarer scheint; als was mit richtigem Maßstab einer besseren Verhältniß gebaut ist. Doch vielleicht wären diese die ersten Versuche der Baukunst: der Königinn Pallast, den wir eben sahen, ein Werk der späten Zeiten, dabey ist feiner Geschmack mit der schönsten Ordnung verbunden. Aber wollen wir nicht ihre Höhen besteigen, vor die Sonnenstrahlen im Mittage stechen? Dann würden wir besser unter dieser Cypresse ruhen. Die Geister des Lebens zu stärken, nimm, liebreiche Gattinn! diesen vollen Granatapfel, preß in reinem Becher den Saft; itzt setze er einen Becher in Sand, auf den Becher den Apfel; darneben die Kürbißflasche; mäßige den süßsäuerlichen Saft, wenn es die beliebt, mit dieser reinen Quelle. Tobis! mein Freund! bey der Hand faßt er ihn, uns erquicke diese gestreifte Melone: diese schnitt er in Stücke. Von der lilienweißen Hand der Jungfrau, indem sie den Granatapfel

preßte,

preßte, träufelt in den Becher, dem Purpursaft, ihre schönen Augen blickten aufmerksam hin, mit reiner Quelle vermischt schlucken begierig aus dem Becher, ihre durstigen Lippen, welche jedoch an der Höhe der Farbe des Granatapfels Purpur weit übertrafen; dank dir, lieber Joseph! wie hat mir das; die Trockne des Gaumes gekühlet, in alle Glieder gießt sich die stärkende Kraft! Auch die Männer hatten die Melone verschlungen. Sie erhoben sich, giengen aus den Schatten der Cypressen, zu besteigen der höchsten Pyramiden eine. Wäre nicht ausgewittert gewesen der unterste Theil dieses entsetzlichen Baues, denn die erste Grundfläche war einige Palmen hoch, sie hätten ihren Wunsch niemals befriedigen können: aber so waren der Höhlen und Erhöhungen viele, sie erreichten ohne Mühe den Anfang der Stuffen: die waren itzt leicht zu besteigen, sie entfernten sich von der Erde zum Himmel in Eil. Nichts ist betrüglicher, als die Höhe der schiefen Flächen: steht senkrecht vor einem ein Mauerwerk, so schätzet leichter den Inhalt der Entfernung ihrer Höh: ein Thurm wird nicht so leicht ein geübtes Aug trügen, aber die Kunst des Feldmessers wird beschämt, wenn er ohne Werkzeug der Kunst der Krümmung des Bergs nachrechnet. Die muthigen Klimmer hat-

ten gar bald ihren hitzigen Eifer gekühlet. Zwar
wie ein jugendliches Reh schwebte voran die
schlanke Jungfrau: sie hatte noch nicht siebenzehn Sommer gesehen; das fünfzehnte Jahr
hatte sie kaum erfüllet, als sie den Knaben
Jesus gebar; aber Verstand und Weisheit
liessen ihre jugendlichen Jahre weit zurück;
sie hatten ihre Reife schon früh entfaltet: ihr
Licht war schon so vollkommen, wie der Sonn
im Frühjahre. Mit schwererem Schritte, doch
eifrig, folgt, mit Jahren belästet, die
Männer, und strebten der Eilenden nach.
Schon viele Klafter von der niedrigen Erd
erhöht ruhte die schnelle Läuferinn; auf die
Nachkommende wartend. Welch ein entzückender Anblick, dacht itzt ihre fröhliche Seele: schön höher, als Babilons Mauern, seh
ich zu meinen Füssen niedergebreitet die stolze Stadt: wie sich zu meinem Auge erheben
die blauen Fernen, aus ihnen Gebirg und
Thäler: aus dampfenden Nebeln hier, dort
im Sonnenstrahle blitzen der Menschen Wohnungen: wie sich mit silbernen Armen vorbeywälzt der schiffreiche Nil; welche Gegenstände werden sich mit jeder Erhöhung entwickeln; und dann erst, wenn ich von der
Pyramiden Spitz im Freyen herrsche? Lang
unterhielten sie ihre Gedanken, bis die Mütter heraufkamen: sie athmeten laut: ihr heftiges Mühen ward ferne vernommen, bis
e die Stell erreichten, dort Maria saß. Schon

A 4   let-

leiden unsre Kräften, und haben noch nicht erreicht die Hälfte des Bauwerks: wir hoften gleich oben zu seyn: allein sehr betrogen ist hier der gewundene Weg: sie sanken nieder zu rasten. Die schöne Aussicht belohnt ihnen die Mühe, und nach einer kurzen Betrachtung sehnten sie sich izt schon wieder aufwärts zu steigen: doch Maria hielt die Greisen zurück mit süßem Gespräche: sie wollte schonen dem kraftloseren Alter: sie erzählt ihnen von Alexanders Triumph durch Babilon, damit sie die Aufmerksamkeit festhielte, alles davon, was sie in des Tempels Halle gehört hatte: diese und jene waren vermuthlich die Stellen, sie wies ihnen die Plätze der Stadt: da hielten sie, opferten hier, dort zogen die Sieger vorüber: ihnen dampft von allen Seiten Rauchwerk, Kränz und Blumen fliegen aus den Händen der Jungfrauen und Jüngling entgegen: wie erstaunten wohl die Einwohner, als sie, mit so vielem Reichthume beladen, langsam einhertreten Elephanten sahen, Kamel und Dromedaren mit schwankendem Buschwerke, zahllose Sklaven in Ketten, eroberte Götzen auf goldnen Stäben, den wehenden Schimmer der Standarten und Kriegsfahnen erblickten: als sie erschallen hörten die Jubeltön, und den Freudenlärm, weil schon, ihre Waffen mit Lorber umwunden, die Kriegsheere durch die Strassen drangen, auf schäumenden Rossen die
Feld-

Feldherrn, über sie alle aus den Fernen heraus ragte der hohe Triumphwagen aus Elfenbein und Gold, über dem Alexander stand. Also heftete das Gespräch der weisen Jungfrau an die Stelle die Männer, denen ihre Bescheidenheit Ruhe gönnen wollte. Izt nahmen sie die Stäbe wieder, und stiegen muthiger aufwärts. Sie waren über hundert Stuffen gestiegen, izt erreichten sie eine Oeffnung, welche ins Mittel des Gebäudes führte. Sie traten hinein. Sie vermutheten, das wäre die Todtenkammer gewesen, darinn einbalsamirt die Leichen lagen; nicht nach der Völker Gebrauch, welche gegen Niedergang wohnten, verbrannten auch die Orientalischen ihre Todten, und verwahrten dann in irdenen Töpfen ihre Asche, sie salbten die Leichnamen ein, und schützten sie vor der Verwesung auf viele Jahrhunderte: doch hierinn in dieser Kammer, von Marmor ausgelegt, waren keine Leichname mehr, sie bemerkten wohl die Stelle, darauf sie lagen, vier Tische von Marmor standen noch, an Hieroglyphen reich. Hier erzählte die selige Jungfrau der Semiramis klägliches Ende; wie diese Königinn, durch Priesterlügen getäuscht, welche man damals Orakel nannte, in ihres Gemahls Grabstätte von der Hand ihres eigenen Sohns an Dolchstichen starb. Sie verliessen, nachdem sie wieder ausgeruhet

ruhet hatten, den Todtenchor, und strebten nach dem Gipfel.

Die Sonn hatte schon überschritten des Mittags Linie, bis sie der Pyramiden höchste Höh erreichten. Sie würde vielleicht, wiewohl der Himmel mit Wolken bedecket war, die sengende Hitze noch gehindert haben, zu vollenden den Weg, aber bey ihrer herannahender Höh erquickte sie ein kühlender Wind; die Gebirgleute wissen von dieser Erfahrung am besten zu zeugen: wie sich die Berg erhöhen, wird kälter der gereinigte Dunstkreis, aber rauhe Lüfte bestreichen ohn Unterlaß ihre Gipfel, oft bedecke sie beständiger Schnee, welcher auch dann nicht schmilzt, wenn die Sonne von dem Krebse strahlet.

Der Pyramiden Höhen sind ungleich: einige nähern sich mehr den Wolken, andere steigen weniger: jene, welche ihnen die höchste schien, hatten die Fremdlinge mit Mühe bestiegen. Aber ich will den Anblick beschreiben, welcher sie überfiel, als sie auf der Pyramiden erhabensten Spitze standen. Unter ihnen lag Babilon mit all seiner verschwenderischen Pracht: so erscheint dem Auge des Menschen ein niedriger Haufe, selben haben sich die Ameißen gebaut, durch seine Furchen kreisen sie tausend zu tausend: so sahen sie wimmeln durch die Straßen der Stadt

ihre

ihre Bewohner: nicht durch ihre Größe, nur
durch die Geschäfte bemerkt. Sie hatten ein
entzückendes Schauspiel am Schimmer des
Nils, welcher sich mit seinen sieben Armen
von ihrem Angesichte wälzte; sie sahen den berühmten Hafen Aegyptus, welcher in der
Krümmung des siebenten lag; Alexandria
steht dort mit seinem brennenden Pharus;
das Weltmeer empfängt seine Strahlen, und
theilt sie dem Nächtlichschiffenden mit. Das
Weltmeer schloß von dieser Seite den Gesichtskreis. Sie bemerkten viele Fahrzeuge darauf:
sie sahen sie fliegen über die wellende Spiegelflächen im Segelzug; es giebt kleine schnellfüßige Wassermücken mit buntem vielfachen
Flügel, sie schweben unaufhörlich dicht über
ihrem Element: so schienen den Betrachtenden von den hohen Pyramiden mit ihren
Segeln und Rudern itzt die Meerschiffe. Doch
der Blick der heiligen Mutter wälzte sich über
Heliopolis Flächen, ihr Herz war zwar immer bey Jesus, doch itzt klopft ihr stärker der
Busen, als die geliebtere Gegend ihr vors
Angesicht kam. Wo wird itzt der himmlische Knabe seyn? Weilt die fromme Wittwe noch in unsrer kleinen Wohnung, oder
sind sie schon hinübergewandelt unter die Bal-
samstauden? Lügt mich mein Auge nicht,
Joseph! dann seh ich das Nilthor unsrer
Stadt: oder was ist denn jene dunkle Er-
habenheit, welche sich gegen Niedergang über

den

den Grund des hellen Stromes thürmet? Die Zweifel hob ihnen Tobias. Eben das Nilthor, meine Edlen! wär es nicht trüb, auch Eure Hütte würdet Ihr sehen: Ihr beobachtet doch die grünen Streife, welche hinter dem Dunkeln der Stadt von eben der Porte sich krümmen? Das sind Heliopolis bekannte Gärten. Während, daß sie sich also besprachen, schoß durch den Riß einer Wolke die Sonn ihre Strahlen hin, mitten in Strahlen stand der Heiligen Wohnung, sichtbar und klar jedem Auge. Dank dir, liebe Sonne! sezte die Mutter Christus fort, du umhüllest die Stäte, darinn mein Liebstes ist: sie wandte sich zu den Gefährten: hätt uns diese Klarheit wohl diese Freuden gebracht, wäre nicht Trübe vorangegangen? Die Schmerzen sind von der Vorsicht dem Menschen wohl zur Erhöhung der Freude gegeben, wären immer heiter die Tage, man würde sich wenig der wohlthätigen Sonn erinnern, aber die ganze Natur wird von neuem erquickt, wenn nach dem Mangel eines wohlthätigen Einflußes über ihr wieder der offene Himmel lacht. So wußte die Lehrerinn himmlischer Weisheit jedes Gespräch mit einer angenehmen Sittenlehre zu vermengen, sie verfuhr nicht mit der Strenge der Asceten, deren jede ihrer Lehren in Bitterkeit eingemacht ist, viel weniger aber sprach sie im Gefühle romantischer Schöngeisterey, wel-

cher

cher die Moral bloß als eine Pußkämme-
rian dienen muß, zu verbremen ihre vielfärbige Lappen. Aber der Sonnenblick über Heliopolis schien um ihre Mauern zu wandeln:
ach, sie sahen nun nicht mehr ihre geliebte
Hütt, ihr Bild hüllte schon wieder die trü-
bere Luft ein. Doch verfolgten sie die wandelnde Strahlen, welche zwischen Babilons
Thürm immer noch freundlich heraufschim-
merten: wie sie aber die Gößenstadt vorbey-
glänzten, gossen sie sich häufiger aus in einer Zirkelrunde, bald mit mehr oder weniger Klarheit: so erscheint zur Herbstzeit durch
graue wallende Nebel die Sonn, izt fließet
ganz vor ihrem Angesiche der Schleyer: und die
Brobachtenden auf der Pyramide konnten nicht
mehr aushalten den Glanz, welcher wie aus
dem Punkte des Brennspiegels über den Balsamgarten ausströmte. Das war eben der
Augenblick, als Esther und ihr kleines Gefolg mit Jesus hineintraten: es war der Himmlischen Schimmer, welche, zu Legionen gegossen, über den Sohn des ewigen Vaters
schwebten, sie aber da oben wurden von der
Sonne getäuschet, damit das Verdienst der
Prüfung des Glaubens nicht vermindert werd,
und sie auf des Schöpfers natürliche Führung,
wie er alle Menschen leitet, nicht auf Wunder vertrauten. Sie wußtens nicht, daß Jesus unter der weichen balsamischen Stauden
Engaddi ruht, aber sie wünschten in dieser

Klarheit

Klarheit das göttliche Kind, in dieser Sonnenwärme, daß es sanft schlummert. Ein lehrreicher Anblick war ihnen, als sie gegen Aufgang sich wandten, die Zunge des rothen Meeres unterbrach von dieser Seite das Erdreich; Tobis zeigt ihnen mit dem Stabe den Weg, welchen Israel und Pharaos Kriegsheer durch die Meerenge nahm: wo des Wassers Bitterkeit versüßt wird: in der Einöde Sin Manna vom Himmel floß: sie sahen noch in der blauen Ferne heraufragen die Spiz Orebs und Sinai, da viel erhabnere Wunder geschahen. Maria sank nieder, ihre Gefährten mit ihr, den Gnädigen, Barmherzigen, Wunderbaren anzubethen. Mit welcher Wonn erinnert sie sich izt ihres auserwählten Geschlechtes Vorherbestimmung: mit Schmerzen aber der Sünden, mit denen das undankbare Volk ihrem Wohlthäter vergalt. Die thebaischen Wüsten strecken sich hinauf längs den Gränzen des rothen Meeres: zwischen ihnen herunter der Nil, wo er selber aus seinem Ursprunge sich wälzt, mit diesen Wüsten dann Aegyptens Fruchtbarkeit wechselt, und durch entgegengesetzte Verschiedenheit des Landes Schönheit erhöhe. Das Ungeheuer der Pyramiden, die Aussicht, die merkwürdigen Stellen ihres Geschlechtes, alles sezte sie in langes Erstaunen: hätte die Liebe Jesus sie nicht noch dem Garten des Balsams gezogen, sie hätten auf

diesen

diesen Höhen noch den Untergang der Sonne gesehen, so viel unterhaltende Merkwürdigkeiten hätten ihnen die Stunden verkürzt. Allein der Gedanke vom göttlichen Kind hatte des Vorwitzes Untersuchung verdrängt; entfernet von der magnetischen Kraft nur ein wenig das Eisen, sie kehret schnell wieder nach ihrem Pol zurück. Sie nahmen itzt wieder die Wanderstäb, und stiegen die hohen Pyramiden herunter, sich noch im Rückweg ihr Erstaunen zu sagen.

Wie trüb in Wolken gehüllt auch der Himmel war: war dennoch immer freundlich auf die Gefilde sein Einfluß, in welchen der Balsamgarten lag. Die Elemente dienten der Gottheit, doch in ihrer natürlichen Ordnung; dieser Ort war von sich selbst gegen die stärkeren Winde geschützet, und das Zurückprellen der Strahlen von allen Seiten her verwehrte jeden Eingang der rauheren Luft. Wegen dem sonderbaren Reichthume der Gärten Engaddi an Balsam war nebst andern Seltenheiten auch Judäa berühmt; schon Salomon, der Weise, besang ihre wohlriechende Hügel in seinem Brautliede mit dichterischem Feuer: Gold floß aus Engaddi in die Schatzkammer aller Könige nach ihm, daß unter ihren Einkünften unter den vorzüglicheren diese war. Allein der Schmeichler Herodes gab vieles hin, um Tyrann in Judäa zu seyn; der Beyestand

ſtaub des Feldherrn der Römer, Antonius,
war ihm unentbehrlich; dieſer war der Knecht
Kleopatrens, ihre Liebe zur Wohlluſt ſehnte
ſich nach den lieblichen Gärten Engaddi;
und die beſten Stauden und Stämme wurden aus Judäa gehoben, und nach Babilon
gebracht. An der Mitte des Weges zwiſchen
der königlichen und der Stadt der Sonne
ſchien ein grünender Hügel, unter ihm floß
eine ſüſſe Quelle gegen Mitternacht über klare Kieſel fort. Dieſer Platz war von der
Herrſcherinn Aegyptens gewählt, dorthin den
Balſam aus Judäa zu pflanzen: eine ſchnel-
le Arbeit vollbrachte das Werk, und es ent-
ſtand dieſer herrliche Garten. Allererſt ließ
die Königinn in ein Brunnenbeet ſondern die
lebende Quell, um ſelbes wurden die kleine
weinende Stauden gepflanzet, in ihrem flüchtigen Schatten ſtanden Porphyrgefäſſe: die
Stämme wurden in ein Viereck um den Hügel geſetzet, von da ſtiegen ſie in perſpektivi-
ſcher Ordnung hinauf: durchſichtige Lauben
von Jasmin oder Amarant neigten ſich über
den Eingang in die Balſamreihen; an der
Hauptpforte kroch die jerichontiniſche Roſe hinauf, und empfieng die Eintretenden mit ihrem
Wohlgeruche; die Stirne des Hügels ſelbſt
krönt ein Tempel in vier Kuppeln gebogen,
zwiſchen ihnen ragt hinauf eine glänzende
Spitzſäule: das Aeußere war Marmor, edlere Steine bekleideten das Innere; ſie ſtell-
ten

ten eine künstliche Musivarbeit verschiedener Thier und Vögel vor, derer sich die Aegyptier zu ihren Hieroclyphen bedienten. Ehedem stand auf einem Fußgestelle von Jaspis die Bust der eiteln Königinn: dieser ward weggenommen, als Octavius siegte; der Stolz der Römer setzte nachhin an die Stelle Cäsars Bild, unter ihm stand geschrieben die Wohlthat: Dieser Garten sey der öffentlichen Freude gewidmet. Jeder aus dem Volke hatte die Erlaubniß hereinzutreten, und sich zu ergötzen, er möchte nun ein Römer, Jud oder innländischer Heyde seyn; nur für den Frevel schadenfroher Menschen ward gesorgt, denn die Stauden und Stämme des Balsams wurden durch einen grünenden Zaun von Disteln verwahrt, ihr Nam ist Tragacant, von ihnen tropft flüßiges Horz, der bekannte Gummi dieses Namens. Der duldsamen Seele Mariens getraute sich niemals zu nähern der böse Geist der Verfolgung, welcher die Scheinheiligkeit regieret: sie glaubte sich eben so wenig zu bemackeln, wenn sie mit Heyden Umgang pflog, als die Sonne, welche auch übelriechende Sümpfe bescheinet. Wer eine feste Ueberzeugung seiner Lehre hat, dem drohet keine Gefahr der Verführung; wenn er unter Menschen lebet, welche einer andern Meynung sind, und an ihnen die Pflichten des Wohlstandes erfüllet: im Gegentheil er ergreift die Gelegenheit,

nicht

nicht durch Strafreden der allzeit rechthabenden Controversisten, oder durch seines Gesetzes laute Beobachtung, und die halbe vernehmliche Stimme der Jugend, seine Brüder zu bessern, wenn sie irre vom Wege sind, und auf den rechten Pfad wieder zu leiten. Hier war es also, in diesem annehmlichen Garten, wo die gute Wittwe die edeln Pilgrimme von den ewigen Pyramiden zurück erwartete, mit dem Knaben Jesus: ihm in Gesellschaft zu dienen, und zu vermehren die Kinderfreuden, und der Fremdlinge Freuden, hieß sie mit sich auch des Greises Kinder gehen; welcher der gefühlvollen Jungfrau das Kaninchen verkaufte; die Mutter der Kleinen, und ein Mägdchen mit Erfrischung belastet, folgten ihr.

Der Abend war freundlich, so trüb der Morgen auch war. Welche das Leben Jesus immer von der Seite des Wunderbaren betrachten, damit sie über das, was sie nicht nachahmen wollen, Entschuldigung finden, würden sagen, der Himmel hätte seine Strahlen verborgen, damit bequemer der sandigte Weg den Reisenden wäre; die Wolken aber wären wieder vom Antlitze der Sonne gewichen, wenn der spätere Abend ihr Brennen fühlt; doch, ohne daß hier ein Wunder gewirket wurde, die Natur blieb bey ihrer Ordnung; auf einen wolkigten Tag, wenn nicht stürmi-

stürmische Winde das Dunstkreises Gleichgewicht heben, folgt gewöhnlich ein schauerer Abend. Der Himmel war mit allen Farben gemalt, nur die Grundlage schien Gold; die Strahlen brachen durch, wo Oeffnungen waren, und schienen herauf, getheilt in viele schimmernde Säulen, über Babilons Thürmen, die Kinder saßen an der Rosenpforte, neben ihnen die Ruhe benöthigte Wittwe, sie hatte voran die dienende Mutter gesandt, ob sie noch nicht erblickte die Kommenden. Nicht lange vergebens schauten Esthers schwache Augen hinauf den Weg, der aus Babilons Thoren nach der Sonnenstadt führet; es war ein niedriges Buschwerk, das in Unordnung den Strom herabzog, mit weißem Maulbeer unterbrochen und Cedern: zwischen den kleinen Oeffnungen sah man hinter dem Dunkel sich in Silber wälzen den Fluß; dem Betrachtenden schien bald röthlich des Flußes Schimmer, bald mit der Bläue des Himmels bestrèmt: das erblickten die Kinder zuerst, das ist das Spiel dieses herrlichen Abendes, sagte die Wittwe: es war aber des Gewandes Rosenroth, das die Lenden Mariens umfloß, Tobis trug den unbequemeren Mantel auf der Schulter, dieser spielte die Farbe des Himmels in den silbernen Fluß. Doch, jetzt wandte sich hinüber die Krümme des Weges, Maria schien zuerst mit der hellen Farbe vom dunkeln Buschwerk, hinter ihr die

We-

Begleiter, hinter dem Buschwerk und ihnen, mit weit auseinander gebreiteten Strahlen, die untergehende Sonne. Die Kinder Elisens, so hieß der dürftige Vater, liessen sich nicht mehr halten; entgegen eilten sie mit fliegender Ferse, vor ihnen das staubende Hündchen. Nach dem Lauf einiger Minuten hatten sie die Mutter des Herrn erreicht, und wiewohl Mariens Augen nur auf Jesus geheftet waren, dessen Stelle sie an den schneeweißen Leinen sogleich erkannte, faßt sie mit ihren Armen auf, die athemlosen Kleinen, und kühlt ihre Wangen mit Küssen. Hand in Hand führt sie die bebenden Kinder, den feurenden Stab trug die demüthige Sarai, hinter ihnen giengen die Männer; so glänzten sie herunter die Straße.

Gegrüßet sey mir, Esther! Du Gutherzige! klang die erste Stimme der leichtathmenden Jungfrau, nachdem sie zuerst mit stummer Freud Jesus in ihre Arme schloß, und an ihre Brust gedrückt hatte: wie vergelten wir Deine Bemühung? Des Allmächtigen Segen, Beßeres können wir nicht, bitten wir über Dich und die Deinen ohn Unterlaß herunter; weiltest Du mit meinem Sohne schon lange, wartend auf uns? Der Sonnenzeiger schritt drey Stunden hinunter, war die Antwort: der Knabe sehnte sich nach der freyeren Luft, oder sehnte sich mehr Deiner

ner Umarmung entgegen: denn als er Dich, erkannte Deinen Gewandschimmer, auch von ferne nur sah, hatt ich Müh ihn zu halten, so strebt er nach Dir. Wer wird die Wonne beschreiben, und der Freuden Ungestümm, mit welcher das Herz Mariens emporschlug, als sie diese Worte vernahm? Diese Zeichen giebt mein Jesus, daß er mich liebet? bebten ihre zitternde Lippen: Sie drückt ihn fester, den heiligen Knaben, sie neigt auf ihn ihr glühendes Angesicht, und blieb lange stumm.

Sie verliessen die Rosenporte, nachdem sie ausgeruhet hatten, und drangen in das Innere des Balsamgartens: Tobis verließ sie und das dienende Mägdchen, denn ihnen war noch etwas zu besorgen von der frommen Wittwe befohlen. Sie aber freuten sich in den wohlriechenden Gängen mit eben der Freuden Unschuld, wie die zarten Kinder, welche um sie herhüpften. Ein seltenes Glück, das der Erwachsene geniest, sehr bitterer Wehrmuth mischet sich gewöhnlich unter sein Vergnügen, und er erinnert sich nur noch mit Schmerzen jener seligen Tage, wo die Quelle seines Lebens noch ungetrübt fortfloß. Es wäre werth, daß ich auch die kleinsten Umstände berührte, welche izt vorbey giengen. Die Geheimnisse der reichen Natur hatten einen Reiz für die göttliche Mutter,

ter, welche ihre Wißbegierd ungeduld ans
sachten; auch etwas von der Naturgeschichte ward den Mädchen im Tempel erklärt, durch
fleißiges Nachsinnen, und der erschaffnen
Dinge genaue Betrachtung kam manche der
weiblichen Seelen viel weiter in den Titten
der Wahrheit, als viele der Sophen in spätern Jahrhunderten, welche von Vorurtheilen geblendet und unbeschreiblichem Stolze die
Gesetze der Natur selbst erst verfertigen. Noch
nie hatten Mariens schöne Augen Gewächse des Balsams gesehen, wohl vieles gehört:
es scheint, die Natur, flossen ihre lieblichen
Worte, will hier die Ueberzeugung der Menschen versuchen, ob sie wohl fest genug seyn
zu behaupten, sie wäre nicht selbst eine Gottheit. Unter die lauteste Zeugen der Allmacht
gehört auch gewiß das kostbare Gewächs des
Balsams, das den edelsten Saft aus eben
der Erde zieht, welche die nahen Disteln hervorbringt; oder vielmehr eben den Saft, der
in alle Gewächse durch ihre unbegreiflichen
Kanäle bringt, erst in ihren zarten Gefässen zum Balsam verfeinert, welchen sonst
als ein verächtliches Harz die schlanke Fichte
von sich giebt. Doch noch immer ein ver-
geblicherer Irrthum der Menschen, welche,
nicht besser unterrichtet, die Wunder dieser
Schöpfung sehen und staunen, Sonn und
Mond, auch Stämme von Holz, und viel-
fache Pflanzen wie Götter verehren: denen

mag

mag ein schwereres Gericht drohen, welche
der Weisheit Lehrer sich rühmen, sich aber
die Ohren verschließen, damit sie nicht vernehmlicher hören, daß ein Gott, nur ein
einziger Gott sey, dessen Allmacht so viele
unwiderlegliche Zeugen sind. Daß doch die
Menschen nie aus dem Unermeßlichen schöpfen, sondern aus wandelbaren Quellen,
welche bey jeder Trockne versiegen: um
die Wahrheit zu suchen, gehen sie zurücke,
sie würden Edelsteine finden, wenn ihre Augen vor sich gerade schauten, aber so schwei-
fen sie immer seitwärts herum, und nach sehr
mühesamer Arbeit, und unaufhörlichem Bü-
ckern, wenn sie ihren Reichthum untersuchen,
so haben sie weiter nichts, als elende Kieselsteine, gesammelt. Oder sag mir, wohlthätige Wirthinn! klang die Stimme Mariens
fort, wär hier das prachtvolle Babilon durch
so viele verächtliche Götzen entstellet, wenn
es weniger Selbstwisser hätte: würde sich bloß
der Pöbel Götzen gewählet haben, meynst Du
nicht, meine Edle! sie hätten ihren Verstand
weit weniger entehrt, als diejenigen, welche
die Welt glauben machen, ihnen wäre selbst
die Weisheit im Traum erschienen. Gewiß,
liebe Leser, die menschliche Weisheit, welche
vom höhern Lichte sich wendet, das seinen
Pfad erleuchtet, und eigensinnig und stolz
ist, sank noch immer am tiefsten hinunter.
Lasset doch nie aus dem Gedächtniß jene be-

D b   kann-

kannte Namen löschen, welche das Alterthum rühmet, und der neue Sektenprediger, der vermuthet, daß man ihm auf sein Wort nicht glaubt, wie der Pharisäer den Namen Gottes, auf eine Stirne schreibet. Dort waren die goldene Zeiten, wenn wir sie nach dem zeitlichen Glücke bemessen, als eben jene Weltweisen lehrten, jede Kunst und Wissenschaft blühte dort, und trug Früchte zugleich: es klirrten keine blutigen Schwerter, und schreckten den Selbstdenker aus seinen Systemen: eine sanfte Regierung im Friede ließ jeden seiner eigenen Glückseligkeit über. Und gerad in diesen Zeiten, welche man als die weisesten rühmet, stieg die Barbarey der Vernunft in Glaubenssystemen am höchsten, denn man glaubte dort in Religionssachen am wenigsten, was vernünftig war. O, möchtet Ihr doch niemals vergessen: Plato, der Weise, den man mit dem Namen göttlich beehret, schreibt noch am Ende seiner Tage den Gestirnen den höchsten Verstand zu; Sophokles erhebet zur Gottheit die Luft; Euripides dem noch feineren Stoff, in welchem alle Sonnen und Planeten verwebt sind, die Philosophie nennt ihn Aether; Thales glaubte die Gottheit im Wasser zu finden; Heraklit leitete den Ursprung aller Wesen aus dem Feuer her: dieses wäre nach seinem Sinne das vollkommenste Wesen; alles zusammen, das Weltall nennt Xenophanes Gott, und vergaß darüber aber die Ursache, welche dieses gemacht hat. In so einer Nacht von Zweifeln schweiften die ersten Lichter des Alterthums; Flammenbüschel waren es, sprechen zwar sie, welche sich zur Religion der neuen Philosophen bekennen; wie an der Fackel des griechischen Patriarchen, der aus Jerusalems Grab himmlisch erlogenes Feuer trägt, brennen diese Schwärmer ihre Wachsstöckchen an, befehlen uns zu glauben, daß sie die Welt zu erleuchten nunmehr gesandt seyen, und spotten ihrer Brüder, der Christen, welche den Glauben, und die Lehre der Sitten aus dem Evangelium haben. Unterbrechet, ihr Aufklärer! keinen christlichen Philosophen in seinen Studien; fraget den Unerfahrnen, der am Pfluge steht; er sagt: Gott ist ein ewiges, allmächtiges, vollkommenstes Wesen, welcher dieses alles erschaffen hat; Luft, und Wasser und Feuer sind nur seine dienenden Geschöpfe. Wer spricht weiser, die Schüler des Thales, Sophokles, Euripides, Heraklits, und jene, welche sich die beleuchtende Philosophen unsers Jahrhundertes nennen; oder der Lehrling Jesus?

Sie hatten besehen die Balsamreihen, mit Erstaunen diese Wunder der unerforschlichen Natur betrachtet: itzt standen sie entzückt vor Cäsars Bild. Friedfertig sind diese Züge seiner Bildung, Esther! sprach die hohe Maria,

ria, der Mann scheint mir groß zu seyn ohne Blutvergießen: er will die Menschen durch eine sanfte Regierung glücklich machen, nicht durch neue Eroberungen, welche immer zu theuer durch Leichnam erkauft werden; doch mögen wohl seine Güte Schmeichler mißbrauchen, ein Unglück, welchem der beste Monarch nach dem Beyspiele so vieler Geschichten selten auszuweichen vermag; sonst wird er nicht gestatten, daß Herodes der Würger in Judäa Tyrann sey, denn alle, die kommen von den sieben Hügeln, erzählen von seiner Menschenfreundlichkeit, Herablassung und Güte: o Cäsar! kenntest du den Blutvergießer in Jerusalem, du möchtest schnell mein Vaterland von dem königlichen Tieger befreyen. Menschliche Bilder sind unter den Juden nicht üblich, doch das Gefühl gegen das Schöne hatt in dem lebhaften Geiste der Nazarerinn immer neue Freuden verbreitet, wenn sie der Kunst Meisterstück sah. Unter August waren noch Griechen in Rom, welche nach dem Geschmack ihres milderen Himmelsstriches in Marmor arbeiteten: von einer solchen Meisterhand stund der Bust. So ein Leben in Stein hatte die wißbegierige Jungfrau noch niemals gesehen; wie pries sie die himmlische Kunst, welche zur Mitschöpferinn der Beherrscher von Ewigkeit wählte: so natürlich die Schwellung der Muskeln, Tiefsinn runzelt die Stirn, edle Beischeidenheit glättet sie wieder aus. Sie wandelten hinunter von des Augustus Tempel, und traten in eine Grotte, welche Kunst und Natur am Fuße des Berges ausgebildet hatten. Hier war der Ort, wo die reiche Quell aus lebendigem Felsen sprudelt, und ehe dem die Gefilde, welche umher lagen, begoß; dessen klares Wasser kein ähnliches in ganz Aegypten hatte, das gesunder und reiner ist. Zwar drang schon ehemals tief in den Berg eine Felsenhöhl, aus ihres Dunkels Tiefe wälzte sich der blitzende Bach, aber die Kunst vergrößert ihren Umfang, und sprengt in einen Halbzirkel die Mündung. Die Naturforscher hatten die Sorge, verschiedene Seltenheiten aufzusammeln, welche der Grund des Meeres und der Flüsse Rinnsaal in sich hielten, damit die königliche Grotte zu schmücken. Erst ließen sie die Wände mit Tropfsteinen verschiedener Formen bedecken: die meisten wurden aus den benachbarten Inseln des Archipelagus geholt, aus Palästina nur wenig; Aegyptus Trockne kennt aber diese Wunder der Natur gar nicht, wie sich der Felsen flüßige Feuchtigkeit nach eben der Art, wie sie herabduft, versteinert. Ueber die Tropfsteine breitete sich in Reihen der Meermuscheln Verschiedenheit aus, mit der Mutter der Perl: ihre Spiegelhöhlen faßten die Strahlen auf, welche in die Grotte drangen, und spielten sie von allen Sei-

ten

ten zurück mit des Regenbogens Farben. Korallenbäumchen schienen zwischen den Ritzen der Felsen zu wachsen, wie auch die seltensten Blüthen der schönsten Metalle: die Felsenritzen selbst, damit sie schienen ihre innern Schätze zu verrathen, waren mit funkelnder Ametisten und der Kristallen zackichtem Saum ausgelegt: unter den Korallenbäumchen, und zwischen den metallenen Blüthen krochen mit ihrem Gehäuse der zierlichst und vielfach gewundenen Schalen die seltenste Schnecken, welche die Natur mit ihren höchsten Farben bemalte. Von der Thorheit, aus diesen Geschenken des Meeres und der Flüsse Figuren der Menschen zu bilden, oder andere widernatürliche Dinge, waren die Grottenmeister damals noch frey, das war ein Werk später Jahrhunderten, als Griechenland Frankreichs Satyre ward, dann wurden erst die Saamen verschwendet, das thun wir noch, an die elendesten Karikaturen. Eine bedächtliche Unordnung schien hier im Ganzen zu herrschen, die Bemühungen der Kunst vergaß der Zuschauer darüber, bloß ein glückliches Ungefähr schien alle diese Seltenheiten, eine wunderbare Ueberschwemmung, in diese Grotte gespühlt zu haben. Aber auch war für das Bequeme gesorgt. Sitz und Tische von Marmor stauden umher, doch das Auge glaubte nur Trümmer zu sehen, welche der Zufall hingeworfen hatte, sie waren umwunden

ten von Ewiggrün, und vom weichen Moose bewachsen. Die Quelle sprudelte sehr vernehmlich aus der Tiefe der Grotte, sanft aber floß sie durch die Mitt über biegsamen Kreß ins große marmorne Beck, welches Gefäße von Porphyr und schlanke Pappeln umzierten. Den Gedanken dieser wohllüstigen Grotte gab die Königinn an, als ihr Antonius von Ulyßes und der Kallipso erzählte, wie den griechischen Feldherrn die lüsterne Nymphe bediente, und von seiner Reis auf ihrer Insel lange fest an sich hielt. Im leichtsinnigen Anzug einer Göttinn des Meeres, von einer Schaar Nymphen begleitet, empfieng auch hier ihren Liebling Aegyptens Herrscherinn, als der Bau vollendet war, und eine Feyerlichkeit, dergleichen Babilon noch niemals gesehen, weihte diesen lieblichen Aufenthalt ein. Dieses sündhaften Angedenkens ungeachtet fand der Keuschheit Beyspiel Maria nicht die geringste Schwierigkeit, darinn einen lieblichen Abend mit Esther zuzubringen: der scheinheilige Pharisäer, oder eine eifrige Jüdinn, Menschen, welche bloß an der Außenseite der Religion kleben, würden, um sich nicht zu verunreinigen, wohl ferne geblieben seyn: aber die himmlische Jungfrau wußte wohl, daß nicht das Aeußerliche, nur ein schlimmer Wille, die Seelen beflecke; der Gefahr einer Verährung würde sie sich wohl niemals genähert

hert haben, aber Scheinheiligkeit und unbedachtsames Betragen hatten auch niemals über ihre Sanftmuth, über ihren Geist der Menschenfreundlichkeit gesieget: sie bedauerte vieler Menschen Gebrechen, von denen sie frey war, ohne stolz zu seyn; ihr Nachdenken war, ihrer Tugend eine Anmuth zu geben, daß selbe die Irrenden an sich lock, und ihnen begreiflich mache, daß über die Freuden der Seele kein Vergnügen sey; anstatt daß sie mit einer religiösen Miene den eiteln Menschen ihren Unwillen bezeugte. Diese Grott hat Esther für die Pilgrimine nach den ewigen Pyramiden zur Ruh und Erfrischung gewähret. Sie hielten darinn eine bescheidene Abendmahlzeit.

Die Sonn hatte schon ihre Strahlen zu unsern Gegenfüßlern gesandt, und die Edeln waren noch im Balsamgarten. Jesus der Knab ergötzte sich lange mit dem Spiele der frolockenden Kinder, itzt drückte die göttlichen Augen sanft der Schlaf zu: am Gemurmel des Baches, in sein Bettlein gemäschet, lag er auf weichem Moose, neben dem schlafenden Heiland saßen ruhig die Kinder, und lispelten sich ihre Freuden zu. Der Edelwinnen Freundschaftlichste! sprach Maria bey sich endendem Mahle: Du verhießest uns schon oft, zu erzählen Deine merkwürdige Geschichte; ihr liebliches Beginnen haben wir

be-

bereits im Anfange unsers Bekanntwerdens
vernommen, entwickel uns das Ende! Selbst
sey traurig und niederschlagend, warnetest
Du uns damal: aber sieh, wie der volle
Mond hinter Babilons Dunkel heraufsteigt:
sein tröstendes Antlitz wird Deine Klagen mil-
dern, und wir wollen mit Dir dem Allmächtigen danken, daß er seine Auserwählten so
wunderbar zu sich führt. Fällt es Dir nicht
zu schwer, verfolg die Geschichte. Sehr gerne, war die Antwort der Wittwe, in dem
Schooße der Freundschaft, wie die Eurige
ist, gieß ich. gerne meine Klagen aus, Eure
Tröstungen gewähren meiner wunden Seele
weit kräftigeren Balsam, als die Sprößlinge, welche über uns duften: vielleicht dient
es zur Warnung, daß Euch niemals Scheinheilige betrügen mögen, oder die Weltweisheit, welche keinen Glauben hat. Segen des Himmels über Euch, meine Gäst!
und sie nahm einen vollen Becher, und trank
davon, sich zu stärken. Dieser Ausdruck
war, sich einander Wohlseyn und Glückseligkeit zuzutrinken. Jede Gutthat ward
unter den Rechtgläubigen damals dem Himmel zugeschrieben, welche leider izt die aufgeklärte Christen nur ihren Kräften danken.
Esther fieng also zu erzählen an:

Ihr erinnert Euch noch, meine Lieben!
was ich damals von Pharisäern und Sad-
du-

buedern sante, wie diese zwo Secten, von
unserm Reichthum, und der Speisen wohl-
chem Geruch herbeygezogen, in unserm, damals sehr bekannten Hause sich einschlichen,
daß aber Demetrius, ein Bösewicht aus der
letztern, eine der merkwürdigsten Personen
meiner Geschichte sey. Stelle Euch also hier
Menschen vor, welche eine gotteslästerliche
Lüge, den Namen Gottes, auf ihrer Stirne
tragen; dort Menschen, welche vor ihr bö-
ses Herz das Bild der Weisheit stellten: in
ihrer Mitte war der Damascener, und be-
nützte beede Parteyen zu seiner Absicht. Mich
erkohren sie zur Maschine, die Ehr und das
Ansehen eines Hauses zu untergraben, von
dem sie nichts als Wohlthaten empfiengen;
sie stürzten es in Schutt, und schritten über
seinen Trümmern.

Es war kein Tag, an welchem nicht einige unserer Hausfreunde die Tafel umgaben.
Wohlthun und Freundschaft sind die zwo
süsseste Gefährten unsers kummervollen Lebens, sagte mein Vater. Eine beträchtliche
Summe unserer Einkünften wurde den Armen gegeben, keiner wurd ungetröstet von
der Thüre gewiesen; die Hausarmuth aber,
welche sich schämet, öffentlich zu erscheinen,
welche aus allen die bedauernswürdigste
ist, war meiner Mutter ihr eigenes Geschäft,
selbe auszuforschen, und ihr durch unbekann-
te

te Hände Nahrung und Kleider zu schicken.
Mein Vater hatte in seinem Leben noch we‍‍‍‍nig Unglück erfahren, er bekam eine gute
Erziehung, und von da gerieth er immer in
die aufrichtigsten Hände bis an den Hof der
Königinn: es mangelt ihm also sehr an Er‍fahrung die boshafte Welt kennen zu ler‍nen, und wiewohl er die Falschheit des Hof‍gesindes bald entdeckte, konnt ihm dennoch
niemand das Zutrauen nehmen, welches er
auf die Scheinheiligkeit der Pharisäer setzt,
und der beschaulichen Priesterschaft. Gewis‍se fromme Eindrücke waren die Ursache da‍von, welche seine Jugendjahre zu sehr in sei‍ne Seele prägten: das Geziemende es Habits,
und ihrer Gewande gottgefälliger Schnitt,
wie er glaubte, könnt unmöglich Schurken
einhüllen; er hatte so viel Ehrerbietung ge‍gen Gottes Name, der auf jeder ihrer Stir‍ne funkelte, daß er nie ohne tiefe Neigung
vor einem vorbeygieng; meine Mutter aber,
ihrer edeln Herkunft ungeachtet, und des
prächtigen Ansehens, küßt ihnen auf öffent‍licher Straße den Saum ihrer vielbedeuten‍den Franfen, und bath sie in Demuth um
ihren Segen. Diese Schwachheit meiner Äl‍tern, welche gewiß die vergeblichste war, weil
sie sich in der Gottesfurcht gründete, kam
diesen Heuchlern vortreflich zu statten, sie be‍zahlten mit wenig segnenden Worten, leer‍ten dafür unsere Platten und Pokale, nah‍

men

men Geschenk, und schütteln gegen sie von ihrer Fußsohle den Staub. Die Sekte der Sadducäer war zwar zu bekannt, als daß man an ihrer Bosheit zweifeln konnte: ihre Obern waren Gottesläugner, die aber in noch untern Klassen, welche das Feine ihrer Philosophie noch nicht ertragen konnten, mußten wenigstens dahin Profeßion ablegen, daß sie an keinen Geist glaubten, oder Unsterblichkeit: viel weniger an innere Pflichten: um also nicht aus dem Orden ausgeschlossen zu werden, hatten sie die Obliegenheit, sich also im Staate zu betragen, daß man sie öffentlich niemals greiffen konnt, in der Stille dürften sie Güter und Ehre rauben. Wer würde wohl so einer gefährlichen Sekte den Eingang in sein Haus gestattet haben, er müßte denn selbst ihr Schüler seyn; ab kein das Schlimmste war, daß sie in allen Kappen versteckt einhertraten, sie trugen das Kleid der Pharisäer und Priester, sie waren Höflinge und Magistratspersonen, in der Staatspolitik wußten sie sich aber so zu verwickeln, daß sie beynah jedermann unentbehrlich wurden: ohne sie erhielt niemand ein Amt, aber viele verloren selbes ohne Schuld, durch sie waren alle geheime Triebfedern gespannt, welche der Juden königliche Gewalt empor trugen: wer also diese Betrüger auch kannte, mußte sie ehren aus Furcht. Religion, Tugend, biederes Wesen, das Ansehen beym

Völke,

Wolke, die Hochachtung der Königinn, welche den Lebenswandel meiner Aeltern zierten, waren diesen Männern stechende Dörner, und wiewohl ihrer List mein Vater müd am Hofe wurd, und seine Würden schon alle niedergelegt hatte, war ihnen dennoch seine Wirksamkeit furchtbar, ganz außer jeder Thätigkeit Kreis ihn im Elende seine Tage verschmachten zu lassen, war ihr auszuführender Plan. Doch, bevor sie uns zertraten, nahmen sie erst den Reichthum zu sich, und bemächtigten sich unsrer Habschaften aller: die wenigen Edeln, welche im Herzen unsere wahren Freunde blieben, mußten dazu die unschuldigen Werkzeuge seyn.

Izt will ich Euch den schlauen Demetrius beschreiben, Ihr werdet Euch lebhafter in die Umständ hineindenken. Er war unter seinen Speisgesellen, was unter allen giftigen Ausdünstungen die Pest ist. Die Natur, diese allgemeine Wohlthäterinn, welche auch jedes Thier vor seinem Unglücke warnet, gab ihm nebst einer furchtbaren Größe verabscheuungswürdige Züge. Der Nervenbau war grob, und glich einer schon lang geübten Tyranney: rabenschwarze Haar umflogen seine bräunlichte Stirn, in welcher tief die kleine funkelnde Augen standen, von starken niederen Augenbraunen beschattet; eingesunken waren die Wangen unter einer ge-

walmastigen Höhe des Schlafebalns; wie der Schnabel eines Habichts ragte die bucklichte Nas empor über die Tiefe des Oberlefzens, fleischigt und blauroth war die untere Lippe; noch höher, als diese, das zweyspitzige breite Kinn. Doch, hat nicht auch die Büberey ihre sonderbaren Künste? Der Mann da, wer sollt es glauben? war die Seel und Leben aller schimmernden Gesellschaften in Jerusalem, war der Liebling des Hofes, und gewiß keiner der geringsten Staatsgeschäftsträger. Es ist also leicht zu begreifen, daß er auch in unserm Hause den Ton angab, und alles nach seinen Gedanken sich fügte. Durch unverdrossene Uebung wußte er jede Warnung der Natur zu vereiteln: seine Haare, welche Borsten in der Stärke glichen, dufteten immer, von Salben geglättet; das sinkende Augenlied versprach Sanftmuth und Milde; süß waren die Töne, welche aus seinen Lippen giengen, und immer frische Verheißungen der Freundschaft; und der Verbeugungen zierlich einnehmende Art empfahl den plumpen Körper; durch einen lebhaften Witz sonderbarer Einfälle würzt er jedes Gespräch, und gab ihm die seltenste Wendung.

Eines Tages, als bey uns die Corintischen Schalen mächtiger klangen, und häufiger von den Bechern der Saft der Traube floß, und die Schurkerey und Scheinheiligkeit

tritt durch die Bande der Unmäßigkeit sich enger vereinigten, führte Demetrius den ersten Zug seines verfluchten Planes aus, uns ins Elend ohne Rettung zu stürzen. Wie sollen wir es unserm Wohlthäter lohnen, der uns so herrlich bewirthet, sagt er selben Abend so oft, als neue Gerichte die Tafel belasten; keiner war, und sollt es auch nur des Wohlstandes wegen gewesen seyn, welcher nicht Gleiches mit ihm wünschte. Seht Ihr, Freunde! sprach er, eine kleine Erkenntlichkeit ists, mit der ich unsern edeln Patras, so hieß mein Vater, beehre, thut Ihr ein Gleiches! und sie schrien mit den Stimmen des Weins: Noch mehr, wenns unsre Kräfte vermögen. Ihr seyd angesehener, mächtiger, größer, bescheidener, weiser, wie ich; führet es aus, was ich so glücklich begann, setzte die Schlange fort, ich bin nur ein sehr geringes Werkzeug, Ihr aber bauet dann Kolossen darauf. So reizt er ihre Begierde zu forschen, und feuerte sie an. Die Königinn wünscht, sagt er, in ihrem Gefolge die wohlgestaltete Esther zu haben, edler Patras! solltest Du die Wünsch unserer Herrscherinn vereiteln, sollt es schwer fallen der liebenden Mutter, ihre Tochter zwischen den Gestirnen des Hofes am meisten glänzen zu sehen. Meine Aeltern erstaunten über den ungewöhnlichen Antrag der Ehre, doch, in diesem Augenblicke, so sehr ihnen auch der

Ruhm

Ruhm schmeichelte, sah der ●●●●, ●●●
für sich auch alle Gefahren ●●● ●●●●, ●●
Leben in Wohlluſt, Verführung, ●● ●●●
len der Bosheit, und am Ende der Deb=
lichkeit Sturz; durch eigene ●●●●●●● ●●●●●
ſprach er mit der Freymüthigkeit ●●●●●:
Laß uns, mein Freund! das Leben im Stil=
len verfließen, ferne vom Rauſchen des Ho=
fes: die Ehren ſind Gewächſe mit Stacheln
bewaffnet, keiner berühret ſie ohne Wunde:
meine Eſther bleib mir in dem Raume der
häuslichen Arbeit, ſie ſey ein Edelſtein in
der Krone der Freundſchaft, ſie ſoll am Ho=
fe nicht funkeln. Wenn aber die Königinn
Deine Tochter mit Ernſt verlangte, würdeſt
Du ſo kühn ſeyn, ihrer Gnade zu höhnen?
Mein Vater zuckte die Achſeln, Gehorſam
iſt jedes Unterthans Pflicht; doch, die Kö=
niginn verpfändet ſich durch Wohlwollen die
Herzen ihrer Untergebenen, die Stimme der
Gebietherinn wird nur ſelten gehört. Bey
dieſen Worten zog Demetrius eine Rolle
vom Buſen, deßwegen auch dieſer Gnaden=
brief Dir, er legte ſie in die Hand meines
Vaters Erſtaunen ergriff ihn; meine Mutter
weinte vor Freuden; das Unerwartete hemm=
te ihnen das weitere Nachdenken: die Kö=
niginn erkohr mich, wie es ſchien, aus ei=
genem Antriebe zu ihrer Aufwärterinn, ein
Glück, wie damals die Welt dachte, das für
edle Aeltern aus allen das erwünſchteſte war.

Dir

Der Stolz irdischer Hoheit, welcher bey Gelegenheit der hochenpriesterlichen Einweihung in meinem Herzen schon tiefe Wurzel faßt, erheb sich izt mächtig; nicht mehr die Schamröthe, welche die jugendliche Unschuld zieret, sondern des Blutes Wallung, erwecket von der Freuden Ungestüme, färbte mein Angesicht; ich schien mir, über alle Menschen empor geschwungen, auf einer fliegenden Wolke zu stehen, als in der Krone der Tafel die Glückswünsche schallten. Nach der ersten Betäubung müßte sich zwar mein Vater zu forschen, wie sich dieses Wohlwollen bey der Königinn entwickelt hätt: allein Demetrius bestand, Patras ihren Liebling, ungeachtet er sie durch die Entsagung der Geschäft am Hof im Kummer ließ, wollte sie sich immer durch neue Gnaden verbinden: er hätte nicht den geringsten Theil daran; nur zum Ueberbringer gewählt, weil er sich so oft des Glückes rühmte, daß er unsers Hauses inniglicher Freund wäre, sollt er Zeuge der guten Aufnahm ihres Geschenkes seyn. Wer konnte hier der Schlauheit des Höflings widerstehen? Mit gränzlosem Dank erkannten izt meine Aeltern die Wohlthat. So schloß sich mir Jubel eine Mahlzeit, bey welcher man uns zum Lohn der Gastfreyheit für die gesunde Speise tödtendes Gift bereitet hatte.

C c   Meine

Meine Eitelkeit konnte kaum den Zeitpunkt erwarten, bis ihr im Glanze des Hofes zu schimmern gestattet wurde. Die ältere Bothen der Königinn beschleinigten auch die nöthige Zubereitungen. Es kam bald die mit der hitzigsten Sehnsucht erseufzete Tag, und ich ward in Gewanden des Reichsthums Judens Herrscherinn vorgestellt. Ich hatte noch nie den Pracht des Hofes in seinem Innern gesehen. Meine Aufmerksamkeit war itzt ganz Aug, als ich die breite marmorne Treppen mit Geländer und Säulen, und einer Menge schöner Bilder geziert, wiewohl gegen die Gewohnheit der Juden, erblickte: die hohe Wölbungen sah, welche über den grossen Sälen sich neigten, durch welche man sich dem Throne der Königinn nahte. Zwo Kammerfrauen übernahmen das Geschäft, meine Jugend zum Verderben zu führen. Rechts und links stand Hofgesind aus verschiedenen Klassen, alle Säle waren mit diesen Sklaven des Glückes gefüllt: sie grüßten mich an, und dann sprachen sie sich vieles ins Ohr; gewisse unvermerkte Seitenblicke, welche zu wälzen mich nur zu früh die falsche Ruhmbegierde lehrte, liessen mich deutlich erkennen, daß ich oder mein Anzug nicht geringen Beyfall erhielt. O was für schöne, glänzende, geschmeidige Herrn sind hier! dachte ich Thörinn; die Menschen haben ihrer Seligkeit Punkt erreicht, wenn sie zum Leben

des

des Hofes gehören, flüsterte mir meine Unerfahrung immer zu. Ich glaubte zu schweben, leicht wie ein Schwan über der Fläche des Wassers, durch die Reihen dieser Elenden: als ich zumal, ohne Vermuthen, meine Gedanken waren noch unter den Hofleuten zerstreut, vor goldenen Doppelthüren stand. Von hier wird Dich, Esther! die Königinn rufen; die ältere Kammerfrau, der Eitelkeit sehr begreifliches Sinnbild, trat durch das Gold, wir standen von außen. Ich verkürzte mir die Zeit durch die Spiegel, welche mir die Politur dieses reizenden Metalles ohn Unterlaß vorhielt: mein milchfärbiges Kleid mit Silber bezogen, und mit Banden des Hochrothes der Kirschen geknüpft, besah ich nach allen Seiten, ob wohl mit Anstand und Reiz die Falten sich legten; mein Angesicht glühte vor Stolz, seine Gesundheit umflogen meines Haares lichtgelbe Locken, mit Edelsteinen abgesondert. Wie freut ich mich meiner Gestalt, welche diesen Lärm machte, verachtete die erfahrnere Thörinn, welche hinter mir stand, mit ihres Angesichtes ausgebeßerten Runzeln. Es knallt in den Federn, die goldene Thüren sprangen auf, dieser Augenblick flog mir zu schnell, als daß ihn mein Bewußtseyn behielt, mir stockte das Blut aus Freudenschrecken; das weis ich nur, von den Kammerfrauen unter den Armen gehalten, daß ich nicht zusammsänke,

Cc 2 lag

lag ich vor der Königinn. Von dem allen, was sie damals in der ersten Betäubung mir sagte, hat mein Gedächtniß nicht das Geringste aufbehalten: doch, vermuthlich hat ihr liebliches freundliches Wesen mich zu mir selbst gebracht: ich erinnere mich der vielen glänzenden Cherubim, welche ihren Thron umstanden, auf dem die Gesimse von Jaspis ruhten, entsinne mich noch des herabwallenden Purpurs über die goldene Stuffen, und eines grossen Diamantes, welcher dem Mantel von der Farbe der Veilchen zum Brusthacken diente: sie gab mir einen Kuß auf die Wangen, und diese erste Erscheinung verschwand.

Durch einige Monathe verschlang ich das Leben am Hofe, bis mich seine bösen Geister dreist genug fanden, in ihrer Schule zu ihren Absichten zu bilden. Eine gute Erziehung scheint den Verführern der Unschuld wie ein geharnischter Mann, welcher sie bewacht: diese wußten, daß mich die freyeren Lehren des Lasters schrecken werden, sie sandten mir daher einen Bösewicht im heiligen Kleid; er war ein Priester des allmächtigen Gottes, welcher so oft über das Volk Gottes Segen herabsprach, so oft vor dem Allerheiligsten dient; allein nur der vielfachen Einkünften Reichthum lockte diesen Unglücklichen zum Priesterthum Gottes, er dick-
te

te den Schalk mit der Larve des Heuchlers, und stahl auf eine erbauliche Art den Armen ihr Erbtheil. Lasterhaft war der Hof der Alexandra, wie jedermann weis, und eben darum war er auch nicht ohne Priesterlichkeit, denn, wenn dieser erhabne Stand mißbraucht wird, dient er am besten der List. Also unter dem Vorwande der Erbauung des Geschlechts der Andacht schlich sich der Levit zu den Damen am Hof; eine empfahl ihren priesterlichen Führer der andern, und die Kammerfrauen, welche mich in Vormundschaft hatten, leiteten auch den Schleicher zu mir.

Edler Leser! der du diese Geschichte liest, glaube nicht, daß ich durch diese Wahrheiten, die ich dir vortrage, einen Stand verächtlich zu machen mich bestrebe, welcher zwischen allen an Würd und Ansehen, wie unter Lichtern eine Fackel, herausleuchten soll. Man ehre das Priesterthum, weil es unmittelbarer vor Gott wandelt: man bedenk aber zugleich, daß nur das Beste in das Schlimmste ausartet: prüfet also sehr genau die Wahl, wenn ihr euch einen Priester zum Vertrauten erwählet, kein Kleid ist reicher an Schafswoll, als das Kleid der Priester; wundert euch also nicht, wenn sich um so sicherer die Wölf in diesen Habit verbergen. Die Beyspiele von allen Zeiten sollen Euch klug machen,

chen, wo die gefährlichsten Anschläge gegen Staat und Religion durch Priester ausgeführet wurden. Doch würd ich aus Ehrfurcht gegen ihre heilige Salbung hier in diesem Buche, das der Erbauung gewidmet ist, dieser Schande nicht erwähnen; allein, das Ende des achtzehnten Jahrhundertes übertrifft an Gefahr alle vorhergehende, Religion und die gute Sitten zu zernichten; die Philosophie des Unglaubens zählt unter ihren Knechten schon viele Schaaren der Priester, welche kein Bedenken tragen aus des Heiligthums reichen Einkünften zu leben, ihren Sold vom Altare zu ziehen, an den sie nicht glauben, und Gottes Wort bloß aus Liebe zum Silber zu predigen. Durch die Kanäle der Seelsorge schleichet schon wirklich diese Pest, und so manche Gemeinde wird mit dem Wahne getäuschet, er, ihr Priester, reinige sie von den Vorurtheilen des Aberglaubens, da er als ein Mitglied der Brüderschaft der Aufklärer auch den Glauben an die wesentlichen Theil unserer Glückseligkeit untergräbt und zerstört. Doch, liebe Brüder! so Ihr Acht habet, belauschet Ihr leicht diese Räuber Eurer Ruhe. Wenn von ihrem Mund ihre Worte wie Honig fließen, Euch immer zur Lieb Eurer Mitmenschen ermahnen aus bloß natürlichen Gründen: Versöhnung und Sünd, und die Gottheit Jesus umgehen: weniger das Evangelium, als die Ordnung der Na-

tur

tur zur Richtschnur Eures Lebens anpreisen: von der Unsterblichkeit der Seele wenig erklären, noch weniger von Belohnung und Strafe nach diesem Leben: vieles von der nützlichen Bildung eines Bürgers des Staates daher schwätzen, ohne die heilsamen Gesetze der glückselig machenden Religion zum Grunde zu legen, dann erwecken sie gegen sich billig den Verdacht, daß sie es mit Euch nicht gut meynen: beobachtet aber die noch vernehmlichere Lehr ihrer Sitten, sind sie in der Heucheley nicht sehr grosse Künstler, so werden sie sich, besonders in gewissen Gelegenheiten, wenn ihre Leidenschaften über sie sind, nicht der spottenden Reden enthalten, über alles, was sie nicht glauben: ihre Lauigkeit und gleichgültiges Wesen wird beschaulich seyn, wenn sie in unsern Tempeln die Gottesdienste verrichten, bloß darum verrichten, weil sie gut bezahlt werden. Sehet endlich auf die Gesellschaft, mit welcher sie Umgang pflegen: die Bücher, welche sie lesen, beede werden Euch bald überzeugen, ob das Evangelium, oder die Lehrsätze der Sekte der neuen Philosophen die Richtschnur ihrer Handlungen sey. Seyd Ihr nicht stark genug, mit Muth und Wissenschaft bewaffnet, so meidet vertrauten Umgang auch mit jedem Layen, die Ausdünstung des Giftes, das in seinen Eingeweiden gähret, wird Euch, wenn Ihr diesen Bekannten zu nahe seyd, anstecken:

sehet

sehe Ihr aber Priester von diesem Aas, bendenket, daß der Basilisk itzt keine Fabel mehr sey.

Dieser Scheinheilige, fuhr die Wittwe fort, welcher in der Kunst zu heucheln gewiß seines Gleichen wenig hatte, schlich sich unter dem Vorwande, mich zur höhern Weisheit zu leiten, bey mir ein. Die allgemeine Hochachtung, welche er sich am Hof erwarb, das öftere Lob, das ihm der Mund der Königinn gab, daß er an Gaben der Weisheit aus dem priesterlichen Orden wunderbar leuchte, die Ehrenbiethung der zwo Kammerfrauen, denen ich übergeben war, mit welcher sie ihn empfiengen, und im Jubel mich ihm zuführten, um meine Roheit nach dem feinern Geschmacke zu bilden, alles dieses machte mich Unerfahrne damals glauben, daß man mir ein Glück ohne Gränzen bereite. Dieser Lehrmeister, vom Satan gesandt, kundschaftete genau erst meine Neigungen aus, und die Vermögenheit, wie viel mein Herz ertragen könnte. Meine Mutter hatte mich zur Furcht Gottes erzogen, mein Vater theilte mir die Kenntnisse mit, welche zum Glücklichseyn meines Geschlechtes gehörten: einige aus unsern Tafeldeckern drangen zwar öfters in ihn, mich in der Weisheit tiefere Tiefen zu führen, sie bothen sich an, mir diese nützlichen Dienste zu leisten, und gaben den Fähigkeiten meines Verstandes mausgesetzte Lobsprüche. Allein sie erreichten niemals den Zweck; des häuslichen Wesens klügere Einsicht wäre der Beruf des Weibes, dadurch würde dieses Geschlecht glücklich, nicht durch unnütze Grübeleyen, oder zeitverderbende Leserey, welche sie nachmals zu ihren Geschäften untauglich machen: das war immer die schlüssige Antwort meiner Aeltern. Ich liebte daher immer der Psalmen Gebeth, und meine Seele schwang sich unglaublich empor, wenn ich die Feuer der Opfer im Tempel sah: wie sehnt ich mich dann nach jenem, welcher Menschen den Verstand gab, ihn auf so eine erhabene Weise zu ehren. So jung ich auch war, so hatt ich doch schon einen Theil der häuslichen Verwaltung zu besorgen, das war mir auch das angenehmste Tagsgeschäft, das mir oft auf eine sehr liebliche Art den Schlaf raubte. Unter meiner Aufsicht standen die kleinen Hirtenmädchen, welche unsere Lämmer hüteten: welche himmlische Freude war mir, wenn ich mit ihnen am frühen Morgen die Fluren durchhüpft, oder am rothen Abende zur Tränke die junge Heerden führte: mit welchem Entzücken der Unschuld pflückten wir die schönsten der Blumen, und die wohlriechenden unter den Kräutern, und banden sie in gut gewählter Ordnung zusammen! ich war stolz auf den schönsten Strauß, den ich mit einer zierlichen Schleife

Schleife geknüpft frohlockend zur Mahlzeit nach Hause trug. Die Zahmheit der Lämmer, und ihr sanftes Betragen bracht auch in meinen Karakter Mitleiden und Liebe zur Unschuld: wie bath ich oft auf meinen Knien, diesem oder jenem Hilflosen reichlicher zu geben, mit welcher Herzensfreude trug ich dem Schmachtenden das Almosen entgegen! wie zerriß mir das Herz beym Anblicke fremder Leiden! ich trug für das arme Würmchen Erbarmen, und hob es öfters vom Wege, daß es kein unbedachtsamer Fuß getret, und setzt es wieder ins Gras. Ich führt auch schon eine kleine Rechnung über die Zahl dieser jungen Lämmer, und ihres Heranwachsens, wenn ihre Uebergab in die grosse Heerden an die Hirten geschehen sollte: dafür mußten sie mir Woll und Käse verhandeln, diese schloß ich in Verwahr zum häuslichen Gebrauch, und gab sie den Dienern und Mägdchen zur Nothdurft, oder Schankung, ihnen ihren Eifer zu lohnen, heraus: die Wolle ward zur Spindel bereitet, und da hatt ich an trüben, unfreundlichen Tagen, wenn ich von den Heerden entfernt blieb, gar vieles zu thun, zu besehen die Arbeiten der vielfärbigen Wolle, zu berechnen ihr Beträgniß. Aber auch in der Küche waren mir öfters einige Stunden zuzubringen, zu erlernen der Speise Bereitung, und auch die Sparsamkeit im Ueberflusse, denn bey uns wurden

oft

oft prächtige Mahle gegeben: nicht die Verschwendung des Reichthumes, den meine Eltern hatten, sondern ihre Leutseligkeit war die Ursache, guten Freunden, die sie leider zu wenig kannten, nur zu viel aus ihrem Vermögen mitzutheilen. Aber auch die Weinbehälter waren meine Schule: da sah ich, wie man mit der Traube Gewächs verfuhr, es gut zu erhalten, auch zu bessern. Unsere Speicher hat immer ein Ueberfluß der Getreide gefüllt: doft wurden viele Talente gewechselt, des Einbringens und Verkaufens war das ganze Jahr kein Ende; auch von diesem Geschäfte lehrte man mich Kenntnisse nehmen. Der fruchtbarsten Gärten hatten wir drey, rings um den himmelsteigenden Tabor wurden ihres Gleichen keine gesehen: die Sorge für Blumen war mir zur Ergötzung gegönnt; aber das Nützlichere für das Hauswesen, das Pflanzen, und der Wuchs der nährenden Gemüse ward ein Gegenstand meiner ernsten Beschäftigung. Meine Mutter pflegte gewöhnlich zu sagen: Ein Mädchen, wie vielfach selbes auch der Reichthum vergoldet, wenn sie nicht kluge Einsicht in alle Geschäfte des Hauses hat, ruft selbst zu sich in Bälde die Armuth herbey. Allein über alles dieses hatt ich noch ganz besondere Arbeiten, welche von mir auf meinem Zimmer ihre Stunden verlangten: dort erwartete mich die Stick- und Nähnadel, und der angelegete Rocken zum zarten Gespinnste. Dennoch, o! wenn ich an jene seelige Zeiten zurück denke, wie fröhlich giengen vor meinem Angesichte die Tag auf und nieder! wie froh sah ich der Morgensonn entgegen! wie erquickte mich die Ruh am heißen Mittage! welche Seufzer schickt ich dem Abschied nehmenden Tag entgegen, daß er mich fein bald aus dem süßen Schlafe zur neuen Arbeit weckte. Aber auch dieses gehört unter das Loos der armen Sterblichen, daß sie den Zustand des Glückes, welcher ihnen zur Gewohnheit wird, dem keine bittere Leiden vorangegangen sind, verkennen: jeder erlogene Schimmer blendet sie, den sie aus fernem Elend erblicken. Itzt hatt ich die Schwachheit, da ich in den Freuden des Hofes schwamm, zu lachen über die Menschen, welche am sichern Gestade giengen. Die Menschen niederer Stände bedauert ich, daß sie die ausgesuchten Freuden nicht kannten; mir stieg die Röth ins Angesicht, daß ich mich in meines Vaters Hause zu solch gemeinen Geschäften erniedriget hatte. Ein niedliches Trüchlein, darinn kleine Lappen zerschnittener Goldstoffe lagen, aus diesen das Gold von der Seide mit kleinen Häcken zu zupfen, das wäre der Damen einzige Arbeit, wähnt ich, und dieses soll nur Wohlstandes wegen, und zwar selten vorgenommen werden: das Meste der Zeit ist dem

suchtesten Geschmacks; allein unter diesem Namen erscheint an Höfen nur gewöhnlich ausgesuchtere Thorheit, und eine Beschäftigung, welche kluge Menschen billig Nichtsthun nennen. Aber ich schweife zu viel aus: lasset mich wieder auf den Hauptgegenstand meiner Geschichte zurückkommen.

Der Levit des heiligen Tempels, welcher mich zum Untergang führte, forschte, wie ich schon erwähnt hatte, nach der Seite meiner Schwachheit: er entdeckte meinen außerordentlichen Hang zur Eitelkeit, und itzt war es ihm leicht, ungeachtet ich mit den besten Grundsätzen einer sorgfältigen Erziehung ausgerüstet war, mich in sein Netz zu wickeln. Er wußte mir mehr Lobsprüche zu ertheilen, als Vers in den Psalmen stunden, die er bethete: Meine Schönheit, sagte er, hätte nicht jene verführerischen Reize, welche, leider! an Höfen so viel Unheil anstiftet; sie wäre die Gestalt eines Engels, welcher den Menschen die Tugend anschaulich machen wollte. O! wie vielen Herzen wird dein Taubenaugenblick, war meistens der Ausdruck des Heuchlers, von den Wegen der Unzucht zur edlern, erhabnern, den eiteln Höfen ganz unbekannten Liebe leiten! er wird ein sanft leuchtendes Gestirn seyn, das alle die Elenden aus ihrer Finsterniß führt. Ueber meinen sich schon so reich entfaltenden Verstand konnte er sich nie satt reden: nur noch eine kleine Bildung, welche ich dir aber selbst überlasse, Engel im Fleische! sprach er, und Salomon würd in weit höhres Feuer gerathen, wenn er Dich in einem Brautliede besäng, als seine bräunlichte Sulamit, welche für ihn die zärtliche Mutter am Apfelbaume weckte. So hinterließ er mir bey jedem Besuch eine verdächtige Lehre, welche mich zum Nachdenken bewegte, damit ich bald das lernte, was meine Unschuld noch von weitem nicht kannte.

Eines Tages, als ich am frühen Morgen bey der Königinn war, und ihr an die Brust eine reiche Geschmucknadel heftete, sagte sie zu mir in sehr herablassendem Tone: Was ist doch all dieser einfältige Prunk, wenn man ihn mit den unsichtbaren Gaben eines Menschen vergleichet? Wer Weisheit besitzt, der hat einen Schatz in seinem Herzen, den keine Diamantgrube bezahlt: Mägdchen! die Natur hat Dich lieb; wenn das wahr ist, was man von Dir sagt, dann wirst Du bald meines Vertrauens würdig. Diese Masche war gut angelegt: Mein Rothwerden war zwar die Antwort, welche ich der Königinn gab, aber in diesem Augenblicke füllte sich mein Herz mit dem stolzen Gedanken, weise zu werden. Ich hatte die Schwachheit, meinen heißesten Wunsch meiner Oberaufseherinn

einn zu entdecken, sie war aber Tugend, als
man mich sie lehrte; Zutrauen und eine
gänzliche Unterwürfigkeit gegen meine Obern
ward mir tief in die folgsame Seele geprägt:
die Oberaufseherinn war die Vertraute des
Priesters, und der ergriff die Gelegenheit,
mich in Abgrund zu stürzen, durch mich zu
vernichten, wie ihm von Demetrius gebothen
war, die Familie der Tarras; der große
Plan aber, welcher durch den Sturz uns
sers Hauses auszuführen beschlossen wurde,
war ihm selbst noch unbekannt.

Der Priester hinterließ mir einstens nach
wiederholten Besuchen, durch welche er mich
zubereitet hatt, eine merkwürdige Rolle, dar=
auf eine Art Einleitung geschrieben war in
die höhere Weltweisheit, wie er sie nannt:
er gäbe mir selbe, sagt er, um der Dinge
Wahrheit nachzudenken. Ich entwickelte das
Pergament, des ernsten Willens Wahrheit
zu suchen; allein ich fand nichts als eine
lange Reihe von Zweifeln. Diejenigen, die
mir am meisten auffielen, und deren ich mich
itzt noch erinnere, waren: Kann sich ein
Wesen wohl selbst den Anfang geben? Kann
ein Wesen ohne Anfang bestehen? Ist es
ewig, wer gab ihm die Ewigkeit, oder gab
es sich selbst die Ewigkeit? Wo ist die Grund=
lag unserer Leidenschaften, im Bau des Kör=
pers oder im Geiste? Der Schwarzgalligte
ist

ist zur Gotteslästerung, zum Selbstmord, der Tyranney, zur allgemeinen Unzufriedenheit, zur Verzweiflung geneigter, als der, so leichtes flüchtiges Blut hat. Diejenigen, welche in Freuden ihr Leben hinbringen, sich auch der thierischen Wohllust am meisten ergeben, haben sie nicht mehr Gefühl und Empfindung für die leidende Menschheit, als ein Geizhals, der phlegmatisch ist? Prediget den Menschen, wie ihr wollet, wenn ihr nicht jedem den Körperbau, und seine Säft umwandelt, so werdet ihr ihnen die Tugend nicht aufimpfen können. Wo ist jemals ein Todter zu uns wieder gekommen? Aber wir glauben, sie leben auch dann noch, wenn ihr Körper Staub ist: was wird aus jedem Wesen, das unter unsern Sinnen ist? Es hat einen Kreislauf von Verrichtungen, der Seidenwurm lehrt es uns am deutlichsten, und nach diesen endet sich die Art seines Daseyns: treten die Menschen anders ab von der Schaubühne des Lebens, oder endet sich ihr Kreislauf noch nicht nach diesem Leben? Müssen sie etwann noch niedrigere Dinge werden? Es gab Philosophen, welche glaubten, ihre Seelen wandern durch Stein, und Pflanzen und Thiere: wer kann wohl diese Erniedrigung glauben? Haben wir nöthig einen Richter jenseits des Grabes, ist nicht das Gewissen ein fürchterlicher Richter? Bestraft sich nicht selbst das Laster, und der

Recht-

Rechtschafenheit Bewußtseyn, ist das nicht schon der Tugend vollkommenster Lohn? Liegt es aber in des Menschen Schuld, daß er einen Körperbau erhielt, welcher ihn zum Laster neigt? Wäre wohl mancher ein Böswicht, wenn er nicht in der Erziehung wäre vernachläßiget worden, und ist seine Sünde, daß er keine beßere Erziehung erhielt? Sind Tugend und Laster vielleicht nur eitle Namen? Sollte Gott eine Freud haben, wenn er uns leiden sieht, wenn das Blut nichts vermögender Thier ihm zu Ehren unter unsern Händen fließt? Oder giebt es noch einen höhern Gottesdienst, nämlich Wohlthun der Menschheit? — Diese und noch mehr andere Dinge standen auf dem ausgebreiteten Pergamente. Langes Nachsinnen über spitzfindige Dinge, welche äußerlich keinen Reiz für mich hatten, faßte damals mein Alter nicht, ich flatterte lieber von einem Angenehmen zum andern, allein, da einmal die Philosophie der Damen, wie man diese Kenntnisse nannte, die Mode des Hofes war, darunter selbst die Königinn Pytagorißinn war; der Kitzel des Stolzes, welchen man in mir durch Verschwendung der Lobsprüche über meine Vernunft erweckte, die Ruhmbegierde, mich in allem, was Aufsehen machte, über andere zu erheben, bewogen mich doch, diese Zweifel bedachtsamer zu lesen, und daß ich darüber sinnreich urtheilte mit weib-

D d   lichem

lichem Tiefsinne, selben wiewohl nicht ohne
Widerwillen nachzudenken. Nun entdeckt ich,
daß mich der Priester in Labyrinthe geführt,
daraus mein Verstand keinen Ausgang mehr
fand. Die guten Grundsätze, die ich hatte,
bemühten sich zwar, jeden Zweifel zu bändigen: allein, nun seh ich klar die Vorurtheile
der Erziehung ein, dachte sich wieder meine
Seele: wär ich anders erzogen, hätte man
mich frühe die Weisheit gelehrt! ich würde
diese Zweifel vielleicht sehr gegründet finden.
Ich befand mich also auf den Wogen der
Ungewißheit, und da mir vieles schmeichelte, wenn diese Zweifel zu einer entgegenge-
setzten Wahrheit führten, fieng ich an mit
gleichgültigen Augen anzusehen, was mich
vormals zittern machte. Der Priester erwartete des Giftes sicherere Wirkung, ich
sah ihn einige Wochen nicht wieder. Jzt
kam ein Umstand, der mich noch vollends
aus dem Vertrauen der Grundsätze meiner
Väter warf.

Jzt unterbrach die erzählende Wittwe
die hohe Maria. Ruh ein wenig, Geliebte!
sprach sie mit linderndem Tone, durch die
Anstrengung der langen Rede wird Dir tro-
cken der schwächere Saum; und sie goß ihr
den Becher von der Milch der Pistazien auf:
kühl ihn mit diesem Trank, und vernimm
indessen, wenn es Dir beliebt, meine Gedanken. Einige Gebrechen der Menschen
ha-

haben ganz gewiß ihren Grund in unsrer hinfälligen Natur; zwar ist die Kraft der Gnade keinem versagt, mit welcher jeder gegen die Feinde sieget, wenn er zum allmächtigen Vater bethet, und im Staube der Demuth seine Unvermögenheit kennt; doch jeder, welcher der Schwachheit unterliegt, verdienet Mitleiden, die Versuchungen sind stark, und um ihn verdienstvoll zu machen, so haben wir alle in schwerem Kampfe zu streiten. Aber es sind dann wieder eine Art Laster, deren Grund nicht in eines schwachen Menschen Gebrechlichkeit liegt, sondern aus muthwilliger Bosheit entspringen. Auch ein gemeiner Verstand sieht die Unmöglichkeit ein, daß etwas sich selbst sein Daseyn zu verdanken habe: daß etwas schon wirke, vor es in der Wirklichkeit sey, dieses rufen uns zu alle Elemente; welche ausgesuchte Bosheit ist es daher, ein ewiges Wesen zu läugnen; welche Thorheit, vom Schicksal alles herleiten, das blind ist, und ohne Gehör, weder fühlt, noch Leben hat, ein leerer Wortschall ohne Begriff, diesem Nichts sollen wir die ganze Schöpfung zu danken haben: welche sich vor unsern Augen herumwälzt, dieses Nichts erhält alles in Ordnung und Gleichgewicht, und führt mit regelmäßigen Zeiten immer neue Menschen und Menschen herauf? Wie, jenseits des Grabes wäre kein Gericht mehr: dem Bösewicht

und

und dem Tugendhaften wär einerley Schicksal beschieden: der Kampf dieses Lebens gegen das reitzende Laster wäre keines Lohnes werth: der Vergießer des unschuldigen Bluts wär jenem gleich, welcher seinem Bruder das Leben rettet? Der Wittwen und Waisen unterdrücket, vom Werthe des Schweißes schwelget, welchen die Armuth vergießet; der über die Leichen seiner Sklaven einhergehet und weicher aufzutreten, hat sich eben die guten Verdienste gesammelt, wie jener, welcher die Hungrigen speiset, tröstet die Bedrängten, und mit seines Vermögens Verlurst durch Wohlthun der Menschheit sich auszeichnet? Alles, was um uns ist, was unsere Sinne begreifen, wär in genauer Ordnung verbunden: die sittliche Welt, wegen welcher die körperliche ist, wär allein ohne dieselbe, sie werde durch Verwirrung erhalten: es wäre dem zum Bösen geneigten Menschen kein Reitz gegeben, die himmlische Tugend zu üben: er verrichte die schwärzesten Laster, wenn er nur dem fassenden Arme der irdischen Gerechtigkeit entrinnt, welche Einladung zur Bosheit könnte stärker seyn? Die Beweise, daß ein Schöpfer sey, begegnen aller Orten jedem Wanderer durch dieses Leben, sie sind nicht also verwickelt, daß sie erst tiefes Nachsinnen aus einander löse, noch können Gründ ein Gewicht haben, welche Gott läugnen: der Gottesläugner ist ein Thor, oder er begeht

geht die strafwürdigste Bosheit, dem Menschen diesen alle Laster nach sich ziehenden Irrthum glaubbar vorzustellen. Die Gränzen der menschlichen Kenntnisse sind uns vorgezeichnet, wie jene der Sinnen. Wer die Tiefe des Lichts ergründen will, dem wird endlich dunkel das Auge; wer in den blauen Fernen die eingesunkenen Gegenständ entdecken will, dem wird das Zittern der Augennerven falsche Bilder entwerfen: wer die unbegreifliche Wahrheiten aus einander lösen will, wird durch seinen eigenen Stolz bestrafet, ihm begegnet die Falschheit in vielfacher Gestalt, und indem er Zufriedenheit sucht, wird er durch Zweifel aufs neue gequälet. Also, weiser, als der Erste der griechischen Sophen, sprach die Mutter Jesus, von der Wirklichkeit Gottes und Unsterblichkeit? Kein Wunder unterrichtete sie in besonderer Gelehrsamkeit, sondern ihr schneller Verstand, welchen die Natur ihr reichlicher gab, wickelte die Knotten aus einander.

Esther fuhr fort. — Ich würd Euch noch lange des süssen Schlafes berauben, wenn ich heut eine der merkwürdigsten Geschichten bis an das Ende führen wollte. Ich will Euch nur noch einen Zug erzählen, welcher über unserm Schicksal vollkommen entschied. Erst nach der Pause von einigen Wochen vernahm man wieder ganz leis auf unserm Söller den priesterlichen Tritt: mir brachten einige meiner Gespielinnen die Freude, wie sie wähnten, sie hätten wieder Ophny gesprochen, ob er nicht auch zu mir mit seines Antlitzes Freundlichkeit hineintrat: Nein, war das Wort, so ich ihnen sagte: sie machten mir bange, ich werde den Besten der Männer vielleicht beleidiget haben; sollte dieses seyn, würd ich der Königinn scharfen Ahndung nicht entgehen; sie riethen mir schwesterlich, zu ihm zu eilen, und ihn um Fortdaurr der Freundschaft zu bitten. Ich war langsamer in dem Entschluß, als sie in der Ausführung schnell waren: sie umfaßten mich eilend, und flogen mit mir in die große Säulenhalle, welche zwischen unserm und dem königlichen Gebäude sich hinüberzog. Da sah ich den Heuchler im priesterlichen Gewande der Unschuld zwischen vielfärbigen Damen stehen, meine Oberinn die Kammerfrau, faßte mich bey der Hand, und wie sehr auch sonst gewöhnlich ihr Stolz den Kopf gegen den Nacken zurückbog, neigte sie sich vor dem Priester mit Ehrfurcht, mich ihm nach seiner langen Abwesenheit wieder vorstellend. Tief gebückt stand ich da, und erwartete: meine Erfahrung ließ mich damals noch nicht vermuthen, daß dieses alles ein abgeredtes Spiel wäre: sonst würde Mißtrauen in mir sich vermehret haben: ich glaubte, die Zufälle schliessen sich so wunderbar an einander;

ber. Wie sich der Purpur aus der Knospe der jungen Ros entfaltet, sprach die Schmeichelen seiner wohlberedten Zunge, so entwickeln sich die Züge der Schönheit dieses jungen Mägdchens: gleichwie aber nichts so sehr den weiblichen Unwillen reizet, als fremde Schönheit zu loben: so setzt er zu den Anwesenden mit weit süßerem Tone fort: Ihr, meine ehrenwerthe Damen! seyd die Blumen an unserm Hofe, welche mit Vollkommenheit strahlen; Schönheit hat Euch die seltensten Reize gegeben, aber die Weisheit vervollkommnet erst Eure himmlischen Züge; Das Schönseyn der Mägdchen thut schon zu viel ins Allgemeine, und wirklich, die Mutter Natur hat auch manche ihrer Töchter, welche fern vom guten Geschmacke des Hofes wohnen, damit ausgeschmücket; allein mit Göttlichkeit eines besonders erhabenen Wesens bezeichnet die schönen Züge nur die wahre Weisheit: die weiblichen Reize ziehen zwar die Männer nach sich, aber die daraus strahlende Weisheit unterwirft sich selbe: durch jene werden sie Eure Diener, diese unterjocht sie Euch zu Sklaven, und so herrschet Ihr dann durch die ganze Natur, wie das Bild der flammenden Sonne. Die zufriedenen Weiber bemühten sich itzt, nach der Ursache zu forschen, welche ihren Lehrmeister, so nannten sie ihn, lange vom Hofe zurückhielt. Tiefes neues Spekuliren

über

über die allmächtige Natur schloß mich ein: ein verächtlicher Wurm ward mein Augenmerk, ich beobachtete, wie er aus seinen Eingeweiden um sich eine Hütte spann, wie er nach einem tiefen Schlafe wieder erwachte, sein Gefängniß erbrach, und verklärt in das Weltall wieder hinaufflattert; allein, nach einem kurzen Beweise der Erhaltung seines Geschlechtes legt er sich zum ewigen Schlafe nieder, die Ueberbleibsel der Hülle zerstäuben; ich finde nichts deutlicher, was uns unser Schicksal entwickelt, als den Wurm der Seide, welcher so sichtbar alle Verwandlungen durchläuft, bis an das Ende seines Daseyns, wenn er ausgespielt hat, und dann auf ewig wieder abtritt: darum, ihr Menschen! ihr seyd Verbrecher gegen die göttliche Natur eure Mutter, wenn ihr euer Leben nach einem Zustand einrichtet, den ihr nicht kennt; erfüllet die Pflichten, welche die Weisheit von euch fodert, welche eure Sinne beschäftigen: eure eigene Erhaltung besonders, die sey euch heilig; über das, wovon wir nichts wissen, ängstigen wir uns vergebens. Also wollte der Verderber der Unschuld und Tugend, wie ich nachher untersuchte, gegen der Seel Unsterblichkeit uns einen faßlichen Beweis beybringen. — Aber itzt schollen von allen Thürmen der Burg die silberne Posaunen, das war das Zeichen, daß die Werke des königlichen Nachttisches vollendet waren,

ten, und Jerusalems Herrscherinn bey steigender Sonne die Besuche vor sich ließ. Dadurch ward uns allen Eile gebothen. Wie aus dem Wirbelwinde die Papageyen mit vielfärbigem Fittig flattern, schossen wir aus einander. Der Priester schlich durch die Säulen weg.

Meine Theure! unterbrach Joseph mit freundlicher Stimm: ich habe zwar der Weltweisheit tiefsinnige Lehren niemals behorchet, mich beschäftigten von Jugend auf die Regeln der edeln Baukunst, ich glaube ohne Grübeln an das Gesetz, das mir meine Väter hinterließen. Indessen seh ich doch wohl ein, daß gegen die Vernunft keine Religion nichts gebiethen kann, und würde man selber mit Recht etwas aufbürden können, was gegen jene streitet, dann hätte sie ein ganz sicheres Gepräge, daß sie falsch ist. Allein die heiligen Grundsätze, welche die Juden von den Heyden unterscheiden, schienen mir so gerecht, so angemessen der Menschheit, so erhaben, edel, Tugend einflößend, und Furcht gegen das Laster, Ruh und Frieden, und weise Regierung im Staat erhaltend, daß ich durch einer langen Erfahrung Beweis es mit jedem Gelehrten aufnehmen würde, keine Religion, welche sich auf dem weiten Erdball ausbreitet, könnte das Judenthum, wie es ist, noch glücklicher machen.

Wird

Wird uns aber Gott jemals offenbaren einen andern Dienst, kann werden sich auch
neue Absichten der Vorsicht entwickeln, die
wir izt noch nicht kennen; wir müßten dann
ein ganz neues Volk werden: aber die Grundsätze der Weltweisen, auf welche Rom und
Griechenland, auch Aegypten stolz sind, reichen gewiß nicht hin, den Menschen glücklich zu machen, sonst würde der Dienst
des Scheusals ihrer Götzen* die Menschheit
nicht erniedrigen, und ihre Spiele der Unzucht und Grausamkeit, welche wir auch schon
in Jerusalem sehen. Doch, ich will den Faden Deiner Erzählung nicht abreißen, fahre
nur fort in Deiner merkwürdigen Geschichte.

Wir standen schon alle in den Vorzim-
mern der Königinn, ihren Wink erwartend,
sie zu begleiten aus den Gemächern von Gold.
Die weit gesprengte Bögen, welche beym
Eingange jedes Saales sich über die Säulen
von Korinth neigten, standen alle offen: des
vielfachen Hofgesindes Menge mit den Edlern
der Stadt verkleinerte sich dem Aug in tiefe Entfernungen fort. Layen und Priester,
Pharisäer und Nichtswisser, Morgenländer
und welche aus Europa kamen, Richter und
Rathsherrn, und viele Müßiggänger, welche
für ihr Nichtsthun sehr prächtig bezahlt wurden, waren in vielfärbigen Lappen wunderbarer Schnitte, des Wuchses und der Bil-
.   dun-

dingen Verschiedenheit, in einem Gebärden-
lärm vermischt. Vermuthlich hatte itzt keiner
aus diesen nichts Wichtiges zu sagen, doch
war ihre Eitelkeit itzt befriediget, daß am
Hofe zu erscheinen ihnen gegönnt ward. Die
Grossen aber, welche die Schärfe des Schwertes in ihrer Gewalt haben, und die Zunge
der Waage, welche Gerechtigkeit wieget, sind
noch nicht heraufgeschimmert; jene waren
nur die Fassung, das Carmosingut der Edelsteine des Hofes. Doch itzt, weil die Er-
wartende noch nicht in tiefer Bückung, über
dem Mund den Finger, stehen dürften, hätte mancher Unerfahrne geglaubt, sie verrichteten nichts weinigers, als die mächtigen Reiche der Erde zu theilen, so gaben sie sich Ansehen, und sprachen unter sich mit Pomp.
Indessen fragte nur der Eine den anderen
um das Wetter, oder warum die Königinn
gestern von ihrem Palaste nach dem Markte
sah. Uns kam es fremd vor, daß die Königinn viel länger, wie gewöhnlich, in ihrem
Innersten weilte, bis ein Kammermohr uns
hinterbrachte, die zween Prinzen des Hofes,
Sirkan der Hohepriester, und Aristobolus,
wären bey ihr, und sprächen von besonderen
Dingen. Des ersteren Vorzug hab ich Euch
alle beschrieben, nur seine Laster noch nicht.
Sein jüngerer Bruder überwand ihn an
Schönheit, dieses sein Bau war annehmlicher,
weil er nicht so an die Riesengestalt gränzte,
eine

eine Flamme war sein Geist, und flog durch die Glieder in schneller Bewegung: der Ton seiner Stimme war Silberklang, wie man selben in einer Halle von Marmor, oder aus dem Schwung eines Instrumentbogens einer starken Laute vernimmt: Sein Blick war sitzend, wie des jungen Adlers, ihm blieb kein weibliches Zurückhalten unentdeckt: die Art aber, sich einzuschmeicheln, war wie der Südwind, durch dessen annehmlich-giftiges Fächeln die Schönheit jeder Blum und zarten Gewächses sein ist.

Aber izt trappten zwischen hundert Bücklingen, welche rechts und links in lange Reihen sich wölbten, die Merkwürdigsten des Hofes herauf. Es soll Euch nicht unangenehm seyn, wenn ich von einem oder andern eine kleine Beschreibung Euch mache, meine, oder vielmehr Judäens Geschichte wird dadurch um vieles erklärt. Derjenige, welcher auf den Stuffen des Thrones der Oberste stand, war der Céremonienmeister. Ein biederer Mann, welchem der Kreuziger lange seinen Untergang schwur, weil er die Klagen des Volkes schon damals öfters zu den Ohren der Königinn trug: aber eben die Liebe des Volkes zu diesem redlichen Diener nöthigt den Tyrannen zu verschieben sein Urtheil, Jerusalem hätt eine Aufruhr gesehen, wenn er dieses Greisens Haare würde mit
Blut

Blut beflecket haben. Das Volk zu unterjochen, braucht Alexandra unter andern auch diese List, und setzt ihn über die Ceremonien des Hofes; zwar ein sehr glänzendes Amt des Vorranges, aber nicht der Geschäfte. Eine lange hagere Figur von schwarzgelber Gesichtsfarbe mit tiefem glänzendem Aug im Kopfe war derjenige, welcher über Judäen herrschte: Alexandra trug nur der Herrscherinn eiteln Namen; eine durchdringende Kenntniß des ganzen Landes kennt ihm niemand absprechen, er hatte sich von der tiefen Stuff eines Rennemeisters über verschiedene Provinzen, bis zum Großschatzmeister schon unter Alexander erhoben: er besaß die Kunst, das Blut aus den Adern der Unterthanen durch die verborgensten Canäl an sich zu ziehen; er wußte den Eigennutz in die allgemeine Nothdurft umzukleiden; ein geringer Mißwachs einer Provinz, ein Zufall, welcher durch den Umlauf der Zeiten wechselt, dient ihm zur Einleitung in eine sehr große Theuerung, er verkauft an seine Pachter die Früchte des Landes, ließ sich für diese Gefälligkeit von ihnen nebst dem Preise noch etwas in seine Kasse bezahlen, bis er die Stimme des Hungers im festen Land, und vom Ufer fürchterlich tönen hörte, dann erschien er des Vaterlandes Vater, heuchelte mit Thränen vor dem Volk, gab ihnen um erhöhteren Preis ihre eigenen Früchte wieder, Wein, Oel,

Reis

Reis und Getreid. Durch eben so böse Künste schwang er sich auf den Gerichtsstuhl; der neue Schatzmeister war ein niederträchtiger Sklave von ihm, welcher in der Schurkerey Feinheit alle überwand, welche den Staub seiner Fußtritte leckten: durch lange Uebung geprüft, daß in ihm kein Gewissen mehr erwach, half er ihm von einem Aste zum andern auf den Baum der Ehre zu klettern: itzt dient er ihm in ganz Judäa zum Sprachrohr, er war sein Arzt, welcher allen reichen Familien mit Gift vergab: durch ihn ließ er halten die Stränge, an denen das Gebiß der Unterthanen festgemacht war, er aber schwang über jeden immer die fürchterliche Peitsche des Hungertods, wer sich gegen diese Leitung sträubte. Nur ein bloßer Name war itzt die Gerechtigkeit, er unterschrieb niemals ein Urtheil, als mit goldenem Finger, und seine Entscheidungen bezogen sich allemal auf die Tabelle der Münzsorten: doch auch dieser himmelschreyenden Bosheit mußt er einen Anstrich zu geben, daß sie vor den Augen der Meisten die Göttinn Gerechtigkeit log: In seinem Hause ward niemand bestochen, jeder seiner Diener ward auf der Stell entlassen, wenn er seine Pforten sich schmieren ließ: er selbst berührte keine Münze, wie die indianischen Vaquirs, wenn es die Leute sahen: hingegen giengen von ihm, wie von der Spinne Mittelpunkt die Straßlenfüber, unzählbare Reihen böser Advokaten und Richter aus: über ein Fünfsiger der Advokaten ward ein Allgemeiner bestellt, welcher für die Ordnung der Prozesse sorgte, daß diejenigen Partenen, welche am meisten Vermögen hatten, immer die Leßten vorgenommen wurden; über zehn Richter stand ein Landpfleger vor, welcher die Urtheile der untern zu bestätigen, die Justiz vorzuwägen hatte: diese Beamte waren seine Creaturen, nur Eines seiner Worte stürzte sie ohne Rettung ins Unglück: auch durch diese Canäle floß stromweise des Gold auf die einfachste Art in seinen Küsten: die Prozesse waren nach ihren Summen taxirt, so viel blieb dem obersten Advokaten, wenn er mit Vortheil die Ordnung verrückte, so viel dem Landpfleger, wenn er mit Einsicht die Urtheile wandte, die größten Summen wurden nach Salem gesandt: das war die Ursache, daß oft das Volk in Jubel ausbrach, weil ein Armer zweyhundert der Silberlinge gewann, so mancher aber konnte nicht fassen, daß seine Streitsache sich so lange hinauszog; allein er konnte länger bezahlen, als jener: itzt gewann er aber auch öfters, allein er erschnappt nur noch den leeren Namen des Rechts, das Geld war schon alles im Tiegel des Prozesses verschmolzen. Ich will aber Eure Geduld nicht zu lange mißbrauchen; unter den Merkwürdigsten unsers Hofes will ich

ich Euch nur noch Einen beschreiben. Er war die Maschine des Tempels, das ist, eine bewegliche Figur, durch welche die Priesterschaft spielte. Die Einkünfte des Opferkastens, oder, welches einerley ist, das Erbtheil der Armen, waren beträchtlich, damit konnten sich die Priester einen Sklaven bingen in Purpur und Gold: man sollte vermuthen, dieß Geschäft hätten sie einem Mann übertragen, welchen ein ehrwürdiges Ansehen bezeichnet, ein Eiferer fürs Haus Gottes, welcher selbst durch ihre Lügen getäuscht, Jehovah zu dienen vermeynt, indem er ihnen zu noch reicheren Einkünften verhalf: das würden gemeine Priester gethan haben, das thaten die Priester zu Jerusalem nicht: sie wählten sich einen bekannten Spötter des Tempels, und seiner Diener, der weder an Jehovah noch Jupiter glaubte: allein ihn beherrschte die Wohllust; was opfern aber nicht alles die Menschen, um diese zu befriedigen, der entnervenden Wohllust auf? Sie opfern ihre Denkungsart ihren Sinnen auf: der Weichling dürfte nur anschaffen, und die Priester verfügten, daß Indien, oder die Sicilianischen Küsten an ihn ihre Waaren versandten: daß eine Tochter der Barten mit lichtgelben Locken, oder eine bräunlichte Circassierinn seine Beute werde: auf diesen Einfall ist ein anderer Sterblicher noch niemals gerathen, sich so geschickt der Pforte seines

Fein-

Feindes zu bedienen, aus der flammenden
Glut das Schmelzwerk zu stehlen: dieser
verdeckten Mine grub niemand entgegen; der
Preis feiler Dirnen rentirt ihnen in die Cor-
bona. Esther schwieg.

Sehet, Geliebte! segte fort die bescheiz
dene Jungfrau, wie glanzreich in dieser
Nacht der Mond von der Höhe des Himmels leuchtet, er send auf Dein Ruhebett,
edle Esther! den sanftesten Schlummer herab; unsere Begierde, Dich zu hören, ermüdet zu sehr Deine Zunge. Wie sehr wun-
dern wir uns über Dein getreues Gedächtniß! doch glaubst Du nicht, daß etwa die
kühlere Luft Deines Körpers reizbarere Nerven beleidige? Opferst Du uns nicht zu viel
auf? Gefällige Nazarenerinn! mir trocknet
der Gaume nicht, wenn ich mit Dir, und Deinem denkenden Manne rede; allein ich raub
Euch selbst den süßen Schlaf; Deine Bescheidenheit, indem sie mich auf des wallenden
Mondes Höhe blicken hieß, erinnert mich,
daß die Stunden bald zur Mitternacht eilen:
vergebet mir, daß ich Euch so lange hier
halte: laßt uns aus der freundlichen Grotte
treten, sie soll uns aber noch öfters in ihren gütigen Schooß aufnehmen: wir wollen
hinüber wandeln aus dem klaren Mondes-
licht in die dunkle Stadt: im Heimwege sollt
Ihr noch das Uebrige hören, wo sich heute

der Theil meiner Geschichte endet. Sie erhoben sich von den steinernen Sitzen: die heilige Mutter nahte sich dem schlafenden Jesus, den sie während dem Gespräche zwar niemals aus dem Auge ließ: sie stand mit gefalteten Händen, von Mitleid erfüllt, vor dem göttlichen Knaben, der schlief, die zwey Kinder des Greisen hatt auch der Schlaf neben Jesus schon hingelegt: eines war hingegossen zu seinen Füssen, das andere lag mit herüber geschlungenen Armen auf dem weissen Polster: so liegen zween sich öffnende Rosen, in ihrer Mitte die noch zärtere Knosp auf Lilienblättern. Die Gattinn Elisens weinte vor Freuden, daß ihre Söhne so brüderlich beym jungen Propheten lagen; denn die wunderbare Führung des Himmels hatte Joseph der Esther nicht verschwiegen, und diese der Tyria, Maria war zu bemüthig, weil ihr Ruhm zu sehr mit eingeflochten war. Itzt weckten sie die zween Knaben mit Küssen, Jesus aber hoben die schlanken Arme der Jungfrau mit dem Bettlein vom dunkeln Moos, und nachdem sie ihre Engelsgestalt in den weiten Mantel gehüllet hatte, verbarg sie dem Erlöser der Welt in seine tiefere Falten, das Kind vom kühlen Hauche der Nachtluft zu schützen. Sie giengen hinab am Gemurmel des Baches, ihnen blickte freundlich das Silber entgegen: bis sie die Balsamreihen in ihre Düsternheit aufnahmen: rechts gieng die

Mutter des Herrn, zur Linken die Gottinn Elisens, Esther in ihrer Mitte: die Männer schritten nach ihnen, wie auch das Mägdchen, beede Knaben an der Hand führend. Sie verliessen den Balsamgarten, und traten hinaus in die Fläche: vermeidend die unsanftere Strasse, wandelten sie über weiche Safranblumen, mit denen hier diese Gefilde ganz bedecket sind, nordwärts zur gethürmten Stadt. Die Schatten verlängten sich nach.

Ganz nah an Heliopel erhebt sich ein alt ägyptisches Grabmal: nicht lange nach der Zeit, welche uns die ewige Pyramiden hinterlassen hat, ward auch dieses Denkmal errichtet. Die Pyramiden sind ohne Zweifel die einfachste Bauart: die Kunst wußte damals noch nichts von den Zierden, welche sie später erfand: ein kühnerer Versuch mögen die Obelisken seyn, sie unterscheiden sich schon sehr von den Pyramiden an Schönheit, ihr schlankes Wesen steht weit ab von jener ihrer plumpen Form: dieß Grabmal war ein Gebäude von porphyrartigem Steine, das einem Sarge glich, an jedem Ecke richtete sich ein hocher Obelisk auf, ganz mit hieroglyphischen Buchstaben beschrieben. Königliche Mumien wären darinn verschlossen, ist die gemeine Sage der Sonnenstadt: ihre Schatzkammer glich zwar niemals jener zu

Memphis, sie konnte die Eitelkeit der pyramidalischen Klösse nicht nachahmen: als sie aber noch ihre eigene Herrscher hatten, den Pharaonen zu Memphis, doch untergeordnet, hatten sie ihre balsamischen Leichen hier vor der zermalmenden Hand der Zeit geschützt. Dieses Grabmals Umfang schloß einen Platz von etlich hundert Ruthen in sich, es glich einer Veste von ferne, doch hatt es von den Unbilden tausend der Jahre gelitten, und weil sein Bau weit zärtlicher war, weit mehr gelitten, als die ungeheuren Pyramiden: viele abgerissenen Stücke lagen hingeworfen zur Erd, und ihre schöne Flächen waren mit Moos und zackichtem Blatte bewachsen. Der Mond beschien das Grabmal nach der Seite des Meeres, das übrige war prächtiger Schatten, welcher sich hinter dem blinkenden Lichte verlängerte. Diesem Laste gegenüber blieben die nach der Stadt Eilende stehen; und ihre Seelen führten die Gedanken nach der Vorwelt zurücke. Wo sind nun alle die Menschen, sprach die himmlische Maria, welche in jenen entfernten Zeiten lebten? Einige der vornehmsten Leichen haben wir zwar noch der Wunder wirkenden Kraft des Balsams zu danken, welcher sie von der Verwesung schützte, doch von dem Volke sind keine Spuren mehr übrig, als diese wichtigen Denkmäler, welche seine Hände gebaut haben: unsere Priester

ster werden alle diese Armen in der Tiefe der Hölle suchen: welche nicht von Abraham stammen, wären niemals geschrieben in den Büchern des Lebens, sagen sie: so viel es dem weiblichen Verstande zu forschen erlaubt ist, les und überleg ich oft unserer Väter heiliges Gesetz: die Liebe des Herrn leuchter nur aller Orten weit scheinbarer heraus, und sein Erbarmen ohn End, als die Mien eines unversöhnlichen Richters: er hat doch die Menschen geschaffen, weis ihre Gebrechen alle, sonderbar so mancher ihren blinden Glauben, an dem nicht sie, sondern Erziehung, Gesellschaft, und eigennützige priesterliche Lehren Schuld sind: wie soll doch dieses erhabne Wesen, das von aller Leidenschaft frey ist, alle verdammen, welche er nicht zur Würde seiner besondern Verheissungen rief? Kann Gott verachten denjenen, welcher ein elende Gestalt des Körpers herumträgt, dem Weisheit und Kräfte mangeln, sich zum höhern Glücke zu schwingen, jenen hingegen allein zu seinem Liebling erkohren, an welchem die Natur viele Gaben verschwendete? Sind wir nicht alle Kinder eines einzigen Vaters? Wenn ich dem Innersten meiner Seele glauben darf, so sind alle dieses Weltalles nützliche Theile, die Vorsicht hat sie an diese oder jene Stellen mit Absicht geordnet; jeder handle nur nach seinem Kenntnisse, mehr kann der Allwissende nicht fodern,

und

und kann entspricht er als ein nützliches Glied dem Plane des Ganzen. Die willkührliche Bosheit, die Verstockung, welche der freye Wille dem Herzen des Sünders gebiethet: den Rebellen gegen des Allmächtigen Fügung, der es aus seiner Schuld ist, den kann die Gerechtigkeit, welche jeden nach Verdiensten lohnet, nicht ungestraft lassen. Aber in dem Haus unsers Vaters sind ja der Wohnungen viele: wenn ich an den gestirnten Himmel meine Augen hefte, so viele tausend und tausend der funkelnden Sterne sehe, welche an Größ und Schönheit unserer kleinen Erde weit vorangehen, sind diese nicht vielleicht die Stuffen des Thrones, von dem der Allmächtige herrscht, zu welchem die Menschen vollkommner immer von ihren Thorheiten gereiniget hinaufsteigen? Verklärt werden ganz nah im Jubel sich freuen die guten Kinder Abrahams, Isaaks und Jakobs, aber wird nicht unter ihnen auch so mancher schuldlose Heyde sich freuen? Vielleicht war dieser, welchen hier dieses Monument einschließt, einstens ein guter König, er mit seinem Volke glänzet vielleicht von einem fernen Gestirne zu uns freundlich herunter. O Unermessener, Allmächtiger, Weiser! nicht Stolz, nicht eitle Weisheit verleitet meine Seele zu dieser kühnen Untersuchung: ein gewisses, inneres Bewußtseyn, dem ich nicht zu widerstehen vermag, erfüllet meine Seele mit dieser

der Klarheit, und aller scheinbare Widerspruch des Elendes und Glückes schnet sich une. So sprach die himmlische Jungfrau; aus ihr der heilige Geist.

Esther fuhr fort. Was der Rosen Hönig verwundeten Lippen ist, das sind mir Deine lieblichen Wort, unter den Weibern Sanftmite; so oft ich von meiner Geschicht erzähle, scheint mir jedes der Worte mit scharfem Stachel bewaffnet, und verwundet mir die bewegte Lippen. Ja Vorsicht, göttliche Vorsicht war es, daß ich ein Opfer der Bosheit wurd; ich bin schon hier auf Erde für alle meine Leiden belohnt, daß ich Dich, Edle! wie ich unter den Sterblichen noch keine sah, fand. Wenn ich Euch nicht zur Last bin, ich verfolge noch bey diesem kurzen Wege meine Geschicht: ich erzähle sie mit Freuden, keine Thräne steigt mir itzt ins Auge mehr: denn ich erzähle, meine Beßten! die Züge der heiligen Vorsicht, ihre selige Leitung zum Himmel.

Zwischen ihren beeden Söhnen, Hirkan zur Rechten, links war Aristobolus, rauscht itzt die Königinn, von uns ihren Aufwärterinnen allen begleitet, die Säl herunter zum versammelten Hof: sie übernahm, wie gewöhnlich, die Bittschriften, und übergab sie dem bieneuden Kümmerlinge, dieser trug
sie

sie hinein. Der Flehende überlegte bey sich manchmal im Heimgehen: Meine Gründe sind kräftig und klar, die Königinn wird erstaunend sie lesen, daß man so ungerecht mit ihren Knechten verfährt: sie ist liebreich und edel, sie wird mich von der himmelschreyenden Unterdrückung erretten; so dachte der Pöbel von ihr. Allein diese Pergamente waren alle vergebens verschrieben: der Kämmerling übersandte sie dem hagern Minister, dieser überließ seinem Diener die Bittschriften, der sie, noch von keinem Auge gesehen, zur Einwicklung unnützer Dinge verbrauchte. Izt berief die Königinn die Wichtigsten des Hofes zu sich, und die goldenen Thore schlossen sich hinter ihnen zu. Der Müßiggänger Gesumse verlor sich allgemach in den weitschichtigen Sälen, sie wurden leer, man vernahm es nur noch von ferne, wie in der Tiefe des Schachtes den Waldbienenschwarm. Izt nahten sich mir die zween königlichen Prinzen Hirkan und Aristobolus. Dich liebten die Götter, sagte der Hochepriester des lebendigen Gottes, daß sie Dir so viele Gaben ertheilten, auch, daß Du an unserm Hof hier glänzest, die Menschen der Stadt, ihnen fehlt die feinere Sitte, hätten Dich so niemals bewundert. Ich würde von einem Hochenpriester nichts weniger als Gebeth und Segen erwartet haben, so erbauende Begriff hat mir von dieser Würde meine

Erzie-

Erziehung gegeben: allein Hirkan ist eine Juwele vom Finger: dieß geb ich zum Angedenken Dir, sprach er im herablassenden Tone, laß selbes, daß Du es mir zu Ehren trägst, auch in des Tempels Halle mich sehen. Während als er dieses sagte, blickt unter seinem goldenen Helm Jüngling Aristobolus auf mich mit feurigen Augen. Dieser ihre Sprache war vernehmlich, wiewohl sein Mund schwieg: er schlug um sich in weiten Falten seines Mantels Purpur, und riß sich seitwärts weg: Hirkan gab mir lächelnd einen leisen Schlag auf die Wangen, mit heiligem Finger, und trat majestätisch hinweg, die dienenden Priester hoben von der Erde den fliessenden Schlepp, und schlichen auf den Zehen nach. Wie vom Traum erwachend kam ich zu mir selbst: dem Hohenpriester gab immer sein erhabenes Amt ein heiliges Ansehen, hätt Hirkan zu mir nicht eitle Worte gesagt, mich hätt Ehrfurcht ergriffen, als wenn zu mir spräch Aaron von der Arche des Bundes; aber izt sah ich mit Verachtung auf einen Mann, welcher von den Einkünften des Allerheiligsten schwelgt, und die Götter der Heyden nennt; welcher ein Despot und Heuchler war, und aus des Rauchgefäßes Wolken, wenn er um Jehovahs Altar räuchert, mir seine Blicke versprach. Ich entdeckt auf den geschminkten Gesichtern meiner Gespielinnen

die

die Züge des Haßes vernehmlich, weil ich, wie sie wähnten, also geehret wurde. Jtzt wünscht ich mich das erstemal vom Hof entfernt; im ruhigern Schooße meiner Mutter vor den Augen des Neides verborgen. Indessen zerstreute sich unsere weibliche Gesellschaft. Die Kammerfrau faßt bey der Hand mich, und führt mich unter ferne Tapeten. Aus den Tapeten kam Ophny, der Priester.

Wer wird sein Erstaunen verbergen? Wer unerfahren genug ist, noch nicht zu wissen, daß Tapeten und Holz an Höfen auch belebt sind, und daß, was zu sagen nur Dichtern erlaubt ist, hier keine Fabel mehr sey. Also ist alles Aug und Ohr, wo nur immer ich hintrete, denkt ich, wie ist es aber möglich, daß mit ihrer hohen Hornhaube die Priester durch diese engen Winkel schlupfen? Es war bey den Ebräern der Gebrauch, nur in heiligen Kleidern dürften die Priester einhergehen, und das war ganz gewiß eine Unbequemlichkeit, welche nicht umsonst unsere heutige Sitten abschafften: es ist weit schwerer, die Schicksale der Menschen unter einander zu karten, wenn man immer für das angesehen wird, was man ist. Dieß hat sich die Geistlichkeit in des Christenthums spätesten Zeiten erleichtert: außer der Kirche wisset ihr öfters nicht, ob der grasgrüne Jäger, oder der goldborbirte Geck in einem Ko-

nont-

nenikatstist, oder in einem Kloster seine Trä-
bende hat. Wir wollen mit dem schüchter-
nen Mädchen unter die Blumen, sprach
die Kammerfrau: wir traten aus dem Fenster auf ein Geländer von Marmor: zu beyden Seiten standen in Gefäßen lebendige
Blumen, auf grossen Töpfen erhoben sich
zwischen ihnen kleine Oranienbäume mit ru-
rorens Frucht behangen: die Seite des Palastes warf den Mittagsschatten herüber.

Der schlaue Priester schien nichts zu wissen, von allem dem, was vorhergegangen
war, und ich glaubt es auch damals: er
nahm mit Freudenlächeln der Verwundernng
die Erzählung an, welche von Hirlans
Gnade geschah: er besah die Juwel mit Aufmerksamkeit, und hielt sie gegen die strahlende Sonne: Was dieses Edelstein hier gegen dieses Gestirn ist, sprach er im betheuern-
den Tone, das ist es auch gegen Hirkan;
und seiner Gestalt Herrlichkeit ist doch nichts
gegen die Vorzüge des Geistes, mit denen
er ausgeschmückt ist. Wohlgestaltete Esther!
Du solltest ihn kennen, näher kennen, wie
ich, dem er sein Vertrauen schenkt, keine
Tochter würde mit mehr Inbrunst ihren liebenden Vater umschlingen, ihren Lehrmeister wohl keine Schülerinn: wie aber Aarons
silbernen Bart die wohlriechende Salben her-

abobdusten, drückt sich der Psalm aus, so fliessen auch von seinem süssen Munde der Weltweisheit heilsame Lehren: er verwaltet das Priesterthum Gottes, aber er ist selbst ein Gott unter den Priestern, spricht weit vernehmlicher zu uns; als jemals, wie man sagt, vom Throne der Arche die Cherubim sprachen. Komm, meine Liebe! der Schmeichler führte mich bey der Hand fort: die Kammerfrau weilt unter den Blumen ferne: laß Dir für Deinen Geist nahrhaftere Speise reichen, als Du bisher genossest: überlaß dem Pöbel das Vorurtheil, und dem Blinden Glaube; was ich Dir sage, das wissen wir Priester doch besser. Er warf sich in einen marmornen Sitz, ich stand vor ihm. Moses ist nichts, fuhr er fort, Aaron auch nichts, wie sie Euch die Bibel erkläret; die Arch ist nichts, nichts die Opfer des Tempels; nichts die Wunder, die auf Horeb und Sina geschahen; selbst Jehovah nichts mehr, wie der kapitolinische Jupiter mit dem goldgeschlagenen Donner. Wenig hätte gefehlt, ich hätte den Priester über den Mund geschlagen: mein Blut empörte sich, ich hatt alle Gewalt anzuwenden, mich in weiblichen Schranken zu halten: das sagt ich ihm doch, also seyd Ihr unsere Betrüger, Ihr, die Ihr in heiligen Gewanden umherwandelt, und gebt uns für das schöne Gold, das wir aus gutem Willen in die Corbeua werfen,

Lügen

Lügen hin. Dieses wäre der Aufrichtigkeit
Lohn! flossen seine Worte fort: mich hat
die Andacht meiner Aeltern zum Priester
bestimmt, mein freyer Wille wars nicht:
was strafest Du mich, daß Moses, Aaron
und Heli das nicht waren, für das sie sich
ausgaben, daß die Wunder auf Horeb und
Sina ein Blendwerk? Aber weit von mir,
daß ich dieser klugen Männer nicht in allen
Ehren gedenke, sie waren sehr weise Männer, nur die Einsicht eines Moses wußte die
Israeliten zu bändigen; doch lerne von mir
eine Religion kennen; die Dein Herz weit
mehr beruhiget, als die prophetischen Träume: das Volk ist eine Sammlung der Affen,
sie sind dem Naturforscher gefährlich, aber er
wirft ihnen Spielzeuge vor, mit denen sie
sich beschäftigen, denn er untersucht mit Ruh
Judiens Schätze. Itzt bewies mir der ungläubige Priester, mit welchen Künsten der Voll-
strecker unsrer Religion den Israeliten vorge-
spiegelt habe, deren Kenntniß er von den Priestern Memphis erlernt; dieses zu thun, versetzt ihn die Nothwendigkeit, und die Ruhm-
begierd, über ein ganzes Volk zu herrschen,
Zeit und Umstände foderten es damals: die
Religion des Weisen wäre von jeher nur ein
hinterlassenes Erbtheil weniger Edeln gewesen: ihre öffentliche Kundmachung würde das
Volk zu Rebellen bewegen: das wolle die
menschliche Klugheit, jedem nach Maß und

Ge-

Gewicht von der Weisheit zu ertheilen, wie weit sie ihm nützlich sey. Es hielt mich der Verderber der Unschuld lange bey sich, bis tief in meiner Seele die Zweifel stockten. Die guten Grundsätze, welche mir die Erziehung gab, empörten sich zwar gewaltig, wie gegen den heulenden Sturm mit feuer Felsenstirn ein Berg: es brechen die Stämme der Ceder, Gebüsche mit Wurzeln und Staubklumpen stürzen herunter, noch steht der Berg; allein erschüttert auch noch das Erdbeben seine Grundvest, er trotzt umsonst, der vor die Ewigkeit stand, stürzet endlich zusammen. Wenn Unglaube der Kuppler der Wohllust wird, denn sind fromme Mägdchen keine Felsen mehr, jungfräulicher Schnee am Südwinde. Seht, Geliebte! das Dunkel der Mauern und der Thürme der Stadt erhöhet sich, wir sind den erzbeschlagenen Thoren schon nahe, laßt mich itzt schweigen; ein andersmal end ich die furchtbare Geschichte. Nur dieses füg ich noch an: Die Staatspolitik steckte sich hinter die Priester, diese schuffen mich zum Werkzeug, daß sich Hirkan und Aristobolus entzweyten, unser Haus wurde zerschmettert, und der Römer schritt über den Nacken Judäens einher.

Und sie nahten sich in wechselseitiger Umarmung den erzbeschlagenen Thoren der Stadt: der Wege Verschiedenheit sönderte bald die

sich

sich liebende Gesellschaft der Heiligen von einander: mit Dank durchdrungen schied von der Wohlthäterinn Wittwe, Maria und Joseph: Esther von ihnen mit Segen und Wonn erfüllet. Sie sahen sich noch oft um, und winkten sich zu, so lang sie sich im Mondlicht erblickten, bis jene die hohe Stadtmauer, sie der Schatten ihrer Hütten, verbarg. Ein ruhiger Schlaf schloß allen die Augen zu; — fröliche Träume flogen herab.

Von den Pyramiden, und andern Denkmälern Aegyptus.

Die Pyramiden sind ungezweifelt die Ueberreste des früheren Menschenalters: Plinius beschwert sich darüber, daß man die Zeit, und die Urheber nicht gewiß bestimmen könne. Joseph, der jüdische Geschichtschreiber, behauptet, daß die Israeliten nebst andern Bedrückungen auch mit diesem Bau seyen geplagt worden. Diejenigen, welche aus diesen merkwürdigen Gebäuden die Kornscheuern Josephs machen, erzählen aber die lächerlichste Fabel, denn ihr ganzer inwendiger Bau zeugt von einem Todtenbehältniß: so kostbare Gebäude waren also vermuthlich für königliche Leichen bestimmt. Sie liegen

etwa

etwa ein paar kleine Meilen von beh. ßigen Cairo in sandigter Gegend. Im Land Ægyptus stehen an verschiedenen Orten zerstreut noch mehrere Pyramiden, und zwar von sehr merkwürdiger Größ; hier aber sind vier, drey grosse, und eine kleine. Diese sind auswendig von harten Quater-, inwendig von gebackenen Steinen gebaut. An der größten sollen 306000 Menschen durch zwanzig Jahre ohn Unterlaß gearbeitet haben. Von aussen ist ihre Höhe, wie man itzt noch sieht, durch 208 Stuffen gesöndert. Sehr vermuthlich aber, wie aus der nebenbey stehenden Sphynx kann abgenommen werden) ist noch eine merkwürdige Höhe unten mit Sand überschüttet: itzt sind noch 16 Stuffen bis in den Haupteingang in die Pyramid; ihre ganze Höhe, wie sie itzt gesehen wird, beträgt 682 Werkschuhe, die Breite von jeder Seite 404 Schuhe. Der oberste Raum, welcher von unten eine Spitze scheint, hat 68 Schuh im Umfange. Inwendig sind Gäng und Kammern von verschiedener Läng und Größ: eine Kammer aber ist ganz mit Porphyr ausgelegt, in ihr steht ein offener Sarg von eben diesem Steine. Ihre Aufsenfläch ist zwar zum Theile schon ausgewittert, dennoch ist noch bequem zum Hinaufsteigen, der ganze Bau ist aber von solcher Festigkeit, noch Jahrtausende zu stehen.

Nächst

Nächst den Pyramiden sieht man die bekannte große ägyptische Sphynx, welche vermuthlich auch einem Könige zum Leichensteine diente. Ihre Größe läßt sich aus dem Ueberreste des Kopfes beurtheilen, welcher aus dem Sande noch heraufragt, aber alles übrige ist verschüttet: die Höhe des Kopfes beträgt 26 Werkschuhe, nur vom Ohre bis ans Kinn sind 15 Schuhe, der Umkreis des Kopfes 102 Schuhe. Dieses Bild war in ältesten Zeiten orakulös, das ist, die Priester sagten durch heimliche Kanäle Lügen drein, welche das Bild um Rath fragten, durch welchen Kunstgriff sie viele Schätze an sich rafften. Der Stein, daraus dieß Bild gehauen ward, ist auch eine Art Porphyr. Von den ägyptischen Götzen, deren Isis und Osiris die berühmtesten waren, steht ein Bild des Zweyten zu Rom, das vermuthlich mit den Obelisken in diese Stadt gekommen; das Bild wurd unter einem Schutte von den Dominikanern gefunden, und dem Kardinal Barbarini zum Geschenke gegeben. Die Statue ist von schwarzem Steine, welche Farbe nach Plutarchs Meynung dem Osyris eigen war, wie dann auch der ihm heilige Ochs Apis schwarz seyn mußte. Dieses Götzen Gestalt ist aber diese: Ein nackter Mann mit einem Habichtskopf, in der Hand trägt er ein Täfelchen mit dem Buchstaben T: die ägyptischen Priester gaben dem Volke die

Ff   Fabel

Fabel vor, daß ihnen ein Habicht die Sittenlehre vom Himmel gebracht — und dieser Vogel wurde dem Osiris geweihet. Der gewähnter Buchstab aber war das gewöhnliche Zeichen der Bedeutung des Lebens. Isis, welche für die Frau des Osiris gehalten wurde, ist ebenfalls aus schwarzem Marmor meistens gebildet: ein eingeschleyertes Frauenzimmer mit einem offenen Ring, oder Hörnern auf dem Kopfe, welcher die Wechselung des Mondes bedeutet, nach welchem die Fruchtbarkeit des Nils steigt, auch zuweilen mit Lorber auf dem Kopfe bezeichnet. Nebst diesen Götzenbildern war meistens die Gestalt eines Priesters angebracht, ebenfalls nackend, auf dem Haupte trägt er eine Habichts- oder Sperberisfeder, die Tafel der Isis hielt er in den Armen: von diesem Opfertische hiengen über des Priesters Hände, Zweige, Blumen, Wasservögel und Fische, mit dem Sattichkraute, das auf dem Nile schwimmt, herab: auf dem Tische selbst aber standen Wassergefäß und Getreidgarben: welches alles die Fruchtbarkeit andeutete, welche sie ihren Gottheiten dankten. Das Bild eines solchen Priesters wird auch noch zu Rom gesehen. Die Opfertische der Isis sind besonders wegen den Hieroglyphen berühmt, mit welchen sie beschrieben waren: eine solche Tafel besitzt noch der Herzog von Savoyen; die Figuren sind in Erz mit Gold ausgelegt.

Die

Die Obelisken, schon eine Wirkung der vorbesserten Baukunst, sind Spitzsäulen von erstaunlicher Höhe, meistens aus Einem Stücke Felsengranit ins Vierteck gehauen, die meisten mit Hieroglyphen beschrieben. Sesostris, der ägyptische König, soll der Erste gewesen seyn, welcher Obelisken in seinem Reich errichtete, daran er die Größe seiner Macht, und die Anzahl der überwundenen Völker verzeichnen ließ; würde man nicht noch itzt diese Monumente mit Augen sehen, würde keine Erzählung den Glauben behalten, besonders, da kein Steinbruch in Aegypten bekannt ist, aus welchem diese ungeheure Klumpen in Einem Stücke gehauen wurden; da man nicht begreifen kann, wie sie zu selbst Zeit, als man noch keine besondere Maschinen kannte, errichtet wurden; am allerwenigsten aber sich fassen läßt, wie diese Steine von erstaunlicher Schwere bey der elenden Schiffsbaukunst, wie damals sie war, aus Aegypten nach Rom überschiffet wurden. Ein paar waren nach dem Diodor besonders merkwürdig, indem sie 120 Ellen hoch waren. Unter dem Augustus wurden zwey herrliche Obelisken aus Heliopol nach Rom gebracht, welche in der großen Rennbahn errichtet wurden. Pabst Sixtus V ließ vier aus dem Schutte des zerfallenen Roms ausgraben, den größten vor dem Vatikan setzen, den andern bey der teutschen Porte, den dritten

Ff 2   bey

bey Maria der Größeren, den vierten im Lateran: der größte aber liegt noch in den Ruinen, und erwartet einen großen Pabst, welcher sich unsterblich machen wird.

Mehr dergleichen Denkmäler standen theils in Babilon, oder in selber Gegend. Doch wolle der geneigte Leser bemerken, daß zween Babilon waren, dieses, das in Aegypten stehet, ein anderes in Arabien, beede haben vermuthlich ihre Herrlichkeit der großen Semiramis zu danken; und wiewohl das ägyptische Babilon mit jenem wetteiferte, weil sie die nämliche Stifterinn vermuthlich hatten, so war doch jenes das berühmte alte Babilon, von welchem meistens die Schrift redet, und im neuen Bunde besonders die Apokalypsis; nicht ferne davon stand das berühmte Ninive.

Auser Babilon war die berühmteste Stadt in Aegypten, und ist es zum Theile noch, Alexandria. Der große Alexander brachte sie empor, und gab ihr seinen Namen. Eines der berühmtesten Denkmäler war dort der Leuchtthurm, welchen Ptolomäus Philadelphus mit ungemeinen Kosten erbauen ließ. Dieses Bauwerk stand am Ende der Krümmung des Hafens, war von erstaunlicher Höhe, darauf eine Laterne, in welcher zu Nacht ein großes Feuer brannte,
den

den Schiffenden zum Zeichen, in welcher Gegend sie wären, das fern ins Meer hinausleuchtete; die Stiege war das Meisterstück, welche auswendig in einen Schneckengang angebracht wurde. Auch steht itzt noch zu Ehren des Pompejus eine Säule, welche einige Aehnlichkeit hat mit Kaiser Trajans Säule zu Rom. Noch werden zween Obelisken dort bewundert, wovon aber der eine zur Erde liegt. Diese war die eigentliche Residenzstadt der berühmten Kleopatra, wiewohl sie auch in Memphis öfters sich aufhielt.

Um Memphis, Heliopolis, und Alexandria findet man die meisten Mumien-Keller: das sind Erdhöhlen, wo viele der Leichen liegen, der uralten Aegyptier. Dieser Mumien sind zweyerley Gattungen. Die gemeinere wird öfters im Sande gefunden, diese waren vermuthlich auch nur gemeine Leichen, die Trockne des Sandes zog die faulenden Säfte des todten Körpers an sich, und so blieb die ausgedorrte Hülle ganz unversehrt. Die vornehmern aber sind die balsamischen: nämlich die alten Aegyptier balsamirten die Leichen der Edlern sorgfältig, und weil hier die beste Würze zu bekommen war, wurden sie schon durch die Kraft der Einbalsamirung von der Verwesung geschützet: über das aber wickelten sie den Körper mit Banden zarter

Lein-

Leinwat von dem Aeußersten der Füße bis zu dem Kopf ein, darüber legten sie wieder ein Gehäus von unverweslichem Holz, oder gümirter Leinwat, und verwehrten jeder äußern Luft den Eingang. Dergleichen Stücken, welche schon Jahrtausende vielleicht verblichen waren, sind noch mit ihrer vollkommenen Gestalt in unsern europäischen Naturalkammern zu sehen, welche durch große Kosten von Aegypten herüber kamen.

Der Wasserfall des Nils ist noch eine der berühmtesten Merkwürdigkeiten Aegyptens. Die Breite der Felsen, über welche der Fluß herabstürzt, beträgt eine kleine Meile, die Höh ist gegen zwey hundert Schuhe. Wer den berühmten Rheinfall nächst Schafhausen in der Schweiz gesehen hat, kann sich vielleicht eine Idee davon machen. In die Felsen hauten die Alten, Nitschen und Gänge, darinn sie sich hinter dem Spiegel des Wassers, welches darüber schoß, ergötzen konnten. Die Spuren davon sind noch heute übrig. Nicht ferne von dem Wasserfalle werden die Ruinen gesehen der uralten Stadt Thebe, von welcher die große Wüste rückwärts des Wasserfalles ihren Namen hat, in den ersten christlichen Zeiten durch Anachoriten berühmt.

Der prophetische Knab in der Wüste.

Unweit der doppelten Höhle, wo der Vater der Gläubigen seine todte Sarai, die inniglich Geliebte, begrub, dahin auch nachmals seine und der Erzväter Gebeine gelegt worden, zu erwarten den Tag der Auferstehung, hob sich von den Gebirgen Judäens eine uralte Stadt: ihr Nam ist Hebron, sie stand lange, vor Memphis ein Wunder der Welt war, und war schon berühmt, vor durch ihre Thore die Sündfluth wirbelte.

In jener Zeit, als Herodes von Sion herrschte, lebt hier ein priesterlicher Greis aus dem Geschlechte des Abias, eines der berühmtesten unter den vier und zwanzig, welche David im Tempel zu dienen geordnet hatte: sein Weib hieß Elisabeth, auch eine der Töchter aus Aarons Nachkömmlingen. Die Jahre der Fruchtbarkeit waren schon lang über beede weggeflogen, ohn ihnen jemals einen Segen zu hinterlassen, sie sahen oft in nächtlicher Wehemuth auf Abrahams Grabmal, wenn für sie melancholisch der Mond schien, wandten zu den blassen Sternen ihre thränenden Augen: So zahlreich ist die Nachkommenschaft unsrer Väter, sprachen sie

sie mit Seufzen, wie die Sternen des Himmels; wir aber gehen kinderlos in die Grube des kalten Felsens, kein Sohn, keine Tochter drücken uns sanft die Augen zu, uns versagte der Himmel die Wonne, zarte Enkel um uns spielen zu sehen; und dann weinten sie oft. Allein für ihre Klagen blieb der Himmel immer verschlossen, sie waren unter den Einwohnern dieser volkreichen Stadt, was auf einem furchtbaren Gebirge zween ausgedörrte Stämme sind, ihnen war willkommen die Grube, damit sie ihre Schande bedeckte, denn die Juden hielten dafür, auf jenen ruhe der Fluch, welche ohne Kinder sind: indessen wandelten sie immer untadelhaft vor dem Herrn, sie duldeten nach dem Willen des Unendlichweisen, welcher alles mit Vorsicht regieret. Ungeachtet aber des Alters mit silbernen Haaren erschien noch immer Zacharias im Tempel des Herrn zu Jerusalem, wie ihn am Sabbathe das geworfene Loos traff. Itzt dient er eben auf Moria wieder, und Elisabeth sehnte sich nach seiner Heimkunft. Drey Tage der Opferwoche waren vorüber, er verrichtet immer, so kraftlos er war, mit Eifer sein Amt, das Volk schaut in Ehrfurcht auf der heiligen Ceremonien Würde, denen er einen besondern Anstand gab: die Herumstehenden brannten vor Andacht, wenn sie seine Gebethe ver-

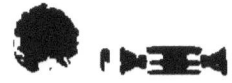

nehmen; aber himmlische Trostung fühlten
sie, wenn er ihnen Unterricht aus dem Gesetze gab.

Izt begann der Opferwoche vierter Tag,
sein Amt war, auf den goldenen Altar, welchem des Allerheiligsten Vorhang gegenüber
gldnzte, früh; und am Abende, wie es das
Gesez verlangte, das wohlriechende Rauchwerk zu legen. Der Morgen schimmert hell
über Jerusalems Thürme, der Verkünder
eines heitern Tages hatt izt Mengen des Volkes zum Tempel gelocket: die Gemeinden, zur
Andacht versammelt, durften aber niemals
auf den ehrwürdigen Greisen harren, ihrer
Geduld spotteten wohl oft bequemere Priester in feurigen Jahren, welche nicht dem
Tempel und dem Volke, von dem sie bezahlt
wurden, nur dem Opferkasten dienten. Zwischen blendenden Gefässen, welche vor der
Halle der Priester zu den Opfern schon bereitet standen, ragte mit Schönheit und Zierde das Rauchgefäß herauf: eine weitschichti-
ge Schaale von getriebnem Golde war das
Behältniß der glühenden Kohlen, über selbes schimmert eine Lilienkron, aus den
Kelchen der Blumen dampfte des Rauchwerks
süßer Geruch: der Priester trug denn das
Gefäß in goldenen Ketten, auch öfters auf
einer flachgeschlagenen Platte von Gold. Izt
faßte mit zitternden Armen der betagte Priester

ster das flache Gold, auf welchem das Rauchgefäß stand, er stieg mit Mühe des Heiligthums zwölf Stuffen hinauf, steigend schien er in Wolken zu wandeln, so dampfte um ihn das schmelzende Rauchwerk. Aller Augen des Volkes aber begleiteten ihn durch die Thore von Gold; allein bald hüllten auch den wankenden Priester die Opferwolken ganz ein; dann war der Anblick prächtiger, der siebenarmichte Leuchter, welcher hinter dem Altare stand, streute dem langsam Wandelnden ohn Unterlaß Licht entgegen, das die Oeffnungen der steigenden Wolken durchströmte. Itzt stand auf dem Altare von Gold das Rauchgefäß, der Priester goß aus dem funkelnden Schiffe frische Körner von Myrrhen in die braschelnde Glut, daß von Opferwolken das Heiligthum ganz erfüllet war. Nun stämmt sich der Greis mit der Rechten auf des Altars hervorragendes Horn, das Niedersinken zum Gebeth sich zu erleichtern: sieh, da blies ein leiser Wind gegen sein Angesicht, daß sich die silbernen Haare seines fließenden Bartes bewegten, vor des Allerheiligsten Vorhang flohen in Eile die Opferwolken: Gabriel trat aus dem Allerheiligsten Gottes. Nicht wie nachmals die himmlische Maria, als vom Throne des Vaters der Bothschafter der Menschwerdung herabstieg, würde des Erzengels Majestät, vor welcher Daniel kraftlos zur Erde sank, der jahrvolle

Prie=

Priesters ertragen haben; der Gebiether über eine Myriade der Engel milderte seinen geschaffnen Schimmer, und erschien bloß in fliessenden Leinen als Priesterschmuck. Jtzt trat er an die Rechte des Altars, Zacharias lag erschrocken gebückt zur Erde, mit zitternder Hand noch das Horn des Altars haltend. Fürchte dir nicht, Gott gefälliger Priester! sagte der Engel mit freundlichem Tone: der Greis kniet empor, und athmete leichter: Sieh, fuhr Gabriel mit tröstender Lippe fort, dein langes Gebeth, das immer hinaufstieg, ist nun erhöret: Elisabeth, dein Weib, wird dir einen Sohn gebären, den sollst du Johannes nennen: dein Herz wird noch einmal, ehe du zu deinen Vätern hinüber gehest, Freude füllen; und mit dir werden auch viele andere sich über die Geburt des holdseligen Knabens freuen. Er aber wird in strenger Tugend vor dem Herrn wandeln: schon im Leibe seiner Mutter mit dem Geiste Gottes erfüllet: wird er sich von allem enthalten, was sinnliche Menschen suchen, nicht einmal Wein, oder andere stärkende Getränke wird er zu sich nehmen, mit hinreißendem Beyspiele er den Sündern voran gehen, wie er denn auch viele aus Israels Nachkommen wieder zu ihrem Gott und Herrn führen wird. Zwar ein noch weit größerer Mann, als er ist, wird am Jordan heraufgehen: allein eben diesen anzukünden ist

dein

dein erhabner Sohn gesandt: mit dem Geist und der Kraft, mit welcher Elias ausgerüstet war, soll er voranschreiten: die Herzen der verstockten Väter werden vor seinen flammenden Worten schmelzen, sie werden gelehrsam, wie ihre Kinder werden: diejenigen, welche noch keinen festen Glauben haben, werden durch die Weisheit stiller Reden von ihrem nahen Heil überzeugt werden, und auch mit in der Versammlung der Gerechten seyn. Also wird er dem Herrn ein vollkommnes Volk zubereiten. Der Engel schwieg. Zacharias sah izt immer mit weniger Erstaunen den Engel an: das ist ein kühner Jüngling aus Levi Stamme, der sich ins Allerheiligste schlich, um einen Greisen zu höhnen, so menschlich erscheint kein Engel des Herrn: dieß waren seine Gedanken, und seine Seele rief die Kraft in die Glieder zurück, er stand von der Erd auf, und sprach zu Gottes Gesandten mit männlichem Ernste: Spotte meiner nicht ferner, er wies ihn mit der Hand zurück: ich bin ein Greis, und auch mein Weib ist schon an das End ihrer Tage geschritten, ich weis es, mein graues Haupt werde nicht mehr über eines Sohnes Wiege sich neigen; wer wird mich von dieser Mähr überzeugen? Der Priester droht ihm mit funkelndem Auge, breitete den Arm kühner aus, und wies ihm, aus Gottes Heiligthum zu gehen. Der Engel trat vom
Altare

Altäre vorwärts, seinen Tritten entflossen Glanzflächen, und stand bey des Allerheiligsten Vorhang. Ohne einer einzigen seiner zierlichen Glieder Gebärde, ganz Hoheit, sprach er: Ich bin Gabriel, einer von den Sieben, welche vor Gott stehen, und war gesandt, dir dieses zu verkünden: izt ward sein Angesicht Ernst, drohend seines blauen Auges Blick; allein, du glaubtest mir nicht. Sieh, ich gebe dir ein Zeichen meiner Sendung: werde stumm, kein Wort berühre deine Zunge mehr bis an den Tag der Weißagung Erfüllung. Er erhob sich strahlend mit brausendem Flug, und verschwand am goldgewirkten Vorhange, wie der Blitz des Wetterleuchtens. Zacharias stand vom Schrecken eingewurzelt, hinterließ ihm der entschwebende Engel nicht stärkende Kraft, der Greis wäre todt zur Erde gestürzet; allein, der Geist des Lebens kam izt schnell in seine Glieder wieder zurück, in sein Herz aber Reue. Faltend die Hände sank er auf sein Angesicht nieder, bath für die Sünde Vergebung, und dankte dem gnädig Strafenden in seines Herzens Fülle. In den weitschichtigen Hallen des Tempelsvorhofs ward izt unruhig das Volk, schon zu lang auf die Rückkehr des opfernden Priesters harrend. Sie sprachen vernehmlich unter einander, und es entstand ein Gemurmel, wie ferne tönender Bergbäche, das sich

immer

immer verstärkt, und dann zum lauten Getöse wird. Doch, endlich kam er aus der heiligen Halle, trat voll Tiefsinn, über die hohe Stuffen von Marmor herunter: ihm entgegen wälzte sich das Volk. Einige glaubten, es wär ihm ein Uebel geschehen; einige waren aus Ungeduld ungestüm, die meisten aber drängte vorwärts der Vorwiz, welcher bey jedem ungewöhnlichen Fall ohne anderer Ursach des Volkes Maschine nach sich reißt. Aber der Stumme wies mit dem Finger auf den geöffneten Mund, mit diesem Zeichen entschuldigt er sich bey den Forschenden. Er hätt also die Sprache verloren, war der Nächsten ihr Urtheil: diese Rede schoß durch das Volk, wie durch den Anschlag der ersten die Schnellkraft durch eine lange Reihe elfenbeinerner Kugeln; aber nicht alle fällten Ein Urtheil. Wegen Schwäche des Alters hätt ihn eine Lähmung getroffen, diese war vieler ihre Meynung: einige hielten dafür, welche gern Außerordentliches glaubten, ihn hätt eine seltene Erscheinung geschrecket: diese Vermuthung zischen wieder die Spötter aus; wir wissen ja, sprachen sie, daß nur unsere gläubigen Väter Erscheinungen sahen, in unseren Tagen würbiget uns der Herr keiner solchen Ueberzeugungen mehr: vielleicht stieg ihm aus den Eingeweiden cyprischer Taumel, den er schon frühe zu sich nahm, unsere Priester haben schon lange den

Gast

Saft der besten Traube zu einer Theuerung
erhöht, dahin nur das Gold des Heiligthums hinreiche: oder, streuen wieder unsere etwa wer mißkennt wohl der Gesalbten
des Herrn Schlauheit? Sie haben sich etwa
über eine neue Mähre berathen, zu erhöhen
die Opfer, dieß ist doch ihr unabläßlich
Nachsinnen, die werden sie uns itzt
kund thun. Also segneten und lästerten viele, nur die wenige Weisen schwiegen zwischen dem Tumult, und ließen von den Viel-
schwätzern ihre Ohren vergebens bestürmen;
sie glaubten zur Zeit noch weder an eine Erscheinung, noch schien ihnen unter diesem
Vorfalle priesterliche List: des würdigsten
Greisen Unbescholtenheit war ihnen bekannt,
und sein gerader Wandel: die Aufrichtigkeit
rufte mit sehr beredter Zung auf seiner biedern Mien, ihr Herz sprach ihn also von
jedem Betruge frey, wenn schon ihr Verstand dieses seltenen Stillschweigens Ursache
nicht erforschen konnte: sie wollten nicht über-
eilen das Urtheil, bevor sie einsahen hinreichenden Grund, sie segneten ihm nur mit-
leidendem Blicke nach, der itzt von der Un-
gestümheit des Pöbels umrungen durch die
Halle der Juden zur priesterlichen Wohnung
hinabwankte. Indessen diente Zacharias noch
forthin mit Andacht im Tempel. Erst nach
den drey übrig verflossenen Tagen der Opferwoche begab er sich wieder in sein Haus nach

He-

Hebron zurück, und Abrahams Segen ruht alsobald auf Elisabeth.

Fünf Monathe verflossen nach der Zeit, als dieses geschah, dann begann der Menschwerdung Gottes hohes Geheimniß, und die unbefleckte Jungfrau wurde zur Mutter Jesu erkoren: ihr sagte zu seiner Sendung Beweis der verkündende Engel, und zur Beruhigung, weil Gott alles möglich ist, daß, wenn sie auch keinen Mann erkannt, ihre Keuschheit doch Jesus gebäre, weil Elisabeth hohes Alter nun auch fruchtbar geworden, und ihre Zeit sich schon der Geburt nahe. Itzt umgürtet sich in Eile das Jesiße Mägdchen, und schürzet zur Reis ihr fliessendes Gewand auf: eine dienende Frau von Annens Hause, welche das leichte Gepäcke nach ihr trug, und ein wegweisender Mann, den Joseph, ihr verheißener Bräutigam, auserkor, waren die kleine Begleitschaft. Sie gieng von Nazareth gen Jerusalem, dann auf Judäens Gebirg nach Hebron, zu besuchen Elisabeth, welche der schönen Wallerinn Base war. Und Gottes Mutter hinterließ uns dadurch ein sehr edles, nachahmungswürdiges Beyspiel de Demuth und Liebe, dem Nächsten zu dienen.

Ganz nah an den Mauern der Stadt stand das Haus des priesterlichen Greisen. Diese Stadt bekrönte die Stirn eines Berges unter

mit den Gebirgen Juda, und herrschte von diesen Stammens Mittelpuncte. Einst war ein prachtvoller Morgen, der gottgefällige Greis sitzt auf seines Hauses Söller, des prachtvollen Morgens zu genießen: auch das gelehrte Alter, für welches sonst alle Freuden vergeblich sind, kann dem heitern Anblicke der geschmückten Natur nicht widerstehen, es sieht mit Freudenlächeln der kommenden Sonne entgegen, ihm ist noch immer willkommen ein schöner Tag. Die Sonne war noch nicht über Arabiens Gebirge geflogen; noch sah man Aurorens Rosentritt, oder schon sangen von wiegenden Aesten die Vögel; die Blumen hatten mit ihren Wohlgerüchen die stärkende Luft erfüllet: die Winzer eilten, und die frohen Feldleute singend zur Arbeit: die Schafheerden wälzten sich von allen Seiten zu den kräuterreichen Triften; das Hornvieh brummte sein Entzücken ins Thal; das Pferd flog, und wieherte mit rauschender Mähne: die Hirten stießen gewaltig ins Horn; lieblich spielten einige auf leichten Röhren; und die reine Luft trug die Töne frei, ihnen antwortet aus den Felsenhöhlen die Echo. Wie gern hätte Zacharias itzt zum allmächtigen Vater laut gebethet, und seine Stimme mit so viel segnenden Stimmen vereint; allein die gebundene Zunge versagt ihm ihr Amt, der Gedankenstrom, der ihm durch die Seele fuhr, bewegte nur die be-

G 3   bende

bende Lippen, doch ohne Laut. Er sah über die lange Reisſaaten und Getreidefelder auf Jeruſalem hin, das vor Hebrons Angeſicht in ſeiner Majeſtät ſtand: er betrachtet den Tempel im leichten Morgennebel, und ſchickt nach dem Allerheiligſten Gottes ſeine Seufzer, die auch itzt ſchon zum Theil erhöret wurden.

Auf den Steingeländern des Söllers ſtanden nach morgenländiſchem Gebrauche Würzbäume, dazwiſchen Töpfe mit Blumen geordnet: der Greis unterhielt ſich in der kühlern Morgenſtunde mit dieſen Gewächſen, welche Gottes Allmacht ſo vernehmliche Zeugen ſind: er wankte von einem Baum zum andern, und nahm die unnützen Blätter weg, oder welche von der Hitze des Tages ausgedörret waren: er bricht, und legt dann in reinliche Körbchen die zeitige Frucht und knickt die lachende Blumen weg, vor ſie die ſengende Strahlen verderbten. In dieſen Geſchäften der Unſchuld war itzt Zacharias begriffen, eben ſtand er an einer wankenden Bignonia, als die Sonn ihr ſchimmerndes Antlitz zwiſchen dem Gipfel der Bergen Arabiens erhob. Die Pracht von Jeruſalems Tempel, welcher itzt in Strahlen glänzt, hätte niemals ein ſterbliches Auge geſättiget; der Prieſter ließ das Körbchen, und ſank auf das ſteinerne Geländer hin in ehrfürchtsvoller

voller Betrachtung dieses Staunen erweckens
den Anblicks: zwar oft wandte sein Auge
sich die frohe Gegend hin und her: doch der
erhabne Moria mit seinem schimmernden Tempel Dach, und hielt stärker die zitternden Augen des Greisens an sich. Von Hebron bis
auf Rama, woher sich der Weg von der heiligen Stadt zieht, waren zum Angedenken,
daß der Herr den Abraham einst in Mambre besuchte, vieljährige Eichen gepflanzt;
denn gleich unten am Fuße des Berges, so
war die uralte Uebergabe, ganz nah am Weg,
hatte der Vater der Gläubigen sich seine Hütte gebaut, an dessen geöffneten Thüre Kühlung er saß, als die Männer gegen ihn kamen, die unter dem Schatten des Eichbau-
mes Ruh und Labung erquickt, und einen
Sohn in ihrem Alter der lachenden Sarai
verhiessen. Nach dem Laufe dieser Straße,
welche pfeilrecht fortschoß, waren also seine
Blicke gerichtet, er pries jeden selig, den er
in den Eichenschatten wandeln sah, er hielt
ihn für einen Waller nach Jerusalems Tempel. Jtzt war eben die Osterfeyer eingetre-
ten, welche alle Strassen belebte, dieses verkürzt ihm annehmlich die Stunden: weit länger, wie gewöhnlich, weilt er betrachtend
auf der Höhe des lüftigen Söllers. Jtzt
sah er von ferne zwischen vielen gebrochenen
Farben Lilienweiß flattern und Himmelblau,
diese zwo Farben hoben sich wegen ihrer blen-

denden

denken Helle von allen Seiten, — vermischte
Sonne zwischen, die Stimme der Vögel zu hören schien; die Abwechselung des Schattens,
welcher sie verbarg, mit dem durchbrechen-
den Lichte, das sie schnell wieder entdeckte,
zeigte weit vernehmlicher, die spielende Farben; wie des blitzenden Wasserfalls auf der
dunkeln Grotte, dessen Silber mit der Farbe des Himmels, und den Schatten der Landschaft wechselt. Aufmerksamer, wie auf alles andere, verfolgten izt die Augen Zachariens diese Farbengruppen, sah sie immer näher gegen Hebron kommen, sein Herz, empfängt Tröstung von ferne. Es giebt Freuden, welche einem das Herz erweitern, und
hineingießen und Labsal, deren Ursache sich
nicht erklären läßt, so dachte der vernünftige Priester: dieser fröhliche Morgen, diese
harmonische Farben sind izt nicht die letzte
Ursache davon. So werden Auferstandenen
einstens Engel erscheinen, wenn sie sich, ihres nähern Schicksales unwissend, nur von
dem Bewußtseyn ihres guten Gewissens ge-
tröstet, aus ihren Gruften erheben.

Izt kamen die Wallende näher; er
kaunte nun deutlich, daß in der Mitte von
Zweyen, in diesen schimmernden Farben, ein
zartes Mägdchen herunter eile; sie waren
alle von leichten Stäben geleitet. Diese ziehen durch Hebron, so verfolgten sich seine

Ge-

Gedanken; unsere kleine Stadt ist ihr Heimath nicht, wir kennen von diesem Adel kein Mägdchen: aber wo sollten sie hin? Von Hebron bis an Idumäens Gebirg ist kein berühmter Ort mehr: sie haben Verwandte zu Hebron, diese zu besuchen, weil sie ohnehin Aue Pilgerfahrt nach Jerusalem thaten, kommen sie hieher. Itzt hatten lasttragende Kamele der Neugierde die Aussicht genommen, sie kamen aus Aegypten herüber, wohin Syrien seine Waaren versendet, und kehrten wieder nach Damascus zurück: die ganze Straßenbreite ward mit diesem dunkeln Klumpen bedeckt, der langsam fortschritt, und lange noch des Greisens Ungedulb reizte. Dort, wo die Stelle war, als Abraham die Engel erschienen, trat itzt mit ihren Gefährten Maria schnell aus den Eichenschatten: sie setzten sich zur Ruhe nieder, wischten von der Stirne den Schweiß, und blickten sehnsuchtsvoll gen Hebron hinauf. Immer mit mehr Freuden ward itzt das Herz Zachariens erfüllet, er überdenkt der Seligkeit Augenblick, als dem Frembling aus Chaldäen hier die Engel erschienen, und verdammt in seiner Seele den Unglauben der Sarai, und auch seinen; nein, mit mehr Anstand saß hier nicht der unter den dreyen Engeln Erhabenste, wie dieses himmlische Mägdchen zwischen beeden Gefährten: itzt scheint sie zu reden, so süß redete wohl keiner der Engel: itzt gebärdet

bärdet sie sich zum Fortgehen: so englisch ge-
bärdete sich keiner. Also phantasirte Zacharias immer von Engeln, und wußte nicht,
daß schon Engel, die Vorangesandten des
hohen Meßias, vor ihm stünden.

Allein die Pilgrimm hatten izt sich durch
kurzes Ausruhen erholet; sie stiegen mit
Muth die Höhen an Hebron hinauf, und
liessen dem Betrachtenden Zeit, sie genauer
auszukundschaften. Zwar waren schon viele
Jahre verflossen, daß Anna einst wieder ihre Geburtsstadt besuchte, denn auch sie ent-
sproß aus Aarons Geschlecht, Elisabeth und
sie waren zweyer Priester Töchter, welche
Brüder waren; diese Zeit möchte wohl noch
der Greis in sein schwaches Gedächtniß zurückführen, wenn er geleitet würd: allein damals ward dieser ihre Ehe noch mit keinem
Kinde gesegnet, Maria hatt izt erst vierzehn
Sommer gesehen. Sie giengen schon nahe der Stadtmauer, das bescheidene jungfräuliche Wesen, des Angesichtes Schönheit,
das enthüllet war nach der ebräischen Mägdchen Gebrauch, und der Gebärden Reitz mit
vernehmlicher Hoheit verbunden, hielt die
Neugierd aller Vorübergehenden, die standen,
in ihrem Innersten erschüttert durch die himmlischen Züge, mehr noch durch die unsicht-
bare gegenwärtige Gottheit. Zacharias faßt
izt das Erstaunen gewaltiger: ihm wer-

ten die Züge des geleitenden Weibes bekannt: sein wiewohl schwaches Aug hielt ihm wieder ein Bild einer Wohlbekannten vor, die er einst gesehen hatt; indeßen er aber feurig nachdenkend itzt sein Gedächtniß befraget, diese Zweifel auseinander zu setzen, gieng die Seligste der Töchter Evens durch die weite Porten der Stadt.

In ein Bethkämmerchen, das zwar auch gen Jerusalems Tempel sah, doch die Aussicht des Weges von Rama benahm die höhere Stadtmauer, ward itzt die Mutter Johannis verschlossen, und goß vor Gott ihre Seel aus. Vor ihr lagen Davids und Asaphs Psalmen, welche den nahen Meßias weißagten; Freudenthränen rollten über die Verse der Psalmen; sie ward heute mit einer Tröstung erfüllet, die sie noch niemals empfand, daher vergaß sie auch ihres Mannes gänzlich, der länger, wie gewöhnlich, auf der Höhe des Söllers sich aufhielt, den sie sonst nach vollbrachten kurzem Gebeth unter den Blumen besuchte. Itzt vernimmt sie eilendes Klopfen unten am Thore des Hauses: das schreckt sie von ihrer Seligkeit auf; sie wiederholten das Klopfen, und sie trat aus ihrem Gemache zwischen die lichte Säulen der freyen Treppe. Doch schneller, als ihre Gefährten, schritt leicht über die Treppen schon die Fremde zur Erstau-
nenden

nenden herauf. Friede sey mit Dir, ehrwürdige Base! sprachen Mariens Rosenlippen, der Herr hat Dich gesegnet; sie drückt ihr fester die Hand, und er wird Dich noch überschütten mit Gnade, sie umarmt sie mit kindlicher Ehrfurcht; Elisabeth küßt sie brünstig. Um sie umarmten sich die Engel aller welche Zeugen der Heiligung waren, die ist die Mutter des Größten unter denen vom Weibe Gebornen empfieng. Aber Elisabeth breitet hoch zum Himmel die Arm aus, und rief mit lauter Stimme, daß die weiten Gänge des Hauses erschollen: Gebenedeyt bist Du unter den Müttern, wie noch keine war, gebenedeyt die Frucht Deines Leibes. Wie verdient ich unter den Gnaden die wichtigste, daß die Mutter meines Herrn zu mir komme? Sieh, sobald in meine Ohren die Stimme Deines süßen Grußes tönte, da hüpfte der Knab in meinem Leibe vor Freuden auf: doch selig, selig bist Du, daß Du dem Worte des Herrn geglaubt hast, denn durch Dich wird alles erfüllt werden, was sein Engel Dir verheißen hat. Izt schwang sich die Seele Mariens empor, und weißagte; mit geheftetem Auge zum Himmel sprach sie den Lobgesang aus, welchen ihr der heilige Geist in den Mund legte, welchen unsre heilige Kirche zur Vesperzeit izt täglich noch bethet. Es ertönten um den Thron des ewigen Vaters die goldnen Harfen im Himmel, in der Schö-
rfung

pfang des Sohnes allenthalben auf Erden; die Seraphim hoben itzt das erstemal an vor dem Throne des Vaters diesen Gesang der Liebe mit brünstiger mächtiger Stimme, sie wiederholen diesen in Ewigkeit: klar tönten die Worte der nächsten Sänger am Throne durch alle Myriaden der Engel, und der Gesang stieg von Stuffe zu Stuffe, wie die Seligkeit wechselt, mit der Harfe Gelispel, ihr Donner, und die Himmel der Himmel erbebten, die Erden zitterten alle vor Ehrfurcht und Wonne. Judäen war ruhig, von Taubheit und Blindheit geschlagen, der Fußschemmel, auf welchem die Magd des Herrn stand.

Während als dieses geschah, war auch Zacharias von der Höhe des Söllers gestiegen, seine Augen blitzgnügten ihn itzt von einem weit erhabneren Wesen, als er in der Fern in der edeln Pilgerinn wahrnahm. Sie hätten zwar lange zu thun, bis sie ihm begreiflich machten die Wunder, die ihr alle geschahen, woher, und wessen diese himmlische Wallerinn sey, wie barmherzig und gnädig der Herr auf Israel herabsah. Und der Greis sank, mit so viel Freude belastet, an dem Sitz eines Säulenfußgestelles nieder: Elisabeth stand mit hochgefalteten Händen daneben; er aber hielt in den Armen entzückt seine jugendliche Baas, und pries mit Kummer

mer Lippe den Herrn. Ein Schauspiel, das auf Erden nur wenige Edle, umher aber die Engel sahen, welche sich durch der Gebärden Verschiedenheit, und der Wendungen, gegen einander in Liebe verklärten, und die Schönheit erhöhten der mittlern Grupp, auf welche von des Hausgewölbes Oeffnung, vom Throne des ewigen Vaters durch die Reihe der frolockenden Seligen unabläßlich himmlisches Licht floß.

Doch, Maria war nicht gekommen, das Gastrecht im Haus ihres Vetters zu geniessen; sie kam, ihnen in ihrem Alter zu dienen: dieses war kein Besuch des Wohlstandes, sondern, wie sie glaubte, der Pflicht, die ihren ältern Anverwandten die jüngern schuldig sind: Annens Tochter erleichterte die Bürde der Mägdchen des Hauses, und zeigte sich als eine würdige Mutter desjenigen, welcher nicht auf diese Erde gekommen ist, daß er von seinen Mitmenschen sollte bedienet werden, sondern ihnen ein Beyspiel der Demuth und Liebe, zu dienen. Die von Gott Gesegneten blieben beysammen, bis der Vorläufer Jesus das Licht der Welt sah, und Maria denjenigen, welchen schon im Leibe der Mutter die Gnade Jesus heiligte, die Frucht des hohen Alters, den Knaben sah, von welchem ihr auch der Engel geredet hatt; und auch die Zeugin neuer Wunder ward.

Eli-

Elisabeth gebar also in ihrem hohen Alter den verheissenen Sohn. Dieses ward in der Gegend kund, und alle Anverwandten vernahmen dieses. Sie füllten das Haus Zachariens, und erstaunend über das Ungewöhnliche kamen sie Glück zu wünschen, und brachten Geschenke mit. Das Leben dieser Heiligen war immer ruhig und still, es seufzte nicht in Dürftigkeit, noch strömte selbst im Reichthume; sie thaten niemand ein Leid, allen, wie sie vermochten, Gutes; so schadete sich der Neid ihnen nachzustellen, und ihre Liebe gewann viele. Der achte Tag brach an, wo nach Abrahams Gesetze die Knaben beschnitten wurden; eine Ceremonie, welche im väterlichen Hause geschah. Sie beschnitten den Knaben, und nannten ihn nach dem Namen seines Vaters Zacharias. Nein, sprach Elisabeth, nicht also, Johannes soll sein Name seyn; ihre Anverwandten strebten dagegen; es ist niemand in Deiner Freundschaft, sagten sie, welcher diesen Namen trägt, es geziemt sich nicht, daß wir den Knaben anders benennen. Und es wurden hierüber viele unnütze Worte gewechselt: sie wählten itzt den Vater zum Schiedrichter. Allein dieser war stumm, sie machten ihm also durch Zeichen begreiflich, daß sie des Namens wegen uneinig wären, sie fodern seinen Ausspruch. Zacharias verlangt eine Tafel mit Wachs bezogen; dieß war der Gebrauch der Alten,

wich-

wichtige Dinge zu schreiben, und er grub mit dem Griffel ins glänzende Wachs. Johannes ist sein Name. Mit funkelndem Auge blickten sie einander an, welche umher stunden: sie begegneten sich mit feurigen Fragen; Wie, er wäre gehörlos und stumm, vernahm also nicht seines Weibes Worte, und sprach doch das Wort desselben Namens aus? will Gott uns durch Wunder beleuchten? Andere schalten sie aus wegen der leichtgläubigen Schwachheit, und strebten vergebens der Sach Erklärung zu geben: mit der Hitze des Streites stiegen die Stimmen. Itzt stand von seinem Sessel der priesterliche Greis auf, und trat in der Versammlung Mitte gegen die lauernde Mägdchen, welche in ihren Armen den lächelnden Knaben wiegten; er blickt auf das Kind, hob Augen und Hände zum Himmel, das Band seiner Zunge ward itzt gelöst, seine Lefzen öffneten sich, und er rief mit weißagender Stimme: Gepriesen, gepriesen sey der Herr, der Gott Israels, weil er sein Volk heimgesucht, und dessen Erlösung unternommen hat. In dem Hause Davids, seines Dieners, hat er eine Stütze für unser Heil aufgerichtet, die er durch seiner heiligen Propheten Munde schon von frühen Zeiten versprochen hat; damit er uns von unseren Feinden erlöse, aus der Hand derer, die uns hassen; daß auch unseren Vorfahren noch Barmherzigkeit

widerꝛ

widerfahr, und er seines heiligen Bundes
ewig eingedenk sey. Das ist der Eid, welchen Gott unserm Vater, dem Abraham, geschworen hat: er woll es vollenden, daß
wir aus der Hand unserer Feinde gerettet,
ihm künftig ohne Furcht dienen, und unser
ganzes Leben hindurch vor seinem Angesicht
in Heiligkeit und Vollkommenheit wandeln,

Itzt heftete Zacharias wieder den feurigen
Blick auf den lachenden Knaben.

Aber Du, o Kind! wirst ein Prophet
des Allerhöchsten genennt werden, denn Du
wirst vor des Herrn Angesicht hergehen, zu
bereiten seine Wege; sein Volk die Wissenschaft des Heiles lehren, damit ihm die
Sünden nachgelassen werden. Dieses wird
geschehen aus unsers Gottes herzlicher Erbarmung, mit welcher uns das vom Himmel
aufgehende Licht, der Meßias, besucht; alle
zu erleuchten, welche in den Finsternissen
und in dem Schatten des Todes sitzen, und
unsere Schritte nach dem Wege des Friedens
zu leiten.

Er schwieg, und ließ eine kurze Zeit alle,
die gegenwärtig waren, ihrem Erstaunen über.
Dann sprach er mit ihnen im vertraulichen
Ton, indem er die Hoheit des Propheten
nun abgelegt hatte, erzählt ihnen das Wunder,

bes, welches am Altate vor dem Allerheiligsten Gottes geschah, seines Verstummens Wandel, und ist der zurückgekommenen Sprache Wunder. Seine Base, die erhabne Maria, führt er aus dem weiblichen Cirkel, und stellt sie ihnen vor: doch, auch das Wenige, was ihm von des Engels Verkündigung ihre Demuth enthüllte, bedeckte der weise Zacharias itzt noch mit Stillschweigen, um nicht vor der Sachen Reife zu viel entscheiden zu wollen. Mit niedergeschlagenen Blicken, die zarten Händ in den herunterfließenden Schleyer gewickelt, die runde Wangen mit jungfräulicher Schamröthe bedecket, stand sie frey, nur Gabriel schwebt ihr ungesehen zur Seite, bebend für Feinde, stand sie in der Mitte der Freundschaft: sie ward die Bewunderung Aller, sie neigten sich in Ehrfurcht und stummem Erstaunen vor ihr. So neigten sich die Garben vor der Garbe Josephs, so sanken zu seinen Füssen die Sterne nieder, vor ihm, der gewürdiget ward, ein Sinnbild Jesus zu seyn.

Noch einige Tage waren der Gastfreyheit gewidmet, es waren keine glänzende, aber freundschaftliche Feste gepflogen: man hielt auch bescheidene Mähle der Liebe; was in einem wohlriechenden Kranze die Lilie, das war unter ihren priesterlichen Anverwandten Maria; liebreich und gefällig, und auch
ermun-

ermunternd mit süßem Gespräch unterhielt sie die Gäst, und dient ihnen in Demuth. Alles, was pharisäische Strenge verrieth, haßt die weisere Sulamit, sie schritt niemals über die Linie der Gränzen der jungfräulichen Sittsamkeit; aber sie blieb doch in der Menschen Gesellschaft, und verrichtet dadurch weit mehr, als alle Heilige thaten; welche öfters, zwar freylich aus einem verzeihlichen Eigensinnt, doch war es öfters Eigensinn, der wohlgeordneten Natur neue Gesetze vorschrieben. Nach einigen Tagen verliessen die Anverwandten und Freunde, von hohen Begriffen durchdrungen, das Haus des Zacharias, jeder sprach zu seinem Nächsten: Was glaubst Du wohl, daß aus diesem Knaben noch werde, dessen Geburt solche Wunder verherrlichten? Also breitete sich das Gerücht in der ganzen Gegend aus, es scholl über Judäens Gebirge, weit ins flache Thal: und alle, die es hörten, ergriff Freudenschrecken, in ihnen ward schnell der Gedanke vom himmlischen Meßias erwecket, mit Furcht und Zittern erwarteten sie. Aber auch Maria schied von ihrer erfreuten Base, segnend den wohlgestalteten Knaben, welcher von Jesus schon im Leibe der Mutter geheiliget ward: hätt Ihre milde Seele dem Gedonken des Lobspruches nachgeforschet, mit welchem sie bey ihrer ersten Umarmung die Gattinn Zacharias beehrt, als diese eine Mutter ihres Herrn sie nannte, sie hätte schon

ißt der Menschwerdung Geheimniß näher entwickelt: allein, die lobredenden Worte ließ
Maria der wehenden Luft: sie, welche in Demuth Evens Tochter alle übertraff, und darum auch in Herrlichkeit alle Thronen; denkt
izt in ihrem Innersten, daß sie auch gewürdiget ward, diese Wunder mit anzustaunen,
und auf ihre Würde vergessend, sieht sie
sich bloß an, mit Elisabeth das Werkzeug
grosser Thaten zu seyn; das wußte sie aber
nicht, daß er allein selbe von Ewigkeit verrichtet, dessen Mutter sie ward. Die Bie-
benden verliessen sich, Maria, Zacharias
und Elisabeth: so zärtlich war izt noch
keine Umarmung auf Erden, wie die holde
Maria Zacharias umarmte, so rührend kein
Abschiedskuß, als der, welchen Maria der
Elisabeth gab: um die sich Umarmenden umarmten sich auch die Engel alle, und küßten
sich, welche nach Nazareth wieder kehrten, und
welche im Hause Zachariens blieben. Zween
Engeln war besonders gebothen, die Schutzgeister Johannes zu seyn.

So giengen in Hebron viele vergnügte
Tage vorüber, jeder war mit Freuden umkränzt, bis Herodes der Würger das Schwert
gegen Judäens Knaben ergriff. Die Bothschaft von Jesus Geburt war schnell nach
Judäens Gebirge gekommen, die Geschichte
der Weisen, und alle die zeugenden Wunder:
die

die Aeltern Johannes waren hinübergereiset mit dem heranwachsenden Knaben nach Bethlehem, Jesus mit der Mutter zu sehen, aber sie zitterten vor dem priesterlichen Haß um der Kinder willen, die Klugheit des Zacharias wollte noch näher die Entwicklung erwarten. Indessen gab ihnen die Verheissung Maria, da sie noch in Bethlehems Hütte war, sie werde selbst zu ihnen tragen, wenn des Volkes Getöse vorübergerauscht hätte, Jesum, den Gesalbten. Allein, diese Erwartung zertrümmert itzt schnell der erzürnte Herodes: jene flüchteten sich von Nazareth nach dem fernen Aegypten: Elisabeth rettete sich mit dem Knaben nach den Wüsten Judäens. Die forschende Neugierde ward getäuscht, indem sie glaubte, mit ihrem Sohne wär auch diese Mutter nach Aegypten hinüber geflohen; und ihre Ruhe wurde nicht ferner gestört.

Man gehet von Hebron zur Mitternacht einen steinigt beschwerlichen Weg, und erreicht die große Gebirgkette Judäens, welche sich von Gabaons Gränze bis nach Jdumäen hinüber strecket. Der Eingang in diese Geblrg ist furchtbar: über selben neigen sich mit stürzendem Schrecken hoch aufgethürmte Felsentrümmer mit wildem Buschwerke bewachsen, aus welchem hier und dort eine einsame Cypresse, oder Ceder unordentlich her=

heraufrant: lange verfolgt man die melancho-
lischen engen Pässe durch viel unwirth-
schaftlichen Einöden: oft entbehrt man der
Klarheit des Tageslichts, und irrt in finste-
ren Felsengängen, nun von der Plagenden
Eule bewohnet, und der Schrecken erregenden Flattermause, bis man endlich in schma-
le Flächen hinauskömmt, welche keine un-
annehmliche Thäler sind. Alle Menschen
wohnten noch ferne von hier, und wiewohl die Gebirge Juda bevölkert waren, so
standen die Wohnungen höher auf dem breiten Rücken der Berge, diese Thäler aber
dienten ihnen zu den Heerdeweiden. Doch,
um in die tiefere Tiefen der Wüsten zu drin-
gen, muß man die Höhen einiger Berg überwinden: dort sind Plätze, wohin die Menschen des flachen Landes, auch wenn sie die
Bergeinwohner besuchen, gewöhnlich nicht
hinkommen. Diese unbekanntere Gegenden hatte Zacharias gewählt, dorthin mit
dem Knaben die Mutter zu senden, als der
Kindermörder Herodes Judäen mit noch nie
gehörtem Schrecken überfiel. Er hatte zuerst Auspäher geschickt, die mußten eine bequeme Wohnung besorgen, jedem Aug unbekannt: sie kamen zurück, und erzählten mit
Freuden, daß sie tief, eine Stund in die
Gebirge Juda hinein, durch schreckbare Wüsten eine bequeme Höhle fanden, wo sie mit
leichter Arbeit zwo Wohnungen bauten, dorthin

hin könnte der Knab jedem Forscher entgehen: auch nicht fern sprang Wasser aus dem Felsen, das gesund und lauter wär, mit einer geringen Mühe ließ sich selbst vor den Eingang der Spelunke leiten.

Kaum waren die Bothen zurück, um keine Zeit zu verlieren, schickte sich mit ihrem Sohn und einer anständigen Geleitschaft, auch zweenen Kamelen zum Dienste, die betagte Mutter Johannis zur Reis an, und ließ nach einer thränenvollen Umarmung den Greisen zu Hause, der ihnen aber seinen Besuch in Bälde versprach. Den Wandernden stiegen die Haar, als sie die Schrecken des Eingangs der Wüsten ihnen entgegen kommen sahen: Elisabeth vergoß itzt heißere Thränen, als sie von ihrem geliebten Gatte schied, da sie itzt in solchen Wildnissen ihre künftige Wohnung suchte. Doch, die annehmlichen Thäler hatten ihre Augen wieder in etwas gestillet, und die frohere Gegend trocknet ihre Thränen wieder. Der nächste Weg zur Grotte durchschneidet, nach mehr durchbrungenen Wüsten, ein grasreiches Thal: auf dieses folgt zur linken Seite gegen Aufgang ein anderes, in das man hinuntersteigt, das weit länger, breiter und lüftiger ist, allenthalben von Bergen umzirkelt, doch welche grüne Büsche bedeckten, zwischen denen sich wieder kleine Thäler hineinschränken. Hier setzten sie ihre Wohnung fest. Elisabeth

beth widmete jede Sorgfalt der Erziehung des Knaben. Ein Kleinod von unschätzbarem Werthe ward vom Himmel in ihre Hand gelegt; doch, was sind die Gaben des Himmels, wenn sie nicht eine gute Erziehung erhöht? Sie sind Edelsteine, noch in dem rauhen Kiesel verschlossen, nur die Auswahl des Geschmackes mit der Politur Schönheit giebt ihnen ihren wahren Werth. Die Wunder, welche die Geburt des Knaben verherrlichten, waren zwar ein deutlicher Beweis der Größe des Mannes, welcher entstehen würd, allein sie entledigten die Aeltern nicht von der Erziehung Pflicht; wenn Wunderwerk auch Schäze verrathen, sollen wir wohl noch neue Wunder erwarten, die uns der Müh entledigen, auch selbe zu erheben?

Die Natur war die große Lehrmeisterinn, in deren Armen früh Zachariens Gattinn ihren Sohn leitet: ungestört hier vom Tumulte der Menschen, welche die zu alltägliche Natur verachten, zwischen der Städte hochen Mauern Abwechslung suchend, ward hier in der Wüste vernehmlicher ihre Stimme vernommen. Das Kind hatte noch nicht die mütterliche Brust entwöhnet, und man sah schon an seinem scharfen gehefteten Auge das Erstaunen, welches beym Anblicke der anschaulichen Welt seinen Geist umfaßte. Er ertrug nicht lange der tiefen Höhle Düsternheit,

heit, er verlangte nach dem Freyen: dort versiegten schnell seine Thränen, und heiterer Ernst breitete sich auf seinem wie wohl noch zarten Angesicht aus. Noch hatt ihm die erste Kindheit die Wortführung versagt, doch schien er schon mit Zeichen nach der Wahrheit zu forschen: alle die kindischen Spiel erweckten in ihm finstere Laun; aber er saß friedsam im Gras, und beobachtete die kleine Welten, welche um ihn von Insekten wimmelten; horchend und zufrieden lag er am murmelnden Bach, und sein Auge verfolgte begierig den sich fortwälzenden Krystallschimmer; mit Sehnsucht schaut er nach den Vögeln des Lufts, und ward aufmerksam auf ihre Harmonien: sie legten in seinen Schooß Blumenbüschel, und er untersucht mit scheinendem Tiefsinn die wechselnde Farben: er sieht die Gemälde des Morgens, der Sonne Triumph, da faltet er die zarte Händlein zusammen; ihm, welcher den Erlöser schon im Leibe der Mutter bekannte, war auch schon eben so früh entdeckt der Schöpfer der Welt: doch, auch dem wallenden Monde bebt er nach, und den langsam wandelnden Sternen. Aber seine Sinne gewöhnten sich auch an die Schrecken der Natur: sein zartes Ohr hört schon damals ohne Furcht dem Sturm und Donner entgegen, sein Auge zuckte nicht vor dem kommenden Wetterstrahl: ganz nah an der Höhle ward

durch

durch den Blitz eine Cypresse gespalten, jedes war außer Athem, was in der Felsenkluft Leben schöpfte, der Knabe lächelte nach dem zersplitterten Stamme: Einst an einem fröhlichen Tage spielt er vor der Hütte im Grase: die Wärterinn war etwas fern in die Landschaft hinausgegangen, freyer zu genießen der Wonne. Sieh, da wälzte sich mit goldnem Rücken aus dem benachbarten Gebüsch eine furchtbare Schlange, sie nahm kühn ihren Weg zum spielenden Knaben, und legte sich zu seinen Füßen mit feurigen Augen drohend; aber der Knabe betrachtet zuerst den verführerischen Farbenglanz, dann ergriff er die kalte Schlang, und würgte sie in den Lüften, sie schlingt sich zitternd um die festhaltenden Arme, die Wärterinn erblickt dieses Schreckenspiel, und lief athemlos her: allein das schädliche Thier hatte für diesen Knaben vergebens ihr Gift, sie erreichte keine Wunde mit ihrer gespaltenen Zunge Wiederhacken: losgelassen floh sie eilends davon, verbarg sich unter einen Haufen dürrer Reiser, und schien sich ihrer Schlauheit zu schämen.

Noch war kein volles Jahr verflossen, als Johannes das Sonnenlicht sah: schon entwickelten die Werkzeuge der Sprache den männlichen Ton, mit dem der Bußprediger aus der Wüste vom Jordan zu den Sünden Judäens herabrief, unerschüttert dem Pharisäer und Schriftgelehrten, und

den

den Priestern des Tempels die Wahrheit sagte, daß sie Heuchler wären: den Büßern aber tröstend das Lamm Gottes wies, das die Sünden der Welt hinwegnimmt. Noch vor die Worte verständlich waren, bewunderten alle die Klarheit, und den hellen Ton der Stimme. Sie war wie das Frolocken einer Tempelorgel, wie ihr Jubel, wenn sie Psalmgesang begleitet, wie ihre schallende Kraft, wenn sie sich der Bewegung der Saiten entgegensetzt. Kaum hatte seine Zunge die ersten Worte gesprochen: dann war ihre beständige Uebung mehr zu sprechen. Das Kind ruft in der Tiefe der Höhl, und unter dem Freyen des Himmels: hinauf zu den Bergen: über die Thäler herüber, und in des Landes Flächen: zu den furchtbaren Wüsten, und nach der Höhe des Weltmeeres; und es vernahmen die Stimme die Vögel des Lufts, und horchten: die Thiere der Erde blieben in ihrem Laufe stehen, und horchten: der Wanderer hielt still; der Frömmere glaubt eines leitenden Engels Stimme zu hören, in dem sorgenlosen Sünder wurde das Gewissen wach, und bebte. Was eine Felsenschooß aufnahm, gab sie schwesterlich der zweyten hinüber, einer fernern diese: so ward die Luft die unermüdete Geschäftsträgerinn des prophetischen Knaben: — und Johannes Stimm aus den Wüsten wurde damals schon vernehmlich durch alle Gebirge Judäens gehört.

Anmerkung.

Unvermeidliche Hinderniffe ſtanden im Wege, daß dieſer zwepte Band ſo ſpät erſchien. Der Author verſpricht nun alle Drepvierteljahr einen Band. Indeſſen haben auch ſchon einige Recenſenten in die allzeit fertige Trompetlein geſtoſſen, und ihre Wiehen geklagt. Der Author iſt nicht ſo unbeſcheiden, daß er glaubt, er ſchreibe ohne Fehler, aber auch nicht ſo unwiſſend, daß er nicht ſelbſt die Wahrheit oder Unwahrheit einſieht, welche ihm vorgehalten wird. Man weiß, welche Achtung Recenſenten verdienen, welche durch Unparteylichkeit, Wiſſenſchaft und Lebensart das Gute der Litteratur befördern; welche Verachtung diejenigen, welche in der Kunſt Bücher zu beurtheilen das ſind, was in der Arzneykunde der Waldhanſel.

Die Recenſirten von Jena haben eigentlich die Birkenreiſer in Verwahr die Ausländer zu fitzen, NB. wenn ſie ihnen halten. Es iſt nicht zu begreifen, daß unſere Authoren ſo geduldig ſind, und von dieſen Portiarer des Tempels der Muſen Schimpfe ertragen, welche alle Erwartung der Huldgöttinnen Dummheit und Grobheit überſteigen. Dieſe Leute ſehen das Stillſchweigen als einen überzeugenden Beweis an, daß uns ihre Papiere in Kontribution ſetzen, und vermehren in ihnen die Tollheit, daß ihre ehrenwerthe Geſellſchaft am Ende ausſieht, wie ein Dreykönigsfeſt, deren eines von Jordains gemalet in der Wiener- das andere in der Düſſeldorfer-Gallerie zu ſehen iſt.

Wenn jemand eine ſtille friedſame Wohnung mit Jodeln und Steinwerfen beunruhiget, dann iſt es gegen alle Regeln der Klugheit mit philoſophiſcher Gleichgültigkeit zu erwarten, bis euch die Thüre eingeſprengt, und alle Fenſter eingeſchlagen ſind. Bietet dem Muthwillen ab, gehen ſie nicht, geiſelt ſie fort.

Der Author der Hauslegende iſt ſeinen Landesleuten mit einem nachahmungswürdigen Beyſpiele vorangegangen. Ein ungezogener Knabe von Jena bekam Naſenſtüber. Den Jünglingen von Göttingen mit dem ſpaniſchen Rohr wurde nicht wenig ihre Friſur a la Montgolfier derangirt. Eine kleine Schrift über Berdes unter dem Titel: An die Recenſenten zu Jena, iſt in der Wolfiſchen Buchhandlung zu haben.

Verbesserungen.

Seite.	Zeile.	statt	lies:
12	11	Libanon, Galaad	Libanon Galaad,
78	29	Freude bebenden	Freudebebenden
136	1	kühlender Saamen	kühlenden, Saamen
144	1	Kochenilleschneck	Koschenilleschneck
179	28	seine.	seiner
189	22	so fürchterlich murrt sie	die so fürchterlich murrt
220	10	genug, sind	genug sind,
221	24	zu erhöhen. Die	zu erhöhen: die
281	29	überschiften	überschiffte
333	14	Schmuck	Schmutz
383	1	denn als er Dich, erkannte Deinen Gewandschimmer, auch von ferne nur sah,	denn als er Dich erkannte, Deinen Gewandschimmer auch von ferne nur sah,
402	22	grinsten	grinsten
441	7	Jüngling Aristobolus	Mann Aristobolus
448	9	3,6000	3060000
457	5	welchem	welcher
475	23	Raben	Knaben
Anmerkung	20	Portiaten	Portieren

www.ingramcontent.com/pod-product-compliance
Lightning Source LLC
Chambersburg PA
CBHW051201300426
44116CB00006B/397